Joseph Anton Schöpf

WISSENSCHAFT UND RELIGION

Herausgegeben von Hans Paarhammer
und Alfred Rinnerthaler

BAND 28

PETER LANG

Andreas E. Graßmann

Joseph Anton Schöpf

Kanonist – Schriftsteller – Seelsorger

PETER LANG

Bibliografische Information der Deutschen Nationalbibliothek
Die Deutsche Nationalbibliothek verzeichnet diese Publikation in der Deutschen Nationalbibliografie; detaillierte bibliografische Daten sind im Internet über http://dnb.d-nb.de abrufbar.

Umschlagabbildung:
„Die neue oder Universitäts-Kirchen zu Salzburg",
Kupferstich von Franz Anton Danreiter (1695-1760)
aus seinem „Salzburger Kirchenprospect"
(1 Titelkupfer, 20 Blätter), 1735

Fördervermerk: Diese Publikation wurde von der Stiftungs- und Förderungsgesellschaft der Paris Lodron-Universität Salzburg sowie durch die Herausgeber O.Univ.-Prof. em. Dr. Hans Paarhammer und Ao. Univ.-Prof. i.R. Dr. Alfred Rinnerthaler gefördert.

ISSN 1611-454X
ISBN 978-3-631-75814-4 (Print)
E-ISBN978-3-631-75815-1 (E-PDF)
E-ISBN 978-3-631-75816-8 (EPUB)
E-ISBN 978-3-631-75817-5 (MOBI)
DOI 10.3726/b14229

Peter Lang – Berlin · Bern · Bruxelles ·
New York · Oxford · Warszawa · Wien

Diese Publikation wurde begutachtet.

www.peterlang.com

Vorwort

In der zweiten Hälfte des 19. Jahrhunderts waren die Salzburger Lehrkanzeln für Kirchengeschichte und Kirchenrecht maßgeblich geprägt durch den Salzburger Diözesanpriester *Dr. Joseph Anton Schöpf*, welcher rund 36 Jahre als akademischer Lehrer in den genannten Fächern wirkte. Bis zum heutigen Tag ist für keinen anderen Professor für Kirchengeschichte und Kirchenrecht an der theologischen Fakultät in Salzburg eine längere Lehrtätigkeit zu verzeichnen, als für ‚Langzeitprofessor' Schöpf. Lediglich *O.Univ.-Prof. em. Dr. Hans Paarhammer*, vom 1. August 1982 bis 30. September 2015 Schöpfs elfter Nachfolger als Ordinarius für Kirchenrecht an der Theologischen Fakultät Salzburg, kann mit 33 Dienstjahren auf eine vergleichbar lange Tätigkeit im Fach Kirchenrecht an der Universität Salzburg zurückblicken.

Die vorliegende Publikation, basiert auf einer Studie, welche im Wintersemester 2016/17 am Klaus-Mörsdorf-Studium für Kanonistik der Katholisch-Theologischen Fakultät der Ludwig-Maximilians Universität München als Lizentiatsarbeit eingereicht wurde. Sie verfolgt das Ziel, die Biographie Joseph Anton Schöpfs in seinen unterschiedlichen Rollen als Professor, Schriftsteller und Seelsorger darzustellen sowie das wissenschaftliche Schaffen Schöpfs zu untersuchen. Eine umfassende Auseinandersetzung mit den Primärquellen zu Schöpfs Leben sowie der Versuch eine Gesamtbiographie zu erarbeiten, stellten bisher ebenso ein Desiderat dar, wie die einlässliche Analyse seiner kanonistisch-theologischen Publikationen.

Danken möchte ich den Professoren des Klaus-Mörsdorf-Studium für Kanonistik der Katholisch-Theologischen Fakultät der Ludwig-Maximilians Universität München, *DDr. Elmar Güthoff*, *P. DDr. Stephan Haering OSB* sowie *DDr. Helmuth Pree*, welche mir im Rahmen des kanonistischen Aufbaustudiums Inhalte und Methoden der Kirchenrechtswissenschaft nahebrachten. *Prof. DDr. Stephan Haering OSB* sei darüber hinaus für die wohlwollende Begleitung der Erstellung der vorliegenden Arbeit sowie die Gewährung der großzügigen Freiräume in Aufbau und Schwerpunktsetzung der Studie gedankt.

Frau *Barbara Scheibner BA* danke ich für die gewissenhafte Arbeit des Korrekturlesens sowie für zahlreiche kritische Rückmeldungen zu dem entstandenen Text. Ihr sei ebenso herzlich für die beständige Ermunterung auf dem Weg zur Fertigstellung der Studie gedankt.

Den größten Dank schulde ich meiner Frau *Michaela*. Ohne ihre Unterstützung in Form der erteilten ‚Freistellung' für meine ‚Münchner Studien' wäre die Fertigstellung der Lizentiatsarbeit sowie die Teilnahme an den Lehrveranstaltungen des kanonistischen Lizentiatsstudiums nicht möglich gewesen. Für die große Geduld und das in meine Studien gesetzte Vertrauen kann ich mit Worten lediglich unzureichend danken.

Zuletzt möchte ich meinem theologischen Doktorvater, Herrn *O.Univ.-Prof. em. Dr. Hans Paarhammer*, meinen Dank ausdrücken, da er in einem unserer zahlreichen Gespräche im Salzburger Arbeitsbereich für Kirchenrecht durch den Hinweis auf die Person *Joseph Anton Schöpf* meine Aufmerksamkeit auf das Thema meiner kanonistischen Qualifikationsarbeit gelenkt hatte. Bereits während meiner Salzburger Studienjahre weckte Prof. Paarhammer durch seine Art und Weise das Kanonische Recht aus der pastoralen Sorge um den Menschen zu betreiben in mir das Interesse und die Faszination für die Kirchenrechtswissenschaft. Gerade dieses pastoral motivierte Selbstverständnis als Kanonist und Priester bildet – neben den vergleichbar langen Tätigkeiten der beiden Professoren an der Salzburger Fakultät – eine Parallele in den Biographien der Salzburger Kanonisten Schöpf und Paarhammer.

Für die Begleitung meiner kirchenrechtlichen Studien in Salzburg und München danke ich Hans Paarhammer aufrichtig.

Salzburg, am Fest des hl. Raimund v. Peñafort 2018 Andreas E. Graßmann

Inhaltsverzeichnis

0 Einleitung

0.1 Hinführung zur Person Joseph Anton Schöpf und zum Thema der Arbeit

Die Salzburger Lehrkanzeln für Kirchenrecht und Kirchengeschichte wurden in der zweiten Hälfte des 19. Jahrhunderts maßgeblich geprägt vom Salzburger Diözesanpriester *Prof. Dr. Joseph Anton Schöpf*. In der Zeit zwischen der Aufhebung der Salzburger Universität unter bayerischer Herrschaft im Jahr 1810 und der Wiedereinrichtung der Theologischen Universitätsfakultät im Jahr 1850 wechselten am Salzburger Lyceum, an welchem der theologische Studienbetrieb aufrecht erhalten wurde, die Dozenten der beiden Lehrkanzeln in den meisten Fällen bereits nach wenigen Jahren.[1] Lediglich Joseph Schöpf diente für insgesamt rund 36 Jahre als akademischer Lehrer, zunächst vier Jahre als Supplent und von 1852 bis 1884 als ordentlicher Professor für beide Fächer. Bis zum heutigen Tag kann kein anderer Professor für Kirchengeschichte und Kirchenrecht an der theologischen Fakultät in Salzburg auf eine längere Lehrtätigkeit zurückblicken als ‚Langzeitprofessor' Schöpf.

Mit Schöpfs Namen waren verschiedene Titel verbunden. Er war Ritter des Franz Josef-Ordens,[2] Doktor der Theologie,[3] k. u. k. Professor der Kirchengeschichte und des Kirchenrechtes in Salzburg,[4] sechsmal Dekan der theologischen Fakultät,[5] erzbischöflicher Konsistorialrat von Agram und fürsterzbischöflicher

1 Vgl. die Übersicht über die Lehrenden an den beiden Lehrkanzeln bei Hermann, Karl-Friedrich, Salzburgs hohe Schule zwischen den Volluniversitäten 1810–1962, in: SMGB 83 (1972) 356–602, hier 561. Die meisten Dozenten waren lediglich ein bis drei Jahre in der akademischen Lehre eingesetzt.

2 Vgl. Schwarzbach, Josef, Zum 40jährigen Schriftsteller-Jubiläum Dr. J. A. Schöpf. emer. k. k. Universitäts-Professor, Ritter des k. k. Franz Josef-Ordens, Salzburg 1888, 15; Schöpf, Joseph A., Mittheilungen des Herrn Professor Dr. Schöpf, in: Neuer Salzburgischer Haus- und Wirthschafts-Schreibkalender, Salzburg 1895, 27–48, hier 45.

3 Vgl. Schöpf, Mittheilungen (1895), 44.

4 Vgl. Universitätsarchiv Salzburg, Schreiben № 7404 der k. k. Statthalterei an das hochwürdige Decanat der theologischen Facultät in Salzburg vom 12. Oktober 1852 über die Anstellung des Dr. Schöpf (FA XXI Nr. 66) 1852.

5 Schöpf übernahm das Amt des Dekans für die Jahre 1855/56, 1858/59, 1860/61, 1863/64, 1868/69 sowie zuletzt 1874/75. Vgl. Hermann, Schule, 555.

geistlicher Rat von Salzburg,[6] f.e. Prosynodalexaminator und Metropolitangerichtsrat,[7] Pfarr-Konkurs Examinator,[8] Mitglied des Salzburger Gemeinderats,[9] Präses des katholischen Gesellenvereins.[10] Des Weiteren war er Gründer und Förderer verschiedener sozialer Einrichtungen im Gebiet der Stadt Salzburg[11] und Ehrenbürger der 15 Gemeinden des Salzburger Landbezirks.[12] Im heutigen Salzburger Stadtteil Gnigl wurde die ca. 70 Meter lange *Schöpfgasse* posthum nach ihm benannt.[13]

Schöpf war Zeit seines Lebens auf schriftstellerischem Gebiet tätig, wie er selbst an seinem Lebensabend bemerkte: „Alles was ich je zustande gebracht, verdanke ich meiner Feder."[14] Symptomatisch wird er in einem zeitgenössischen Lexikoneintrag zu seiner Person als „Kirchenrechtslehrer und Schriftsteller"[15] bezeichnet. Im Rahmen seiner wissenschaftlichen Tätigkeit erarbeitete Schöpf in den ersten Jahren nach seiner Ernennung zum ordentlichen Professor ein vierbändiges Handbuch des katholischen Kirchenrechts, welches gleichsam sein kirchenrechtliches Hauptwerk darstellt.[16] Sein zweites bedeutendes wissenschaftliches Werk stellen die von ihm erarbeiteten Reformvorschläge für die theologische Studienordnung in Österreich dar, welche maßgeblich in die 1858 erlassene Neufassung

---

6 Vgl. Rothbauer, Bruno, Guggenthal, Salzburg 1975, 14.

7 Vgl. Schöpf, Mittheilungen (1895), 45.

8 Vgl. Rothbauer, Guggenthal, 14.

9 Vgl. Schöpf, Mittheilungen (1895), 45.

10 Vgl. u. a. Schöpf, Mittheilungen (1895), 45; Schwarzbach, Schriftsteller-Jubiläum, 12; Grass, Franz, Schöpf, Joseph Anton, in: Österreichische Akademie der Wissenschaften (Hg.), Österreichisches biographisches Lexikon. 1815–1950. Band XI. Schoblik Friedrich – [Schwarz] Ludwig Franz, Wien 1999, 103 f., hier 104.

11 Vgl. Punkt 1.7 der vorliegenden Arbeit.

12 Vgl. Paarhammer, Hans, Prof. Dr. Joseph Anton Schöpf, in: Gemeinde Koppl (Hg.), Heimat Koppl. Chronik der Gemeinde, Koppl 2000, 267–272, hier 268; Grass, Franz, Joseph Anton Schöpf. Kirchenrechtslehrer in Salzburg 1849–1884, in: Pototschnig, Franz/Rinnerthaler, Alfred (Hg.), Im Dienst von Kirche und Staat. In memoriam Carl Holböck. (Kirche und Recht 17), Wien 1985, 317–326, hier 323; Schwarzbach, Schriftsteller-Jubiläum, 14.

13 Vgl. Salzburgwiki, Schöpfgasse. Verfügbar unter: http://www.salzburg.com/wiki/index.php/Sch%C3%B6pfgasse. Zuletzt geprüft am 10. Februar 2017; Rothbauer, Guggenthal, 14.

14 Schöpf, Joseph A., Mittheilungen des Herrn Professor Dr. Schöpf, in: Neuer Salzburgischer Haus- und Wirthschafts-Schreibkalender, Salzburg 1898, 27–37, hier 29.

15 Grass, Schöpf (1999), 103.

16 Vgl. die Darstellung und Analyse des Schöpf'schen Handbuchs in Punkt 3.3 der vorliegenden Arbeit.

des theologischen Curriculums in Österreich eingeflossen waren[17] und über Schöpfs Tod hinaus gültig waren.

Doch nicht nur auf dem akademischen Feld war Joseph Schöpf tätig. In den Jahren von 1848 bis 1851 war Schöpf Redakteur der *Salzburger Constitutionellen Zeitung*[18] und ab dem Jahr 1848 bis zu seinem Lebensende veröffentlichte er zahlreiche Kleinschriften zu verschiedensten Themen und Gebieten der Zeitgeschichte.[19] Aufgrund seines journalistischen Wirkens im unmittelbaren Anschluss an die Erklärung der Pressefreiheit in Österreich im Jahr 1848 wird Schöpf allgemein in die Riege der Wegbereiter der österreichischen Publizistik eingereiht.[20] Alles in allem präsentiert sich Schöpf dem zeitgenössischen Forscher als vielschichtige Person, welche auf zahlreichen unterschiedlichen Tätigkeitsfeldern im akademischen, sozialen, journalistischen, pastoralen sowie politischen Bereich wirkte. Als Ziele der vorliegenden Untersuchung werden somit, um dem Menschen Joseph Anton Schöpf gerecht zu werden und nicht einseitig auf ausgewählte Aspekte aus seinem Leben und Werk einzugehen, die im Folgenden dargestellten zwei Schwerpunkte definiert.

Zunächst wird eine Biographie Joseph Anton Schöpfs erstellt, welche möglichst umfassend auf dem verfügbaren Archivmaterial sowie den autobiographischen Quellen aufbaut. Die bisherigen Beiträge zur Lebensbeschreibung der Person Joseph Anton Schöpf referieren einerseits lediglich die Inhalte der Sekundärquellen der Zeitzeugen Schöpfs, andererseits widmen sie sich jeweils nur ausgewählten Kapiteln aus dessen Leben. Eine umfassende Auseinandersetzung mit den Primärquellen sowie der Versuch eine Gesamtbiographie zu erarbeiten stellte bisher ein Desiderat dar. Um dem Ziel einer Beschreibung des gesamten Lebens des Salzburger Kanonisten möglichst gerecht zu werden, versucht der Verfasser auf Basis der verfügbaren Primärquellen die Stationen in Schöpfs Lebenslauf nachzuzeichnen.

Ein zweiter Fokus soll auf das wissenschaftliche Schaffen Schöpfs gelegt werden, welches bisher noch nicht in nennenswerter Art und Weise untersucht wurde. Die im nächsten Teilkapitel dargestellte Sekundärliteratur aus dem 20. Jahrhundert beschränkt sich hinsichtlich Schöpfs wissenschaftlicher Werke auf je kurze Darstellungen der historischen Umstände der Entstehung des *Hand-*

17 Vgl. näher Punkt 3.1 der vorliegenden Arbeit.
18 Vgl. hierzu Punkt 1.4 der vorliegenden Arbeit.
19 Vgl. hierzu Punkt 2 der vorliegenden Arbeit.
20 Vgl. Schmolke, Michael, Wegbereiter der Publizistik in Österreich. Autoren mit ihren Arbeiten von Joseph Alexander von Helfert bis Wilhelm Bauer. 1848 bis 1938 (Neue Aspekte in Kultur- und Kommunikationswissenschaft 6), Wien 1992, 238 f.

buchs des Katholischen Kirchenrechts sowie der Schriften zur *Reform der theologischen Studienordnung in Österreich*. Umfassende inhaltliche Darstellungen der theologisch-kanonistischen Publikationen Schöpfs liegen bisher nicht vor. Im Rahmen der vorliegenden Studie soll jeweils der zeitgeschichtliche Kontext dieser Veröffentlichungen beleuchtet werden, vor allem aber sollen auch der inhaltliche Aufbau sowie die von Schöpf vorgenommenen Schwerpunktsetzungen analysiert werden. Der Fokus wird hierbei auf die Darstellung der Systematik des Schöpf'schen *Handbuchs des Katholischen Kirchenrechts* sowie die sich daran anschließenden inhaltlichen Akzente gelegt, wobei näherhin Schöpfs Ausführungen zur *päpstlichen Primatialgewalt* sowie seine *religionsrechtliche Position* eingehender analysiert werden.

0.2 Stand der wissenschaftlichen Bearbeitung und Quellenlage

Wie bereits festgestellt, liegt eine Gesamtdarstellung der Biographie sowie des wissenschaftlichen und schriftstellerischen Schaffens von Prof. Joseph Anton Schöpf bisher noch nicht vor. In allen bisherigen Arbeiten und Beiträgen, welche im Folgenden überblicksweise dargestellt werden, sind lediglich Teilaspekte aus Schöpfs Leben und Wirken analysiert worden. Die Zusammenschau seines theologischen und allgemein-schriftstellerischen Œuvres war bisher ein Desiderat.

Wissenschaftliche Auseinandersetzungen mit der Person Joseph Anton Schöpf liegen von den Rechtshistorikern Franz und Nikolaus Grass vor. In ihren beiden Beiträgen aus dem Jahr 1985 gehen die beiden Brüder über die biographischen Bemerkungen hinaus auf ausgewählte Aspekte des schriftstellerischen und wissenschaftlichen Schaffens Schöpfs ein.[21] Franz Grass würdigt Joseph Anton Schöpf als

> „ehrlich um das Volkswohl bemühten [Menschen] und Seelsorger. [...] Als urwüchsiger Mensch von unglaublicher Arbeitskraft hatte er den Mut, gegen den Strom zu schwimmen. Auch wenn er manchen Widerspruch erregt hat, überwiegen doch die positiven Werte seines Lebenswerkes. Als Erneuerer der Priesterausbildung in Salzburg und weit

---

21 Vgl. Grass, Schöpf (1985); Grass, Nikolaus, Kirchenrecht und Kirchengeschichte an der Hohen Schule zu Salzburg 1810–1985, in: Pototschnig, Franz/Rinnerthaler, Alfred (Hg.), Im Dienst von Kirche und Staat. In memoriam Carl Holböck. (Kirche und Recht 17), Wien 1985, 183–315. Im Rahmen eines biographischen Lexikonartikels bietet Franz Grass darüber hinaus die Eckdaten zu Schöpfs Leben und Wirken in einem zeitgenössischen Personenlexikon. Vgl. Grass, Schöpf (1999). Ein ebenfalls sich auf die biographischen Eckdaten beschränkender Lexikonbeitrag findet sich bei: Martetschläger, Johannes, Schöpf, Josef Anton, in: BBKL, 654.

darüber hinaus, als Schöpfer eines den Anforderungen seiner Zeit entsprechenden Handbuchs des Kirchenrechts hat er sich ein bleibendes Denkmal gesetzt."[22]

Einen weiteren zeitgenössischen biographischen Beitrag veröffentlichte Heinz Oberhuemer im Jahr 1999 anlässlich Schöpfs 100. Todestags in der Zeitschrift des Kolping-Diözesanverbands Salzburg.[23] Er beschreibt nach der Angabe der biographischen Eckdaten schwerpunktmäßig Schöpfs Wirken im Salzburger Gesellenverein sowie als Seelsorger an der Guggenthaler Kirche. Ein wissenschaftlicher Apparat zum Nachweis der Inhalte fehlt dem 7-seitigen Beitrag, bei dessen Aufbau sich der Autor weitgehend an den oben genannten Beiträgen der Gebrüder Grass orientiert haben dürfte.

Hans Paarhammer beleuchtete in einem Beitrag zu einer Festschrift der Salzburger Umlandgemeinde Koppl hauptsächlich das pastorale Wirken Schöpfs an der Guggenthaler Kirche, welche heutzutage der Pfarre Koppl als Filialkirche zugeschrieben ist.[24] Im Rahmen einer Arbeit zur Chronik ebendieser Kirche geht Bruno Rothbauer auf Schöpfs Leben und Wirken ein, da dieser viele Jahre als Seelsorger in Guggenthal wirkte und sich schlussendlich ebendort häuslich niederließ.[25] Bezüglich Rothbauers Darstellung ist anzumerken, dass am Ende der Arbeit lediglich pauschal auf die verwendeten Quellen hingewiesen wird. Ähnlich dem Beitrag von Oberhuemer findet der Leser auch bei Rothbauer keine Fuß- oder Endnoten zur Verifikation der Inhalte.

Unmittelbar nach seinem Tod wurden über Schöpf zwei Nachrufe verfasst. Im sog. ‚Neuen Salzburgischen Haus- und Wirthschafts-Schreibkalender' veröffentliche Johann Nußbaumer im Jahr 1901 einen Nachruf für die Leser des Kalenders, „für den er [= Schöpf] so oft die Feder ergriffen"[26] hatte. Nußbaumer urteilt, mit Schöpf

„ist eine der markantesten Gestalten des Salzburger Landes von hinnen geschieden. Große wissenschaftliche Begabung und Ausbildung finden wir in ihm gepaart mit einem edlen Herzen. [...] Schon das Äußere Dr. Schöpf's, seine mittelgroße Statur, die faltenreiche Denkerstirne, in die manch weiße Locke harabfiel, verrieth seinen kernigen, energischen Charakter. Als Professor wusste Dr. Schöpf seine Hörer mit Liebe und Begeisterung für den Gegenstand zu erfüllen, seine Geschichts-Darstellung war frei

22 Grass, Schöpf (1985), 326.
23 Vgl. Oberhuemer, Heinz, Professor Dr. Josef Anton Schöpf, in: Kolophon 15 (1999) 6–13.
24 Vgl. Paarhammer, Schöpf.
25 Vgl. Rothbauer, Guggenthal, v. a. 14–22.
26 Nußbaumer, Johann, Professor Dr. Josef Ant. Schöpf †, in: Neuer Salzburgischer Haus- und Wirthschafts-Schreibkalender, Salzburg 1901, 27–32, hier 27.

von jeder Einseitigkeit, sein Vortrag „frisch und frei und über einen freien Vortrag im Gegensatz zum Gelesenen, gibt es Nichts"."[27]

Schöpf zeichnete sich demzufolge durch „einen energischen und unbeugsamen Charakter, gepaart mit einem edlen Herz [aus]. Er besaß, wie er selbst sagte, „ein gregorianisches Naturell", das beim Anblicke der Armuth und menschlichen Elendes nicht hart sein könne."[28]

Die Salzburger *Katholische Kirchenzeitung* veröffentlichte am 21. November 1899[29] sowie am 24. November 1899[30] einen zweiteiligen Nachruf auf Schöpf, welcher den verstorbenen Professor und Seelsorger insgesamt als großen sozialen Wohltäter und verdienstvollen Wissenschaftler würdigt, hierbei jedoch kaum über die Angabe der wichtigsten Eckdaten aus Schöpfs Leben hinausgeht. Schöpf wird beschrieben als „durch und durch ein edler, kerniger Charakter, einerseits unbeugsam und energisch, andererseits weich und mild."[31] Als „eigenthümlichen Zug"[32] schilderte der unbekannte Autor Schöpfs „Abscheu gegen den Antisemitismus, weswegen er vielerlei Angriffe zu erdulden hatte."[33]

Aus dem direkten Umfeld Schöpfs stammen die drei biographischen Skizzen von Josef Schwarzbach,[34] Constantin Wurzbach[35] und Franz Anthaller.[36] Alle drei

---

27 Nußbaumer, Schöpf, 31; Nußbaumer zitiert Schöpf selbst: Vgl. Schöpf, Joseph A., Kleine Trias, Salzburg 1890, 13.

28 Nußbaumer, Schöpf, 32.

29 Vgl. o. N., Nachruf auf Dr. Josef Schöpf. Teil 1, in: Katholische Kirchenzeitung (39. Jg.), Nr. 91, Dienstag, den 21. November 1899, 744;

30 Vgl. o. N., Nachruf auf Dr. Josef Schöpf. Teil 2, in: Katholische Kirchenzeitung (39. Jg.), Nr. 92, Freitag, den 24. November 1899, 750 f.

31 o. N., Nachruf Schöpf (II), 750.

32 o. N., Nachruf Schöpf (II), 750.

33 o. N., Nachruf Schöpf (II), 750.

34 Vgl. Schwarzbach, Schriftsteller-Jubiläum; vgl. zur Person Schwarzbachs die Hinweise in FN 384 der vorliegenden Arbeit.

35 Vgl. Wurzbach, Constantin von, Schöpf, Joseph Anton, in: Wurzbach, Constantin von (Hg.), Biographisches Lexikon des Kaiserthums Oesterreich. Enthaltend die Lebensskizzen der denkwürdigen Personen, welche 1750 bis 1850 im Kaiserstaate und in seinen Kronländern gelebt haben. Einunddreißigster Theil. Schnabel – Schröter, Wien 1876, 193–195.

36 Vgl. Anthaller, Franz, Dr. Josef Anton Schöpf. Professor des Kirchenrechtes und der Kirchengeschichte an der theologischen Facultät zu Salzburg, Ritter des Franz Josef-Ordens, s. e. geistl. Rath von Salzburg und Consistorialrath von Agram, Ehrenbürger der vereinigten fünfzehn Gemeinden der Umgebung von Salzburg und Altpräses des Salzburger katholischen Gesellenvereines. Separat-Abdruck aus der ‚Katholischen

Beiträge bieten Zeitzeugenmaterial, welches an vielen Stellen als Beleg von anderweitig gegebenen Sekundärinformationen beiträgt. Bei dem mit Schöpf zeitlebens befreundeten und daher gut informierten Religionslehrer Anthaller findet sich eine Würdigung seines Weihekollegen:

> „Schon seine körperliche Erscheinung machte den Eindruck eines kräftigen Charakters, aber auch des Landmenschen. Niemand kam bei seinem ersten Anblicke in die Versuchung, ihn für einen Mann vom Hofe zu halten. Der erste Aufschlag seiner Augen ließ auf ein gewisses Mißtrauen und Geringschätzung gegen die Mitmenschen schließen, in weiterer Rede, besonders wenn man sich mit einer Bitte an ihn wandte, fand man einen stets bereitwilligen Geber, einen offenen Berather, einen unermüdlichen Helfer. Nie hat Schöpf darnach gestrebt, Geld zusammen zu scharren. Er hatte zwar ein gutes Einkommen, aber war nie bei Geld, weder im Leben, noch im Tode. In jüngeren Jahren liebte er mitunter studentische Bierfröhlichkeit, ohne je in das Gemeine gefallen zu sein. Er bewegte sich gerne in Kreisen von Professoren und liebte mitunter derbe Aeußerungen. Ich hielt ihn nie für einen großen Menschenkenner und ich kenne manche Fälle, daß er betrogen wurde, und manches einseitige und irrige seiner Urtheile. Seine Natur war zu lebhaft, seine Nerven trieben zu rascher That, zu vorschnell entschiedenen Urtheilen. Um nicht der Gefahr zu verfallen, der Lüge beschuldigt zu werden, verweise ich auf die heißen Kämpfe mit seinen Landsleuten, auf seine kleine Schrift „Die Presse und der katholische Clerus" und seinen Kampf mit den Antisemiten. Sein edler Charakter zeigt sich wieder in der Thatsache, daß er in dem Kalender-Aufsatz von 1886 Jedermann aufrichtige Abbitte leistet, den er etwa in seinen Schriften oder seinem Benehmen könnte beleidigt haben. Schöpf hat nun vollendet. Wohl dem Manne, der so viel für Gott und das dauernde Wohl seiner Mitmenschen gearbeitet hat!"[37]

Ein archivarischer Nachlass Schöpfs ist nicht bekannt. Vielmehr weist Nikolaus Grass auf Schöpfs letztwillige Verfügung hin, derzufolge seine gesamten Schriften verbrannt werden sollten.[38] Aufgrund dieser Verfügung Schöpfs erhebt der Verfasser der vorliegenden Arbeit keinen Anspruch auf Vollständigkeit in der Darstellung des Schöpf'schen allgemein-schriftstellerischen Schrifttums. Es kann letztlich nicht ausgeschlossen werden, dass einzelne Kleinschriften Schöpfs durch den Verfasser nicht ausfindig gemacht worden sind. Hinsichtlich der wissenschaftlichen Publikationen gibt es in den verfügbaren Quellen keine Hinweise,

Kirchenzeitung', Salzburg 1900. Vgl. zur Person Franz Anthallers die Hinweise in FN 97 der vorliegenden Arbeit.

37 Anthaller, Schöpf, 19–21.

38 Vgl. Grass, Kirchenrecht, 239. Der Verfasser der vorliegenden Studie konnte aufgrund seiner Nachforschungen im Rahmen der Erstellung dieser Arbeit die genannte letztwillige Verfügung nicht ausfindig machen. Grass gibt nicht näher an, wo das Testament einsehbar sei.

welche die Existenz weiterer theologisch-wissenschaftlicher Publikationen aus der Feder Schöpfs vermuten lassen.

Die akademische Lehrtätigkeit Schöpfs konnte anhand der Vorlesungsverzeichnisse der Salzburger Theologischen Fakultät aus dem Archiv der Universität Salzburg lediglich für das Jahr 1851 sowie den Zeitraum von 1874 bis 1884, auch hier jedoch nicht ohne Lücken, belegt werden. Das Vorlesungsverzeichnis für das Studienjahr 1849 konnte über die Stiftsbibliothek der Erzabtei St. Peter zu Salzburg eingesehen werden.[39] Im Bestand des Salzburger Universitätsarchivs befinden sich zahlreiche Archivstücke zum Berufungsverfahren der Jahre 1848 bis 1852, an dessen Ende Schöpf zum Professor für Kirchengeschichte und Kirchenrecht ernannt wurde.[40] Bemerkenswert sind hier die Originale der seitens der Studienhofkommission gestellten Fragen für die Concursprüfungen mit den jeweiligen Ausarbeitungsbögen der Kandidaten sowie der umfangreiche Schriftwechsel zwischen Studienhofkommission, f.e. Ordinariat, der Salzburger Statthalterei sowie dem Dekanat der Salzburger Theologischen Fakultät im Rahmen des genannten Verfahrens.

Im Archiv der Erzdiözese Salzburg existiert ein dünner Personalakt über Joseph Anton Schöpf. Im Bestand findet sich neben Kopien der bereits genannten biographischen Sekundärliteratur aus dem 20. Jahrhundert u. a. Schöpfs theologische Dissertation,[41] seine Todesmeldung,[42] eine vermeintliche Todesmeldung[43] sowie zahlreiche kleinere Dokumente aus dem f.e. Ordinariat und ein beträchtlicher Briefwechsel mit seinen Verwandten in der Auswandererkolonie am Pozuzo in Peru.[44]

Die reichhaltigsten Quellen zur Beschreibung der Biographie Schöpfs liefert ebendieser selbst. Über mehrere Jahre hinweg hat Schöpf v. a. im sog. ‚Neuen Salzburgischen Haus- und Wirthschafts-Schreibkalender‘ umfangreiche auto-

---

39 Vgl. Punkt 1.5.4 der vorliegenden Arbeit.

40 Vgl. die Ausführungen unter Punkt 1.3 der vorliegenden Arbeit.

41 Vgl. Archiv der Erzdiözese Salzburg, Dissertatio de Synodo dioecesana et de elementis Processus canonici. Elaborata et pro obtinendo gradu Doctoris s. theologiae facultate theologicae Salisburgensis die 28. Aprilis 1851 oblata a Josephus Schöpf presbytero saec. archidioeces. Salisburgensis (AT-AES 7.1.B2.33).

42 Vgl. Archiv der Erzdiözese Salzburg, Personalakt *Schöpf, Joseph*. Todesanzeige der Fa. Leopold Wallmann's concess. Leichenbestattung, Gnigl-Salzburg (AT-AES 2.17.A 2).

43 Vgl. Archiv der Erzdiözese Salzburg, Personalakt *Schöpf, Joseph*. Todesanzeige Don Giuseppe Schöpf vom 4. August 1875 (AT-AES 2.17.A 2). Vgl. hierzu FN 418 der vorliegenden Arbeit.

44 Vgl. hierzu Punkt 2.25 der vorliegenden Arbeit.

biographische Beiträge verfasst. Diese Selbstbilder Schöpfs bilden mit dem Archivmaterial die Grundlage für die Ausarbeitung der Biographie.

0.3 Zum Aufbau der Arbeit

Die vorliegende Arbeit gliedert sich in drei Hauptteile. Im ersten Schritt wird der Versuch unternommen, das Leben Joseph Anton Schöpfs nachzuzeichnen. Hierbei ergeben sich aufgrund des verfügbaren Materials Schwerpunktsetzungen auf der Zeit als Supplent für die Fächer Kirchengeschichte und Kirchenrecht und dem Berufungsverfahren, welches letztlich zur Bestellung als Professor für die genannten Fächer führte,[45] sowie auf den Zeiten seiner Tätigkeit als Redakteur der *Salzburger Constitutionellen Zeitung*,[46] als Ordinarius für Kirchengeschichte und Kirchenrecht[47] und seinem Wirken im sozial-caritativen und pastoralen Bereich.[48] Zeithistorisch aufschlussreich sind die Ausführungen über Schöpfs Beziehungen zu zeitgenössischen Theologen und Kanonisten sowie seine Teilnahme am sog. ‚Münchner Gelehrtenkongress' im Jahr 1863. Vor allem sein Verhältnis zum Münchner Kirchenhistoriker Ignaz v. Döllinger und seine Positionsbekundungen zu den Fragestellungen des Ersten Vatikanischen Konzils[49] zeitigen Auswirkungen in Schöpfs wissenschaftlichen Veröffentlichungen zur *Reform der theologischen Studiengänge in Österreich* sowie seinem *Handbuch des katholischen Kirchenrechts.*

Im zweiten Hauptkapitel soll das allgemein-schriftstellerische Werk Schöpfs, soweit es dem Verfasser der vorliegenden Arbeit aufgrund der Quellenlage zugänglich war, in den Blick genommen werden.[50] Schöpf veröffentlichte in den Jahren 1848 bis 1894 rund 30 Kleinschriften zu verschiedensten Themen und Gebieten. Beachtenswert sind diese Publikationen aus zeitgeschichtlicher Perspektive, da sich Schöpf als politisch interessierter und engagierter Bürger zu Themen wie dem sog. ‚Kulturkampf', der Salzburger ‚Judenfrage', der Tiroler Auswanderergruppe an den peruanischen Pozuzo sowie der ‚Tiroler Glaubenseinheitsfrage' äußerte. Des Weiteren bieten die zahlreichen Kleinschriften wertvolle Ergänzungen und Präzisierungen zur im ersten Hauptteil erstellten Biographie

---

45 Vgl. Punkt 1.3 der vorliegenden Arbeit.
46 Vgl. Punkt 1.4 der vorliegenden Arbeit.
47 Vgl. Punkt 1.5 der vorliegenden Arbeit.
48 Vgl. Punkt 1.7 der vorliegenden Arbeit.
49 Vgl. die Punkte 1.6.2 bis 1.6.4 der vorliegenden Arbeit.
50 Die Unterkapitel des zweiten sowie des dritten Hauptteils der vorliegenden Untersuchung wurden vom Verfasser chronologisch nach dem Jahr der Erstveröffentlichung der behandelten Publikationen gegliedert.

Schöpfs. Vor allem das sozial-caritative und pastorale Engagement Schöpfs, welches im ersten Hauptteil lediglich überblicksweise mit den drei von Schöpf in Salzburg mitgegründeten Vereinen, dem St. Anna-Spital sowie der Kirche in Guggenthal verknüpft wurde, kann durch die Inhalte der Anlassschriften Schöpfs im zweiten Hauptkapitel differenzierter dargestellt werden. Da sich aus den dargestellten Schriften kaum theologisch-wissenschaftlich relevante Inhalte erheben lassen, tragen ebendiese nicht nennenswert zur Profilierung des *Professors* Schöpf dar. Jedoch bietet sein allgemein-schriftstellerisches Œuvre wertvolles Material zur Konturierung der Überzeugungen, Haltungen und Positionen des *Priesters* und *Philanthropen* Joseph Anton Schöpf in Fragen des religiösen und politischen Zeitgeschehens.

Der abschließende dritte Hauptteil widmet sich den kanonistischen und theologischen Veröffentlichungen Schöpfs. In Summe publizierte er drei selbstständige wissenschaftliche Werke, darunter sein vierbändiges Handbuch des Kirchenrechts. Ein viertes Manuskript blieb unveröffentlicht. Im Rahmen des dritten Hauptkapitels sollen diese Werke analysiert werden, wobei der Schwerpunkt auf Schöpfs Vorschlägen hinsichtlich einer *Reform der theologischen Studienordnung in Österreich*[51] sowie seinem *Handbuch des Katholischen Kirchenrechts*[52] gelegt wird. Der Systematik des Schöpf'schen Handbuchs folgend, werden die inhaltliche Schwerpunktsetzungen analysiert und mit der kanonistischen Doktrin seiner Zeit abgeglichen. Ein Exkurs zum Verhältnis von katholischer Kirche und demokratischem Rechtsstaat in der zweiten Hälfte des 19. Jahrhunderts[53] soll Schöpfs progressive Positionsbekundung hinsichtlich des Verhältnisses von kirchlicher und staatlicher Gewalt vor dem Hintergrund der lehramtlichen Entwicklung seiner Zeit akzentuieren. Kurze Abschlussbemerkungen zu Schöpfs Leben und Wirken schließen die Arbeit ab.

51 Vgl. Punkt 3.1 der vorliegenden Arbeit.
52 Vgl. Punkt 3.3 der vorliegenden Arbeit.
53 Vgl. Punkt 3.3.3.3.2 der vorliegenden Arbeit.

1 Zur Biographie Joseph Anton Schöpfs

1.1 Kindheit, Schulbildung und Studienzeit

Joseph Anton Schöpf wurde am Nachmittag des 5. Februar 1822[54] im Tiroler Ötztal, näherhin in Umhausen, Rosslach Nr. 5, als viertes Kind und einziger Sohn der wohlhabenden katholischen Bauersfamilie[55] Johann und Maria Schöpf[56] geboren und noch am selben Tag in der Pfarrkirche Umhausen getauft.[57] Die Mutter

---

54 Nikolaus Grass gibt als Geburtsdatum fälschlicherweise den 3. Februar 1822 an (vgl. Grass, Kirchenrecht, 215), neben dem Eintrag in das Taufbuch der Pfarre Umhausen (vgl. Pfarre Umhausen, TB 1 1806–1834. Taufbuch der Pfarre Umhausen (Tirol) 1806–1834. Verfügbar unter: https://apps.tirol.gv.at/bildarchiv/#1457000067771_1. Zuletzt geprüft am 03. März 2016, 53) bezeugen jedoch den 5. Februar 1822 u.a. Anthaller, Schöpf, 3; Grass, Schöpf (1985), 318; Paarhammer, Schöpf, 267; Rothbauer, Guggenthal, 14; Schwarzbach, Schriftsteller-Jubiläum, 3; Wurzbach, Schöpf, 193; Nußbaumer, Schöpf, 27.

55 Vgl. Anthaller, Schöpf, 3; Grass, Schöpf (1985), 318. Anschließend an Rothbauer, Guggenthal, 14 („Er war das Kind schlichter Landleute.") schreibt dem obigen entgegenstehend Paarhammer vom Aufwachsen in „bescheidenen Verhältnissen" (Paarhammer, Schöpf, 267). Beide scheinen sich hierbei auf den Beitrag von Wurzbach zu beziehen: Vgl. Wurzbach, Schöpf, 193: „Das jüngste Kind schlichter Landleute."

56 Joseph Anton Schöpfs Vater Johann Schöpf (1770–1846) war Schuster und Landwirt in Umhausen im Tiroler Ötztal. Er stammte aus der Nachbarpfarrei Längenfeld. Schöpfs Mutter Maria Schöpf (1777–1872), geb. Holzknecht aus Niederthai bei Umhausen, gebar im Alter von 46 Jahren Joseph Anton Schöpf als einzigen Sohn, nachdem sie bereits drei Mädchen geboren hatte. Vgl. Rothbauer, Guggenthal, 14. Aus ihrem Leben ist u.a. die Episode überliefert, dass sie „mit dem das Oetzthal bereisenden Prinzen, nachmaligen König Ludwig I. (von Bayern) ein Tänzchen gemacht [hatte], ein Ereigniß, das nicht blos in der Familie, sondern auch im weiten Umkreise der Gemeinde in Erinnerung blieb." (Wurzbach, Schöpf, 193; vgl. auch: Nußbaumer, Schöpf, 29).

57 Der Name des Taufpaten lautete Anton Neurauter. Vgl. Pfarre Umhausen, TB 1 1806–1834, 53; Hinsichtlich seiner Taufe berichtet Schöpf, dass im Nachgang seiner Tauffeier der Brauch abkam, nach der sakramentalen Taufe ein Festessen einzunehmen, welche in Österreich *Taufschmaus, Taufmahl, Taufessen* oder *Kindsmahl* genannt wird: „Bei meinem Taufmahle gab es Streit, infolge dessen die Taufschmause in meinem Geburtsorte für immer abkamen. Und das war gut, zumal es für das neugeborene Würmchen eine Höllenpein ist, ohne Nahrung stundenlang in Qualm und Rauch zu sein. Mir galt und gilt es als Omen für Kampf ums Rechte geboren zu sein." (Schöpf, Mittheilungen (1895), 43 FN 1).

übte als Vorbild in puncto Fleiß und Frömmigkeit,[58] welche allgemein den Ötztalern zugesprochen wurde,[59] großen Einfluss auf die Entwicklung Schöpfs aus.[60]

Nach dem Willen des Vaters war Schöpf dazu bestimmt, ein Studium zu absolvieren,[61] sodass auf den Besuch der Klosterschule der Zisterzienserabtei Stams zunächst die Ausbildung an der *Hauptschule in Imst*, wo er bereits Vorunterricht in Latein erhielt,[62] sowie ab 1832 der Besuch des Gymnasiums in der Nordtiroler Hauptstadt *Innsbruck* folgte.[63] Die Gymnasialklassen schloss Schöpf 1838 ab und

---

58 Vgl. Schöpfs Beschreibung seiner Mutter: Schöpf, Joseph A., Aus meinem Leben. Minigs Maidele, in: Neuer Salzburgischer Haus- und Wirthschafts-Schreibkalender, Salzburg 1886, 49–62, v.a. 57–62.

59 Vgl. die Umschreibung des *eisernen Geschlechts der Ötztaler* bei Schwarzbach, Schriftsteller-Jubiläum, 3: „Die Oetzthaler sind ein eisern Geschlecht von Leuten. Die fürchterlichen Kämpfe mit den Elementen, die unaufhörlich sich wiederholenden Gefahren der Muhren, die ihre fruchtbaren Thalgründe in Schutthalden umwandeln, Ueberschwemmungen und Bergstürze machten die Bewohner dieses Thales eisenhart und ausdauernd. Und doch ist ihnen ein weiches Gemüth eigen; neben ihrer Arbeitsamkeit zeichnet sie Freundlichkeit, Sittsamkeit und ein inniges Gottvertrauen aus. Solcher Leute Kind war Schöpf." Vgl. auch die Beschreibung des Ötztals bei Schöpf, Joseph A., Mittheilungen des Herrn Professor Dr. Schöpf, in: Neuer Salzburgischer Haus- und Wirthschafts-Schreibkalender, Salzburg 1897, 27–38, hier 29–32.

60 Vgl. Nußbaumer, Schöpf, 27; Paarhammer, Schöpf, 267.

61 Vgl. autobiographisch: Schöpf, Leben (1886), 50: „Dieses einzige Söhnlein [= Joseph Anton Schöpf] hatte der Vater schon vor der Geburt an für die Studi bestimmt; es sollte kein „Leider", wie der Bauer ist, sondern ein „Herr" werden." Vgl. auch Anthaller, Schöpf, 3.
Ohne nähere Angabe einer Quelle gibt Rothbauer an, dass Schöpfs Mutter ihren Sohn für den Priesterstand vorgesehen hatte. Ihr Einfluss habe Schöpf schlussendlich in seiner Studien- und Berufswahl entscheidend gelenkt. Vgl. Rothbauer, Guggenthal, 15.

62 Vgl. Schöpf, Leben (1886), 51: „Indeß höher als die Stamser Schule stand die in Imst. Dort war die „Hauptschule" unter Falger's Directorate und so mußte das Bübchen [= Joseph Anton Schöpf] dahin und wurde beim „Büchsenmacher Förgl" einquartirt. In Imst lag damals eine Abtheilung der Toskana-Dragoner und Korporal Klein war Förgls Haus- und Tischgenosse und der hatte das Oezthalerle recht lieb, machte ihm einen hölzernen Säbel, band daran ein altes Porteépeé und setzte es auf sein Rößlein. So was gefiel nun dem Bübchen weit besser als *mensa mensae*, das ihm P. Bonifaz Holzer eintrichterte."; vgl. auch: Schwarzbach, Schriftsteller-Jubiläum, 4.

63 Vgl. Grass, Schöpf (1999), 103; vgl. ferner die autobiographische Beschreibung der gesamten Schul- und Studienzeit: Schöpf, Leben (1886), 50–58; vgl. auch: Grass, Kirchenrecht, 215. Grass weist an dieser Stelle darauf hin, dass der damalige Präfekt

setzte sodann in Innsbruck seine Studien fort, indem er seinen ersten philosophischen Logik-Kurs belegte.[64] Er wohnte hierbei mit drei weiteren Studenten, welche ebenso alle Schöpf hießen, mit Joseph Anton Schöpf jedoch nicht verwandt waren, in einer Innsbrucker Studierstube.[65]

1835 erwarben die Eltern nach dem Verkauf des Besitzes in Umhausen das weitschichtige Gut ‚Freundsheim'[66] (auch ‚Sigmundsfreud' genannt) bei Barwies in der Gemeinde Mieming im Tiroler Oberinntal,[67] auf welchem der junge Schöpf gerne sein Leben lang geblieben wäre.[68] So besuchte er das elterliche Gut während der Semester so oft es irgendwie möglich war an den schulfreien Tagen[69] und im siebenten Gymnasialjahr kehrte Schöpf sogar für ein ganzes Jahr nach Hause zurück, um Bauer zu werden.[70] Weder in seinen Schuljahren noch seinen ersten Studiensemestern am Gymnasium in Innsbruck konnte Schöpf nämlich eine

---

des Gymnasiums, P. Alois Schnitzer, in Folge zum Abt von Stams gewählt wurde und somit in den Jahren 1839–1867 als 37. Abt des Zisterzienserstifts Stams fungierte. Vgl. Gessinger, Gerd, Art. *Schnitzer, Alois OCist.*, in: Biographia Cisterciensis (Cistercian Biography). Verfügbar unter: http://www.zisterzienserlexikon.de/wiki/Schnitzer,_Alois. Zuletzt geprüft am 14. Februar 2017.
Über die Lehrer seiner gesamten Schulzeit und über sein eigenes Gebaren als Schüler urteilte Schöpf wie folgt: „Alle diese [= die Lehrer] waren vortreffliche Lehrer, die es mit uns Studenten allerbest meinten. Aber leider war ich ein Faulpelz, der lieber zum Bier-Wastel als in die Schule ging." (Schöpf, Mittheilungen (1895), 43).

64 Vgl. Grass, Kirchenrecht, 215; Schwarzbach, Schriftsteller-Jubiläum, 4.

65 Vgl. Schöpf, Leben (1886), 52.

66 Vgl. Krezdorn, Siegfried, Das ehemalige landesfürstliche Jagdschlößchen Freundsheim, in: Tiroler Heimatblätter 43 (1968) 1–16; Weingartner, Josef/Hörmann-Weingartner, Magdalena, Die Burgen Tirols. Ein Burgenführer durch Nord-, Ost- und Südtirol. Mit einer Einführung in die Burgenkunde, Innsbruck/u. a. ³1981, 127.

67 Vgl. Schöpf, Joseph A., Von einer Predigt, so gehalten wurde am 24. Juli 1887 in der Pfarrkirche Miemingen. Gott ist mächtiger als alle Verleumdungen (eine lehrreiche Geschichte), Salzburg 1888, 1; Schöpf, Leben (1886), 52; vgl. auch: Paarhammer, Schöpf, 267; Grass, Schöpf (1985), 318.

68 Vgl. Grass, Schöpf (1985), 318; vgl. autobiographisch: Schöpf, Leben (1886), 53: „Als [der Student Schöpf] in der Ferialzeit zum erstenmal das neue Heim betreten hatte, dachte er bei sich: „da bleibe ich, pfeiff aufs studiren". War er ja einziger Sohn und früher oder später natürlicher Erbe des schönen Anwesens."

69 Vgl. autobiographisch: Schöpf, Leben (1886), 53: „Waren 2 continuirliche Vacanztage, so wurde am Vortage spät Nachmittags von Innsbruck aufgebrochen, heimgegangen und manchmal im Kuhbarren übernachtet."

70 Vgl. autobiographisch: Schöpf, Leben (1886), 53–55; vgl. auch: Anthaller, Schöpf, 4; Schwarzbach, Schriftsteller-Jubiläum, 5; Grass, Schöpf (1985), 318.

Leidenschaft für das Lernen und die Wissenschaft entwickeln, was mit seiner großen *Heimatverbundenheit* und seiner Vorliebe für die *Landwirtschaft* zu erklären versucht wird.[71] In den Ferienmonaten verbrachte er seine Zeit so meistens auf dem elterlichen Gut Freundsheim „mit seinem prächtigen Hause, herrlichen Wäldern, Wiesen und Teichen […] in Compagnie mit anderen lustigen Studenten […] und spekulirte als einziger Sohn auf den Besitz“[72].

---

71 Vgl. Anthaller, Schöpf, 3; Schwarzbach, Schriftsteller-Jubiläum, 4; vgl. auch die Selbstbeschreibung Schöpfs vor dem Aufbruch nach Innsbruck in Schöpf, Leben (1886), 51: „Als der Knabe [= Joseph Anton Schöpf] 10 Jahre hinter sich hatte, sollte er nach Innsbruck in die I. Gymnasialklasse. Er wollte durchaus nicht zur Studi. Hatte er ja seine „Sugelen“ und „Muttelen“, „Blaßlen“ und „Spählen“ so lieb und war ihm so wohlig auf den heimatlichen Bergen, auf „Unter- und Oberebene“ auf dem „Sattelan“ und den „Brennböden“.“

72 Schöpf, Predigt, 1; vgl. auch: Schöpf, Leben (1886), 53. Auf ebendiesen Besitz, welcher ihm als Erbe zustand, verzichtete Schöpf jedoch im Jahr 1841 zugunsten seiner mit Ignaz Hirn verheirateten Schwester, welche das Anwesen Freundsheim im Jahr 1849 schließlich veräußerte. Vgl. Schöpf, Leben (1886), 58; Rothbauer, Guggenthal, 15; Zuvor ließ Hirn jedoch am Haus Umbaumaßnahmen vornehmen, welche Schöpf bereits missbilligte. Vgl. Schöpf, Predigt, 1: „Mein lieber Schwager Ignaz hat leider den aus Sigmunds Zeit stammenden, die ganze Gegend verschönernden Schloßthurm niedergerissen, und aus den Steinen Kalk gebrannt.“

Schöpf erwarb nach dem Verkauf von Freundsheim (vgl. Schöpf, Leben (1886), 59) für seine Mutter und seine Schwester mit ihren sechs Kindern ein kleines Anwesen in Barwies, welches er „standes- und culturgerecht herrichten ließ, wobei die armen Leute Geld verdienten, wodurch man sich bekanntermassen beliebt macht.“ (Schöpf, Predigt, 1) Rothbauer spekuliert, dass Schöpfs Schwester bereits verwitwet war und somit allein als Bäuerin das weitläufige Gut Freundsheim nicht bewirtschaften konnte.

In späterer Zeit fungierte Schöpf in den von ihm sog. ‚Professors-Ferien‘ als Aushilfspriester an der Barwieser Filialkirche, lukrierte Finanzmittel für das Gotteshaus und bekam so vom Brixner Bischof für die Kirche die *iurisdictio ad dies vitae* verliehen (Vgl. Schöpf, Predigt, 1). Das von Schöpf angekaufte kleinere Anwesen in Barwies wurde 1862 wieder verkauft.

Schöpfs ältere Schwester Maria Anna Egg, verheiratet mit Caspar Egg, verließ Europa im Jahr 1857 und wanderte mit ihrem Mann und sieben Kindern nach Pozuzo in Peru aus. Vgl. Schöpf, Joseph A., Die Tiroler-Colonie am Pozuzo in Peru. Separatabdruck aus dem Oesterr. Jahrbuch 1892, Salzburg 1892, 1. Schöpf schildert an dieser Stelle, dass er zunächst noch versuchte, seine Schwester Maria Anna, welche „nicht auf Rosen gebettet“ (Schöpf, Tiroler-Colonie, 1) war, von der Emigration abzuhalten, wobei es ihm selbst nicht möglich war, sie finanziell ausreichend zu unterstützen. „Bei meinem geringen Gehalt von 600 fl. konnte ich

Im Jahr 1839, am „Schlusse der Ferien, die der absolvirten „Logik" folgten,"[73] begab sich Joseph Anton Schöpf „mit dreien seiner lustigen Kammeraden nach Salzburg, um daselbst „Physik" zu studieren."[74] Dieser erste Salzburgbesuch fand jedoch nach acht Tagen bereits ein jähes Ende, denn „die Sehnsucht nach den lieben Viehern hielt der Oezthaler für unüberwindbar"[75] und so machte er sich, mit einem Zwischenstopp in Innsbruck, nach Hause zu seinen Eltern auf.[76] Er kehrte mit dem Vorsatz nach Hause, das Studieren aufzugeben und sein Leben fortan als Bauer zu verbringen. Der Vater machte dem Sohn wütend Vorwürfe,[77] die Mutter trug ihren Kummer im Gebet[78] und der Sohn Joseph Anton „mühte sich unverdrossen an der schweren Wirthschaftsarbeit, die, weil ihm ungewohnt, seine Kräfte sichtlich hernahm."[79]

Maria Anna um so weniger unterstützen, als ich noch für sechs Doppelwaisen einer anderen Schwester und für meine alte Mutter, die in Barwies mein Häuschen bewohnte, zu sorgen hatte." (Schöpf, Tiroler-Colonie, 1) Zum Zeitpunkt der Emigration im Jahr 1857 war Schöpfs obengenannte Schwester und deren Gatte Ignaz Hirn, welche seinerzeit das Anwesen Freundsheim erbten, bereits verstorben. Schöpf datiert an anderer Stelle den Tod seiner Schwester in das Jahr 1852. Vgl. Schöpf, Leben (1886), 59.

73 Schöpf, Leben (1886), 53.

74 Schöpf, Leben (1886), 53.

75 Schöpf, Leben (1886), 53.

76 Vgl. Schöpf, Leben (1886), 53: So sagte Schöpf „nach acht Tagen den Herren Commilitonen [...] Adieu, zog heimwärts, probirte „Physik" in Innsbruck und als er bei der Erstsemester-Prüfung vom Chlor und vom Wasserstoffgas keinen Dunst und möglich einen Sechser zu erwarten hatte, stand er plötzlich auf und sagte zum examinirenden Professor „Much": „Leben Sie wohl". Tags darauf wurde mit Sack und Pack heimgeschoben. Hannesle [= Schöpfs Vater] war schier außer sich vor Ingrimm und Scham."

77 Vgl. Schöpf, Leben (1886), 53: Joseph Anton Schöpf zitiert seinen Vater mit folgendem Ausspruch: „So lange studirt, so viel gekostet und jetzt Bauer, noch dazu ein herrischer Bauer, ein halbstudirter Bauer, die allerz'widerste Gattung."

78 Vgl. Schöpf, Leben (1886), 54: Schöpfs Mutter „ertrug ihr schweres Leid still und stumm. Alltäglich nach Feierabend gieng's ins „Kappelle" (Kapelle) und betete und weinte vor dem lieblichen Bilde der Himmelsmutter, das von mancherlei Votivgaben z.B. Täfelchen mit der Auffschrift: „Maria hat geholfen" umkränzt war. Nur wenn sie ihren Joseph, der in Folge täglicher harter Arbeit sichtlich abmagerte, anschaute perlten Thränen auf ihr rauhes Gewand, deren Bedeutung der Angeschaute ganz gut verstand und schwer fühlte."

79 Schwarzbach, Schriftsteller-Jubiläum, 5.

Bis September 1840 blieb Joseph Anton Schöpf auf dem elterlichen Besitz und innerhalb dieses Jahres konnte der ehemalige Gymnasialstudent reichlich Erfahrungen über das Leben als Ex-Student sowie die Realität der bäuerlichen Existenz sammeln. Auf der einen Seite lernte er die Kehrseite des romantisch-verklärten Landlebens, „die harte, schwere Arbeit des Bauers und seine Mißerfolge gründlich kennen, andererseits gewann er die Überzeugung, daß er als studirter Bauer unter seinen Mitbürgern, die den „davongesprungenen" Studenten arg lästerten, nur eine geringe Achtung genießen würde."[80] Diese Erfahrungen im Kopf habend, wurde Schöpf schlussendlich durch gut gemeinte Ratschläge von Freunden sowie das Drängen seiner Mutter davon überzeugt, seine philosophischen Studien wieder aufzunehmen und seine Gymnasialstudien nun in Graz zu einem erfolgreichen Abschluss zu führen.[81] Am 18. September 1840 machte sich Schöpf zu Fuß von Freundsheim über Salzburg auf den Weg nach Graz,[82] wo er am 28. September eintraf, seine Studien der Philosophie

80 Schwarzbach, Schriftsteller-Jubiläum, 5; vgl. die autobiographische Beschreibung bei Schöpf, Leben (1886), 54.

81 Vgl. Schöpf, Leben (1886), 55; Schöpfs Mutter musste schlussendlich keine Überzeugungsarbeit mehr leisten, da dem Sohn das harte Landleben nicht behagte und er als ehemaliger Student in der Ortsgemeinde seiner Eltern keine Akzeptanz bzw. Anschluss fand und Schöpf sich somit zur Wiederaufnahme des Studiums entschloss: „[N]ur zu früh wurde mir die Sache [= das Leben als Bauer] gründlich verleidet. Unter den rohen, liebelosen Bauernlümmeln ist der Exstudent wahrlich nicht zu beneiden und die ungewohnte harte Arbeit wollte mir auch nicht behagen. Daher kam ich Liebmütterchen mit Freuden entgegen, als es im September 1840 sagte: „Studir weiter, geh nach Graz, was du brauchst geben wir."" Schöpf, Mittheilungen (1895), 43.

82 Vgl. Schöpf, Leben (1886), 55: „„Ja ich gehe nach Graz um weiterzustudiren." Am 18. September erfolgte der Abmarsch. Das Ränzl auf dem Rücken, das „Schwingmanterl" d'raufg'schnallt, wurde der ganze Weg von Freundsheim bis Graz „mit Vaters Rappen" zurückgelegt. So kam man zum zweitenmale nach Salzburg, übernachtete im „Gabler", frühstückte in Guggenthal, gelangte nach 1 Stunde über Ischl hinaus, schlief in einer Holzhütte, das Ränzl unter dem Kopf, den Mantel als Decke, so süß wie sonst nie. In Eisenerz wurde eben das Prachtvieh des Erzherzog Johann zur Tränke getrieben, bewundert und darob geseufzt. Momentaner Rückfall in Bauerngusto. Die Strecke von Leoben bis Graz wurde bedeutend abgekürzt dadurch, daß man den „Diebsweg" einschlug. Der führte ununterbrochen durch Wälder in denen steirische Holzknechte beschäftigt waren. Die hatten riesige Kröpfe und gurgelten so unverständliches Zeug, daß man nicht klar werden konnte, wie weit es noch bis Frohnleithen sei. Im Gasthause zur „Kaiserkrone" der Färbergasse wurde abgestiegen und g'nachtmahlt. Nach einer Stunde Pumbs! Pumbs!

fortsetzte und in dieser Phase schließlich eine regelrechte Begeisterung für das Lernen entwickelte.[83] Während des Aufenthalts in Graz erging es Schöpf sehr gut, da er vor Ort auf verwandtschaftliche Kontakte zählen konnte. P. Arbogast Schöpf, ein Vetter Joseph Anton Schöpfs, war Guardian des Grazer Franziskanerkonvents und Leopold Hirn, ein Bruder seines Schwagers Ignaz Hirn, war Magistratsbeamter.

Aus der Grazer Studienzeit sind eine Varizellen-Erkrankung sowie eine 15-wöchige Typhusinfektion mit Krankenhausaufenthalt in der Zeit des Jahreswechsels 1840/41 überliefert.[84] Nach der Rekonvaleszenz stellten sich die körperlichen und geistigen Kräfte Schöpfs erst langsam wieder ein, weshalb er sich nicht zutraute, die vorgeschriebenen Prüfungen für die beiden ‚philosophischen Jahre' im Sommer 1841 abzulegen. So machte er sich am Ende des Studienjahres zunächst ohne absolvierte Prüfungen zu Fuß auf den Weg nach Hause zu seinen Eltern und Schwestern ins Oberinntal.[85] Über die zunächst nicht abgelegten Prüfungen schreibt Josef Anthaller:

---

vom Schloßberge. „Es brennt!" „Wo"? „In St. Peter" (1 ½ Stunden außerhalb Graz.) Der Student hinaus, hinunter um Lugeck, auf die Spritze und mit nach St. Peter. Am nächsten Morgen sagte der Wirth: „Aber gestern waren's do saudumm; ganz müde und noch da auffi zu St. Peter". Im Jahre 1873, also 33 Jahre später, hatte man sich wieder in der „Kaiserkrone" einlogirt. Der brave Wirth lebte noch. „Erinnern Sie sich noch an jenen Studenten, der beim Brande in St. Peter mitgefahren?" „Ja wohl – die Dummheit habe ich nie vergessen." Am 28. September 1840 meldete sich Maid'l's Student [= Schöpf] beim Director der philosophischen Facultät, Dr. Appeltauer."

83 Vgl. Paarhammer, Schöpf, 267.

84 Vgl. Schöpf, Mittheilungen (1895), 43; Schöpf, Leben (1886), 56; Schwarzbach, Schriftsteller-Jubiläum, 5; Schöpf, Joseph A., Das St. Anna-Bezirkskranken- und Versorgungshaus. Denkschrift, Salzburg 1884, 35. An letztgenannter Stelle erwähnt Schöpf die Rohheit der männlichen Wärter im allg. Grazer Krankenhaus, welcher er ‚verkostete'.
Eine weitere schwere Typhusinfektion ist aus dem Jahr 1865 überliefert. Nachdem der behandelnde Arzt Schöpfs Mutter, welche fortwährend am Krankenbett ihres Sohnes saß und betete, mitteilte, dass Schöpf wohl mit dem Tode zu rechnen hätte, riet diese ihrem Sohn, er sollte ein Gelübde bzgl. einer monatlichen Wallfahrt nach Maria Plain bei Salzburg sprechen: „„Verlob Dich alle Monate nach Plain, wer weiß, ob Gott nicht hilft." Ich [= Schöpf] that es und von dem Momente an gings auffallend besser. Selbstverständlich halte ich mein Wort pünktlich und wallfahrte allmonatlich zu unserer lieben Frau in Plain." (Schöpf, Mittheilungen (1895), 46; vgl. auch Schöpf, Leben (1886), 60).

85 Sein Fußmarsch, welcher ihn recht umständlich von Graz über Hartberg, Wiener-Neustadt, Wien, Linz, Salzburg und Innsbruck nach Barwies führt, wurde von Schöpf

„Seit dem December 1840, als Schöpf krank geworden [...], wollte die Schwäche lange nicht weichen. Darum getraute sich unser Student die Prüfungen für die zwei philosophischen Kurse nicht gleich zu machen, sondern verschob sie bis nach den Ferien. [...] Bereits im nächsten Juni [= d. J. 1841] gelang es Schöpf, die erste und im Juli die zweite Prüfung mit gutem Erfolge zu machen und nebenbei alle für den theologischen Kurs vorgeschriebenen anderen Prüfungen."[86]

1.2 Aufnahme in das Salzburger Priesterseminar und Priesterweihe

Bereits während der schweren Typhusinfektion in Graz hatte Schöpf den Entschluss gefasst, sich dem Studium der Theologie zu widmen,[87] hielt diesen jedoch vorerst noch vor seinem Umfeld geheim.[88] Um aber nicht ein volles Jahr zu verlieren, stellte er sich bereits im Frühsommer 1841 auf dem Fußmarsch von Graz zu seinen Eltern ins Ötztal in Salzburg dem damaligen Direktor des Salzburger Priesterhauses vor.[89] Den für sich gefassten Entschluss, Theologie zu studieren

im Rückblick als mehrwöchentliche Irrfahrt bezeichnet. Vgl. Schöpf, St. Anna, 35 FN 1; Schöpf, Leben (1886), 57.

86 Anthaller, Schöpf, 5.

87 Vgl. Schöpf, Mittheilungen (1895), 43: „Ich erkrankte [...] im December zuerst an Schafblattern, dann an Typhus abdominalis und verblieb 15 Wochen im Allgem. Krankenhause. In dieser Zeit faßte ich den Entschluß, Priester zu werden." Vgl. auch die Beschreibung bei Anthaller, Schöpf, 4 f.: Schöpf lag im Grazer Allgemeinen Krankenhaus „durch fünfzehn Wochen zwischen Leben und Tod. Durch volle neun Tage war er außer Stande, das Geringste zu genießen. Er hörte eines Tages mit eigenen Ohren, daß sein Doctor sich zum Krankenwärter äußerte: „Heute wird unser Tiroler auch noch vollenden." In dieser langen Zeit ist dem jovialen, kecken und vertrauensseligen Studenten der Ernst des Lebens klar geworden. Seine durch die fromme für Gott gewonnene Seele erhob sich in heißem Seufzer zu Ihm und sicherlich entstand damals das Gelübde in ihm, im Falle der Genesung sich dem Priesterstande widmen zu wollen. [...] So viel ist gewiß, daß von jener Zeit an der Entschluß in ihm fest geworden ist, sein Leben von jetzt an im Dienste Gottes zu verbringen."

88 Vgl. Schöpf, Leben (1886), 57.

89 Vgl. Schwarzbach, Schriftsteller-Jubiläum, 6; vgl. auch Anthaller, Schöpf, 5: Um nach den Grazer Studien „nicht ein Jahr zu verlieren, bewarb [Schöpf] sich bei seiner Rückreise von Graz wieder über Salzburg in letzterer Stadt gleich bei dem neuen Regens im Priesterhause, Josef Moslechner [sic!], um die Aufnahme in die theologische Facultät, indem er versprach, im Laufe des bevorstehenden Schuljahres die ausständigen beiden [philosophischen] Prüfungen nachzutragen. Wegen Mangels dieser vorgeschriebenen Prüfungen hatte aber der Bewerber nicht gleich als Alumnus aufgenommen werden können, wenn ihm auch der Besuch der Vorlesungen gestattet

und um Aufnahme in das Priesterseminar zu bitten, verlor Schöpf auch nicht durch Versuche seines Ötztaler Umfeldes, ihn zu einem Studium der Rechtswissenschaften zu bewegen.[90]

Die Tatsache, dass sich Schöpf für das *Salzburger* Priesterseminar bewerben wollte, war nicht ohne Konfliktpotenzial. Die Diözese Brixen, zu der seine Nordtiroler Heimat gehörte, verstand sich damals Schöpf zufolge „als das eigentliche Eldorado des Katholizismus, als Hochwarte und Leuchte der Orthodoxie. Dagegen stand Salzburg nicht im besten Geruche."[91] So bemerkt Schöpf, dass – vor dem Hintergrund dieser Lage – er „mit seiner Salzburgerei vorerst an sich halten und zunächst die Gesinnung der Eltern ausspähen"[92] musste. Seine Eltern beschrieb er als „g'scheit genug sich mit dem Plane augenblicklich einverstanden zu erklären und [sie] entließen am Schlusse der Ferien ihren Sohn mit den besten Segenswünschen zum theol. Studium nach Salzburg."[93] Lediglich der Verzicht auf das elterliche Gut Freundsheim musste noch schriftlich erklärt werden. Auf ebendiesen Besitz, welcher ihm als einzigem

war." (Vgl. auch Schöpf, Leben (1886), 58) Die beiden Prüfungen legte Schöpf im Juni und Juli 1841 mit gutem Erfolg ab.

90 Schöpf schildert, wie zwei Bürger seines Heimatortes versuchten, ihn zum Studium der Rechtswissenschaften zu bewegen, indem sie den geistlichen Stand, v.a. in finanzieller Hinsicht, negativ zeichneten. Vgl. Schöpf, Leben (1886), 57: „Bist Geistlicher, so mußt Du rein für Andere leben. Hast was, so ziehen dich die Verwandten aus und dafür hast Teufels Dank; je mehr Du ihnen gibst, desto mehr wollen sie und schließlich thust Du mit deinen Gaben nicht einmal etwas Gutes; denn die Verwandten steifen sich auf Dich, werden faul und liederlich. Hinterläßt Du ein Paar Kreuzer, so ist ihnen das zu wenig und sie schmeißen Dir noch Schimpf und Schand ins Grab hinein – kurzum Du hast für Dein Gutsein gegen die Verwandten schlechten Dank. Bist Geistlicher, so ist es um Deine Freiheit geschehen; beim Geistlichen wird selbst harmloses Vergnügen schief angeschaut und beurtheilt. Nimm's nicht übel, ich meine es gut mit Dir, Du hast in deinem Wesen das Zeug nicht für den geistlichen Stand. Du bist viel zu jovial und ungenirt, behandelst die Leute viel zu vertraulich und verstehst es nicht den Herrn zu spielen und daß ist bei den Leuten, die den Menschen blos nach seiner Erscheinung beurtheilen, die Hauptsache. Zudem schätzest Du das Geld viel zu wenig. Das Geld verschafft aber weit mehr Ansehen, als alles andere. Vor dem Geldmenschen reißt selbst der seinen Hut ab, der ihn innerlich verachtet; vor dem Geldprotzen – und wäre er auch der ärgste Schuft – sinkt Alles in Staub."

91 Schöpf, Leben (1886), 58.

92 Schöpf, Leben (1886), 58.

93 Schöpf, Leben (1886), 58.

männlichen Erben zustand, verzichtete Schöpf vor seiner Abreise zugunsten seiner mit Ignaz Hirn verheirateten Schwester.[94]

Nach der Aufnahme in das Salzburger Priesterseminar im Oktober 1841[95] studierte Schöpf mit Elan und Begeisterung Theologie an der Theologischen Fakultät Salzburg und formulierte am Ende seines Lebens rückblickend: „So wurde ich Salzburger und bin es bis heute mit Leib und Seel. Nichts – selbst nicht meine Geburtsstätte – geht mir über Salzburg."[96] In der Zeit seiner Ausbildung im Salzburger Priesterhaus wird Schöpf durch seinen damaligen Kurskollegen *Franz Anthaller*[97] als allgemeine Bereicherung des Seminarlebens, insbesondere jedoch der abendlichen Diskussionen über philosophische und theologische Fragestellungen, in welchen Schöpf als wendiger Diskutant beeindruckte, beschrieben.[98]

---

94 Vgl. Rothbauer, Guggenthal, 15; Schöpf, Leben (1886), 58.

95 Vgl. Grass, Schöpf (1985), 318.

96 Schöpf, Mittheilungen (1895), 43.

97 *Franz Anthaller* (geb. 30. November 1821 in Salzburg; gest. 16. März 1905) empfing nach dem Studium in Salzburg am 5. Dezember 1844 die Priesterweihe. Nach dem Einsatz in der Seelsorge wirkte Anthaller als Religionslehrer an der Normalhauptschule in Salzburg, dann an der Lehrerbildungsanstalt und Übungsschule. Zwischen 1858 und 1893 lehrte er Katechetik und Schulmethodik an der Salzburger Theologischen Fakultät. Anthaller war Säkularkanoniker des Stifts Mattsee bei Salzburg. Vgl. Hermann, Schule, 591; Archiv der Erzdiözese Salzburg, Anthaller, Franz (1822–1905), Regesta Ecclesiastica Salisburgensia. Verfügbar unter: http://www.res.icar-us.eu/index.php?title=Anthaller,_Franz_(1822-1905). Zuletzt geprüft am 29. September 2016. Vgl. auch die biographische Skizze Schöpfs über seinen Weihekollegen Anthaller: Schöpf, Mittheilungen (1895), 39 f.
Zu seinem biographischen Bericht über Schöpf bemerkte Anthaller, er glaubte, „als sein Studiengenosse, als ehemaliger Docent der Katechetik an der Theologie und als sein Mitarbeiter und nunmehriger Nachfolger im katholischen Gesellenvereine, einige Berechtigung zu haben, in dieser Sache das Wort zu ergreifen." (Anthaller, Schöpf, 3).

98 Vgl. Anthaller, Schöpf, 6: „Nach dem Eintritte Schöpfs [in das Salzburger Priesterseminar] fingen wir Salzburger an, bald die Aufmerksamkeit in der Erholungszeit auf uns zu ziehen, namentlich in den Abendstunden im Refectorium. Da stand täglich ein Kreis beisammen und es wurde so lebhaft disputiert, daß man das Glockenzeichen, das zur Betrachtung ruft, überhörte. Meistens behandelten wir philosophische Themate, insbesondere die güntherische Philosophie [...]. Diese unsere ganz freien Disputationen wußte Schöpf besonders zu beleben. Da waren manche, welche mehr als er in diesen Lehrsätzen unterrichtet waren, aber keiner konnte leichter seine Gegner durch seine Fechtweise verwirren, durch unvermuthete Gegenfragen aus dem Zusammenhange bringen, sie in eine abschüssige Gasse drängen oder die Begriffe schärfer fassen, als unser Schöpf."

Als Student der Salzburger theologischen Fakultät beteiligte sich Schöpf nicht an den „mit dummem Zeuge verplauderte[n] Stunden“[99] seiner Kommilitonen, äußerte jedoch einmal laut hörbar im Hörsaal seine Kritik am Professor für Exegese des Neuen Testaments, *Johann Fabian*,[100] und nahm dafür auch eine schlechtere Benotung in Kauf.[101]

Am 17. Dezember 1842 wurde Schöpf durch den Salzburger Erzbischof, Kardinal Friedrich Fürst Schwarzenberg, im Rupertioratorium des Salzburger Doms die Tonsur erteilt und die sog. ‚niederen Weihen‘, d. h. das Ostariat, das Lektorat, das Exorzistat und das Akolythat, gespendet. Gemäß damaligem Kirchenrecht stellte der Empfang der Tonsur die Aufnahme in den Klerikerstand dar. Am 5. Juli 1845 empfing Schöpf die Weihe zum Subdiakon und am 27. Juli 1845 die Diakonatsweihe. Beide Weihen wurden wiederum von Kardinal Schwarzenberg im Rupertioratorium des Salzburger Doms gespendet.[102]

Schöpf empfing am 1. August des Jahres 1845 im Rupertioratorium des Salzburger Doms durch Handauflegung des Salzburger Erzbischofs, Kardinal Schwarzenberg, im Alter von 23 ½ Jahren[103] die

99 Anthaller, Schöpf, 6.

100 *Johann Nepomuk Fabian* (geb. 9. Januar 1807 in Wssetat (Böhmen); gest. 3. Juni 1861 in Prag) studierte Theologie und Philosophie in Prag und empfing 1832 die Priesterweihe und promovierte 1838 in Prag zum Doktor der Theologie. Von 1833–1836 war er Adjunkt der theologischen Fakultät Prag und supplierte ab 1837 ebendort das Fach ‚Neues Testament‘. Ab 1837 bis 1850 Professor für Neues Testament in Salzburg, im Anschluss ab 1850 Professor für Pastoraltheologie in Prag. Vgl. Hermann, Schule, 569.

101 Vgl. Anthaller, Schöpf, 6: „Dafür erzürnte [Schöpf] sich doch auch einmal über unseren Professor der höheren Exegese [...] weil er das Wort „Sarazene“ aus dem Tzechischen ableiten wollte, derart, daß er mit lauter Stimme sich zu sagen getraute: „Das ist mir zu dumm.“ Dafür mußte er eine schlechtere Note in Kauf nehmen.“

102 Vgl. Archiv der Erzdiözese Salzburg, Schöpf, Joseph (1822–1899), Regesta Ecclesiastica Salisburgensia. Verfügbar unter: http://www.res.icar-us.eu/index.php?title=Sch%C3%B6pf,_Joseph_%281822-1899%29. Zuletzt geprüft am 19. Januar 2017.

103 Das Konzil *von Trient* forderte in *can. 12* der *Sessio XXIII* als Zulassungsalter für die Weihe zum Presbyter das angetretene 25. Lebensjahr. Vgl. bspw.: Sägmüller, Johannes B., Lehrbuch des katholischen Kirchenrechts. Einleitung – Kirche und Kirchenpolitik, Quellen des Kirchenrechts, Verfassung der Kirche. I. Band, Freiburg i. Br. [3]1914, 211; Hinschius, Paul, Das Kirchenrecht der Katholiken und Protestanten in Deutschland. System des katholischen Kirchenrechts mit besonderer Rücksicht auf Deutschland. Erster Band (Unveränd. genehmigter Nachdr. d. Ausg. Berlin 1869), Graz 1959, 19.

Priesterweihe.[104] Am 24. August 1845 feierte der Neupriester Schöpf in der Geburtsgemeinde seines Vaters, in Längenfeld im Ötztal, seine Primizmesse.[105] Unter hundertfachem Echo der Pöllerschüsse zog der Primiziant in die Kirche, in welcher im Rahmen der Primizmesse Schöpfs Studienfreund Joseph Greuter[106] die Festpredigt gehalten hat.[107]

Die Bischöfe des deutschen Sprachraums hatten jedoch im Rahmen der ihnen verliehenen *Quinquennalfakultäten* die Möglichkeit vom Weihealter um ein Jahr zu dispensieren: „Dispensandi super defectu aetatis unius anni, ob operariorum penuriam; ut promoveri possint ad sacerdotium, si alias idonei fuerint." (Mejer, Otto, Die Propaganda, ihre Provinzen und ihr Recht. Mit besonderer Rücksicht auf Deutschland dargestellt. Zweiter Theil, Göttingen 1853, 208) Nicht mehr das angetretene 25. Lebensjahr, sondern bereits das angetretene 24. Lebensjahr waren somit für den Empfang der Priesterweihe ausreichend.
Der Text dieser Quinquennalfakultäten ist bis auf den Anfang des 18. Jh. zurückzuverfolgen und wurde im deutschen Sprachraum vielfach gedruckt. Die einzelnen Textfassungen unterscheiden sich hierbei lediglich in kleinen Details. Vgl. die Zusammenschau verschiedener Textfassungen bei Mejer, Propaganda (II), 204.
Für das Gebiet der Erzdiözese Salzburg dokumentiert der Salzburger Professor für Kirchenrecht Corbinian Gaertner die Quinquennalfakultäten in einer durch Papst Clemens XIV. gewährten Textfassung vom 9. Juli 1772. Vgl. Gaertner, Corbinian, Corpus juris ecclesiastici Catholicorum novioris, quod per Germaniam obtinet. Tomus II, Salzburg 1799, 435–439.

104 Vgl. Archiv der Erzdiözese Salzburg, Schöpf, Joseph; Schöpf, Mittheilungen (1895), 43.

105 Vgl. Schöpf, Mittheilungen (1895), 43; vgl. auch: Anthaller, Schöpf, 7. Eine anlässlich seines Sekundiztages am 24. August 1895, verfasste Schöpfs Nachfolger auf der Lehrkanzel für Kirchengeschichte und Kirchenrecht, der spätere Salzburger Erzbischof *Ignaz Rieder* (vgl. Ortner, Franz, Salzburgs Bischöfe in der Geschichte des Landes (696–2005) (Wissenschaft und Religion 12), Frankfurt a. M. 2005, 317–322), eine Grußnote an Schöpf, welche sich im Bestand des Salzburger Diözesanarchivs befindet. Vgl. Archiv der Erzdiözese Salzburg, Personalakt *Schöpf, Joseph*. Grußnote Ignatius Rieder vom 24. August 1895 (AT-AES 2.17.A 2).

106 *Josef Greuter* (geb. 1. Oktober 1817 in Tarrenz (Nordtirol); gest. 21. Juni 1888 in Innsbruck) war katholischer Priester und Politiker. Nach mehrjähriger Tätigkeit als Hilfspriester wirkte er ab 1850 als Religionslehrer am Staatsgymnasium in Innsbruck. Reichsrats- und Landtagsabgeordneter ab 1864. Vgl. Österreichisches Biographisches Lexikon und biographische Dokumentation, Greuter, Josef. Verfügbar unter: http://hw.oeaw.ac.at/oebl/oebl_G/Greuter_Josef_1817_1888.xml. Zuletzt geprüft am 19. Mai 2016.

107 Vgl. Schöpf, St. Anna, 35; vgl. auch: Schöpf, Leben (1886), 58: „Wie bei der Primiz [Mutter] Maidele war, kann und braucht nicht gesagt zu werden. Helle Thränen

Im Anschluss an den Weiheempfang wirkte Schöpf als *Hilfspriester*[108] in *Stumm im Zillertal*,[109] wo er Religionsunterricht regulär an zwei Schulen, mitunter jedoch vertretungsweise an zwei weiteren Schulen abhielt und zeitweise auch den Schullehrer am eine Stunde entfernten Gattererberg für den gesamten Unterricht vertrat.[110] Seine Zeit als Hilfspriester in Stumm hob Schöpf an seinem Lebensabend ausdrücklich positiv hervor:

> „In Stumm verlebte ich wirklich [...] die Maienzeit meines Priesterthums. Die häuslichen Verhältnisse waren vorzüglich, der Pfarrer Joh. Georg Schwarz aus Rehberg in Böhmen für uns Junge ein wahrer Vater, die Mitcoadjutoren aufrichtige Freunde und die Köchin, Fräulein Magdalena von Schmuck in jeder Hinsicht eine Musterwirthschafterin, die den seelenguten Herrn Pfarrer aus den Schulden gerissen hat."[111]

1.3 Dozent für Kirchengeschichte und Kirchenrecht an der theologischen Studieneinrichtung des Salzburger Lyceums und Ernennung zum Professor

Im Februar 1848 wurde Schöpf auf Betreiben von Maximilian von Tarnóczy[112] durch Kardinal Schwarzenberg vom pastoralen Dienst abgezogen und als *Sup-*

---

lauterster Freude perlten auf dem bleichen Antlitze des 69jährigen Mütterchen als es aus der Hand ihres Sohnes, der soviel Kummer und Sorgen bereitet, die heilige Communion empfing."

108 Das Rechtsinstitut der *Hilfsgeistlichen* ist zu unterscheiden von dem der *Pfarrvikare*, welche anstelle des Pfarrers die Pfarrei leiten, sowie den seit dem 12. Jh. an zahlreichen Pfarrkirchen anzutreffenden *Altaristen* oder *Benefiziaten*, welche ohne Verpflichtung zur Pfarrseelsorge gemäß spezifischer Stiftungsurkunde gewisse Messen an bestimmten Altären zu zelebrieren hatten. Vgl. näher: Sägmüller, Lehrbuch (I), 496–489; Hinschius, Paul, Das Kirchenrecht der Katholiken und Protestanten in Deutschland. System des katholischen Kirchenrechts mit besonderer Rücksicht auf Deutschland. Zweiter Band. (Unveränd. genehmigter Nachdr. d. Ausg. Berlin 1878), Graz 1959, 318–328; Scherer, Rudolf Ritter von, Handbuch des Kirchenrechtes. Erster Band, Graz 1886, 644–655; Grass, Franz, Pfarrei und Gemeinde im Spiegel der Weistümer Tirols, Innsbruck 1950, 57–88.

109 Die Ziller bildete seit alters her die Grenze des Salzburger Diözesangebietes. Vgl. für den Tiroler Anteil der Erzdiözese Salzburg: Dörrer, Fridolin, Der Tiroler Anteil des Erzbistums Salzburg. Geschichtliche Bemerkungen, Innsbruck 1969.

110 Vgl. Schöpf, Mittheilungen (1895), 43; Nußbaumer, Schöpf, 28.

111 Schöpf, Mittheilungen (1895), 43 f; vgl. auch: Schöpf, Leben (1886), 58.

112 Maximilian von Tarnóczy wirkte nach seiner Promotion im Jahr 1832 in Wien von 1833–1843 als Dogmatikprofessor in Salzburg und bekleidete zwischen 1845 und 1848 das Amt des Direktors des theologischen Studiums in Salzburg. In weiterer

plent für Kirchengeschichte an die *theologische Studieneinrichtung* des *Salzburger Lyceums* gerufen,[113] an welcher er nach dem Studienjahr 1849 auch das Fach Kirchenrecht vertrat.[114]

Folge war Maximilian von Tarnóczy von 1850–1876 Erzbischof von Salzburg. Vgl. Hermann, Schule, 588; Ortner, Bischöfe, 293–298.

113 Vgl. Universitätsarchiv Salzburg, Note № 27 des hochwürdigsten fürsterzbischöflichen Consistoriums vom 27. Februar 1848 (FA XXI Nr. 1) 1848; Der mit der Erteilung des Lehrauftrags für Kirchengeschichte an Schöpf in Zusammenhang stehende Schriftverkehr ist dokumentiert im Universitätsarchiv Salzburg. Vgl. Universitätsarchiv Salzburg, Note № 7652 der Studienhofkommission vom 10. April 1848 (FA XXI Nr. 2) 1848; Universitätsarchiv Salzburg, Note № 40 vom 24. April 1848 (FA XXI Nr. 3) 1848; Universitätsarchiv Salzburg, Note № 11421 der Studienhofkommission vom 30. April 1848 (FA XXI Nr. 4) 1848.
Im Vorlesungsverzeichnis wird Schöpf das erste Mal im Studienjahr 1849 mit einer zehnstündigen Vorlesung über christliche Kirchengeschichte in lateinischer Sprache angeführt. Vgl. Lyzeum, Salzburg, Personalstand des kaiserl. königl. Lyzeums zu Salzburg und Ordnung der öffentlichen Vorlesungen, welche an demselben im Studienjahre 1849 gehalten werden, Salzburg 1848, 7. Gemeinsam mit Johann Hetzenauer wird Schöpf in der Kategorie der Supplenten des theologischen Studiums geführt. Vgl. Lyzeum, Personalstand (1849), 4.
Vgl. auch: Schulte, Johann F. von, Die Geschichte der Quellen und Literatur des canonischen Rechts von Gratian bis auf die Gegenwart. Band III, 1. Von der Mitte des 16. Jahrhunderts bis zur Gegenwart, Stuttgart 1880, 435; Schöpf ersetzte als Dozent für Kirchengeschichte den in das Domkapitel von Triest berufenen Prof. Dr. theol. Joseph Schneider. Vgl. knapp zur Biographie und zum Wirken Schneiders als Salzburger Professor für Kirchengeschichte und Kirchenrecht: Grass, Kirchenrecht, 213. Den Einschnitt in Schöpfs Biographie, welchen das Jahr 1848 mit der Berufung an die Theologische Fakultät und die Aufnahme der Redaktion der Salzburger Constitutionellen Zeitung darstellte, beschreibt rückblickend Franz Anthaller. Vgl. Anthaller, Schöpf, 7: „Der wichtigste Augenblick seines Lebens war ihm [= Schöpf] gekommen. Der Cardinal berief den jungen Hilfspriester, den Bauernsohn, der noch keine weiteren tieferen Studien zu machen im Stande gewesen, ich darf sagen „vom Pfluge weg", mitten in das stürmische Treiben der regierenden Kreise. Sein Licht, das bis jetzt im Verborgenen geleuchtet hatte, sollte nun Allen leuchten, die im ganzen Hause wohnen."

114 Vgl. Grass, Schöpf (1985), 318; Die Fächer Kirchengeschichte und Kirchenrecht waren gesetzlich einander zugeordnet und bis 1833 mussten die Kandidaten, welche auf die vakante Lehrkanzel berufen werden sollten, in einer einzigen Concursprüfung ihre Lehrbefähigung für beide Fächer nachweisen. Ab 1833 wurden die Fächer prüfungsmäßig getrennt, die beiden Concursprüfungen mussten jedoch im Abstand von lediglich einem Monat absolviert werden. Lediglich bei Supplenten wurden Ausnahmen gestattet und so kam es vor, dass verschiedene Supplenten für die beiden

Schon im Verlauf des Theologiestudiums hatte Schöpf Professor Tarnóczy, welcher die Angewohnheit hatte, in der Vorlesungssitzung zum einen Teil zu diktieren und zum anderen Teil zu examinieren, auf sich aufmerksam gemacht. In der Pause eines 1844 durch Tarnóczy abgehaltenen Kolloquiums sagte dieser zu Schöpf: „Heute habe ich gefunden, daß Sie Anlage für eine theol. Professur hätten. Bei der erstvorkommenden Vakanz an der theol. Facultät werde ich auf Sie reflectiren, merken Sie sich das."[115] Als sich der Alumnus Schöpf 1845 nach der Beendigung seines Theologiestudiums von den Professoren der Salzburger Fakultät verabschiedete, „erinnerte der inzwischen zum Studiendirektor aufgestiegene Domherr Tarnóczy den Neupriester an das ihm seinerzeit gegebene Wort, das er bei der nächst sich bietenden Gelegenheit einlösen werde."[116]

Am 17. Dezember 1847 erhielt Schöpf, zu dieser Zeit noch als Hilfspriester in der Landseelsorge in Stumm im Zillertal tätig, einen Brief des Studiendirektors Tarnóczy mit der Information, dass Professor Joseph Schneider in seine Heimatdiözese Triest zurückkehren werde und Schöpf sich somit auf die Vertretungstätigkeit im Fach Kirchengeschichte vorbereiten solle.[117] Tarnóczy betonte in diesem Schreiben ausdrücklich, dass er sein 1844 gegenüber Schöpf gegebenes Wort gewissenhaft einlösen werde. Schneller als erwartet erhielt Schöpf am 25. Februar 1848 ein Consistorial-Dekret mit der Weisung, sich unverzüglich

Fächer eingesetzt wurden. So gab es die Trennung der beiden Fächer in den Jahren 1819/20 sowie 1821–1823. 1848 wurde Schöpf als Supplent für Kirchengeschichte eingesetzt, das Kirchenrecht wurde – bis Schöpf auch dieses Fach 1849 übernahm – von Johann Hetzenauer gelesen. Vgl. Hermann, Schule, 455.
Der mit der Erteilung des Lehrauftrags für Kirchenrecht an Hetzenauer in Zusammenhang stehende Schriftverkehr ist ebenso im Universitätsarchiv Salzburg dokumentiert. Vgl. Universitätsarchiv Salzburg, FA XXI Nr. 1; Universitätsarchiv Salzburg, FA XXI Nr. 2; Universitätsarchiv Salzburg, FA XXI Nr. 3; Universitätsarchiv Salzburg, FA XXI Nr. 4.

115 Schöpf, Joseph A., Gefällige Mittheilungen des Herrn Consistorialraths und Professors Dr. Schöpf, in: Neuer Salzburgischer Haus- und Wirthschafts-Schreibkalender, Salzburg 1887, 1–25, 8 FN 2.

116 Grass, Kirchenrecht, 216 f.

117 Vgl. Schöpf, Trias, 10: „Tarnoczy hatte bereits 1844 mir als Alumnus des III. Curses versprochen, daß er sich bemühen werde, die zuerst vacirende Professur der theologischen Facultät mir einzuräumen. Er hat Wort gehalten. Schon im Dezember 1847 schrieb er an mich: „Die Lehrkanzeln der Kirchengeschichte und des Kirchenrechtes werden vacant werden, bereiten Sie sich vor. Schneider kömmt nach Triest."" Vgl. auch: Schöpf, Mittheilungen (1887), 8.

nach Salzburg zu verfügen. Das Kollegium der Professoren der Theologischen Fakultät hatte Schöpf für die *Supplierung der Kirchengeschichte* vorgeschlagen.[118]

Am Faschingssonntag des Jahres 1848 predigte Schöpf zum letzten Mal in der Kirche in Stumm. Am nächsten Tag reiste er nach Salzburg und nahm am 10. März 1848 die Vorlesungstätigkeit im Fach Kirchengeschichte auf,[119] wobei er sich aus kirchenhistorischer Perspektive mit dem Theologen Paschasius Radbertus[120] beschäftigte. Schöpfs Vorgänger auf der Lehrkanzel, Joseph Schneider, der zu diesem Zeitpunkt noch in Salzburg war, stimmte Schöpfs Vorlesungsinhalten nicht zu, weil seines Erachtens die vorgetragenen Ausführungen über die Eucharistie *antigüntherianisch*[121] waren und sich lediglich auf den im Anschluss

---

118 Vgl. Schöpf, Mittheilungen (1887), 8.

119 Vgl. Schöpf, Mittheilungen (1887), 8; Anthaller, Schöpf, 7; Als kirchenrechtliches Lehrbuch verwendet wurde in der Zeit des Lyceums: Rechberger, Georg, Enchiridion Juris ecclesiastici Austriaci. Tomus primus, Linz ²1819; Rechberger, Georg, Enchiridion Juris ecclesiastici Austriaci. Tomus secundus. Jus ecclesiasticum privatum, Linz ²1819; vgl. allgemein zur Geschichte der Salzburger theologischen Fakultät im 19. Jahrhundert: Hermann, Karl-Friedrich, Zur Geschichte der theologischen Fakultät in Salzburg im 19. Jahrhundert, in: MGSL 109 (1969) 295–338; Hermann, Schule, 359–483; Hermann, Karl-Friedrich, Wissenschaft in Salzburg bis zur Wiedererrichtung der Universität (1519–1962), in: Dopsch, Heinz/Spatzenegger, Hans (Hg.), Geschichte Salzburgs. Stadt und Land. Band II. Neuzeit und Zeitgeschichte. 3. Teil, Salzburg 1991, 1853–1906, hier 1889–1901 (Die dazugehörigen Anmerkungen und Literaturhinweise finden sich bei: Hermann, Karl-Friedrich, Wissenschaft in Salzburg bis zur Wiedererrichtung der Universität (1519–1962), in: Dopsch, Heinz/Spatzenegger, Hans (Hg.), Geschichte Salzburgs. Stadt und Land. Band II. Neuzeit und Zeitgeschichte. 5. Teil. Literatur – Anmerkungen – Register zu Teil 1,2,3 und 4, Salzburg 1991, 3445–3460, hier 3455–3459).

120 *Paschasius Radbertus* (geb. um 790 im Raum Soissons; gest. um 859 in Corbie) war Theologe und Abt v. Corbie. Er hatte in seiner Schrift *De fide, spe et caritate* eine erste Darstellung einer spekulativ-systematischen Eucharistielehre entworfen und stand damit am Beginn der umfangreichen sakramententheologischen Entwürfe und Entwicklungen des Mittelalters. Vgl. Jorissen, Hans, Paschasius Radbertus, in: LThK³, 1411 f.

121 *Güntherianismus* ist ein um 1850 entstandener Terminus zur Bezeichnung des phil.-theol. Systems Anton Günthers und seiner Freunde, welches etwa von 1830 bis 1870 den kath. wissenschaftlichen Diskurs herausforderte und von der Neuscholastik bekämpft wurde. Vgl. Schwedt, Herman, Günther, Anton, in: LThK³, 1105–1107.
Auch in Salzburg war der Güntherianismus an der Theologischen Fakultät, und somit auch in der Ausbildung der Priester, prägend. Vgl. Anthaller, Schöpf, 6: „Nach dem Eintritte Schöpfs [in das Salzburger Priesterseminar] fingen wir Salzburger an, bald die Aufmerksamkeit in der Erholungszeit auf uns zu ziehen, namentlich in

an das Konzil von Trient herausgegebenen *Catechismus Romanus*[122] stützten. Die Vertretungstätigkeit für das Fach Kirchenrecht wurde Schöpf nach dem Studienjahr 1849 übertragen.[123] Schöpf berichtet im Rückblick davon, dass sich die Hörerzahl in seinem ersten Jahr der Vorlesungstätigkeit auf 18 Studenten belief.[124]

In den Jahren der Umwandlung des Salzburger Lyceums zur Universitätsfakultät wurde nach dem Weggang Professor Joseph Schneiders durch die Studienhofkommission bereits im März 1848 eine Concursprüfung für die Fächer Kirchengeschichte und Kirchenrecht ausgeschrieben.[125] Schöpf absolvierte im Mai desselben Jahres die Concursprüfung für Kirchengeschichte und im Juli die Prüfung für Kirchenrecht.[126] Für den 25. Mai 1848 wurde die Concursprüfung für

---

den Abendstunden im Refectorium. Da stand täglich ein Kreis beisammen und es wurde so lebhaft disputiert, daß man das Glockenzeichen, das zur Betrachtung ruft, überhörte. Meistens behandelten wir philosophische Themate, insbesondere die güntherische Philosophie [...]. In jener Zeit war diese Philosophie in Oesterreich in der geistlichen wie weltlichen Wissenschaft die herrschende. Die geistlichen Professoren der Theologie, wie die weltlichen am Lyceum, dozierten güntherische Philosphie und selbst die Dogmatik wurde uns [...] durch Günthers Philosophie verständlich gemacht."

122 Vgl. Catechismus Romanus ex Decreto Concilii Tridentini ad Parochos. Pii V Pont. Max. iussu editus, Antverpia 1572.

123 Vgl. Grass, Kirchenrecht, 217; sein Supplentengehalt für das Fach Kirchengeschichte betrug damals monatlich 35 fl. Conventionsmünze. Von diesem Gehalt bestritt Schöpf die Ausgaben für sich, seine Schwester sowie seinen Neffen. Ab dem Jahr 1849 erhöhten sich seine monatlichen Einnahmen, da ihm die mit 25 fl. Conventionsmünze dotierte Vertretung für das Fach Kirchenrecht zusätzlich übertragen wurde. Vgl. Schöpf, Mittheilungen (1895), 44.

124 Vgl. Schöpf, Mittheilungen (1895), 44 FN 1.

125 Vgl. Universitätsarchiv Salzburg, Note № 6162 der Studienhofkommission vom 6. März 1848. Ausschreibung der Concursprüfung für die Lehrkanzeln Kirchenrecht und Kirchengeschichte an der theologischen Studieneinrichtung des Salzburger Lyceums (FA XXI Nr. 5) 1848; vgl. auch: Universitätsarchiv Salzburg, Note № 11684 der Studienhofkommission vom 4. Mai 1848 (FA XXI Nr. 6) 1848.

126 Vgl. Schöpf, Mittheilungen (1895), 44; Bei den Studierenden war Schöpf wegen seines anschaulichen und anregenden Vortragsstils sowie aufgrund seiner steten Freundlichkeit beliebt. Auch kam es vor, dass Schöpf manch unbemittelten Studierenden aus seiner privaten Tasche unterstützte. Vgl. Schwarzbach, Schriftsteller-Jubiläum, 14; Paarhammer, Schöpf, 267; Grass, Schöpf (1985), 323; Grass, Schöpf (1999), 104; vgl. auch Nußbaumer, Schöpf, 31: „Schon zu Beginn der Lehrthätigkeit nahm er jährlich einige Knaben auf, die er umsonst unterrichtete und ihnen Speisen verabreichte."

Kirchengeschichte angesetzt und in Wien, Prag und Salzburg abgehalten.[127] Am 6. Juli 1848 wurde die Concursprüfung für Kirchenrecht durchgeführt,[128] wobei

Schöpf selbst schildert u. a., er habe auf die Bitte zweier Professorenkollegen im Jahr 1858 einen damals 9-jährigen Schüler bei sich aufgenommen und diesen über 11 Jahre bei sich im Haus wohnen lassen. Der Knabe absolvierte unter Schöpfs Förderung die Normalhauptschule, das Gymnasium und schloss das Studium der Medizin erfolgreich ab. Schöpf schilderte, dass es zwar zahlreiche böse Zungen gab, welche in dem jungen Knaben seinen Sohn erkennen wollten, doch Schöpf formulierte im Rückblick: „Indessen machte ich mir nichts daraus, weil ich von jeher den Grundsatz habe, man müsse die Leute reden und die Hunde bellen lassen.“ (Schöpf, Joseph A., Etwas über Studententhum, in: Neuer Salzburgischer Haus- und Wirthschafts-Schreibkalender, Salzburg 1894, 32–36, hier 33) Des Weiteren schildert er an dieser Stelle, wie er einem mittellosen 23-jährigen Schlossergesellen das Studium der Theologie ermöglichte, da der Geselle die Berufung zum Priestertum verspürte. Immer wieder kam es auch vor, dass Studenten, welche das Studium einstweilig aufgegeben haben, bei Schöpf Rat suchten und dieser sie im Gespräch zur Wiederaufnahme des Studiums führen konnte. So berichtet Schöpf von einigen Studenten, welche das Studentenleben aufgeben wollten um das Landleben aufzunehmen. Schöpf, Studententhum, 33–35. Schöpfs eigene Erfahrungen aus den Jahren 1839/40, in welchen er selbst sein Studium unterbrochen hatte, klingen hier stark an.

127 Die im Rahmen der Prüfung gestellten Fragen sind dokumentiert im Salzburger Universitätsarchiv. Vgl. Universitätsarchiv Salzburg, Note № 2935 der Studienhofkommission. Fragen zu der am 25. May d. J. abzuhaltenden Concursprüfung für die am kk. Lyceum zu Salzburg unbesetzte Lehrkanzel der Kirchengeschichte (FA XXI Nr. 8) 1848: „1. Exponatur lis de tribus capitulis et concilii Constantinopolitani ea de re decretala cum Patrum Chalcedonensium sensu et auctoritate concilientur. 2. Exponantur expeditionum cruciatarum origines, difficultates, quae laetiorem praepedivere successum, influxus denique, quem expeditiones antefatae in ecclesiam civitatemque exercuere. 3. Exponatur historia iurium, quae Pontifices Romani sibi in conferendis et onerandis beneficiis vindicaverunt, ab Alexandri III. Pontificatu pactum usque inter Leonem X. et Franciscum I. Francia Regem initum.“
Vgl. für die Bearbeitungen der Fragen durch die Kandidaten v. Gräfenstein und Schöpf: Universitätsarchiv Salzburg, Ausarbeitung *v. Gräfenstein* – Kirchengeschichte (FA XXI Nr. 10) 1848; Universitätsarchiv Salzburg, Ausarbeitung *Schöpf* – Kirchengeschichte (FA XXI Nr. 11) 1848. Die ausgearbeiteten Antworten v. Gräfensteins umfassen 40 handschriftliche Seiten, Schöpfs Ausarbeitungen der gestellten Fragen umfassen 12 handschriftliche Seiten, wobei Schöpfs Schriftbild im Vergleich zu v. Gräfenstein etwa um die Hälfte kleiner war.

128 Die drei damals im Rahmen der Prüfung gestellten Fragen sind dokumentiert im Salzburger Universitätsarchiv. Vgl. Universitätsarchiv Salzburg, Note № 2935 der Studienhofkommission. Fragen zu der am 6. July d. J. abzuhaltenden Prüfung für die Lehrkanzel des Kirchenrechts am kk. Lyceum zu Salzburg (FA XXI Nr. 7) 1848: „1.

neben Joseph Anton Schöpf als weitere Kandidaten Johann Hetzenauer,[129] Sup-

Quale discrimen obtinet inter sic dictum systema papale & episcopale? 2. Recenseantur Patriarchum tam majorum quam minorum jura et praerogativae. 3. Exponatur impedimentum affinitatis tam secundum juris canonici quam secundum Austriaci civilis statuta."
Vgl. für die Bearbeitungen der Fragen durch die Kandidaten v. Gräfenstein und Schöpf: Universitätsarchiv Salzburg, Ausarbeitung *v. Gräfenstein* – Kirchenrecht (FA XXI Nr. 12) 1848; Universitätsarchiv Salzburg, Ausarbeitung *Schöpf* – Kirchenrecht (FA XXI Nr. 13) 1848. Die ausgearbeiteten Antworten v. Gräfensteins umfassen 20 handschriftliche Seiten, Schöpfs Ausarbeitungen der gestellten Fragen umfassen 8 handschriftliche Seiten.
Vgl. für die zusammengefassten Prüfungsprotokolle der beiden Konkursprüfungen für die Lehrkanzeln in Kirchengeschichte und Kirchenrecht: Universitätsarchiv Salzburg, Protocoll № 62 der Theologischen Fakultät Salzburg – Teil I. Prüfungsprotokoll über die Konkursprüfung für die Lehrkanzeln *Kirchengeschichte* und *Kirchenrecht* vom 25. Mai 1848 und 6. Juli 1848 (FA XXI Nr. 14) 1848; Universitätsarchiv Salzburg, Begleitschreiben. Begleitschreiben zu Protocoll № 62 der Theologischen Fakultät Salzburg (FA XXI Nr. 15) 1851; Universitätsarchiv Salzburg, Protocoll № 62 der Theologischen Fakultät Salzburg – Teil II. Prüfungsprotokoll über die Konkursprüfung für die Lehrkanzeln *Kirchengeschichte* und *Kirchenrecht* vom 25. Mai 1848 und 6. Juli 1848 (FA XXI Nr. 16) 1848; Universitätsarchiv Salzburg, Protocoll № 62 der Theologischen Fakultät Salzburg – Teil III. Prüfungsprotokoll über die Konkursprüfung für die Lehrkanzeln *Kirchengeschichte* und *Kirchenrecht* vom 25. Mai 1848 und 6. Juli 1848 (FA XXI Nr. 17) 1848. Vermerkt wurde im Rahmen der Protokolle u. a., dass Schöpf am 27. Mai 1848 im Rahmen des Konkurses aus dem Fach Kirchengeschichte „einen freien Vortrag über das selbstgewählte Thema: „Joannes Hus et eius doctrina"" (Universitätsarchiv Salzburg, FA XXI Nr. 14) abgehalten hatte. Vgl. für die Gutachten über den mündlichen Vortrag: Universitätsarchiv Salzburg, Gutachten vom 28. Mai 1848 (FA XXI Nr. 18); Universitätsarchiv Salzburg, Gutachten vom 27. Mai 1848 (FA XXI Nr. 19); Universitätsarchiv Salzburg, Gutachten vom 27. Mai 1848. Gutachten von Prof. Carl Thurwieser über den von J.A. Schöpf im Rahmen des Konkursverfahrens gehaltenen mündlichen Vortrag (FA XXI Nr. 20); Universitätsarchiv Salzburg, Gutachten vom 27. Mai 1848. Gutachten von Prof. Maximilian Tarnóczy über den von J.A. Schöpf im Rahmen des Konkursverfahrens gehaltenen mündlichen Vortrag (FA XXI Nr. 21); Universitätsarchiv Salzburg, Gutachten vom 28. Mai 1848 (FA XXI Nr. 22).

129 *Johann Hetzenauer* (geb. 13. Oktober 1820 in St. Johann i. T; gest. 24. Oktober 1849 in Weitau), Priesterweihe 1. August 1843, Adjunkt an der Theologischen Fakultät Salzburg von 1846–1849; Supplierte dort Kirchenrecht. Vgl. Hermann, Schule, 413, 455, 561, 573.

plent für Kirchenrecht an der Salzburger Fakultät, und Ottokar von Gräfenstein, Benediktiner des Stifts Admont, antraten.[130]

Durch die politischen Wirren im Gefolge der Revolution von 1848–49 im Kaisertum Österreich und die damit verbundenen Umgestaltungen verzögerte sich die Besetzung der Lehrkanzel für Kirchengeschichte und Kirchenrecht bis 1851.[131] Die Prüfungsausarbeitungen der Kandidaten wurden am 11. Dezember 1848 vorschriftsgemäß an die Universitäten Graz und Lemberg zur Beurteilung

---

130 Vgl. Hermann, Schule, 522; Drei weitere Kandidaten zogen ihre Bewerbungen zur Prüfung zurück. Dabei handelte es sich um Dr. Joseph Augustin Ginzel (Professor der Kirchengeschichte und des Kirchenrechtes an der Diözesan-Lehranstalt), Dr. Johann Kapfinger (Präfekt des Rupertino-Marianischen Konviktes in Salzburg; vgl. Archiv der Erzdiözese Salzburg, Kapfinger, Johann Georg (1809–1873), Regesta Ecclesiastica Salisburgensia. Verfügbar unter: http://www.res.icar-us.eu/index.php?title=Kapfinger,_Johann_Georg_(1809-1873). Zuletzt geprüft am 20. Oktober 2016) und Dr. Karl Wenger (seit 1846 Professor für Dogmatik in Salzburg; vgl. Archiv der Erzdiözese Salzburg, Wenger, Karl Franz (1815–1873), Regesta Ecclesiastica Salisburgensia. Verfügbar unter: http://www.res.icar-us.eu/index.php?title=Wenger,_Karl_Franz_(1815-1873). Zuletzt geprüft am 20. Oktober 2016). Ginzel und Kapfinger traten vor dem Concurs von der Prüfungsanmeldung zurück, gegen das Antreten Wengers sprach sich Kardinal Schwarzenberg aus. Wenger sollte als Professor für Dogmatik erhalten bleiben, da Schwarzenberg Wenger auch für weniger geeignet für die Fächer Kirchengeschichte und Kirchenrecht hielt. Vgl. Hermann, Schule, 522.

131 Vgl. Hermann, Schule, 522; Grass, Kirchenrecht, 218; vgl. auch die autobiographische Rückschau Schöpfs auf das Revolutionsjahr 1848 und die abgelegten Concursprüfungen: „Im Mai 48 unterzog ich mich, […] der Concursprüfung für Kirchengeschichte und im Juli d. J. der für's Kirchenrecht. [Die] Elaborate wurden nicht reprobirt, waren jedoch vergeblich, weil mittlerweile die Besetzung der Lehrkanzeln auf dem Wege der Berufung angeordnet worden war. Die Verordnung hatte demnach rückwirkende Kraft. Das Jahr 48 bleibt mir unvergeßbar. Wer es, wie ich, durchgemacht, weiß welche furchtbare Leidenschaften im Volke schlummern. Gott gnade, wenn ihnen Luft gemacht wird. Ich wurde mitten in Trubl hineingerissen. Cardinal Friedrich hatte auf einer Versammlung des Diözesan-Klerus die Herausgabe einer täglich erscheinenden Zeitung beschlossen und mich als deren Redakteur aufgestellt. Sie nannte sich „Salzburger constitutionelle Zeitung" und erschien täglich […]. Was ich in jener bewegten Zeit ausgestanden habe, will ich nicht mehr aufrühren. Zwei Lehrkanzeln, Rigorosen, Vorbereitung auf den Concurs, dazu die Zusammenstellung eines täglichen Blattes mit einer Unzahl von Correspondenzen. Meist ging ich 2 Uhr früh ins Bett und celebrirte dann täglich 6 Uhr früh in der Franziskanerkirche. Wahrscheinlich datirt meine dermalige Schlaflosigkeit aus jener Zeit." (Schöpf, Mittheilungen (1895), 44).

zugeführt,[132] erst am 19. Juli 1851 erstattete das Salzburger Professorenkollegium seinen Berufungsvorschlag[133] an das neu eingerichtete *Ministerium für Cultus und Unterricht*, der Nachfolgeinstitution der Studienhofkommission.[134] In der Zwischenzeit wurde Schöpf am 8. Mai 1851 im Beisein seiner Mutter in der *Aula Academica* für seine schriftliche Arbeit mit dem Thema *De synodo dioecesana et*

---

132 Der umfangreiche diesbezügliche Schriftverkehr aus den Jahren 1848–51 ist dokumentiert im Salzburger Universitätsarchiv. Vgl. Universitätsarchiv Salzburg, Note № 62 vom 12. Juli 1848 (FA XXI Nr. 24); Universitätsarchiv Salzburg, Schreiben Nr. 18322 vom 24. Juli 1848 (FA XXI Nr. 25); Universitätsarchiv Salzburg, Directorats-Zeugnis (ohne Nummer) vom 26. Juli 1848 (FA XXI Nr. 26); Universitätsarchiv Salzburg, Schreiben des Landespräsidium Salzburg Nr. 3012 vom 17. August 1848 (FA XXI Nr. 27); Universitätsarchiv Salzburg, Schreiben der Studienhofkommission Nr. 5426 vom 27. August 1848 (FA XXI Nr. 28); Universitätsarchiv Salzburg, Zeugnis № 81 vom 30. August 1848 (FA XXI Nr. 29); Universitätsarchiv Salzburg, Schreiben der Studienhofkommission Nr. 5830 vom 10. September 1848 (FA XXI Nr. 30); Universitätsarchiv Salzburg, Schreiben der Studienhofkommission Nr. 6483 vom 30. November 1848 (FA XXI Nr. 31); Universitätsarchiv Salzburg, Schreiben der Studienhofkommission Nr. 6612 vom 9. Dezember 1848 (FA XXI Nr. 32); Universitätsarchiv Salzburg, Schreiben des Präsidiums der theol. Fakultät Salzburg vom 10. Dezember 1848 (FA XXI Nr. 33); Universitätsarchiv Salzburg, Schreiben Nr. 33009 (FA XXI Nr. 34); Universitätsarchiv Salzburg, Schreiben der Studienhofkommission Nr. 321 vom 15. Jänner 1850 (FA XXI Nr. 35); Universitätsarchiv Salzburg, Schreiben Prof. Thurwieser № 28 vom 30. Jänner 1850 (FA XXI Nr. 36); Universitätsarchiv Salzburg, Schreiben vom 5. Juni 1850 (FA XXI Nr. 37) 1850; Universitätsarchiv Salzburg, Schreiben vom 28. Juni 1850 (FA XXI Nr. 38) 1850; Universitätsarchiv Salzburg, Schreiben Nr. 700 vom 30. Jänner 1851 (FA XXI Nr. 39,1 u. 39,2) 1851; Universitätsarchiv Salzburg, Schreiben Nr. 92 des Dekans Prof. Karl Wenger an die k. k. Statthalterei vom 6. Februar 1851 (FA XXI Nr. 40) 1851; Universitätsarchiv Salzburg, Schreiben Nr. 1599 des k. k. Statthalters an das k. k. Dekanat der theologischen Fakultät in Salzburg vom 5. März 1851 (FA XXI Nr. 41) 1851; Universitätsarchiv Salzburg, Schreiben Nr. 100 des Dekans Prof. Karl Wenger vom 10. März 1851 (FA XXI Nr. 42) 1851.

133 Vgl. Universitätsarchiv Salzburg, Schreiben Nr. 142 des Dekans Prof. Karl Wenger vom 19. Juli 1851 (FA XXI Nr. 51) 1851; Universitätsarchiv Salzburg, Protokoll ad Nr. 142 über die Sitzung des Professoren-Collegiums der theol. Fakultät zu Salzburg vom 19. Juli 1851 (FA XXI Nr. 50) 1851.

134 Mit kaiserlicher Entscheidung vom 23. März 1848 wurde das *Ministerium für Cultus und Unterricht* geschaffen und die Studienhofkommission ging am 29. April im Rahmen ihrer letzten Sitzung im neu eingerichteten Ministerium auf. Vgl. Wien Geschichte Wiki, Unterrichtsministerium. Verfügbar unter: https://www.wien.gv.at/wiki/index.php/Unterrichtsministerium. Zuletzt geprüft am 07. April 2016.

elementis processus canonici[135] der akademische Titel eines *Doktors der Theologie* verliehen.[136]

Aufgrund der Ergebnisse der Concursprüfung wurden die Kandidaten als geeignet qualifiziert, hinsichtlich der kirchenrechtlichen Fachinhalte divergierten jedoch die Meinungen der Gutachter. „[W]ährend der Lemberger Kirchenrechtler Kotter Schöpf weniger Eignung zubilligte als dem Admonter Benediktiner, sagte der Grazer Professor gerade das Gegenteil aus."[137] Die Professoren der Salzburger Fakultät votierten in ihrem ausführlichen Begründungsschreiben vom 19. Juli 1851 an das Ministerium für Cultus und Unterricht ausführlich für Joseph Anton Schöpf, welcher völlig unvorbereitet zur Concursprüfung in Kirchenrecht angetreten sei, während auf der anderen Seite Ottokar von Gräfenstein in Admont schon über einen Zeitraum von 13 Jahren das Fach in der Lehre vertrat. Sollte eine

---

135 Vgl. Universitätsarchiv Salzburg, Protokoll ad № 121 aufgenommen am 8. Mai 1851 über die an der theologischen Fakultät zu Salzburg ordnungsmässig vorgenommene Promotion des hochwürdigen Herrn Joseph Schöpf (FA VII Nr. 12) 1851; Universitätsarchiv Salzburg, Allocutio des Dekans Prof. Karl Wenger vom 9. Mai 1851 (FA VII Nr. 16) 1851.
Das Original der 65-seitigen Arbeit, welche am 28. April an der Theologischen Fakultät zur Beurteilung eingereicht wurde, befindet sich im Archiv der Erzdiözese Salzburg. Vgl. Archiv der Erzdiözese Salzburg, AT-AES 7.1.B2.33 (Dissertatio). Die Arbeit ist in zwei sectiones gegliedert. Im ersten Teil widmet sich Schöpf auf 33 handschriftlichen Seiten der Diözesansynode hinsichtlich des *Begriffs*, der *Notwendigkeit*, des *Nutzens*, der *rechtlichen Normierung*, der *Zusammensetzung*, sowie Fragen der *konkreten Durchführung*. Im zweiten Teil stellt Schöpf auf 21 Seiten verschiedene Aspekte des kanonischen Prozessrechts dar.

136 Vgl. Schöpf, Mittheilungen (1895), 44; Hermann, Schule, 556; Rothbauer, Guggenthal, 15; Grass, Schöpf (1985), 320.
Das Universitätsarchiv Salzburg bietet hierzu das Prüfungsprotokoll (vgl. Universitätsarchiv Salzburg, FA VII Nr. 12), das personalisierte Formular der von Schöpf abgelegten *professio fidei* (vgl. Universitätsarchiv Salzburg, Juramentum Professionis Fidei vom 8. Mai 1851 (FA VII Nr. 13) 1851), die öffentliche Ankündigung der Promotion (vgl. Universitätsarchiv Salzburg, Kundmachung № 121 des Dekans Prof. Karl Wenger vom 5. Mai 1851 (FA VII Nr. 14) 1851), das diesbezügliche Rundschreiben an das Professorenkollegium (vgl. Universitätsarchiv Salzburg, Currende № 121 des Dekans Prof. Karl Wenger vom 5. Mai 1851 (FA VII Nr. 15) 1851) sowie die von Dekan Prof. Karl Wenger am Folgetag gehaltene *Allocutio* (vgl. Universitätsarchiv Salzburg, FA VII Nr. 16).

137 Hermann, Schule, 523.

Berufung Schöpfs nicht möglich sein, so sollte nach Dafürhalten der Salzburger Professoren der Concurs durch das Ministerium neu ausgeschrieben werden.[138]

Auch auf politischer Ebene gab es Einwand gegen die Berufung von Schöpf auf die Salzburger Lehrkanzel, als sich Johann Friedrich Graf zu Herberstein, von 1850–52 der erste Statthalter des Herzogtums Salzburg,[139] gegen Schöpf ausgesprochen hatte.[140] Anlass für Herbersteins Eingabe war die Tatsache, dass Schöpf neben der Tätigkeit als Supplent an der Theologischen Fakultät sowie den wissenschaftlichen Bemühungen im theologischen Doktoratsstudium zwischen Juli 1848 und Juli 1851 im bischöflichen Auftrag als Herausgeber der *Salzburger Constitutionellen Zeitung* fungierte,[141] einer katholisch-konservativen Tageszeitung, welche vorrangig kirchliche Forderungen und Interessen vertrat. „Dabei ist Schöpf freilich recht oft auf das politische Gebiet abgeschweift und hatte dabei Grundsätze entwickelt, die dem Statthalter hinsichtlich der gesetzlichen Ordnung und der hohen Autorität der Regierung bedenklich erschienen."[142] Nikolaus Grass urteilt über die der Eingabe Herbersteins zugrunde liegenden demokratischen Ideen in den Äußerungen Schöpfs: „Was Kardinal Fürst Schwarzenberg hatte passieren lassen, schien nun der hohen Autorität der Regierung geradezu als staatsgefährlich!"[143]

Nicht zuletzt aufgrund dieser Eingabe des Salzburger Statthalters wurden durch das Ministerium für Cultus und Unterricht neue Concurstermine für die Fächer Kirchengeschichte (4./5. Dezember 1851) und Kirchenrecht (18. Dezember 1851)

---

138 Vgl. Universitätsarchiv Salzburg, FA XXI Nr. 50.

139 Vgl. Salzburgwiki, Friedrich Graf Herberstein. Verfügbar unter: http://www.salzburg.com/wiki/index.php/Friedrich_Graf_Herberstein. Zuletzt geprüft am 07. April 2016.

140 Vgl. Universitätsarchiv Salzburg, Schreiben № 6600 des Statthalters Johann Friedrich Graf zu Herberstein vom 26. September 1851 (FA XXI Nr. 52) 1851; Universitätsarchiv Salzburg, Begleitschreiben ad № 6600 des Statthalters Johann Friedrich Graf zu Herberstein vom 26. September 1851 (FA XXI Nr. 53) 1851; vgl. auch Hermann, Schule, 523 sowie die autobiographische Beschreibung Schöpfs: Schöpf, Joseph A., Cardinal und Redacteur, in: Neuer Salzburgischer Haus- und Wirthschafts-Schreibkalender, Salzburg 1886, 62–69, 68 f.

141 Vgl. Punkt 1.4 der vorliegenden Arbeit.

142 Hermann, Schule, 523; Gemäß Hermanns Ausführungen berief sich Statthalter Graf Herberstein in einem Schreiben vom 7. Juli 1850 an das Ministerium für Cultus und Unterricht namentlich auf die Nummern 161, 163, 179, 228, 253, 256 und 268 des Jahres 1850 sowie die Nummer 44 des Jahres 1851 der Salzburger Constitutionellen Zeitung.

143 Grass, Kirchenrecht, 219.

festgesetzt.[144] Jedoch zeigten außer Schöpf keine weiteren Kandidaten Interesse daran, sich den Concursprüfungen zu unterziehen. Auch von Gräfenstein und die drei Kandidaten, welche zum ersten Termin ihre Anmeldung zurückgezogen hatten, zeigten kein Interesse an einer zweiten Prüfungsmöglichkeit. So war Schöpf der einzige Concurskandidat,[145] dessen Ergebnisse fremden Professoren zur Beurteilung übergeben wurden.[146]

Das Salzburger Professorenkollegium brachte beim Ministerium für Cultus und Unterricht erneut den Vorschlag der Berufung Joseph Anton Schöpfs vor.[147] Von politischer Seite gab es diesmal keine Intervention, als Karl Johann Josef Prinz von Lobkowitz[148] der Nachfolger Herbersteins im Amt des Salzburger Statthalters war und dieser Schöpf hoch anrechnete, dass „er in kritischen Tagen so sehr für

---

144 Vgl. Universitätsarchiv Salzburg, Schreiben Nr. 10620 des Ministeriums für Cultus und Unterricht vom 24. Oktober 1851 (FA XXI Nr. 54) 1851; Indirekt werden die durch das Ministerium festgelegten Termine belegt durch: Universitätsarchiv Salzburg, Schreiben Nr. 44 des Dekans Prof. Karl Wenger vom 1. Dezember 1851 (FA XXI Nr. 55) 1851.
Die Termine der schriftlichen Klausurprüfungen in der *Stuba Academica* der Theologischen Fakultät wurden dabei jeweils auf 7 Uhr angesetzt und dauerten bis 21 Uhr. Vgl. Schöpf, Mittheilungen (1895), 44: „Als ich 1851 nach kurzen Ferien heimkehrte, fand ich den Concurs für meine beiden Lehrkanzeln ausgeschrieben. Ich unterzog mich demselben und brütete zwei Tage nacheinander von 7 Uhr früh bis 9 Uhr Abends ununterbrochen in der *Stuba academica* über Kirchengeschichte und ebenso lange über Kirchenrecht."

145 Vgl. für die Prüfungsprotokolle: Universitätsarchiv Salzburg, Protokoll vom 5. Dezember 1851 ad Nr. 46 über die am 4. und 5. Dezember 1851 an der theologischen Fakultät zu Salzburg abgehaltene Concursprüfung über die Kirchengeschichte (FA XXI Nr. 56) 1851; Universitätsarchiv Salzburg, Protokoll vom 18. Dezember 1851 über die am 18. Dezember 1851 an der theologischen Fakultät zu Salzburg abgehaltene Concursprüfung über das Kirchenrecht (FA XXI Nr. 58) 1851.

146 Die Antworten auf die kirchenhistorischen Prüfungsteile wurden den Professoren Dobritsch (Graz), Smutek (Prag) und Korny (Olmütz), die kanonistischen den Professoren Kopatsch (Graz), Pachmann (Wien) sowie Dobritsch (Graz) zur Bewertung übergeben. Alle Gutachten fielen positiv aus, lediglich Professor Smutek machte Einschränkungen. Vgl. Grass, Kirchenrecht, 219.

147 Vgl. Universitätsarchiv Salzburg, Protokoll ad № 77 über die Sitzung des Professoren-Collegiums der theologischen Fakultät zu Salzburg vom 30. April 1852 (FA XXI Nr. 63) 1852.

148 Vgl. Salzburgwiki, Karl Prinz Lobkowitz. Verfügbar unter: http://www.salzburg.com/wiki/index.php/Karl_Prinz_Lobkowitz. Zuletzt geprüft am 07. April 2016.

die Monarchie eingetreten war."[149] Des Weiteren hatte Schöpf am 11. Juli 1851 sein Amt als Redakteur der Salzburger Constitutionellen Zeitung niedergelegt.[150]

Nachdem es von Seiten des Salzburger Oberpolizei-Kommissars le Monnier nichts Nachteiliges über Schöpf zu berichten gab, legte das Ministerium für Cultus und Unterricht die offene Personalfrage dem Kaiser zur Entscheidung vor. Das Ministerium sprach sich gegenüber dem Kaiser offen für eine Ernennung Schöpfs aus, legte jedoch auch alle Berichte über die Person Schöpfs sowie alle von Schöpf redigierten Zeitungsausgaben vor.[151] Nach einer langen Phase der Prüfung durch den Kaiser fiel die Entscheidung schlussendlich zu Joseph Anton Schöpfs Gunsten aus, und er konnte am 29. September 1852 durch Kaiser Franz Joseph zum ordentlichen Professor für die Fächer Kirchengeschichte und Kirchenrecht ernannt werden.[152] Kardinal Schwarzenberg, welcher am 20. Mai 1850 auf Wunsch von Kaiser Franz Joseph I. und Papst Pius IX. nach Prag transferiert worden war, um dort fortan als Erzbischof zu wirken,[153] hatte sich schlussendlich für seinen treuen Mitarbeiter und Redakteur erfolgreich eingesetzt.[154] Im Rückblick urteilt Schöpf über die mehrjährigen Verstrickungen um seine Professorenstelle und die zweimal abgelegte Concursprüfung: „Hinterher war ich meiner großen Mühe

149 Hermann, Schule, 523. In der Zwischenzeit hatte Schöpf die Redaktionstätigkeit der *Salzburger Constitutionellen Zeitung* niedergelegt und sich nicht mehr in die politischen Kämpfe eingelassen, wenn er auch zeitlebens ein politisch interessierter Bürger geblieben ist. Journalistisch wirkte Schöpf ab 1850 als freier Mitarbeiter verschiedener Zeitungen, u. a. der *Salzburger Zeitung*, der *Augsburger allgemeinen Zeitung* sowie vieler anderer Blätter in Tirol und Bayern, vor allem von 1850–1878 des *Salzburger Kirchenblattes*.

150 Vgl. Grass, Schöpf (1985), 320.

151 Vgl. Schöpf, Mittheilungen (1895), 44; Hermann, Schule, 524; Grass, Schöpf (1985), 319.

152 Vgl. Universitätsarchiv Salzburg, FA XXI Nr. 66.

153 Vgl. Ortner, Bischöfe, 290.

154 Vgl. Grass, Kirchenrecht, 219; Bereits am Beginn seiner Tätigkeit als Redakteur der Salzburger Constitutionellen Zeitung versprach Erzbischof Schwarzenberg dem jungen Priester Schöpf, er würde sich darum bemühen, diesem die Professur an der Theologischen Fakultät definitiv zu verschaffen, da er ihm die Arbeit als Redakteur nicht monetär vergüten konnte und Schöpf die Tätigkeit als Redakteur auf dem Karriereweg evtl. zu Nachteilen gereichen könnte, was im Berufungsverfahren mit dem Einwand des Statthalters Herberstein letztlich auch geschah. Vgl. hierzu: Wolfsgruber, Cölestin, Friedrich Kardinal Schwarzenberg. Erster Band. Jugend- und Salzburgerzeit, Wien/u. a. 1906, 275 f.

herzensfroh, weil ich mir sagen durfte, daß ich meine Stelle weder erschmeichelt noch erschlichen, sondern *redlich verdient* habe."[155]

Im Lauf der Jahre wurde Schöpf sechsmal das Amt des *Dekans der theologischen Fakultät* übertragen.[156] Er trat mit 14. Dezember 1884 in den Ruhestand, Nachfolger als Ordinarius für Kirchengeschichte und Kirchenrecht wurde durch kaiserliche Ernennung vom 6. Januar 1886 der spätere Erzbischof von Salzburg Balthasar Kaltner.[157] In der Zwischenzeit wurden die beiden Fächer von Oswald Daxberger[158] und Matthias Kaserer[159] vertreten.[160]

1.4 Redakteur der *Salzburger Constitutionellen Zeitung*

Im Revolutionsjahr 1848 begann Schöpfs schriftstellerische Tätigkeit, welche er bis zu seinem Tod ausübte und in deren Rahmen er sich in diversen Medien zu unterschiedlichsten Themen äußerte. Zwischen 1. Juli 1848 und 7. Juli 1851 fungierte Schöpf im bischöflichen Auftrag als Herausgeber der *Salzburger Constitutionellen Zeitung.*[161]

Im österreichischen Kaiserstaat existierte vor 1848 keine große unabhängige katholische Zeitung und auch nach der Revolution von 1848 wurde keine solche gegründet. Das nichtamtliche Organ der Staatskanzlei war zwischen 1810 und 1848 der *Österreichische Beobachter*, dessen erster Redakteur Friedrich von Schlegel war. Diesem folgte 1811 Josef von Pilat, welcher als Vertrauter Klemens Hofbauers den katholischen Standpunkt vertrat, aber auch

155 Schöpf, Mittheilungen (1895), 44.

156 Dies für die Jahre 1855/56, 1858/59, 1860/61, 1863/64, 1868/69 sowie zuletzt 1874/75. Vgl. Hermann, Schule, 555.

157 Vgl. für das Wirken Kaltners als Professor für Kirchenrecht und Kirchengeschichte: Katzinger, Gerlinde, Balthasar Kaltner. Kanonist und (Erz-)Bischof an der Schwelle einer folgenschweren Wendezeit (1844–1918) (Wissenschaft und Religion 17), Frankfurt a. M./u. a., 36–42.

158 *Oswald Daxberger* (geb. 7. August 1848 in Anif bei Salzburg; gest. 26. März 1910), Priesterweihe in Salzburg 12. August 1871, Dr. theol. 1876, supplierte in den Jahren 1879/80 Kirchenrecht und Kirchengeschichte sowie 1884–86 Kirchengeschichte an der Salzburger Fakultät. Vgl. Hermann, Schule, 567; Grass, Kirchenrecht, 241.

159 *Matthias Kaserer* (geb. 9. Februar 1835 in Anthering bei Salzburg; gest. 13. März 1900), Priesterweihe am 14. Juli 1858, danach Einsatz in der Seelsorge 1858–1860, in Folge Professor und Präfekt am Borromäum. Dr. theol. 1877, seit 1878 zunächst Supplent, dann Professor für das AT. Vgl. Hermann, Schule, 576.

160 Vgl. Hermann, Schule, 524; Katzinger, Kaltner, 39.

161 Vgl. Rothbauer, Guggenthal, 15.

die Regierungspolitik zu verfechten hatte. In den Hauptstädten der Provinzen durfte nur jeweils eine Zeitung regelmäßig erscheinen.[162] Kardinal Schwarzenbergs Verdienst war, unmittelbar nach der Erklärung der Pressefreiheit in der *Pillersdorf'schen Verfassung* am 15. März und am 25. April des Jahres 1848, die Gründung der ersten politischen katholischen Zeitung Österreichs, der *Salzburger Constitutionellen Zeitung.*[163] Diese konnte sich bis zum 31. Dezember 1851 halten, dies jedoch lediglich aufgrund der ständigen finanziellen Unterstützung des Kardinals.[164]

Am 24. April 1848 bestellte Kardinal Schwarzenberg im Vorfeld der Zeitungsgründung den 26-jährigen Supplenten Schöpf zu sich und erklärte diesem:

> „Sie sehen, wie derzeit der Klerus gehetzt, beschimpft und geschmäht wird. Kein Vorwurf wird ihm erspart und nebstbei sind wir wehrlos, haben kein Organ, in dem wir uns verteidigen könnten. Das muß anders werden. Ich gedenke also, ein täglich erscheinendes Blatt zu gründen, das für uns einsteht. Und Sie habe ich zum Redakteur bestimmt."[165]

---

162 Vgl. Hosp, Eduard, Kirche Österreichs im Vormärz. 1815–1850 (Forschungen zur Kirchengeschichte Österreichs 9), Wien 1971, 56.

163 Vgl. Bachem, Karl, Josef Bachem. Seine Familie und die Firma J. P. Bachem in Köln; Die Rheinische und die Deutsche Volkshalle; Die Kölnischen Blätter und die Kölnische Volkszeitung; Zugleich ein Versuch der Geschichte der katholischen Presse und ein Beitrag zur Entwicklung der katholischen Bewegung in Deutschland. Zweiter Band. 1848–1860, Köln 1912, 180.

164 Vgl. Glaser, Hans, Das Salzburger Zeitungswesen. 1. Teil bis 1914, in: MGSL 96 (1956) 135–177, hier 144; Ortner, Bischöfe, 288.

165 Schöpf, Mittheilungen (1898), 28; vgl. auch: Hosp, Kirche Österreichs, 57; Bachem, Bachem, 180.
Am selben Ort schildert Schöpf des Weiteren, welche Vorgaben ihm durch Kardinal Schwarzenberg gegeben wurden: „1. Sammeln Sie fleißig eine möglichst große Summe von Kenntnissen; denn wer über alles erdenkliche zu schreiben hat, muß in jeder Richtung bestens orientirt sein.
2. Vermeiden Sie hohle Phrasen, insbesondere das Generalisieren. Wenn Sie also z. B. von einem Juden was Schlimmes wissen, Schreiben Sie ja nicht: so sind sie alle die Juden, man könnte sonst im Falle als ein Priester etwas verbricht, ebenso sagen: so sind sie alle die Geistlichen.
3. Seien Sie höchst vorsichtig in der Behandlung lokaler Verhältnisse und überlegen Sie es sich hundertmal, ehevor Sie gegen eine Person auftreten.
4. Schädigen Sie Niemand in seinem Geschäfte, Berufe oder Gewerbe, das brächte Ihnen unauslöschbaren Haß.
5. Behandeln Sie Niemand höhnend oder spöttisch; denn Spott erbittert mehr als selbst ein ernstes Mahnwort.

Obwohl der junge Priester noch über keine journalistische Erfahrung verfügte, vertraute ihm sein Ordinarius die neugegründete Zeitung an, „um die Grundsätze des ewigen Rechts und der wahren Freiheit zu vertreten, antirevolutionär und antirepublikanisch."[166] Der Kardinal versuchte in einer Versammlung vom 5. Juni 1848 seinen Klerus sowie das Domkapitel für die Zeitung zu begeistern, fand jedoch nur wenig Verständnis, da man es in kirchlichen Kreisen der Zeit nicht gewohnt war, eine eigene Zeitung zu erhalten und zu lesen.[167] Dennoch wurde tags darauf, am 6. Juni, in derselben Versammlung bereits die programmatische Ausrichtung der zu gründenden Zeitung verlesen[168] und Joseph Anton Schöpf als Redakteur präsentiert.[169] Dem Redakteur Schöpf wurde ein Komitee

---

6. Seien Sie stets ein tapferer Sachwalter der Verfolgten und Unterdrückten, das bringt Ihnen ein beseeligendes Bewußtsein.
7. Für die gerechte Sache müssen Sie muthig eintreten – dem Muthigen gehört der Sieg. Sie haben sich nicht selbst vorgedrängt, sondern sind von Ihren legitimen Obern bestellt, weshalb Sie getrost ans Werk gehen können. Vergessen Sie endlich nie, daß das zu begründende Blatt *mein* Organ ist und darum stets eine gewisse *Noblesse* zu athmen hat." (Schöpf, Mittheilungen (1898), 28)

166 Grass, Schöpf (1985), 319.

167 Vgl. Schöpf, Cardinal, 63: „Durch Ausschreiben, ddo. 23. Mai 1848 hatte der Cardinal seinen gesammten Diözesanclerus auf den 5. Juni d. J. zu einem „Zusammentritt" in seine Residenz nach Salzburg beschieden. [...] In der That fanden sich am besagten Tage 9 Uhr Vormittags in der k. k. Winterresidenz, die damals der Fürst-Erzbischof bewohnte, ein paar hundert Geistliche aus dem Tiroler Antheile der Erzdiöcese und aus allen Gauen des Herzogthums [...] zusammen. Der Cardinal hielt eine Ansprache über die Zeitlage und proponirte sofort drei Fragen zur allgemeinen Discussion. [... Die dritte Frage] betraf die Gründung eines täglich erscheinenden politischen Blattes, das die conservativen und religiösen Interessen zu vertreten hätte. Die liberale Partei der Versammlung, mit dem nachmaligen Dompropst Dr. Doppler im Vorder- und dem späteren Fürst-Erzbischof von Tarnoczy im Hintergrunde, vertrat die Ansicht, es sei ein eigenes Blatt nicht nothwendig, zumal die bestehenden Salzburger Blätter verhältnißmäßig so ziemlich gemäßigt wären, und man könnte ja dem einen oder anderen der Redacteure eine Subvention gewähren, dann würden sie schreiben, wie man es wünschte. „Das thue ich nicht," entgegnete der Cardinal, „das ist nicht nobel und verträgt sich nicht mit meiner Gesinnung." Hierauf erklärte er kurz und bündig, daß er ein eigenes Blatt gründen und bezahlen werde. Auch habe er den verantwortlichen Redacteur bereits gefunden, dem ein Comité helfend zur Seite stehen werde." Vgl. die fast wortidente Wiedergabe bei Wolfsgruber, Schwarzenberg (I), 274 f.

168 Vgl. Schöpf, Cardinal, 63.

169 Vgl. Schöpf, Cardinal, 64: „Im Hintergrunde des Saales, nahe der Thür, stand ein 26jähriger Mann, der seit dem 10. März die Lehrkanzel der Kirchengeschichte sup-

zur Seite gestellt, um ihn in der täglich anfallenden Arbeit zu entlasten, welches jedoch, was sich im Laufe der Zeit herausstellte, diesem Auftrag nicht hinreichend nachkam.[170]

Ein paar Tage nachdem die Versammlung des Klerus beendet war, wurde der designierte Redakteur Schöpf noch im Juni 1848 zu Kardinal Schwarzenberg gerufen, welcher ihn direkt befragte:

> „Wie steht's? Haben Sie den Muth, Ihren Namen in die Oeffentlichkeit zu bringen? Das will derzeit viel sagen. Sie müssen sich also doppelt zusammennehmen, weil Sie von allen Seiten umlauert sind. Vergessen Sie nie, daß Sie Geistlicher sind. Das Volk hat von dem Berufe des Geistlichen eine hohe Idee, es sieht in Ihnen nicht den Redacteur sondern den Geistlichen und erwartet, daß jeder Ihrer Artikel in vollem Einklange sei mit den Grundsätzen unserer heiligen Religion. Ihre Arbeit bezahlen kann ich dermalen nicht, bin froh, wenn ich die Kosten des Blattes zu decken vermag. [...] Da jedoch Ihr monatliches Einkommen (fl. 35 C.M.) gering ist, so erhalten Sie vorläufig vom Priesterhause unentgeltlich die Mittagskost. Auch werde ich mich bemühen, Ihnen die Professur definitiv zu verschaffen, da zu besorgen steht, daß die Redaction Ihrem Lebensgange nachtheilig sein könnte."[171]

Die erste Ausgabe der *Salzburger Constitutionellen Zeitung* erschien am 1. Juli 1848.[172] Zunächst erschien die Zeitung täglich, das Blatt hatte jedoch wenig mehr als 200 regelmäßige Abnehmer.[173] Da auch der Verleger, die *Zaunrith'sche Buchdruckerei*,[174] wenig Geschick in der Vermarktung der Zeitung an den Tag legte,[175]

---

plirte. Ihn rief sofort der Cardinal auf und stellte ihn der Versammlung als verantwortlichen Redacteur vor. Der Mann hatte keine Ahnung vom journalistischen Handwerke."

170 Vgl. Schöpf, Cardinal, 64: „Mit dem Comité erging es dem Redacteur g'rad so, wie 14 Jahre später mit dem Comité des Schulkinder-Asyls [= die sog. ‚Schulkinder Bewahranstalt'; vgl. Punkt 1.7 dieser Arbeit]. Es stand auf dem Papier, aber nichts weiter. Die ganze Arbeitslast ruhte auf seinen Schultern."

171 Schöpf, Cardinal, 64; vgl. auch die Schilderung der Unterredung sowie der Unterstützung Schwarzenbergs bei Wolfsgruber, Schwarzenberg (I), 274 f; Anthaller, 7–9.

172 Vgl. Schöpf, Cardinal, 64.

173 Vgl. Hosp, Kirche Österreichs, 57, der am selben Ort formuliert: „Der Inhalt war viel besser als die Verbreitung." Jedoch weist er auch auf den Lokalteil der Zeitung hin, der „weniger gut [war], aber noch besser als bei den anderen Zeitungen."

174 Die Zaunrith'sche Buchdruckerei wurde 1802 in Salzburg von Kaspar Zaunrith gegründet und besteht seit 1938 unter dem Namen Salzburger Druckerei. Vgl. Salzburgwiki, Salzburger Druckerei. Verfügbar unter: http://www.salzburg.com/wiki/index.php/Zaunrith%27sche_Buchdruckerei. Zuletzt geprüft am 13. April 2016.

175 Vgl. Bachem, Bachem, 182.

erschien die Zeitung später am Sonntag nicht mehr, hatte aber am Samstag eine Sonntagsbeilage.[176]

Kardinal Schwarzenberg instruierte seinen Redakteur hinsichtlich der Ausrichtung der Tageszeitung wie folgt: „Vergessen Sie [...] nie, daß das zu begründende Blatt *mein* Organ ist und darum stets eine gewisse *Noblesse* zu athmen hat."[177] Der seit jeher eigenwillige Schöpf ließ sich jedoch durch Kardinal Schwarzenberg nicht von selbstständigen Reformvorschlägen[178] und persönlichen Auseinandersetzungen abhalten.[179] In der Anfangszeit der *Salzburger Constitutionellen Zeitung* erschienen zahlreiche Beiträge aus der Feder des jungen, hitzigen Schöpf, die

---

176 Vgl. Grass, Schöpf (1985), 320; Das budgetäre Defizit deckte jeweils Kardinal Schwarzenberg. So beglich er bspw. am Ende des Jahres 1849 einen Rückstand von 4973 Gulden gegenüber der Zaunrith'schen Druckerei. Vgl. Bachem, Bachem, 184; Hosp, Kirche Österreichs, 57.

177 Schöpf, Mittheilungen (1898), 28.

178 Im Vorfeld des Fronleichnamsfests des Jahres 1849 begab sich Schöpf bspw. zu Kardinal Schwarzenberg und erlaubte sich, wie er selbst berichtet, einen Reformvorschlag zu stellen: „In Salzburg gab es innerhalb der Fronleichnams-Octave acht öffentliche Processionen [...]. Dieser Brauch stammte aus früheren Zeiten und anderen Verhältnissen. Der Redacteur plaidirte nun vor dem Cardinal für möglichst ausgiebige Reducirung und meinte, daß zwei Processionen, eine auf dem linken und eine auf dem rechten Salzachufer, genügen könnten, und führte, wie er meinte, wichtige Gründe ins Treffen. Einmal die total veränderte Lage der Dinge, der weitverbreitete Unglaube, der bestenfalls offizielle und nichtofficielle Heuchelei zur Folge habe, das kleine, hauptsächlich aus alten Männlein und Weiblein bestehende Häufchen der Andächtigen bei gewissen Processionen – das sei ein auf die Gasse getragenes Armuthszeugnis, das ärgerliche Benehmen gewisser Studenten, namentlich der Chirurgen, die Verkehrsstörung u.s.w. Ueberhaupt, meinte der Redacteur, werde jetzt von allerwärts nach Reformen geschrieen und da dürfe die Kirche nicht zurückbleiben. Der Cardinal hörte den Vortrag ruhig an und bemerkte nach dessen Schluß: „Nun, da mag Manches wahr und gut sein; aber in mein Blatt gehört so was nicht und ich wundere mich nur, daß Sie das nicht begreifen. Uebrigens kenne ich das Bestreben, die religiösen Uebungen immer mehr in die Kirche zu drängen, wie es in Frankreich bereits der Fall ist. Aber so lange wir ein Kaiserhaus haben, das sich nicht scheut die Religion öffentlich zu bekennen, wird das Beispiel Frankreichs in Oesterreich keine Nachahmung finden." Und der Redacteur konnte gehen." (Schöpf, Cardinal, 66 f.) Andere kirchliche Reformthemen, welche Schöpf im Rahmen seiner Redaktionstätigkeit (erfolglos) anzustoßen versuchte, waren bspw. die Salzburger Stolordnung bei Bestattungen sowie die Reduktion der Anzahl der Feiertage. Vgl. Schöpf, Cardinal, 67.

179 Vgl. Grass, Schöpf (1985), 320.

Kardinal Schwarzenberg inhaltlich mißfielen.[180] Schwarzenberg zitierte in Folge seinen Redakteur zu sich und teilte ihm mit, dass dieser seines Postens als verantwortlicher Redakteur enthoben würde. Bereits im dritten Monat nach Gründung der Zeitung wurde Schöpf vorübergehend seines Postens enthoben und Dr. Johann Heinrich Löwe[181] übernahm die Redaktion des Schwarzenberg'schen Blatts ab Ende September 1848.[182] Letzterem war als Redakteur kein Glück beschieden, denn viele Salzburger lasteten Löwe, obwohl er die katholische Taufe empfangen hatte, seine jüdische Abstammung an.[183] Schöpf zufolge tat Löwe zwar

> „sein Möglichstes, das Blatt zu heben, brachte es jedoch nicht über 200 Abonnenten. Der Hauptgrund des geringen Absatzes lag – ganz offen gesagt – im Blatte selbst. Es fehlten die Mittel zum Heranziehen und Festhalten jener Kräfte, die allein im Stande sind, ein Blatt interessant zu machen; – mit einem Worte: es fehlten die nöthigen Summen [...].“[184]

Nachdem es in Salzburg zu offenen Protestkundgebungen gegen Dr. Löwe kam,[185] enthob Kardinal Schwarzenberg nach eineinhalb Monaten im Einverständnis mit Löwe ebendiesen wieder der Dienstpflichten[186] und teilte Schöpf mit, er müsse

---

180 Vgl. Schöpf, Cardinal, 64 f: „Was sind aber die edelsten Intentionen, weisesten Vorschriften und bestgemeinten Mahnungen im Sturme und Drange des Lebens, noch dazu bei einem Manne, der als Sohn der Wildnis (des wildromantischen Oetzthales) frei und frank aufgewachsen, sich nie an stramme Disciplin gewöhnt und der gegen die mannigfachsten Einflüsse und Eindrücke noch nicht gehärtet war? – So brachte das Blatt Manches, mit dem der Cardinal nicht einverstanden war. Insbesondere mißfielen ihm persönliche Ausfälle, indem er meinte, der Redacteur soll sich durch nichts irritiren lassen und sich trotz gegnerischer Angriffe stets ruhig und objectiv verhalten. Das war vom Cardinal leichter gesagt, als vom Redacteur gethan, und setzte jedenfalls ein ganz anderes Blut voraus als jenes war, das in den Adern des Oetzthalers kochte.“

181 Vgl. für Informationen zum Leben des Salzburger Philosophieprofessors Johann Löwe: Loewe, Sophie/Morscher, Edgar/Neumaier, Otto (Hg.), Lebensbeschreibung des ehemaligen Salzburger Philosophieprofessors Johann Heinrich Loewe. Dargestellt anhand von Briefen von seiner Tochter (Beiträge zur Bolzano-Forschung 19), Sankt Augustin 2005.

182 Vgl. Schöpf, Cardinal, 65.

183 Vgl. Jakob, Waltraud, Salzburger Zeitungsgeschichte. Dissertation am Institut für Publizistik der Universität Salzburg (Salzburg Dokumentationen 39), Salzburg 1979, 120.

184 Schöpf, Cardinal, 65.

185 Vgl. ausführlich: Glaser, Zeitungswesen, 144 f.

186 Vgl. Schöpf, Cardinal, 65; Jakob, Zeitungsgeschichte, 120.

„die Redaction des Blattes wieder übernehmen; denn eingehen darf es in diesem kritischen Momente nicht, im Gegentheile, das Blatt soll erweitert werden, koste es was immer."[187]

Fast jeden Abend konferierte Kardinal Schwarzenberg mit Schöpf, dem Redakteur seiner Zeitung.[188] Die politische Grundausrichtung war vom Kardinal vorgegeben und so war die Zeitung im Gegensatz zu den meisten Blättern der Epoche ruhig, konservativ und objektiv.[189] Unter Konservatismus wurde jedoch durchaus nicht verstanden, alles Bestehende rechtfertigen und festhalten zu wollen. Vielmehr sucht der Konservatismus im Sinne der *Salzburger Constitutionellen Zeitung* lediglich das Gute des Bestehenden zu erhalten und zu verteidigen. So formulierte Schöpf am 2. Juli 1848 in der zweiten Nummer der Zeitung, dieses „letztere ist ein vernünftiger Conservativismus und schließt keineswegs den Fortschritt aus, sondern sichert demselben vielmehr Halt und Bestand."[190]

---

187 Schöpf, Cardinal, 65; Nominell fungierte in dieser Zeit der Verleger Zaunrith im Impressum der Zeitung als *Strohmann* für den Redacteur Schöpf, dem es gelang, die Abonnentenzahl in Folge auf 256 zu erhöhen. Im Januar 1849 folgen jedoch zwei Prozesse, die der eigentliche Redakteur Schöpf selbst ausfechten musste. Ein Salzburger Kaufmann fühlte sich von der *Salzburger Constitutionellen Zeitung* ebenso verleumdet wie der Commandant der Nationalgarde in Salzburg. (Jakob, Zeitungsgeschichte, 120 f.) Schwarzenberg war zur Zeit der Prozesse verreist. Als er jedoch wieder in Salzburg eingetroffen war, zitierte er Schöpf zu sich und fuhr diesen – wie Schöpf selbst berichtet – zornig an: „Was haben Sie gemacht? Den armen Zaunrith so einzutauchen, wissen Sie denn nicht, daß man Lokalsachen entweder gar nicht oder nur mit Glacéhandschuhen anrühren darf." (Schöpf, Cardinal, 66) Am Ende des Jahres 1849 teilte Schwarzenberg Schöpf mit, dass er ab dem 1. Januar 1850 wieder als verantwortlicher Redakteur in Erscheinung treten solle, da ohnedies „[d]ie ganze Stadt weiß, dass Sie [= Schöpf] die Redaction führen." (Schöpf, Cardinal, 68)

188 Vgl. Schöpf, Mittheilungen (1898), 33.

189 Vgl. Bachem, Bachem, 182; vgl. auch: Hosp, Kirche Österreichs, 57. Am selben Ort weist Hosp darauf hin, dass sich der katholische Charakter insbesondere in der Berichterstattung über Themen und Ereignisse mit Relevanz für den kirchlichen Bereich zeigte: „Sobald in der Nationalversammlung in Frankfurt und im Reichstag in Wien-Kremsier religiöse und kirchliche Fragen behandelt wurden, trat der katholische Charakter der Zeitung stärker hervor. Im ganzen war es ein vornehmes politisches Organ fast großen Stils, antirevolutionär und antirepublikanisch." Vgl. auch: Gnilsen, Harald, Ecclesia militans Salisburgensis. Kulturkampf in Salzburg 1848–1914 (Veröffentlichungen des Historischen Instituts der Universität Salzburg 2), Wien/u. a. 1972, 88.

190 O. N., Feuilleton, in: Salzburger Constitutionelle Zeitung Nr. 2, Sonntag, den 02. Juli 1848, 8, hier 8.

Durch die Errichtung zweier weiterer Zeitungen, der *Salzburger Post*[191] sowie der *Neuen Salzburger Zeitung*,[192] war die *Salzburger Constitutionelle Zeitung* einer Konkurrenzsituation ausgesetzt, welche die Redaktion dazu zwang, das eigene journalistische Programm zu präzisieren und klar zu formulieren. Am 1. Januar 1850 erschien mit Billigung des Kardinals Schwarzenberg die folgende programmatische Standortbestimmung:

> „Unser Blatt ist weder ein Organ der Regierung noch der Demokratie, sondern gleichwie wir im trüben Gewirr der Zeit eine auf den Grundsätzen des ewigen Rechtes und der wahren Freiheit gegründete Stellung eingenommen haben, so werden wir auch künftighin einer Politik huldigen, die allein allen Theilen zum Heile gereicht. Ein freies, mächtiges, constitutionelles Oesterreich, ein einiges, großes und mächtiges Deutschland wird der „Salzburger constitutionellen Zeitung" auch künftighin als jene Idee vorschweben, von deren Realisirung das Wohl des Vaterlandes bedingt ist. Daher ist die „Salzburger constitutionelle Zeitung" entschieden gegen das Ausscheiden Österreichs von Deutschland, und anerkennt noch immer jenes große Ziel, welches im vorigen Jahr allen deutschen Stämmen vorgeschwebt hat."[193]

Nachdem Kardinal Schwarzenberg am 20. Mai 1850 auf Wunsch von Kaiser Franz Joseph I. und Papst Pius IX. nach Prag transferiert worden war, um dort fortan als Erzbischof zu wirken,[194] fehlte seiner Salzburger Zeitung die leitende Hand. Kardinal Schwarzenberg bestellte vor seinem Wechsel auf den erzbischöflichen Stuhl von Prag seinen Redakteur Schöpf noch einmal zu sich und teilte diesem am 5. August 1850 zum Abschluss mit: „Sie haben mir viel Verdruß gemacht; aber Sie waren ein treuer, uneigennütziger Diener."[195]

Der treue Diener Schöpf war jedoch nicht in der Lage, „die gleichmäßige, feste Haltung aufrecht zu erhalten"[196] und die *Salzburger Constitutionelle Zeitung* geriet

---

191 Die *Salzburger Post* wurde 1850/51 unter diesem Namen herausgegeben. Sie war eine Fortführung der *Kaiserlich-Königich priviligierten Salzburger Zeitung* und wurde 1852 in die Salzburger Landeszeitung umgewandelt. Vgl. Jakob, Zeitungsgeschichte, 108.

192 Die *Neue Salzburger Zeitung* wurde 1849 begründet und existierte bis 1858. Vgl. Jakob, Zeitungsgeschichte, 123.

193 O. N., Titelseite, in: Salzburger Constitutionelle Zeitung Nr. 1, Dienstag, den 01. Januar 1850, 1.

194 Vgl. Ortner, Bischöfe, 290.

195 Schöpf, Cardinal, 68.

196 Grass, Schöpf (1985), 320; vgl. Hosp, Kirche Österreichs, 57: „Im Sommer 1851 zog sich Josef Schöpf von der Redaktion zurück, da er kein Politiker war und am Kardinal die Stütze verloren hatte."

zunehmend in Schwierigkeiten, was in der Ausgabe vom 4. Januar 1851 auch auf der Titelseite eingestanden wurde:

> „Zwei Gebrechen hat unsere Zeitung auch für unsere Leser (denn der Gegenpartei kann das Blatt schon seiner Tendenz wegen nichts recht machen), nämlich zu beschränkt an Raum ist sie und, was mit diesem unzertrennlich zusammenhängt, im Vergleiche mit den auswärtigen und Wiener Blättern zu theuer. [...] Die Zeitungen haben mit jedem andern Geschäfte das gemein, daß sie um so billiger verabfolgt werden können, je mehr Abnehmer sie finden. Nun aber ist unser Blatt ein streng conservatives, und conservative Zeitungen finden durchgehends weniger Anklang, als solche, welche Opposition „um jeden Preis" machen."[197]

Im Juni 1851 stattete Kardinal Schwarzenberg anlässlich der Konsekration seines Nachfolgers Tarnóczy der Stadt Salzburg einen Besuch ab. Schöpf, zu dieser Zeit trotz bestandener Concursprüfung noch als Supplent für Kirchengeschichte und Kirchenrecht an der Theologischen Fakultät tätig, wandte sich an Kardinal Schwarzenberg und dieser sicherte Schöpf zu, sich für seine Anstellung als Professor an der Fakultät einsetzen zu wollen und übergab ihm 500 fl. C.M. „für die Mühewaltung seit 1848."[198]

Zum 1. Juli 1851 legte Schöpf sein Amt als Redakteur der *Salzburger Constitutionellen Zeitung* mit der Erklärung nieder,[199] er wolle sich in Zukunft ausschließlich der wissenschaftlichen Forschung widmen und habe indes bereits angefangen, ein mehrbändiges kirchenrechtliches Handbuch zu verfassen.[200]

197 O. N., Titelseite, in: Salzburger Constitutionelle Zeitung Nr. 3, Samstag, den 04. Januar 1851.

198 Schöpf, Cardinal, 68.

199 Vgl. Schöpf, Cardinal, 68.

200 Vgl. Grass, Schöpf (1985), 320; Unter dem neuen Schriftleiter Max Theophil Zetter (Vgl. Anthaller, Schöpf, 9) gelang es nicht, das Blatt zu halten, vielmehr ging die Zahl der regelmäßigen Abnehmer der *Salzburger Constitutionellen Zeitung* auf lediglich 72 zahlende Bezieher zurück. Von den Gegnern wurde die Zeitung in dieser Periode spottweise *Zettergeheul* tituliert. (Vgl. Jakob, Zeitungsgeschichte, 121) Ein Weiterbestand zahlte sich nicht aus und so wurde das Blatt am 31. Dezember 1851 eingestellt, wobei das Defizit bis zuletzt von Kardinal Schwarzenberg beglichen wurde. Vgl. auch: Hosp, Kirche Österreichs, 57. Anstelle der *Salzburger Constitutionellen Zeitung* erschienen in Folge als politisches Blatt der katholische *Salzburger Correspondent* sowie als Ergänzung das *Salzburger Kirchenblatt*. Schöpf wirkte als freier Mitarbeiter beider Zeitungen. Vgl. Jakob, Zeitungsgeschichte, 108.

1.5 Professor für Kirchengeschichte und Kirchenrecht an der Theologischen Fakultät Salzburg

Nach der Ernennung zum Ordinarius für die Fächer Kirchengeschichte und Kirchenrecht an der Theologischen Fakultät Salzburg am 29. September 1852 durch Kaiser Franz Joseph[201] waren die folgenden Jahre für Schöpf mit unterschiedlichen Aufgaben ausgefüllt. Neben seiner Tätigkeit an der Theologischen Fakultät wirkte Schöpf als *Gymnasiallehrer*[202] und war weiterhin schriftstellerisch aktiv.[203]

1.5.1 Reform der theologischen Studienrichtung

Im universitären Sektor hatte sich Schöpf bald nach seiner Promotion im Auftrag seines Ordinarius neuen Aufgaben zu widmen. Fürsterzbischof Maximilian von Tarnóczy betraute ihn damit, die bestehende *theologische Studienordnung zu reformieren.*[204] Die Tatsache, dass man dem gerade 29-jährigen Professor Schöpf solch weitreichende Reformprojekte anvertraute, illustriert, wie hoch geschätzt dieser aufgrund seiner fachlichen Kompetenzen war, als „man ihn trotz seiner Kanten immer wieder heranzog, wenn schwierige Aufgaben zu bewältigen waren."[205]

Seine Vorschläge für die Reform der theologischen Studienrichtung veröffentlichte Schöpf im Jahr 1852 in der Schrift *Theologisches Studium in Salzburg.*[206] Im Jahr 1857 veröffentlichte Schöpf eine überarbeitete und erweiterte Version seiner Reformvorschläge unter dem Titel *Theologisches Studium in Österreich.*[207] Auf die Inhalte der Schöpf'schen Reformvorschläge wird im Folgenden noch gesondert eingegangen werden.[208]

---

201 Vgl. Hermann, Schule, 524; Grass, Schöpf (1985), 319.

202 Vgl. Schöpf, Mittheilungen (1895), 44: „Im Jahre 52 war ich ½ Jahr hindurch am Obergymnasium Supplent unter Direktor Rottinger. Volle 9 Jahre dozirte ich wöchentlich 2 mitunter 3 Stunden unentgeltlich am f. e. Boromäum." Vgl. auch: Anthaller, Schöpf, 9.

203 Vgl. Grass, Schöpf (1985), 322.

204 Vgl. Grass, Schöpf (1985), 320. Tarnóczy beauftragte Schöpf mit folgenden Worten: „Unser Rautenstrauchischer Studienplan steht nicht auf katholischer Basis, sein Grund und Anfang ist Kirchengeschichte und die ist nicht die rechte Pforte für den Katholizismus, sondern für den Protestantismus. Legen Sie für den Lehrplan ein anderes und zwar freilich katholisches Fundament." (Schöpf, Trias, 9).

205 Grass, Schöpf (1985), 321.

206 Vgl. Schöpf, Joseph A., Theologisches Studium in Salzburg, Salzburg 1852.

207 Vgl. Schöpf, Joseph A., Theologisches Studium in Österreich, Salzburg ²1857.

208 Vgl. v. a. Punkt 3.1.1 der vorliegenden Arbeit.

1.5.2 Einsatz für die Wiedererrichtung der Universität Salzburg

Trotz der Treue zu seiner Tiroler Abstammung war Schöpf im Verlauf seines langjährigen Aufenthalts in Salzburg ein bewusster Salzburger geworden[209] und setzte sich u. a. im akademischen Feld unermüdlich für die Wiedererrichtung der Universität Salzburg ein.[210] Dieses große Anliegen Salzburgs war auch für Schöpf eine Herzensangelegenheit.

Nach zeitgenössischem Zeugnis[211] war Schöpf der Verfasser der im Verlag der Stadtgemeinde anonym herausgekommenen *Denkschrift des Comités für Wiederherstellung der Universität in Salzburg*[212]. Die Denkschrift ist von dreizehn Persönlichkeiten der wissenschaftlichen und politischen Öffentlichkeit Salzburgs unterzeichnet, Schöpfs Name steht an elfter Stelle.[213] Auf 16 Druckseiten zählt das Komitee Gründe für die Wiedererrichtung der Universität auf. Neben *historischen Argumenten*[214] führte man den *Bedarf nach einer Hochschule in der Stadt Salzburg*,[215] die jetzt zu anderen Zwecken verwendeten *Vermächtnisse edler Stifter*[216]

209 Vgl. Grass, Schöpf (1985), 323; In Bezug auf seine Aufnahme in das Salzburger Priesterseminar im Oktober 1841 formulierte Schöpf am Ende seines Lebens rückblickend: „So wurde ich Salzburger und bin es bis heute mit Leib und Seel. Nichts – selbst nicht meine Geburtsstätte – geht mir über Salzburg." (Schöpf, Mittheilungen (1895), 43)

210 Vgl. Schwarzbach, Schriftsteller-Jubiläum, 13. Im Jahr 1810 wurde die Universität Salzburg im Zuge der Angliederung Salzburgs an Bayern aufgelöst. An ihrer Stelle wurde ein theologisches und philosophisches Lyceum sowie eine medizinische Lehranstalt eingerichtet. Im Jahr 1850 wurde die theologische Abteilung des Lyceums in den Rang einer Universitätsfakultät erhoben und das Lyceum aufgelöst. Die förmliche Wiedererrichtung der Salzburger Universität als staatliche Universität datiert in das Jahr 1962. Vgl. Universität Salzburg, Geschichte. Verfügbar unter: http://www.uni-salzburg.at/index.php?id=200457&MP=44700-200607. Zuletzt geprüft am 16. Dezember 2016; Rinnerthaler, Alfred, Von der barocken Benediktiner- zur Staatsuniversität. Vom Werden der Salzburger „Alma Mater", in: Wall, Heinrich d./Germann, Michael (Hg.), Bürgerliche Freiheit und christliche Verantwortung. Festschrift für Christoph Link zum siebzigsten Geburtstag, Tübingen 2003, 787–826, v.a. 790–826; Hermann, Geschichte; Hermann, Schule; Hermann, Wissenschaft (Anmerkungen); Hermann, Wissenschaft.

211 Vgl. Nußbaumer, Schöpf, 31; Wurzbach, Schöpf, 195.

212 Vgl. o. N., Denkschrift des Comités für Wiederherstellung der Universität in Salzburg, Salzburg 1870.

213 Vgl. o. N., Denkschrift, 14.

214 Vgl. o. N., Denkschrift, 3–6.

215 Vgl. o. N., Denkschrift, 9–11.

216 Vgl. o. N., Denkschrift, 7 f.

sowie das *Vorhandensein aller Vorbedingungen in allen Fakultäten*[217] ins Feld. Man argumentierte sehr detailliert, bspw. wie im Folgenden: Das „Irrenhaus böte bei einem Stande von 50 bis 54 Irren und einer durchschnittlichen Irrenverpflegung von 69–70 Köpfen per Jahr genügsames Materiale für den Unterricht in der Psychiatrie."[218] Hinsichtlich der Finanzierung der wiederzuerrichtenden Universität verwies das Comité auf das Beispiel der Innsbrucker Fakultät.[219] Konnte dort die Universität über Jahrzehnte hinweg „von der Saline in Hall großen Vortheil ziehen, warum sollte nicht auch die reiche Saline in Hallein für eine hierortige Hochschule in Anspruch genommen werden können?"[220] Ausdrücklich forderte man in der Frage der Finanzierung „Gleiches Recht für Alle"[221]. In seiner Konsequenz blieben die Bemühungen des *Comités für Wiederherstellung der Universität in Salzburg* auf lange Zeit erfolglos. Die förmliche Wiedererrichtung der Salzburger Universität erlebte Schöpf nicht mehr. Erst im Jahr 1962 wurde in Salzburg eine staatliche Universität neu gegründet.[222]

1.5.3 Wissenschaftliche Tätigkeit

Wissenschaftlich ertragreich wirkte Schöpf vornehmlich im Bereich des Kirchenrechts,[223] wobei die Zeit, welche Schöpf für die fachwissenschaftliche Forschung zur Verfügung stand, durch seine vielfältigen anderweitigen Verpflichtungen – vornehmlich auf journalistischem Gebiet – stark eingeschränkt war.[224] Des Weite-

---

217 Vgl. o. N., Denkschrift, 11 f.

218 O. N., Denkschrift, 12.

219 Vgl. mit Angabe weiterer Literatur zur Frage der Finanzierung von Hochschulen durch Einnahmen aus dem Verkauf von Salz und Wein: Grass, Schöpf (1985), 324 FN 25: „Die Mittel für die 1669 ins Leben gerufene Universität Innsbruck wurden durch Zuschlag auf das im nahen Hall gewonnene Salz beschafft; der damals noch österreichischen Universität Freiburg i. Br. waren schon 1660 10.000 Gulden aus einer Salzsteuer zugewiesen worden. Viel häufiger waren hingegen Einnahmen aus dem Weinbau, die zum Unterhalt Hoher Schulen zugewiesen wurden."

220 O. N., Denkschrift, 13.

221 O. N., Denkschrift, 13.

222 Vgl. Universität Salzburg, Geschichte; vgl. hierzu bspw.: Rinnerthaler, Staatsuniversität, v. a. 790–826; Sowie die bereits zitierten Beiträge von Karl-Friedrich Hermann: Hermann, Geschichte; Hermann, Schule; Hermann, Wissenschaft (Anmerkungen); Hermann, Wissenschaft.

223 Vgl. Paarhammer, Schöpf, 267.

224 Vgl. Anthaller, Schöpf, 9: „Wenn Dr. Schöpf unter der Last seiner drückenden Arbeiten unmöglich mit beiden Füßen allsogleich in die Tiefen der Wissenschaft hatte hinabspringen können, so fand er bei seinen Talenten und der langen Zeit, die ihm

ren war Schöpf infolge einer 1865 durchgestandenen Typhusinfektion ab diesem Zeitpunkt nicht mehr in der Lage, sich größeren schriftstellerischen Arbeiten auf wissenschaftlichem Gebiet zu widmen. Sein damaliger Leibarzt Dr. Franz Xaver von Gietl in München verordnete Schöpf den Verzicht auf jedwede anstrengende geistige Arbeit.[225]

1854 begann Schöpf die Arbeiten zu seinem vierbändigen *Handbuch des katholischen Kirchenrechts*, welches gleichsam sein wissenschaftliches Hauptwerk darstellt und zwischen 1863 und 1866 bereits in dritter Auflage veröffentlicht wurde. Schöpf orientierte sich bei der Abfassung seines Handbuchs einerseits an den Bedürfnissen der pastoralen Praxis, andererseits der akademischen Theologie und Rechtswissenschaften.[226] Seine Ausführungen stützt Schöpf auf bewährte kanonistische Autoren, wobei sich besonders der persönliche Kontakt Schöpfs zu Professor George Phillips in Wien in seinem Handbuch niederschlägt. Die Kontakte zwischen den beiden Kanonisten scheinen derart eng gewesen zu sein, dass Schöpf u. a. seinem Wiener Kollegen den ersten Band seines *Handbuchs des katholischen Kirchenrechts* widmete.[227]

Schöpf wandte sich in der Frage der *Unfehlbarkeit des Papstes* gegen die Erhebung des Glaubenssatzes zum Dogma, musste jedoch im weiteren Verlauf die gegenteilige Entscheidung des Ersten Vatikanischen Konzils anerkennen.[228] Die

---

zu seiner Ausbildung gegönnt war […], Gelegenheit genug, sich zu einem vorzüglichen Professor auszubilden. Das Urtheil, welches ich von seinen Schülern über ihn gehört habe, fand ich stets voll Anerkennung, sowohl was richtiges Wissen, als das Interessante des Vortrages betrifft."

225 Vgl. Schöpf, Joseph A., Mittheilungen des Herrn Professor Dr. Schöpf, in: Neuer Salzburgischer Haus- und Wirthschafts-Schreibkalender, Salzburg 1899, 27–36, hier 34; Schöpf, Trias, 20 f.

226 Vgl. Grass, Schöpf (1999), 104.

227 In der Widmung bezieht sich Schöpf neben George Phillips auf den mit Schöpf befreundeten Abt des Stiftes Stams im Tiroler Oberinntal, P. Aloïs Schnitzer, welcher als Präfekt des Stamser Stifts-Gymnasiums während Schöpfs Schulzeit im Amt war. Vgl. Schöpf, Joseph A., Handbuch des katholischen Kirchenrechts. Mit besonderer Bezugnahme auf Oesterreich und mit Rücksicht auf Deutschland. Erster Band, Salzburg 1854, I: „Seiner Gnaden, dem Hochwürdigen Herrn: Alois Schnitzer, Abt des Cisterzienser-Stiftes Stams in Oberinnthale, und Erb-Hofkaplan, dem frommen Priestergreis zum Denkzeichen der innigen Pietät und des unauslöschlichen Dankgefühls für die durch zwei und zwanzig Jahre erwiesene väterliche Liebe und Freundschaft und Seiner Hochwohlgeborn, dem Hochgelehrten Herrn: Georg Phillips, k. k. Hofrahte und Universitätsprofessor in Wien, aus tiefer Verehrung der großen Verdienste um die Wissenschaft des Kirchenrechts gewidmet vom Verfasser."

228 Vgl. Hermann, Wissenschaft, 1893.

meisten Kanonisten des deutschen Sprachraums waren Gegner der Dogmatisierung der päpstlichen Infallibilität, lediglich George Phillips war ein begeisterter Befürworter, welcher sich die wissenschaftliche Fundierung des Unfehlbarkeitsdogmas zum Ziel setzte.[229]

1.5.4 Akademische Lehrtätigkeit (1848–1884)

Im Jahr 1895 schrieb der emeritierte Schöpf im Rückblick über seine Ernennung zum Professor für Kirchengeschichte und Kirchenrecht im Jahr 1852:

> „So hatte ich endlich mein Ziel erreicht und ich fühlte mich auf der redlich erworbenen Bahn so glücklich, daß ich, sollte ich tausend Mal zur Welt kommen, stets das sein möchte, was ich war, nämlich Professor an der theol. Fakultät. Jetzt war ich so eigentlich und ganz in meinem Elemente: denn Doziren war und ist von jeher meine größte Freude."[230]

---

229 Vgl. Lentze, Hans, George Phillips, der große Kanonist des 19. Jahrhunderts, in: Flieder, Viktor (Hg.), Festschrift Franz Loidl zum 65. Geburtstag. 1. Band. (Sammlung „Aus Christentum und Kultur". Sonderband 1), Wien 1970, 160–166, hier 161; vgl. hierzu Aubert, Roger/Jedin, Hubert, Die Kirche in der Gegenwart. Erster Halbband. Die Kirche zwischen Revolution und Restauration (Handbuch der Kirchengeschichte VI, 1), Freiburg i. Br. 1971, 768.
Lentze urteilt, dass die kanonistische Grundlegung der päpstlichen Infallibilität Phillips „großes Verdienst als Kanonist war. Er war der Pionier einer Richtung, die 1870 auf dem Vaticanum I zum Siege gelangen sollte. Allerdings war das auch ein Kreuz in seinem Leben, er hat deswegen schwer an der Feindschaft im eigenen katholischen Lager tragen müssen." (Lentze, Phillips, 161)

230 Schöpf, Mittheilungen (1895), 44. Da Schöpf selbst seine Tätigkeit als Professor an der theologischen Fakultät als ‚sein Lebenselement' bezeichnete, widersetzte er sich u. a. Versuchen, ihn von der Fakultät abzuziehen, um ihn in den Tiroler Teil der Erzdiözese Salzburg als Seelsorger zu entsenden. Im Anschluss an das durch die Abstimmung im Salzburger Gemeinderat hinsichtlich der Frage zum Salzburger Kirchenvermögen in städtischer Hand ausgelöste Skandalon (Vgl. Punkt 1.8 dieser Arbeit) erschien „Consistorial-Präses Mooslechner, den der hochpolitische Fürsterzbischof Tarnóczy zum Allgewaltigen der Erzdiöcese gemacht, […] in meiner Wohnung und bot mir das vacante Decanat Brixen im Brixenthale an; dort fände ich eine große, schöne Oekonomie, und die herrliche Salfe gehöre auch dem Dechant. Natürlich nahm ich nicht an; […] Die Professur, zu der ich von meiner legitimen Obrigkeit war berufen worden und die ich mir redlich und sauer verdient hatte, hielt ich für mein Lebenselement, aus dem ich mich nicht wollte verdrängen lassen. Ich wurde darin hauptsächlich durch die treue Anhänglichkeit meiner Hörer bestärkt, die trotz aller Machinationen mir von Herzen zugetan blieben." (Schöpf, Mittheilungen (1887), 20).

Als akademischer Lehrer wurde Schöpf als origineller Vortragender geschätzt, nicht zuletzt aufgrund seines anschaulichen und anregenden Vortragsstils sowie aufgrund seiner steten Freundlichkeit war Schöpf bei den Studierenden beliebt.[231]

Die Hauptvorlesungen wurden von Schöpf in lateinischer Sprache abgehalten. Latein als Vortragssprache war an den theologischen Fakultäten und theologischen Lehranstalten Österreichs bis in die erste Hälfte des 20. Jahrhunderts üblich und in einzelnen theologischen Fächern, vor allem in Dogmatik, Moraltheologie und Kirchenrecht, noch weit verbreitet.[232]

---

231 Vgl. Paarhammer, Schöpf, 267; Grass, Schöpf (1985), 323; Grass, Schöpf (1999), 104; vgl. auch: Grass, Kirchenrecht, 240: „Schöpf war ein origineller und sehr beliebter akademischer Lehrer. Die Jugend schätzt Wahrheit und Offenheit, und an diesen Eigenschaften hat es dem aufrichtigen Tiroler nie gefehlt."

232 Vgl. Haring, Johann, Das Lehramt der katholischen Theologie. Festschrift der Grazer Universität für 1926, Graz 1926, 148; In der Durchführungsverordnung zum Konkordat von 1858 bzgl. der theologischen Studien normierte der österreichische Gesetzgeber: „Das Latein ist die ordentliche Sprache der theologischen Lehrvorträge. Eine Ausnahme soll nur für einzelne Lehrfächer und aus wichtigen Gründen gemacht werden." (Ministerium für Cultus und Unterricht, Verordnung des Ministers für Cultus und Unterricht vom 29. März 1858, wirksam für den ganzen Umfang des Reiches, die Durchführung der Artikel VI und XVII des Concordates, bezüglich der theologischen Studien, betreffend, RGBL 50/1858. Verfügbar unter: http://alex.onb.ac.at/cgi-content/alex?aid=rgb&datum=18580004&seite=00000279. Zuletzt geprüft am 02. August 2016, § 6) Auch im Rahmen der Reform der Bestimmungen zur Erlangung des theologischen Doktorats an den österreichischen Studieneinrichtungen wurde im Jahr 1903 die lateinische Sprache als die ordentliche Prüfungssprache festgesetzt: „Die lateinische Sprache ist als Prüfungssprache bei den strengen Prüfungen aus der Dogmatik und Moraltheologie jederzeit, aus den übrigen Gegenständen aber in der Regel anzuwenden." (Ministerium für Cultus und Unterricht, Verordnung des Ministers für Kultus und Unterricht, durch welche für die theologischen Fakultäten der k. k. Universitäten in Wien, Prag, Graz, Innsbruck, Krakau und Lemberg sowie die k. k. theologischen Fakultäten in Olmütz und Salzburg bezüglich der Erlangung des theologischen Doktorates neue Bestimmungen erlassen werden, RGBL 97/1903. Verfügbar unter: http://alex.onb.ac.at/pdfs/ONB_0tLG.pdf. Zuletzt geprüft am 02. August 2016, § 12)
Auch kirchlicherseits sprach man sich noch zu Beginn des 20. Jh. für die lateinische Sprache als ordentliche Lehrsprache aus: „Die ordentliche *Vortragssprache* für die theologischen Hauptfächer bleibt auch in Zukunft die *lateinische*. Ausnahmen können nur für einzelne Lehrfächer und nur aus wichtigen Gründen zugestanden werden." (Generalversammlung des österreichischen Episkopats, Beschlüsse der Generalversammlung des österreichischen Episkopats zu Wien am 13. November 1901, in: Haring, Johann, Einführung in das Studium der Theologie, Graz 1911, 67–71,

Im Studienjahr 1849 hielt Schöpf als Supplent im ersten Jahrgang eine Vorlesung mit insgesamt neun Wochenstunden über „*christliche Kirchengeschichte*, nach Schulheften, in lateinischer Sprache, an allen Schultagen, Vormittags von 8–9 Uhr, und Nachmittags von 3–4 Uhr“[233].

Im Jahr 1851 hielt Schöpf als Supplent, im Vorlesungsverzeichnis in der Rubrik *Der übrige Lehrkörper* als „Candidat der theol. Doktorswürde“[234] angeführt, im ersten Jahrgang zwei Vorlesungen mit insgesamt neun Wochenstunden über „*christliche Kirchengeschichte* in lateinischer und *Patrologie* in deutscher Sprache [...] am Montag, Mittwoch Freitag und Samstag von 8–9 Uhr und von 3–4 Uhr, Dienstag von 8–9 Uhr.“[235]. Im dritten Jahrgang lehrte Schöpf fünf Wochenstunden „*Kirchenrecht* in lateinischer Sprache [...] am Montag, Dienstag, Mittwoch, Freitag und Samstag von 9–10 Uhr.“[236]

In den Jahren als Professor gestaltete sich Schöpfs Vorlesungsprogramm über die Studienjahre hinweg ohne große Veränderungen. Für den *dritten Jahrgang* hielt Schöpf, jeweils im Winter- und Sommersemester eine zunächst siebenstündige,[237] ab dem Sommersemester 1875 fünfstündige[238] Vorlesung über *Kir-*

---

n. 10). Die im Jahr 1906 abgehaltene Salzburger Diözesansynode wünscht ebenfalls v. a. für die Fächer Dogmatik und Moraltheologie die lateinische Vortragssprache: „Praecipuae disciplinae theologicae, praesertim theologia dogmatica et moralis, ordinarie lingua latina traduntur; exceptiones tantummodo pro singularibus disciplinis et iustis ex causis concedi possunt.“ (Acta et Constitutiones Concilii Provinciae Salisburgensis anno Domini MCMVI celebrati. Pars Prima. Acta Concilii, Salzburg 1910, 88 n. 43).

233 Lyzeum, Personalstand (1849), 7. Die Wochenstundenzahl neun ergibt sich aufgrund der Tatsache, dass der ganze Donnerstag sowie der Dienstagnachmittag auf der selben Seite des Vorlesungsverzeichnisses als lehrveranstaltungsfrei angekündigt waren.

234 Theologische Fakultät, Salzburg, Personalstand der Theologischen Fakultät und des theologischen Studiums zu Salzburg, sammt Ordnung der öffentlichen theologischen Vorlesungen, welche allhier im Studienjahr 1851 gehalten werden, Salzburg 1851, 4. Die gesamte Angabe lautet: „*Herr Joseph Schöpf*, Candidat der theol. Doktorswürde, Supplent der Lehrkanzel der Kirchengeschichte und des Kirchenrechtes, wohnt in der Theatergasse Nr. 531.“

235 Theologische Fakultät, Personalstand (1851), 4.

236 Theologische Fakultät, Personalstand (1851), 4.

237 Vgl. Theologische Fakultät, Salzburg, Personalstand und Ordnung der öffentlichen Vorlesungen an der k. k. Theologischen Fakultät zu Salzburg im Winter-Semester 1874/75, Salzburg 1874, 4.

238 Vgl. Theologische Fakultät, Salzburg, Personalstand und Ordnung der öffentlichen Vorlesungen an der k. k. Theologischen Fakultät zu Salzburg im Sommer-Semester

chengeschichte in lateinischer Sprache ab. Im *vierten Jahrgang* dozierte Schöpf bis zu seiner Emeritierung, jeweils im Winter- und Sommersemester, fünf Semesterwochenstunden über *Kirchenrecht*.[239]

Des Weiteren lehrte Schöpf für den *dritten Jahrgang* in den Wintersemestern eine zweistündige Vorlesung über *Patrologie* in deutscher Sprache,[240] jeweils im Wechsel mit einer zweistündigen Vorlesung zu verschiedenen Themen der Kirchengeschichte in den Sommersemestern. Hier war Schöpf etwas freier in der Lehre und dozierte in den Sommersemestern ab 1875 in deutscher Sprache zu Themen wie der *Geschichte der Reformation*[241] oder *Kirchen- und Staatengeschichte der neuesten Zeit*.[242] Schöpf war wahrscheinlich der erste Theologieprofessor in

---

1875, Salzburg 1875, 4; Theologische Fakultät, Salzburg, Personalstand und Ordnung der öffentlichen Vorlesungen an der k.k. Theologischen Fakultät zu Salzburg im Studienjahre 1876, Salzburg 1875, 4; Theologische Fakultät, Salzburg, Personalstand und Ordnung der öffentlichen Vorlesungen an der k.k. Theologischen Fakultät zu Salzburg im Studienjahre 1877, Salzburg 1876, 4; Theologische Fakultät, Salzburg, Personalstand und Ordnung der öffentlichen Vorlesungen an der k.k. Theologischen Fakultät zu Salzburg im Studienjahre 1879, Salzburg 1878, 4; Theologische Fakultät, Salzburg, Personalstand und Ordnung der öffentlichen Vorlesungen an der k.k. Theologischen Fakultät zu Salzburg im Studienjahre 1880, Salzburg 1879, 4; Theologische Fakultät, Salzburg, Personalstand und Ordnung der öffentlichen Vorlesungen an der k.k. Theologischen Fakultät zu Salzburg im Studienjahre 1881, Salzburg 1880, 4; Theologische Fakultät, Salzburg, Personalstand und Ordnung der öffentlichen Vorlesungen an der k.k. Theologischen Fakultät zu Salzburg im Studienjahre 1882/83, Salzburg 1882, 4; Theologische Fakultät, Salzburg, Personalstand und Ordnung der öffentlichen Vorlesungen an der k.k. Theologischen Fakultät zu Salzburg im Studienjahre 1884, Salzburg 1883, 4.

239 Vgl. Theologische Fakultät, Personalstand (WS 1874/75), 4; Theologische Fakultät, Personalstand (SS 1875), 4; Theologische Fakultät, Personalstand (1876), 4; Theologische Fakultät, Personalstand (1877), 4; Theologische Fakultät, Personalstand (1879), 4; Theologische Fakultät, Personalstand (1880), 4; Theologische Fakultät, Personalstand (1881), 4; Theologische Fakultät, Personalstand (1882/83), 4; Theologische Fakultät, Personalstand (1884), 4.

240 Vgl. Theologische Fakultät, Personalstand (WS 1874/75), 4; Theologische Fakultät, Personalstand (1876), 4; Theologische Fakultät, Personalstand (1877), 4; Theologische Fakultät, Personalstand (1879), 4; Theologische Fakultät, Personalstand (1880), 4; Theologische Fakultät, Personalstand (1881), 4; Theologische Fakultät, Personalstand (1882/83), 4.

241 Vgl. Theologische Fakultät, Personalstand (1877), 4.

242 Vgl. Theologische Fakultät, Personalstand (SS 1875), 4; Theologische Fakultät, Personalstand (1876), 4; Theologische Fakultät, Personalstand (1879), 4; Theologische Fakultät, Personalstand (1880), 4; Theologische Fakultät, Personalstand (1881), 4.

Österreich, der in seiner Lehrtätigkeit Themen und Fragestellungen der sog.,Zeitgeschichte' aufgriff.[243]

1.6 Joseph Anton Schöpfs Beziehungen zu zeitgenössischen Theologen und Kanonisten sowie seine Münchner Studienjahre

Im Rahmen seiner umfassenden Reform des österreichischen Bildungswesens[244] berief der Minister für Cultus und Unterricht Leo Graf Thun[245] eine Reihe von namhaften Rechtshistorikern und Kanonisten aus Deutschland auf Professorenposten in Österreich, um einen Fokus auf die Bearbeitung des Rechts aus historischer Perspektive zu legen. Zu erwähnen sind hier v.a. die Berufungen von George Phillips[246] (zunächst Innsbruck, dann Wien), Ernst Freiherr von Moy de Sons[247] (Innsbruck), Friedrich Maaßen[248] (zunächst Pest, danach Innsbruck, Graz

---

243 Vgl. Grass, Kirchenrecht, 241; In München hielt der Kirchenhistoriker Ignaz v. Döllinger in den Jahren nach seiner Exkommunikation Vorträge über verschiedene Themen der Universal- und Profangeschichte, dies jedoch nicht lediglich vor Studierenden der Theologie, sondern vielmehr vor einem sehr gemischten Auditorium. Vgl. Schöpf, Trias, 21; Schwaiger, Georg, Ignaz von Döllinger (1799–1890), in: Fries, Heinrich/Schwaiger, Georg (Hg.), Katholische Theologen Deutschlands im 19. Jahrhundert. Band III, München 1975, 9–43, hier 36.

244 Vgl. hierzu Lentze, Hans, Die Universitätsreform des Ministers Graf Leo Thun-Hohenstein (Veröffentlichungen der Kommission für Geschichte der Erziehung und des Unterrichts/Österreichische Akademie der Wissenschaften, Philosophisch-Historische Klasse 7), Graz/u.a. 1962; Ogris, Werner, Die Universitätsreform des Ministers Leo Graf Thun-Hohenstein. Festvortrag anläßlich des Rektorstages im Großen Festsaal der Universität Wien am 12. März 1999 (Wiener Universitätsreden 8), Wien 1999.

245 Der Jurist Leopold Graf von Thun und Hohenstein war von 1849–1860 Minister für Cultus und Unterricht und reformierte in dieser Periode das österreichische Bildungswesen im Rahmen seiner vom Motiv der Toleranz geprägten Bildungspolitik. Er führte u.a. die Hochschulautonomie ein. Vgl. Kraler, Tanja, Thun und Hohenstein Leo (Leopold), in: Österreichische Akademie der Wissenschaften (Hg.), Österreichisches biographisches Lexikon. 1815–1950. Band XIV. Stulli Luca – Tůma Karel, Wien 2015, 326 f.

246 Vgl. zur Person: Lentze, Phillips; Puza, Richard, Phillips, George, in: LKR, 1133.

247 Vgl. zur Person: Kalde, Franz, Moy de Sons, Kraft Karl Ernst, Freiherr von, in: LKR, 1121.

248 Vgl. zur Person: Martetschläger, Johannes, Maassen, Friedrich, in: LKR, 1117.

und Wien) und Johann Friedrich v. Schulte[249] (zunächst Prag, danach Bonn).[250] Fachliche und persönliche Beziehungen unterhielt Schöpf v.a. zu den Professoren Phillips und Schulte sowie darüber hinaus zum Kirchenhistoriker Ignaz v. Döllinger in München.

1.6.1 Joseph Anton Schöpfs Verhältnis zu George Phillips

Ein enger Kontakt, welcher in die Anfangszeit von Schöpfs Tätigkeit als Dozent an der Salzburger Fakultät zu datieren ist, bestand zwischen Joseph Anton Schöpf und dem Wiener Kirchenrechtler George Phillips.[251] Das erste Zusammentreffen zwischen Schöpf und Phillips im Juli 1852 in Schöpfs Salzburger Wohnung, in welcher dieser gerade mit dem befreundeten Katecheten Johann Schmid[252] beisammen saß, beschreibt Schöpf wie folgt:

> „An einem heißen Juli-Nachmittage 1852 saß ich in meinem Quartiere [...] mit meinem alten Freunde Katecheten Schmid, bei einem Glas Bier zu gemüthlichem Plausch. Unser Gespräch drehte sich, wie schon seit Wochen, um die Herausgabe eines kirchenrechtlichen Handbuches. „Laß doch die erbärmliche Journalistik und mach dich an ein Kirchenrecht" lautete jedesmal der Refrain. Wir waren kaum eine halbe Stunde beisammen, als sich plötzlich die Thüre öffnete und herein traten zwei Männer von ungleicher Gestalt. Der eine jung, groß, bildschön, feurig, jeder Zoll ein Edelmann, jeder Zug Genie. Der andere klein, scharf- und schlauäugig, ächter Typus eines feingeriebenen

---

249 Vgl. zur Person: Schwenzer, Daniel, Schulte, Johann Friedrich, in: BBKL, 1263–1270; Hintzen, Georg, Schulte, Johann Friedrich, in: LKR, 1155 f.

250 Vgl. Grass, Kirchenrecht, 220; Die epochemachende Wirkung der genannten Kanonisten soll mit dem Urteil des deutsch-amerikanischen Kirchenrechtlers Stephan Kuttner illustriert werden, welcher konstatierte, „daß mit Maaßen und Schulte die Kanonistik in eine neue Phase trat." (Kuttner, Stephan, Die mittelalterliche Kanonistik in der Forschung der letzten hundert Jahre, in: Zeitschrift der Savigny-Stiftung für Rechtsgeschichte. Kanonistische Abteilung 69 (1983) 1–14, hier 4).

251 Vgl. Grass, Kirchenrecht, 220; vgl. zur Person George Phillips: Lentze, Phillips; Grass, Nikolaus, Francesco Schupfer und Tullius von Sartori-Montecroce als Rechtshistoriker an der Universität Innsbruck. (Zugleich ein Beitrag zum Nationalitätenproblem in Österreich), in: Lentze, Hans/Putzer, Peter (Hg.), Festschrift für Ernst Carl Hellbling zum 70. Geburtstag, Salzburg 1971, 195–258, hier 196–198.

252 Schöpf zufolge handelt es sich bei Johann Evangelist Schmid um den Verfasser des *Historischen Katechismus* (Vgl. Schmidt, Johann E., Historischer Katechismus oder: Der ganze Katechismus in historisch-wahren Exempeln für Kirche, Schule und Haus. Drei Bände, Salzburg [1]1849–1850), welcher im Verlagshaus Hurter in Schaffhausen „fast ein Dutzend Auflagen erlebt und dem Verleger [...] reichen Gewinn eingebracht hat." (Schöpf, Joseph A., Erinnerung an Oskar von Redwitz, in: Neuer Salzburgischer Haus- und Wirthschafts-Schreibkalender, Salzburg 1893, 27–29, 27 Anm. 1)

Politicus. Letzteren kannte ich. Es war Georg Phillips, Professor des Kirchenrechts an der Wiener Universität."[253]

Der Andere war Oskar von Redwitz,[254] welcher im Jahr 1851 durch den Minister für Cultus und Unterricht Leo Graf Thun als außerordentlicher Professor für Literaturgeschichte und Ästhetik an die Wiener Universität berufen worden war. Als Universitätsdozent enttäuschte Redwitz die Hoffnungen des Ministers von Thun. Nach einem Semester der Lehrtätigkeit nahm sich Redwitz einen längeren Urlaub, der in die Niederlegung der Professur mündete, sodass er diesen Posten kurz vor dem von Schöpf geschilderten Treffen im Sommer 1852 abgelegt hatte.[255]

Schöpfs Beschreibung der Unterredung ist einerseits für die Beurteilung George Phillips aufschlussreich, andererseits illustriert sie auch die „Ansichten, die im Salzburger Klerus in den Jahren unmittelbar vor Abschluß des Österreichischen Konkordates von 1855 vertreten wurden"[256]. Redwitz begründete die Niederlegung seiner Professur folgendermaßen: „Ich bin entschieden katholisch und tauge nicht zu den halben und ganzen Josefinern. Ich will ein freier Mann sein und ausschließlich meiner Muse leben."[257] Darauf erwiderte Schöpf, der freieste Mann sei seiner Meinung nach

„der Professor an einer Hochschule, er ist wie ein wahrer Halbgott, der vom hohen Olympe aus orakelt, was, wie, so oft und so lange er will. Ich kann mir eine schönere

253 Schöpf, Erinnerung, 27.

254 Oskar Freiherr von Redwitz-Schmölz (1823–1891) studierte zunächst Rechtswissenschaften in München und Erlangen. Er wurde 1851 Professor für Ästhetik und Geschichte der Literatur an der Universität Wien, legte die Professur jedoch im Folgejahr nieder und widmete sich fortan der Schriftstellerei. Vgl. Faller, Joachim, Redwitz (Schmölz), Oskar Freiherr von, in: BBKL, 1161–1164.

255 Vgl. Lentze, Universitätsreform, 131.

256 Grass, Kirchenrecht, 220 f.

257 Schöpf, Erinnerung, 27; Vor dem Wandel der Einstellung gegenüber dem Katholizismus, der sich in Redwitz' späteren Lebensjahren noch vollziehen sollte, warnte Johann Schmid seinen Freund Schöpf im Anschluss an das geschilderte Gespräch: „Gib acht, der Ultraismus des jungen Mannes schlägt um. Vehementia non durant". (Schöpf, Erinnerung, 28) In der Tat entfernte sich Redwitz, der damals als der katholische Modedichter galt (vgl. Grass, Kirchenrecht, 222), ab der Mitte des 19. Jh. immer mehr von seinen religiösen Anfängen und wandte sich schlussendlich vom Katholizismus ab.
Redwitz selbst führte seinen Sinneswandel, den er im Laufe seines Lebens vollzogen hatte, „auf den Einfluß des Morphiums zurück, das er seit einer mißglückten ärztlichen Untersuchung regelmäßig zu sich nahm und welches seinen Geist zu freieren Ansichten geführt hatte." (Faller, Redwitz, 1162).

Stellung nicht denken, und mir ist selbst meine Professur, obschon miserabel dotiert, weit lieber als Inful und Stab."[258]

Johann Schmid warf ein, dass in Bezug auf das ‚Katholisch' alles eine Sache der Einstellung sei:

> „Es ist derzeit eine reactionäre Strömung, eine Art Mode die mit dem Katholisch flunkert. Es gehört zum Ton mancher Schichten, den Dingen einen katholischen Anstrich zu geben. Viele meinen es ernst, manche verstellen sich, die meisten laufen blindlings mit. Diese Richtung auf unseren Staat übertragen, wird von schlimmen Folgen sein. Man denke nur an die Schweiz, wo das katholische Extrem das radikale Extrem hervorgerufen hat. Selbstbeschränkung sollte sich auch die moderne kathol. Partei auflegen, nicht daß, wenn man ihr den Finger reicht, sie gleich die Hand will. Und etwas Gutes hatte denn doch auch der Josefinismus. Die kirchlichen und religiösen Verhältnisse Italiens würden sicherlich anders sein, wenn über es ein Josef II. gekommen wäre."[259]

Schmids abschließende Bemerkung über die positiven Seiten des Josephinismus erregten Phillips empörten Einspruch. Dieser hielt sofort „wahre Philipika wider den Josefinismus und machte diesen für alles Schlimme, das über Oesterreich gekommen, verantwortlich. „Soll es besser kommen, muß Staatsrecht und Kirchenrecht, namentlich das Eherecht katholisch werden.""[260]

Schöpf erwiderte darauf, dass das Kanonische Recht „mitunter antiquirt sei, und daß namentlich das Eherecht des allgem. b. G.-B. in mancher Richtung weit strenger, jedenfalls viel präciser sei und daß wenn das kanonische Eherecht sollte eingeführt werden, unbedingt eine Codification desselben stattzufinden hätte"[261], worauf Phillips an Schöpf gerichtet scharf antwortete, dass dies geschehen würde und wenn es geschehen ist, würde Schöpf „die herrlichen Früchte des kirchlichen Eherechtes sehen. Uebrigens lassen Sie das Kirchenrecht und bleiben Sie bei Ihrer Kirchengeschichte."[262]

---

258 Schöpf, Erinnerung, 27; An anderer Stelle bezeichnete Schöpf seine Professur als sein *Lebenselement*. (Vgl. Schöpf, Mittheilungen (1887), 20) Was die Dotierung seiner Professur betrifft, merkte Schöpf an dieser Stelle an, dass das Gehalt eines Professors an der Salzburger Theologischen Fakultät damals 600 Gulden betragen hatte. An anderer Stelle bemerkt Schöpf: „Das Gehalt eines Professors der theol. Facultät betrug Anfangs 600 und dann 800 fl. C.M., weshalb damals die Stelle wenig beneidet und wenig begehrt war." (Schöpf, Leben (1886), 60).

259 Schöpf, Erinnerung, 27.

260 Schöpf, Erinnerung, 27.

261 Schöpf, Erinnerung, 27.

262 Schöpf, Erinnerung, 27; Weiters schildert Schöpf, dass sich Phillips im weiteren Verlauf des Gesprächs noch sehr abträglich über Dr. Theodor Pachmann, Professor

Nach diesem Disput legte Schmid den Plan der Herausgabe eines kirchenrechtlichen Handbuchs offen, „worauf Phillips – sichtlich verstimmt – bemerkte, das sei ganz unnöthig, da er ein ‚Lehrbuch des Kirchenrechts' in Arbeit habe."[263] Rückblickend auf dieses Gespräch bemerkte Schöpf, dass er es nie bereut habe, in der Frage der Herausgabe seines Handbuchs des Kirchenrechts nicht Phillips sondern seinem Freund Johann Schmid gefolgt zu sein.[264]

---

für Römisches Recht und Kirchenrecht an der juridischen Fakultät der Universität Wien, äußerte, indem er diesen einen ‚Faxenmacher' nannte.
Theodor Pachmann (geb. 9. November 1801 in Horatitz [Böhmen]; gest. 13. Februar 1881 in Wien) war ab 1836 Professor für Römisches Recht und Kirchenrecht in Olmütz sowie von 1850 bis zu seiner Emeritierung 1870 an der Rechtswissenschaftlichen Fakultät der Universität Wien. Er verfasste ein dreibändiges Lehrbuch des Kirchenrechts, welches in drei Auflagen herausgegeben wurde. Vgl. für die Person: Plöchl, Willibald M., Theodor Ritter von Pachmann, in: Carlen, Louis/Steinegger, Fritz (Hg.), Festschrift Nikolaus Grass. zum 60. Geburtstag dargebracht von Fachgenossen, Freunden und Schülern. II. Band. Aus Geschichte und Recht der Almen, Kultur- und Kunstgeschichte, Volkstum, Wissenschaftsgeschichte, aus der Sippen- und Familiengeschichte des Jubilars, Innsbruck/u. a. 1975, 361–367.
Schöpf enthält sich bzgl. des Vorwurfs der ‚Faxenmacherei' eines Urteils und verweist auf die von ihm im *Salzburger Schreibkalender* herausgegebene Wiedergabe einer, durch einen Studenten angefertigten, stenographischen Niederschrift einer Vorlesung Dr. Pachmanns über römisches Erbrecht, mit dem Hinweis, der Leser möge sich selbst ein Urteil bilden, ob der Vorwurf gerechtfertigt sei. Vgl. Schöpf, Joseph A., Eine Vorlesung Dr. Theodor Pachmann's über römisches Erbrecht, in: Neuer Salzburgischer Haus- und Wirthschafts-Schreibkalender, Salzburg 1893, 29–31.

263 Schöpf, Erinnerung, 27. Der erste Band von Phillips angekündigtem *Lehrbuch des Kirchenrechts* ist 1859, sieben Jahre nach dem geschilderten Gespräch in Schöpfs Wohnung, in Regensburg erschienen, der zweite Band im Jahr 1862. Vgl. Phillips, George, Lehrbuch des Kirchenrechts. Band I, Regensburg 1859; Phillips, George, Lehrbuch des Kirchenrechts. Band II, Regensburg 1862.
Mit der Herausgabe seines als Handbuch konzipierten mehrbändigen Werks mit dem Titel *Kirchenrecht* begann Phillips 1845 in Regensburg. Bis 1960 veröffentlichte Phillips sieben Teilbände des schlussendlich unvollendeten Werks. Vgl. Phillips, George, Kirchenrecht. Erster Band, Regensburg 1845; Phillips, George, Kirchenrecht. Zweiter Band, Regensburg 1846; Phillips, George, Kirchenrecht. Dritter Band, Regensburg 1848; Phillips, George, Kirchenrecht. Vierter Band, Regensburg 1851; Phillips, George, Kirchenrecht. Fünfter Band, Regensburg 1854; Phillips, George, Kirchenrecht. Sechster Band, Regensburg 1864; Phillips, George, Kirchenrecht. Siebenter Band. Erste Abtheilung, Regensburg 1869; Phillips, George, Kirchenrecht. Siebenter Band. Zweite Abtheilung, Regensburg 1872.

264 Vgl. Schöpf, Erinnerung, 27.

Zwischen Schöpf und Phillips, welcher in Aigen bei Salzburg eine Villa besaß, in der er sich häufig aufhielt und in der er am 6. September 1872 auch starb, gab es im Lauf der Jahre noch zahlreiche weitere Zusammentreffen. Vor allem in der Mitte des 19. Jahrhunderts scheinen die Kontakte zwischen den beiden Kanonisten derart eng gewesen zu sein, dass Schöpf seinem Wiener Kollegen den ersten Band seines *Handbuch des katholischen Kirchenrechts* widmete.[265] Wie Schöpf 1854 im Vorwort des ersten Bands seines vierbändigen Handbuchs bemerkt, griff er bei der Abfassung seines Handbuchs, mit ausdrücklicher Zustimmung Phillips', an vielen Stellen auf dessen *Kirchenrecht* zurück, von dem Phillips im selben Jahr bereits den fünften Band veröffentlichte.[266]

Auch in der zweiten Hälfte des 19. Jahrhunderts fanden Begegnungen zwischen Schöpf und Phillips in Salzburg, dem Lieblingsaufenthalt des Wiener Kirchenrechtlers,[267] und an anderen Orten statt.[268] Nikolaus Grass mutmaßt jedoch, ohne dies aber näher belegen zu können, dass im Verlauf der Jahre „eine gewisse Entfremdung zwischen den beiden Kirchenrechtslehrern eingetreten ist, da Phillips ein entschiedener Verfechter der päpstlichen Unfehlbarkeit war, während Schöpfs Sympathien der Minorität am 1. Vaticanum galten."[269]

---

265 Vgl. den Hinweis in FN 227 der vorliegenden Arbeit.

266 Vgl. Schöpf, Handbuch (I-1854), VIII: „In Betreff des Materials, welches das Handbuch bieten soll, hält es der Verfasser für Pflicht einzugestehen, daß er größtentheils aus den bereits vorhandenen, anerkannt guten kirchenrechtlichen Werken geschöpft habe, er somit in dieser Beziehung nichts Neues biete. Namentlich wurde das ausgezeichnete Werk des k. k. Herrn Hofraths und Universitätsprofessors, Georg Phillips, häufig benützt, nachdem zu derartiger Benützung die ausdrückliche Zustimmung des hochverehrten Herrn Verfassers eingeholt worden, wofür hiemit der wärmste Dank ausgesprochen wird."

267 Vgl. Grass, Kirchenrecht, 224.

268 Auch George Phillips war bspw. Teilnehmer der 1863 abgehaltenen *Versammlung katholischer Gelehrter* in München zu welcher der Freiburger Kirchenhistoriker Johann Alzog, der Professor für Exegese des Alten Testament und Orientalische Sprachen sowie Abt von St. Bonifaz (München) Daniel Haneberg sowie Ignaz Döllinger eingeladen hatten. Vgl. die Liste der Teilnehmer: o. N., Verhandlungen der Versammlung katholischer Gelehrten in München vom 28. September bis 1. Oktober 1863, Regensburg 1863, 11.

269 Grass, Kirchenrecht, 224.

1.6.2 Joseph Anton Schöpfs Verhältnis zu Ignaz v. Döllinger

Das freundschaftliche Verhältnis zu Prof. Ignaz v. Döllinger[270], von welchem er sich rechtzeitig vor der Exkommunikation Döllingers aufgrund dessen Aussagen und Ansichten zur Lehre des Ersten Vatikanischen Konzils hinsichtlich der Unfehlbarkeit des Papstes distanzierte, stellt ein eigenes Kapitel der Biographie Schöpfs dar.[271] Schöpf bezeichnete Döllinger in dessen Zeit vor dem Bruch mit der katholischen Kirche „als die feste „Säule der Kirche““[272] und als „anerkanntes Haupt der „Ultramontanen““[273].

In Kontakt mit Döllinger kam Schöpf im Rahmen seiner Arbeiten zur Reform der Theologischen Studien, hinsichtlich derer sich Döllinger scharf zu Schöpfs Schrift *Theologisches Studium in Salzburg*[274] und den darin enthaltenen Reformvorschlägen[275] äußerte:

> „Das heißt man denn doch die Theologie auf den Kopf stellen, ja, ja! es ist eben Österreich. – Die Kirchengeschichte […] gehört an die Spitze des theologischen Studiums;

---

270 *Johann Joseph Ignaz Ritter von Döllinger* (geb. 28. Februar 1799 in Bamberg; gest. 10. Januar 1890 in München) galt als der bedeutendste katholische Theologe seiner Zeit sowie einer der geistigen Väter der Altkatholischen Kirche. Der Professor für Kirchengeschichte war während des Ersten Vatikanischen Konzils einer der Hauptgegner der Papstdogmen, hauptsächlich votierte er gegen das Dogma der Unfehlbarkeit des Papsttums, welches er gemeinsam mit einer Gruppe von deutschsprachigen Theologen entschieden ablehnte. Außerdem setzte sich Döllinger für ein System der Trennung von Staat und Kirche ein. Vgl. Bautz, Friedrich W., Döllinger, Johann Joseph Ignaz von, in: BBKL, 1344–1347; vgl. speziell für die Rolle Döllingers am Vorabend des Ersten Vatikanischen Konzils, im Verlauf des Konzils sowie in der Gründungsphase der altkatholischen Bewegung: Bischof, Franz X., Theologie und Geschichte. Ignaz von Döllinger (1799–1890) in der zweiten Hälfte seines Lebens. Ein Beitrag zu seiner Biographie (Münchener Kirchenhistorische Studien 9 9), Stuttgart/u. a. 1997.

271 Vgl. Paarhammer, Schöpf, 268; Der mittlere Teil in Schöpfs Schrift *Kleine Trias* ist Döllinger gewidmet. Vgl. Schöpf, Trias, 9–24. Die *Kleine Trias* ist eine aus drei Teilen bestehende Kleinschrift aus der Feder Schöpfs. Vgl. näher Punkt 2.24 der vorliegenden Arbeit. Auf eine Niederschrift der von Schöpf am Faschingssonntag 1890 abgehaltenen *Guggenthaler Herrn- und Bauern-Predigt* über den Fastenhirtenbrief des Salzburger Erzbischofs Franz Eder folgt eine umfangreiche autobiographische Schilderung von Schöpfs Beziehungen zum Münchner Kirchenhistoriker Ignaz v. Döllinger.

272 Schöpf, Trias, 12.

273 Schöpf, Trias, 12.

274 Vgl. Schöpf, Studium (Salzburg).

275 Vgl. v. a. Punkt 3.1.1 der vorliegenden Arbeit.

denn die ganze christliche Theologie beruht auf historischem Grund, weshalb man mit der Geschichte beginnen muß."[276]

In einer ersten Reaktion stellte sich bei Schöpf aufgrund von Döllingers Kritik ein Gefühl der Verblüffung ein:

> „Im ersten Momente war ich durch den Münchner Brief ganz verblüfft. Mir, dem Dozenten der Kirchengeschichte, galt Döllinger als Orakel, als der entschieden größte unter den Kirchenhistorikern dieses Jahrhunderts [...]. Ist er ja in seiner Reformationsgeschichte selbst dem großen Ranke weit über geworden und werden manche seiner Schriften Jahrhunderte überdauern [...]."[277]

Schöpf teilte in dieser Angelegenheit nicht die Ansicht des Münchner Kirchenhistorikers. Für Schöpf war klar, dass zuerst die Offenbarung und im Anschluss die Kirchengeschichte zu dozieren sei.[278] Schöpf überarbeitete vor dem Hintergrund der zeitgenössischen Kritik[279] seinen Entwurf noch einmal und brachte unter dem Titel *Theologisches Studium in Österreich*[280] eine zweite, vermehrte Auflage der ersten Schrift mit einem Vorwort vom September 1856 heraus.[281]

---

276 Schöpf, Trias, 10; Schöpf berichtet an dieser Stelle, Döllingers Kritik an seinem Studienplan sei ihm von Fürsterzbischof Maximilian von Tarnóczy überbracht worden, welcher diese in einem Schreiben aus München erhalten hatte.

277 Schöpf, Trias, 10.

278 Vgl. Schöpf, Trias, 11; In der zweiten Auflage seiner Schrift nimmt Schöpf ausdrücklich auf die Ansicht Döllingers Bezug: „Wenn angeführt wird, die christliche Theologie beruhe auf historischem Grunde, darum müsse man mit der Geschichte beginnen und darauf die Dogmatik gründen, so fusst diese Behauptung wohl nur auf einer Verwechslung der biblischen Geschichte (*historia revelationis factae*) mit der eigentlichen Kirchengeschichte, welche erst mit dem Abschlusse der Offenbarung beginnt und welche eben die Kenntniss des gesammten Offenbarungsinhaltes voraussetzt." (Schöpf, Studium (Österreich), 10) Resümierend hält Schöpf in Bezug auf die Döllinger'sche Kritik fest: „Die Basis unseres [= Schöpfs] Systems blieb also fest, der kath. Character unseres theologischen Studiums blieb intact, und die Zeit hat uns recht gegeben. Während Döllinger mit einem Theile seiner Schule an der Katholicität Schiffbruch gelitten, erhielt sich das katholische Grundelement der Theologie in Oesterreich rein und unversehrt." (Schöpf, Trias, 11).

279 Zu den von Schöpf vorgelegten Reformvorschlägen äußerte sich neben Döllinger auch der Wiener Hofkaplan Johann Michael Häusle scharf kritisierend. Vgl. Grass, Kirchenrecht, 234.

280 Vgl. Schöpf, Studium (Österreich).

281 Vgl. Schöpf, Trias, 10; vgl. zu den Inhalten der Schöpfs'schen Reformvorschläge für die theologischen Studien in Österreich Punkt 3.1.1 der vorliegenden Arbeit.

Schöpf, der mit gerade einmal 30 Jahren bereits ordentlicher Professor für die Fächer Kirchengeschichte und Kirchenrecht an der Salzburger Fakultät wurde, war bestrebt, seine fachliche Ausbildung voranzutreiben und reiste so in den 1850er-Jahren des Öfteren nach München, um an der Ludwig-Maximilians-Universität unerkannt Vorlesungen zu hören und so sein Fachwissen zu erweitern.[282] Schöpfs Studienbesuche in München fielen in die fruchtbarste Schaffenszeit des Münchner Kirchenhistorikers Ignaz v. Döllinger. Als Schöpf im Rahmen seiner Vorlesungsteilnahmen das erste Mal direkt persönlich Ignaz v. Döllinger erlebte, war er enttäuscht.[283] Der erste direkte Wortwechsel zwischen Schöpf und Döllinger, dessen Hauptwerke Schöpf mit einem gewissen ‚heiligen Respekt' bewunderte, ereignete sich erst im Jahr 1863.[284]

Neben den Vorlesungen aus dem Fach Kirchengeschichte besuchte Schöpf auch die Veranstaltungen anderer Professoren. Über den Vortragsstil des Professors für Kirchenrecht Franz Michael Permaneder[285] schrieb Schöpf, dieser wäre im Gegen-

282 Vgl. Schöpf, Studententhum, 32.

283 Vgl. Schöpf, Trias, 12: „Zur Zeit der Glanzperiode Döllingers, in den 50er Jahren, saß ich alljährlich mehrmals unter seinen Zuhörern. Aus sehr guten Gründen reise ich höchst selten in habitu clericali. Es lag sohin an meinem Erscheinen im Hörsaale der Universität nichts auffälliges und hatte ich nicht nöthig, mich dem Professor vorzustellen. In hochgespannter Erwartung betrat ich den Hörsaal, wurde jedoch schnell und gründlich enttäuscht und fand bestätigt, daß die gelehrtesten Schriftsteller nicht immer die besten Professoren sind. Eigentlich habe ich bedauert den berühmten Mann gesehen und gehört zu haben. Es geht mit Schriftstellern eben wie mit der einstigen kreuzbraven Zeller Decanatsköchin. Sie [...] expedirte ausgesuchte Speisen auf den Tisch; aber sehen durfte man sie nicht. Aenlich bei Schriftstellern. Sehen darf man sie nicht, namentlich nicht die sogenannten Asceten des 19. Jahrhunderts."

284 Vgl. Schöpf, Trias, 14: „So kam es, daß ich bis 1863 nicht die Ehre hatte mit Döllinger auch nur ein Wort zu sprechen. Offen gesagt, hatte ich vor ihm eine Art hl. Respekts der seit 1857 völlig in andächtige Verehrung überging. Im besagten Jahre war nämlich sein wohl kaum übertreffbares Meisterwerck „Heidenthum und Judenthum" erschienen [...]. Nicht lange darnach erschien sein zweites großes Meisterwerck „Christenthum und Kirche in der Zeit der Grundlegung". [...] Diese zwei Werke genügen, um Döllinger als den „größten Kirchenhistoriker" [Als Fußnote fügt Schöpf ein: Nicht „größten Teologen"] unseres Jahrhunderts zu bezeichnen. So oft ich sie vor mir habe erscheine ich mir als ein pures Zwerglein, was keine hole Phrase bucklichter Demuth, sondern unverfälschter Ausdruck meiner Gesinnung ist."

285 Vgl. Katholisch-Theologische Fakultät – LMU München, Permaneder, Franz Michael. Verfügbar unter: http://www.kaththeol.uni-muenchen.de/ueber_die_fak/

satz zu Döllinger „frei, urgemüthlich und mit harmlosen Witzerl unterspikt"[286], während der Professor für Neutestamentliche Exegese Franz Xaver Reithmayer[287] seine Vorlesungen ‚diktierte'.[288] An der Fakultät für Philosophie besuchte Schöpf bei Moritz Carrière Vorlesungen über Goethe.[289] Des Weiteren hörte er den Kulturhistoriker Wilhelm Heinrich Riehl[290] sowie den Philosophen und klassischen Philologen Ernst v. Lasaulx über Plotin und den Neuplatonismus. Lasaulx war Schöpf bereits aus dem Berchtesgadener Franziskanerkloster bekannt, in welchem Schöpf in der ersten Hälfte der 1850er Jahre regelmäßig zugegen war.[291]

Den beiden Professoren Permaneder und Lasaulx stellte sich Schöpf in München persönlich vor, sich Döllinger, der auf Schöpf einen höchst reizbaren und nervösen Eindruck machte, persönlich vorzustellen, getraute er sich nicht.[292]

---

gesch_fakultaet/profs_1826_2013/permaneder/index.html. Zuletzt geprüft am 11. Mai 2016.

286 Schöpf, Trias, 13.

287 Vgl. Katholisch-Theologische Fakultät – LMU München, Reithmayr, Franz Xaver. Verfügbar unter: http://www.kaththeol.uni-muenchen.de/ueber_die_fak/gesch_fakultaet/profs_1826_2013/reithmayr/index.html. Zuletzt geprüft am 11. Mai 2016.

288 Vgl. Schöpf, Trias, 13.

289 Carrières frischer, lebhafter und freier Vortragsstil gefiel dem Salzburger Professor außerordentlich, wenngleich Schöpf sich eines Urteils über die fachlichen Inhalte enthielt. Vgl. Schöpf, Trias, 13: „So hörte ich z. B. Carrière über Göthe [...]. Sein Vortrag gefiel mir außerordentlich. Er war lebhaft, frisch und frei und über einen freien Vortrag im Gegensatze zum gelesenen gibt es nichts. Nur der frische, freie Vortrag wirkt auf die jugendlichen Hörer gleich einem elektrischen Funken, erfrischend und begeisternd. Ob derselbe stets auch fachlich das Beste bietet, lasse ich dahingestellt."

290 Schöpf bezeichnete den Staatswissenschaftler und Kulturhistoriker Wilhelm Heinrich Riehl als *ausgezeichneten Kulturhistoriker* (vgl. Schöpf, Trias, 13), äußerte sich jedoch nicht über Vortragsstil oder Vorlesungsinhalte.

291 Vgl. Schöpf, Trias, 13: „[A]n dem Kraftmann Lasaulx wollte ich auch nicht vorbeigehen. Er sprach über Plotin und den Neuplatonismus; und wie sprach er? Voll Feuer und Flammen, daß man schier, um einen Tirolerausdruck zu gebrauchen – ein „Zünggeln" verspürte. Ich kannte den Mann vom Franziskanerkloster Berchtesgadens aus, wohin ich in der ersten Hälfte der Fünfziger allmonatlich mindestens zweimal per Pedes gepilgert und wo ich mich im Kreise meiner lieben Landsleute [...] pudelnärrisch wohl gefühlt."

292 Vgl. Schöpf, Trias, 13: „Wie dem lieben Permaneder [= Professor für Kirchenrecht] so stellte ich mich auch Lasaulx [= Professor für Philosophie und Klassische Philologie] vor. An Döllinger hätte ich mich damals nicht hinangewagt. Seine Erscheinung war so nußtrocken, so kalt und ledern, daß ich mich unwillkührlich frug: Ist das wirklich derselbe, der so warm und erwärmend über die Verbreitung des Christentums –

Vor allem im Kirchenrecht bei Permaneder sowie in der Kirchengeschichte bei Döllinger „hat Schöpf nach dem löblichen Grundsatz „man lernt nie aus" den Wissenstand in seinen Nominalfächern vervollkommnet."[293] Die Fortbildung bei Permaneder und Döllinger war bedeutsam für Schöpfs fachliche Ausrichtung, als die beiden Münchner Professoren die Kirchengeschichte in der Linie Johann Adam Möhlers auf ein entschieden wissenschaftliches Fundament stellten.[294]

1.6.3 Münchner Gelehrtenkongress (1863) und Erstes Vatikanisches Konzil (1869/70) sowie Kontakte zu Johann Friedrich v. Schulte

Der erste direkte Kontakt zwischen Schöpf und Döllinger fand im Jahr 1863 im Rahmen der *Versammlung katholischer Gelehrter* in München statt,[295] zu welcher der Freiburger Kirchenhistoriker Johann Alzog, der Professor für Exegese des Alten Testaments und Orientalische Sprachen Abt Daniel Haneberg[296] sowie Ignaz Döllinger eingeladen hatten.[297] Die Versammlung umfasste 84 Teilnehmer, sieben Professoren waren aus Österreich angereist, darunter die beiden Salzburger Joseph Anton Schöpf und Franz Brandner,[298] Professor für Exegese des Neuen

deren Ursachen und Hindernisse – geschrieben hat? Zudem wußte ich, wie geringschätzig Döllinger über uns österreichische Theologen dachte und urtheilte, wie er uns, mit Ausnahme Carl Werners, eigentlich als Idioten betrachtete. Dazu noch mein unseliges „Theol. Stud. in Oesterreich", das ihn vom Grunde aus erbittert hatte. Gewiß der gleich allen ex professo Schriftstellern höchst reizbare und nervöse Mann wäre bei meinem Anblicke von Krämpfen befallen worden."

293 Grass, Kirchenrecht, 229.

294 Vgl. Aubert/Jedin, Kirchc, 460.

295 Vgl. Schöpf, Trias, 17; vgl. detailliert: Bischof, Theologie, 62–87.

296 Vgl. Katholisch-Theologische Fakultät – LMU München, Haneberg (von), Bonifaz (Daniel). Verfügbar unter: http://www.kaththeol.uni-muenchen.de/ueber_die_fak/gesch_fakultaet/profs_1826_2013/haneberg-_von_/index.html. Zuletzt geprüft am 11. Mai 2016.

297 Vgl. o. N., Verhandlungen, 5–8.

298 Vgl. zur Person Franz Brandners den von Schöpf verfassten Nachruf im *Salzburger Schreibkalender* des Jahres 1897: Schöpf, Mittheilungen (1897), 32–35; vgl. auch: Archiv der Erzdiözese Salzburg, Brandner, Franz Anton (1821–1896), Regesta Ecclesiastica Salisburgensia. Verfügbar unter: http://www.res.icar-us.eu/index.php?title=Brandner,_Franz_Anton_(1821-1896). Zuletzt geprüft am 20. Oktober 2016; Hermann, Schule, 567.

Testaments.[299] Die Universitäten von Graz und Innsbruck hatten keine Vertreter zum Kongress nach München entsandt.[300]

Zielsetzung der von Döllinger geleiteten Versammlung „war die Freiheit der theologischen Forschung. Der Münchner Kirchenhistoriker wandte sich hier gegen den Versuch, Meinungen einer bloßen Theologenschule mit dem Mantel der kirchlichen Autorität zu umkleiden und als allgemeine Kirchenlehre auszugeben."[301] Durch Einberufung des Kongresses versuchte Döllinger die in zwei Lager gespaltenen katholischen Theologen des deutschen Sprachraums einander wieder anzunähern.[302] Im Rückblick urteilte Schöpf über den Kongress, den er auch als „Vorhalle zum Altkatholizismus"[303] bezeichnete, die

> „Versammlung war großartig, ein buntes Gemenge verschiedener Elemente. Hauptsprecher waren die nachmaligen Koryphäen des Altkatholizismus, die mitunter die Differenz

---

299 Wie Schöpf schilderte, erregten die beiden Salzburger Professoren durch ihr Auftreten Aufsehen in der Veranstaltung. Vgl. Schöpf, Trias, 17 f: „Wir zwei Salzburger erregten Aufsehen. Ob unserer Gelehrtheit? Gott bewahre! bloß ob unserer gut gewichsten Kanonstiefel, die sich unter lauter langen Hosen als Unicum ausnahmen und die dem päpstl. Nuntius höchlich mißfielen. Wir waren eben Repräsentanten des alten Salzburg, „wo's alleweil auffi geht" d. h. wochenlang regnet, wo der hohe Stiefel ganz am Platze ist." Vgl. aus kanonistischer Sicht zur Frage der außerliturgischen Klerikerkleidung: Rothe, Wolfgang F., Die außerliturgische Klerikerkleidung nach can. 284 CIC. Eine rechtsgeschichtliche, rechtssystematische und rechtskritische Untersuchung (Münchener theologische Studien III. Kanonistische Abteilung 68), Sankt Ottilien 2014, bes. 53–171.

300 Rothbauer, Guggenthal, 17; Grass, Kirchenrecht, 229 f: „Aus Osterreich waren erschienen zwei angesehene Wiener Rechtslehrer: der Pandektist Karl Ludwig Arndts und der Kanonist Phillips – der auch die Ausarbeitung eines Programmes zur Hebung der katholischen Wissenschaft durch den Münchner Gelehrtenkongreß mitveranlaßt hatte – sowie der um die Erneuerung des katholischen Lebens verdiente Publizist Sebastian Brunner. Die Wiener Theologenfakultät hatte dagegen keinen Vertreter entsandt. Dafür war die bischöfliche Diözesanlehranstalt St. Pölten durch den schon damals weitberühmten und daher in München mit besonderer Freude begrüßten Philosophie- und Theologiehistoriker Carl Werner vertreten, der mit seinem Freund, dem Pastoralprofessor Dr. Anton Kerschbaumer, gekommen war. [...] Die Theologische Fakultät Salzburg war durch den Exegeten Franz Brandner sowie durch Schöpf vertreten."

301 Grass, Kirchenrecht, 229.

302 Vgl. Bischof, Theologie, 66 f.

303 Schöpf, Mittheilungen (1897), 35.

zwischen Romanismus und Germanismus in einer Weise erörterten, daß der Mainzer Heinrich öfters gleich einer Natter emporgeschnellt, um sein Veto einzulegen.“[304]

In Bezug auf sein eigenes Agieren auf dem Gelehrtenkongress in München hält Schöpf fest, die Hauptblamage wäre ihm vorbehalten gewesen:

> „Gerade in den Tagen der „Gelehrtenversammlung“ gab es in Innsbruck großartige Festlichkeiten zur Feier der 500jährigen Vereinigung Tirols mit dem Haus Habsburg. Auch Se. Majestät war in Innsbruck. Als gebornen Tiroler und aufrichtigen Verehrer unseres grundedlen, hochherzigen Kaisers drängte es mich von der Versammlung irgend einen Sympathie-Ausdruck zu erwirken. Demnach suchte ich den Präsidenten Döllinger auf, überreichte ihm meinen diesfälligen schriftlichen Antrag und bat um Befürwortung. Doch *das* Gesicht! – ist mir unvergeßlich. Ohne ein Wort zu sagen, steckte er meinen Antrag in die Tasche und brachte ihn vor die Versammlung. Keine Seele rührte sich. Ich war gründlich blamirt und diese Blamage hat Döllinger noch dadurch verewigt, daß er meinen Antrag in den gedruckten Bericht über die Versammlung aufgenommen hat. Tags darauf kehrte ich nach Salzburg zurück.“[305]

---

304 Schöpf, Trias, 18; Johann B. Heinrich war seit 1851 Dogmatikprofessor am Mainzer Seminar und Vertreter der neuscholastischen Schule. Vgl. Bautz, Friedrich W., Heinrich, Johann Baptist, in: BBKL, 687.
Weiters Schöpf: „Ueberhaupt kamen da laut meinen Aufzeichnungen, die gleich anderen Schriftsachen testamentarisch zum verbrennne verurtheilt sind, Dinge zur Sprache, Anschauungen und Grundsätze zum Ausdruck, welche manchen Theilnehmer an die „O! miserae aures!“ des hl. Hilarius Pictaviensis erinnert haben dürften. Von den Oesterreichern sprach nur Brunner in seiner witzigen Weise [...]. Die interessanteste Figur war ohne Zweifel der „Feuerbrand“ Michelis. [...] Auf mich machte den besten Eindruck Hergenröther. Seine Redeweise war im vollen Einklange mit seiner würdevollen noblen Erscheinung.“ (Schöpf, Trias, 18) Friedrich Michelis war Philosophieprofessor in Paderborn und Anhänger der altkatholischen Bewegung. Der spätere Kardinal Joseph Hergenröther war Professor für Kirchengeschichte und Kirchenrecht in Würzburg. Vgl. Drobner, Hubertus R., Michelis, Friedrich Bernhard Ferdinand, in: BBKL, 928–941; Bautz, Friedrich W., Hergenröther, Joseph Kardinal, in: BBKL, 746 f.

305 Schöpf, Trias, 18; vgl. hierzu den Bericht über die Dritte Sitzung der Versammlung am 29. September 1863: „Nach Eröffnung der Sitzung verlas der Vorsitzende [= Döllinger] folgenden Antrag des Herrn Dr Schöpf aus Salzburg: In Anlaß des heute stattfindenden Jubelfestes in Innsbruck wolle die Versammlung sogleich an das Festcomité also telegraphiren: „Die Versammlung katholischer Gelehrten in München entbietet dem Jubelchor der wackern Tyroler in Innsbruck ihren Gruß.“ Der Antrag wurde wegen der in ihm enthaltenen politischen Beziehung allgemein abgelehnt.“ (o. N., Verhandlungen, 66 f.).

Als Ende Juni des Jahres 1870 die Dogmatisierung der päpstlichen Infallibilität durch das Erste Vatikanische Konzil zu erwarten war, startete Professor Johann v. Schulte[306] den Versuch, Schritte zur Herbeiführung eines Anschlusses der deut-

306 Johann Friedrich Ritter von Schulte war von 1854 bis 1873 Professor für Deutsche Reichs- und Rechtsgeschichte und Kirchenrecht an der Universität Prag. Vgl. Schwenzer, Schulte, Johann Friedrich; Hintzen, Schulte, Johann Friedrich; Kritisch würdigt Rudolf v. Scherer den Prager Kanonisten, der zu den Begründern des Altkatholizismus zählt, in seinem Nachruf auf Schulte. Vgl. Scherer, Rudolf Ritter von, Nachruf auf Johann Friedrich Ritter von Schulte, in: Kaiserl. Akademie der Wissenschaften in Wien (Hg.), Almanach für das Jahr 1915. 65. Jahrgang, Wien 1915, 455–459.
Die Verbindung der Professoren Schöpf und Schulte war in erster Linie durch die fachliche Nähe gegeben. (Vgl. Grass, Kirchenrecht, 220) Schulte galt an der Universität Prag als erfolgreicher akademischer Forscher und Lehrer und stand des Weiteren hoch im Ansehen des Ministers für Cultus und Unterricht Leo Graf Thun, während zur selben Zeit Georg Phillips in Wien und der Innsbrucker Kirchenrechtler Ernst Moy de Sons ihren Einfluss bei Thun immer mehr verloren. (Vgl. Lentze, Universitätsreform, 261–265)
Der Bruch zwischen dem Minister und Phillips ist auf dessen Versagen als akademischer Lehrer in Wien und das Nichtbewältigen der Herausforderungen, welche in der Zeit des Konkordatsabschlusses von 1855 an die österreichische Kanonistik gestellt wurden, zurückzuführen. Phillips schaffte es in Wien mit seinem romantischen Pathos nicht, die Studentenschaft anzusprechen und seinen Vorträgen sagte man nach, sie seien von inhaltlicher ‚Seichtigkeit' geprägt. Ein Ansuchen an Minister Thun durch Professor Phillips, welcher es auch nicht schaffte, sich in den kirchlichen Kreisen Wiens als anschlussfähig zu erweisen, da er bspw. im Wiener Kardinal Rauscher einen *Josephiner* sah, auf Freistellung von seinen Lehrverpflichtung unter Beibehaltung seiner Bezüge und Zulagen, führte zum Bruch mit dem Minister. Einen derartigen Bruch gab es im Verhältnis zwischen Thun und Moy de Sons nicht, jedoch stellte sich auch hier im Anschluss an einen Briefwechsel vom Dezember 1854 eine Verstimmung zwischen dem Minister und dem Innsbrucker Kanonisten ein. Gleichzeitig erwarb sich Schulte große Verdienste in der akademischen Lehre sowie in den Angelegenheiten, welche die Konkordatszeit an einen Kanonisten stellte und in denen Phillips – wie auch auf dem Gebiet der Lehre – nach Meinung des Ministers kläglich scheiterte. „Besonders wertvoll war es für Thun, daß Schulte auch von Rauscher, sehr geschätzt wurde. Schultes Einfluß hinter den Kulissen war in der zweiten Hälfte der fünfziger Jahre sicher sehr groß. Bei Thun mußten ihn besonders seine diplomatische Wendigkeit und sein praktischer Sinn empfehlen, die so sehr abstachen von der Zeitferne und doktrinären Art von Phillips und Moy, die geistig in einer vergangenen Zeit lebten." (Lentze, Universitätsreform, 265)
Bis zu seinem Bruch mit der katholischen Kirche im Anschluss an das Erste Vatikanische Konzil wurde Schulte „von Bischöfen und anderen Prälaten gleich einem

schen Wissenschaft an die Bischöfe der Minorität zu initiieren. Zu diesem Zweck wurde von Schulte nach einem Briefwechsel, u. a. mit den Professoren Johannes von Kuhn (Tübingen), Ignaz von Döllinger (München), Franz Heinrich Reusch (Bonn), Moritz von Aberle (Tübingen) sowie Joseph Anton Schöpf, den Schulte in Waidring (Tirol) und in Salzburg bereits mehrmals getroffen hatte,[307] ein von deutschsprachigen Theologieprofessoren unterzeichnetes Rundschreiben an den Episkopat Deutschlands und Österreichs versandt.[308]

Für Salzburg antwortete Schöpf am 22. Juli 1870 auf das Rundschreiben an Schulte, „dass sich „nicht einer seiner Collegen zur Unterzeichnung herbeigelassen. Sie meinten, die Sache sei in Rom bereits entschieden und jeden Refraganten werde die Exkommunikation treffen." Schöpf selbst ermächtigte zur Unterschrift seines Namens aus voller Überzeugung."[309]

Im August 1870 wurde, im Anschluss an die Dogmatisierung der Unfehlbarkeit des Papstes durch die Dogmatische Konstitution *Pastor Aeternus*,[310] in Nürnberg eine zweite Versammlung katholischer Gelehrter nach dem Vorbild der Versammlung in München im Jahr 1863 einberufen.[311] Schulte lud auch Schöpf

Orakel consultiert" (Schöpf, Trias, 12) sowie als „Stern und Glanz des Kirchenrechtes gepriesen". (Schöpf, Trias, 12) Schöpf urteilt über Schulte, dass dieser in seinen Veröffentlichungen vor dem Ersten Vatikanischen Konzil „kurialistischer als selbst die Kurie" (Schöpf, Joseph A., Kardinal Fürsterzbischof von Tarnóczy. III. 11. April 1876, in: Bote für Tirol und Vorarlberg 62 (1876) 595, hier 595) war, bevor er sich dann der altkatholischen Bewegung anschloss.

Durch Kardinal Friedrich Fürst Schwarzenberg wurde Schulte am 12. November 1856, zum größten Verdruss des Wiener Kardinals Joseph von Rauscher, (vgl. Schöpf, Trias, 12) zum Gerichtsrat und Titular-Konsistorialrat ernannt. Schulte war nach eigener Aussage „der einzige Laie, nicht bloß in Österreich, der mit vollem Stimmrechte Mitglied eines geistlichen Gerichts war." (Schulte, Johann F. von, Lebenserinnerungen. Erster Band. Mein Wirken als Rechtslehrer, mein Anteil an der Politik in Kirche und Staat, Gießen 1908, 154)

307 Vgl. Schöpf, Trias, 20.

308 Vgl. ausführlich mit Dokumentation der einzelnen Schriftwechsel: Schulte, Johann F. von, Der Altkatholicismus. Geschichte seiner Entwicklung, inneren Gestaltung und rechtlichen Stellung in Deutschland. Aus den Akten und anderen authentischen Quellen dargestellt, Giessen 1887, 72–97.

309 Schulte, Altkatholicismus, 93 f.

310 Vgl. Pius P.P. IX, Constitutio Dogmatica. *Pastor aeternus.* 18 iul. 1870, in: ASS 6 (1870/71) 40–55.

311 Vgl. mit Liste der Teilnehmer sowie der Unterzeichner der abschließenden ‚Nürnberger Erklärung' : Schulte, Altkatholicismus, 97–105.

schriftlich dazu ein, dieser schlug jedoch die Einladung aus.[312] Schöpf bemerkte hierzu: „Mein erster Gedanke war: „Da geht es wider den Papst““[313]. Für Schöpf stellte das Papstamt „eine providentielle Institution für die Gläubigen und die Ungläubigen“[314] dar. Der Nachfolger Petri ist Schöpf zufolge „der oberste Hort für christliche Wahrheit und Gerechtigkeit.“[315] Diese hohe Meinung bzgl. des Papstamtes hatte Schöpf nach eigener Aussage „hauptsächlich aus den Schriften Döllingers gewonnen, der wie kein Zweiter für die Berechtigung und erhabene Mission des Pontificats unwiderlegbare vorgeführt hat. Freund Schulte hätte darnach sein Schreiben an einen anderen addressiren sollen.“[316]

Schöpf hatte sich demnach von der Opposition gegen das Dogma der päpstlichen Infallibilität distanziert, auf der Nürnberger Versammlung erhoben im August 1870 jedoch immerhin 32 Professoren ihre Stimme in der Forderung nach einem „wahren, freien und daher nicht in Italien, sondern diesseits der Alpen abzuhaltenden ökumenischen Concil“[317] und zur selben Zeit protestierten im selben Anliegen „über 1300 rheinische Katholiken gegen das Konzil“[318]. Nach und nach wurde jedoch die Hoffnung auf Unterstützung durch die deutschen Bischöfe geringer. Zunächst einigte sich die Mehrheit des deutschen Episkopats noch Ende August in Fulda auf einen Hirtenbrief, in welchem Konzil und Dogma maßvoll verteidigt wurden und im Anschluss setzten die Bischöfe sukzessive die Konzilsdekrete um, bis schließlich im April 1871 Bischof Hefele von Rottenburg in seiner Diözese als Letzter der Bischöfe die Konzilsdokumente publizierte. Spätestens zu diesem Zeitpunkt zogen sich einige Gegner des Dogmas, welche jedoch nichtsdestotrotz nur in Gemeinschaft mit den Bischöfen handeln wollten, von der Bewegung, welche schlussendlich in der Gründung der Altkatholischen Kirche mündete, zurück.[319]

In Österreich blieb die Staatsregierung im Anschluss an die Konzilsbeschlüsse passiv und der Episkopat – v. a. Kardinal Rauscher – vermied durch äußerst nachsichtige Behandlung der Opponenten des Konzils eine offene Konfrontation, wo-

---

312 Vgl. Rothbauer, Guggenthal, 17.

313 Schöpf, Trias, 20.

314 Schöpf, Trias, 20.

315 Schöpf, Trias, 20.

316 Schöpf, Trias, 20. Die Bezeichnung ‚Freund Schulte‘ spielt darauf an, dass Schöpf bereits mehrere Male mit Schulte in Salzburg und Waidring zusammengetroffen war.

317 Schulte, Altkatholicismus, 16.

318 Aubert/Jedin, Kirche, 793.

319 Vgl. Aubert/Jedin, Kirche, 793; So bspw. der Tübinger Dogmatiker Johannes von Kuhn sowie der Bonner Professor Franz Xaver Dieringer.

durch sich die entstehende altkatholische Protestbewegung im Staatsgebiet nur sehr langsam entwickelte.[320] Auch Joseph Schöpf, der bewusst dem katholischen Lehramt treu bleiben wollte,[321] fand sich somit wie viele andere im deutschen Sprachraum mit dem Ersten Vatikanischen Konzil im Allgemeinen sowie dem Dogma der päpstlichen Infallibilität im Besonderen ab. Die freundschaftlich-kollegiale Verbindung zwischen Schöpf und Schulte verflüchtigte sich spätestens nachdem sich Schulte zu einem entschlossenen Vorkämpfer der entstehenden altkatholischen Bewegung wandelte[322] und im Jahr 1873 einem Ruf an die Universität Bonn folgte.[323]

1.6.4 Joseph Anton Schöpfs Kontakte zu Döllinger nach dessen Exkommunikation

Im Rahmen einiger mehrwöchiger Kuraufenthalte in München, welchen sich Schöpf im Herbst 1873 aufgrund seines sich stetig verschlechternden Gesundheitszustands unterziehen musste, besuchte dieser die Vorträge Döllingers, welche dieser als Mitglied oder Präsident der Bayerischen Akademie der Wissenschaften bzw. als Rektor der Universität München hielt.[324] Döllingers Tätigkeit als regulärer Lehrer der theologischen Disziplinen an der Münchner Theologischen Fakultät war mit der durch Erzbischof Gregor von Scherr ausgesprochenen *excommunicatio maior* am 17. April 1871 über den 72jährigen Professor und infulierten Stiftspropst der königlichen Hofkirche zu St. Cajetan beendet worden.[325] Dieses harte Vorgehen der Bischöfe gegen die Theologen, welche sich zunächst als Gegner der

320 Vgl. Aubert/Jedin, Kirche, 793; Erst 1872 entstanden in Österreich vier altkatholische Gemeinden, welche 1877 durch den Staat im Sinne des Anerkennungsgesetzes aus dem Jahr 1874 rechtlich anerkannt wurden.

321 Vgl. die Beschreibung bei Anthaller, Schöpf, 9 f.: „Dr. Schöpf hat bis zu seinem Tode an allen Glaubenslehren der katholischen Kirche getreulich festgehalten und hat durch Wort und Schrift für die katholische Kirche gearbeitet."

322 Die Stellungnahmen Schultes gegen die Konzilsentscheidung und der Entschluss, sich der entstehenden altkatholischen Bewegung zuzuwenden, finden sich durch den damaligen Bischof von St. Pölten kritisch kommentiert: Vgl. Feßler, Joseph, Die wahre und die falsche Unfehlbarkeit der Päpste. Zur Abwehr gegen Hrn. Prof. Dr. Schulte, Wien/u. a. 1871; vgl. auch: Laurin, Franz, Schultes's Kirchenrechtswissenschaft einst und jetzt, Wien ²1875.

323 Vgl. Grass, Kirchenrecht, 225.

324 Vgl. Schwaiger, Döllinger, 36; Grass, Kirchenrecht, 231 f.

325 Vgl. Schwaiger, Döllinger, 34; Grass, Kirchenrecht, 232. Vgl. für die bis zur Promulgation des CIC/17 übliche Unterscheidung von *excommunicatio maior* und *excommunicatio minor*: Rees, Wilhelm, Die Strafgewalt der Kirche. Das geltende

Dogmatisierung der päpstlichen Infallibilität positioniert hatten, lastete Schöpf der kirchlichen Autorität an, die er vielmehr in der Pflicht gesehen hätte, das Kirchenvolk auf die Konzilsentscheidung vorzubereiten sowie in der Umsetzung Rücksicht walten zu lassen:

> „Daß auf dem von Pius IX. festgesetzten Concil über die höchste Instanz in Sachen des Glaubens werde verhandelt werden, wußte Jedermann. Es wäre also Sache der geistlichen Oberbehörden Deutschlands und Oesterreichs gewesen, die Gläubigen auf die höchst wahrscheinlich erfließende Entscheidung vorzubereiten. Das pure Gegentheil geschah. Drei Tage vor seiner Rom- beziehungsweise Concilsfahrt frug ich Tarnoczy, was denn nach seiner Ansicht puncto Infallibilität geschehen werde. „Das – die Proclamirung der päpstl. Unirrbarkeit in Sachen des Glaubens – diese Dogmatisirung geschieht sicher nicht." So lautete seine Antwort. Es meinten darum so manche Theologen im Sinne des Episcopates zu wirken, wenn sie die päpstl. Unirrbarkeit bekämpften. Rücksichtsvolle Schonung gegen Andersdenkende wäre sohin nach Proclamirung des Dogmas ganz am Platze gewesen. In der That hat auch der hochgebildete Cardinal Rauscher, der als „Theolog" dem Döllinger entschieden über war, Niemanden excommunicirt – ganz im Gegensatze zum Münchner Erzbischof, der über Döllinger den Bann verhängte."[326]

Döllinger hielt in dieser Zeit jeweils mittags in einem Hörsaal an der Theologischen Fakultät eine „Vorlesung über die neueste Profangeschichte."[327] Da Döllinger bereits in den Jahren vor der Exkommunikation als Vertreter des Ultramontanismus[328] in zahlreichen Vorträgen zur neuesten Kirchengeschichte strenges Gericht über die josephinischen Bischöfe Österreichs gehalten hatte,[329] war Schöpf sehr begierig, Döllingers Erörterungen[330] über die neueste Profangeschichte zu hören, welche vor einem sehr gemischten Auditorium gehalten wurden.[331] Den

---

kirchliche Strafrecht – dargestellt auf der Grundlage seiner Entwicklungsgeschichte (Kanonistische Studien und Texte 41), Berlin, 130 f. u. 208 f.

326 Schöpf, Trias, 19.

327 Schöpf, Trias, 21.

328 In der ersten Periode seines akademischen Wirkens, zwischen der Ernennung zum Professor für Kirchengeschichte und Kirchenrecht im Sommer 1826 und der Mitte des Jahrhunderts, war Döllinger Vertreter der Bewegung des sog. *Ultramontanismus.*

329 Vgl. Schöpf, Trias, 21: „So sagte er z. B. über den unseren sel. Erzbischof Gruber, daß ihm die Augen wohl über-, aber nicht aufgegangen seien".
Augustin Johann Joseph Gruber (geb.: 23. Juni 1763 in Wien; gest.: 28. Juni 1835 in Salzburg) war Erzbischof von Salzburg. Vgl. Ortner, Bischöfe, 278–285.

330 Schöpf berichtet hinsichtlich des Vortragsstils: „Döllinger erschien mir viel frischer und lebhafter als selbst in den fünfziger Jahren. Seine Vortragsweise war dieselbe." (Schöpf, Trias, 22)

331 Vgl. Schöpf, Trias, 21: „Die Sache hatte keinen Anstand, man brauchte sich Niemandem vorzustellen. Das Auditorium war sehr gemischt. Blonde Jünglinge, grau- und

Gesamteindruck, welchen Schöpf aus Döllingers Vorträgen erhielt, schilderte er wie folgt: „Döllinger ist ganz umstrickt vom deutschen (spezifisch preußischen) Chauvinismus und hat eine gründliche Antipathie gegen Oesterreich und das Papstthum."[332] Für Schöpf war eine hypernationalistische Haltung nicht mit der

---

weißköpfige Männer, Militär und Civil." Vgl. hinsichtlich der Vortragstätigkeit an der Akademie der Wissenschaften: Schwaiger, Döllinger, 36: „Zu den Festsitzungen der Akademie pflegte sich, neben den Mitgliedern der Akademie, eine nach Geschlecht, Rang und Bildung sehr verschiedene Gesellschaft einzufinden. Der Redner [= Döllinger] sah sich damit vor die Aufgabe gestellt, vor allem solche Stoffe auszuwählen und so dieselben zu behandeln, daß sie nicht nur die Aufmerksamkeit eines auf der Höhe der Wissenschaft stehenden Gelehrten-Vereins zu beschäftigen geeignet seien, sondern daß das Gebotene zugleich dem weiteren Kreise der Gebildeten verständlich, anziehend und lehrreich erscheinen.
Die Vorträge wiesen Döllinger als glänzenden Essayisten aus. Die Themen sind aus der Universalgeschichte gewählt: „Die Bedeutung der Dynastien in der Weltgeschichte"; „Das Haus Wittelsbach und seine Bedeutung in der deutschen Geschichte"; „Die Beziehungen der Stadt Rom zu Deutschland im Mittelalter"; „Dante als Prophet"; „Deutschlands Kampf mit dem Papsttum unter Kaiser Ludwig dem Bayer"; „Aventin und seine Zeit"; „Einfluß der griechischen Literatur und Kultur auf die abendländische Welt im Mittelalter"; „Die Juden in Europa"; „Über Spaniens politische und geistige Entwicklung"; „Die Politik Ludwigs XIV."; „Die einflußreichste Frau der französischen Geschichte" (Madame de Maintenon) und andere. Er trug keine Scheu, in manchen Vorträgen öffentlich seine polemischen Äußerungen früherer Zeiten zu berichtigen, so in der Judenfrage und im Urteil über die Reformatoren. Das Publikum strömte in hellen Scharen herbei, zeigte sich interessiert und begeistert [...]."

332 Schöpf, Trias, 22; Über die Zulässigkeit von religiöser und nationalstaatlicher Prägung in der Tätigkeit des Kirchenhistorikers sowie sein persönliches Verhältnis zu Deutschland äußert sich Schöpf wie folgt: „Daß der Geschichtsmann, um ganz unparteiisch zu sein, weder Religion noch Vaterland haben dürfe, [...] ist zu viel verlangt. Aber weder Religions- noch Vaterlandsliebe soll ihn bestimmen, die Wahrheit zu verhüllen, zu verdunkeln oder gar zu fälschen. Dazu muß sich auch selbst der eingefleischte Deutsche bequemen. Uebrigens war ich nie ein Deutschenfeind.
Schon nach der Art des Tyrolers stand ich vom Beginne des Jahres 70 an auf der Seite der Deutschen. Verstand man ja in Tyrol von jeher unter *„Erzfeind"* den Franzos, der „Boar" (Bayer) galt bloß als Appendix. Schon in meiner Kindheit habe ich von der Mutter gehört:

„Auf! frische Tyroler! und spannt Eure Bix,
Schießt's nieder d'Franzosen, wie d'Hasen und Füchs,
Schießt'n auf d'Nasen,
Schießt'n auf d'Hax,
Aft werden sie sagen
Die Tyroler sein wax."

Berufung zum christlichen Priestertum vereinbar.[333] Ausgehend von den Vorträgen, welchen Schöpf in den 1870er Jahren als Hörer folgte, attestierte er Döllinger, dass dieser mit Haut und Haar im Hypernationalismus steckte, „während er in früheren entschieden den mehr kosmopolitischen Standpunkt des Christenthums festgehalten hatte. Seine tiefgewurzelte Antipathie gegen Oesterreich ist wohl älteren Datums."[334] Überhaupt lag über dem Wesen und der späten Vortragstätigkeit Döllingers nach Schöpfs Urteil „eine Art Verstimmung und so oft er auf das Papstthum zu sprechen kam, eine auffallende Verbissenheit. In der That tragen alle seit 1870 veröffentlichen Elucubrationen die Signatur dieser Verbissenheit"[335].

Meine Gesinnung über Napoleon ist 1859 in meinem „Ausrufe an die Tyroler zum Auszug wider die Wälschen" (confiscirt) ausgedrückt und als im Juli 1870 das Professoren-Collegium der theol. Facultät dem vom Concil heimgekehrten Erzbischofe die Aufwartung machte, erlaubte ich mir auf dessen Frage: „Was wird nun werden?" zu bemerken: „Meines Erachtens werden die Deutschen siegen, der Kirchenstaat wird eingehen und das Concil nicht mehr fortgesetzt werden."
Also: Ich war und bin kein Gegner des Deutschthums, kein „Blutsverleugner", war wohl einmal ein Hasser Preußens, bin es aber seit Jahren nicht mehr, wünsche vielmehr den edlen Bestrebungen Kaiser Wilhelms Gottes reichsten Segen. Aber etwas ganz anderes ist nationaler Chauvinismus, der Niemandem schlimmer ansteht, als dem christlichen Priester." (Schöpf, Trias, 22 f.)
Bei der konfiszierten Schrift, auf welche Schöpf hinweist, handelt es sich um: Schöpf, Joseph A., Sendschreiben an die Oezthaler und andere Bauern des Silzer Gerichts im tirolischen Oberlande über das Ausrucken gegen die Walschen vom Zirhbichlerbauer, Salzburg 1859; Die Publikation wurde nach ihrem Erscheinen von der Polizei konfisziert. Vgl. Wurzbach, Schöpf, 195.

333 Vgl. Schöpf, Trias, 23: „Wie der Staat, als von Gott berufenes Institut zur Realisirung der Rechts-Idee, einem jeden Menschen – dem Franzosen nicht minder als dem Deutschen – Recht zu verschaffen verpflichtet ist, so hat der Priester das Erlösungswerk Jedermann gleichmäßig zugänglich zu machen. Wenn also christliche Priester auf Seite des Hypernationalismus stehen, so ist das eben so traurig und zeigt von ebensolcher beklagenswerter Kurzsichtigkeit, als wie wenn der Geistliche Hand in Hand mit den Antisemiten geht."

334 Schöpf, Trias, 23. Hinsichtlich Döllingers Verhältnisses zu Österreich schilderte Schöpf eine Episode aus dem Hörsaal. Derzufolge wurde ein neben Schöpf sitzender Landsmann „feuerroth, als Döllinger unsere große Kaiserin Maria Theresia als „das schlimmste unter den drei gekrönten Weibern" schilderte, und er wäre vielleicht demonstrativ aufgestanden und fortgegangen, wenn ich ihn nicht aufgehalten hätte; denn mir war Döllinger schon seit Jahren als Erzfeind Oesterreichs bekannt." (Schöpf, Trias, 23)

335 Schöpf, Trias, 23. Dies galt Schöpf zufolge v. a. für seine Reden, welche er alljährlich in seiner Funktion als Präsident der Bayerischen Akademie der Wissenschaften

Für Schöpf galt es jedoch, bei aller Entfremdung und allen Zerwürfnissen zwischen Döllinger und der Kirche, Döllingers gesamtes Lebenswerk nicht aus dem Auge zu verlieren und im Rückblick nicht nur die letzte Periode der Exkommunikation und der Bitterkeit Döllingers in den Blick zu nehmen. Als Schöpf die Nachricht vom Ableben Döllingers erhalten hatte, nahm er dessen „großes Meisterwerk „Heidenthum und Judenthum" zur Hand, gedachte mit Wehmuth, daß nun auch *der* große Mann den Weg alles Fleisches gewandelt, und sprach aus vollem Herzen: „Requiem aeternam dona ei Domine et lux perpetua luceat ei!""[336]

Zwar formulierte Schöpf einerseits, dass Döllinger *kein leidenschaftlicher Seelsorger*, sondern vielmehr ein *nusstrockener Professor* war,[337] was neben der fehlenden religiösen Prägung des Elternhauses und der Berichterstattung der Tagespresse für Schöpf einen der Gründe für Döllingers erfolgten Bruch mit der Kirche darstellte,[338] andererseits betonte er, „daß Döllinger zur Stiftung einer neuen Kirche, einer neuen Religionsgesellschaft, niemals seine Hand geboten hat. Das Scandal der Kirchenvielfalt hat vielleicht Niemand mehr erkannt und tiefer bedauert als er."[339]

Im Rahmen seines im Verlauf mehrerer Jahre im *Salzburger Schreibkalender* publizierten *Diskurs über das Landleben* gab Schöpf am Beispiel Döllingers die Maxime an, sich unter keinen Umständen – in diesem Fall speziell angesprochen

---

gehalten hatte. Überwiegend, „wenn nicht ausschließlich öffnete er jetzt nur mehr solche Quellen, aus denen Ungünstiges für das Papstthum hervorleuchtete. Nach Art aller Papstfeinde machte er den Papst zum Sündenbock für all' das geschehene Schlimme." (Schöpf, Trias, 23) Vgl. auch: Schwaiger, Döllinger, 35 f: „Die letzten zwei Jahrzehnte im Leben Döllingers sind überschattet von mancherlei Bitterkeiten. Seine Vorträge und Werke dieser Periode atmen vielfach den Geist herber Kritik, die deutliche Abwendung von ehemaligen Idealen. Seine Haltung gegen die römisch-katholische Kirche, die ihn aus ihrer sichtbaren Gemeinschaft ausgestoßen hatte, nimmt zuweilen feindselige Züge an, und in seinen Ratschlägen für Bismarck im Kulturkampf geht er auch direkt gegen den ihm fremden, neuen Geist in dieser Kirche an.

336 Schöpf, Trias, 24.

337 Vgl. Schöpf, Trias, 16: „Was den Priester fort und fort für seine Religion warm erhält, ist die Seelsorge, der unmittelbare Verkehr mit dem gläubigen Volke, innerhalb und außerhalb des Gotteshauses. Wenn er an Sonn- und Feiertagen mit seinen Pfarrkindern laut betet: „Verleih uns, o Gott des Friedens, rechte Vereinigung im Glauben, ohne alle Spaltung und Trennung," so findet der Gedanke an Abfall und Spaltung keinen Platz. Dagegen stand Döllinger nicht im Volke, war nicht Liturg, sondern eisiger Gelehrter, nußtrockener Professor […]."

338 Vgl. Schöpf, Trias, 16 f.

339 Schöpf, Trias, 16.

waren Kleriker – an liebloser und wilder Hetze gegen Personen zu beteiligen, welche sich um die gute Sache verdient gemacht haben, deren Denken und Handeln man aber nicht immer in allen Punkten nachvollziehen kann.[340] Als Beispiel führte Schöpf hier Döllinger an, „dem man gerechterweise große Verdienste nicht absprechen kann und dem man schon seines hohen Alters wegen Rücksicht und Schonung geschuldet hätte."[341]

1.7 Sozial-caritatives und pastorales Wirken

Der wortgewaltige Professor Schöpf, welcher durch seine Neigung, die Dinge vielmals ungeschönt und direkt anzusprechen, manchmal Aufsehen und Kritik hervorrief, war neben seinem Wirken als Schriftsteller und Professor unermüdlich in der Seelsorge sowie im caritativen Bereich tätig.[342] So war Schöpf bspw. einer der sieben Gründungsmitglieder der *Salzburger Sektion des Alpenvereins*,[343] dessen Statuten er erstellte.[344]

---

340 Vgl. Schöpf, Joseph A., Diskurs über das Landleben. VII. Der Landgeistliche, in: Neuer Salzburgischer Haus- und Wirthschafts-Schreibkalender, Salzburg 1893, 32–39, hier 33: „Am allerwenigsten darf sich der Geistliche an der lieblosen und wilden Hetze gegen Männer betheiligen, die sich um die gute Sache verdient gemacht, gesetzt auch, daß man ihnen nicht in allen Dingen folgen kann."

341 Schöpf, Diskurs (VII), 33; An dieser Stelle findet sich in der FN eine Bemerkung Dr. Edmund Jörgs, langjähriger Sekretär Döllingers, zu Schöpfs Beschreibung Döllingers in der *Kleinen Trias*: „Ew. Hochw. [= Schöpf] haben mir mit der gütigen Zusendung eine besondere Freude bereitet und ich habe Ihre Reminiscenzen über Döllinger mit warmen Interesse gelesen. Es ist eine wohlgetroffene Moment-Photographie. Er war vor Allem Bücherwurm und die bayrische Hofluft mit ihrem betäubenden Aroma hat ihn verdorben." (Schöpf, Diskurs (VII), 33 FN 1)

342 Josef Schwarzbach beschreibt Schöpf in seiner biographischen Betrachtung anlässlich Schöpfs 40-jährigem Jubiläum als Schriftsteller wohlwollend als großen Wohltäter: „Im Wohlthun hat er allezeit seine höchste Befriedigung gefunden. Das Wort Goethes: „Edel sei der Mensch, hilfreich und gut!" ist dem Jubilar nicht nur im Herzen gestanden, er hat es sein ganzes Leben lang geübt." (Schwarzbach, Schriftsteller-Jubiläum, 13)

343 Vgl. Schwarzbach, Schriftsteller-Jubiläum, 12: „Der Professor ist einer der sieben Gründer der Sektion Salzburg des Alpenvereines, liebte der Oetzthaler ja die Berge von Jugend auf und hat namentlich sein Tirol nie vergessen. Bei Unglücksfällen bethätigte er seine Heimatsliebe vor Allen. Als 1848 der Vernagtgletscher das Oetzthal arg heimsuchte, schickte Schöpf eine Spende von 400 Gulden dahin."

344 Vgl. Schöpf, Mittheilungen (1895), 45.

Des Weiteren war Schöpf Gründer und Förderer des *Salzburger Katholischen Gesellenvereins.*[345] Nach der Gründung des ersten katholischen Gesellenvereins in Köln durch Domvikar Adolph Kolping im Jahr 1849 und zahlreichen Folgegründungen von Gesellenvereinen im gesamten deutschen Sprachraum,[346] konnte Schöpf nach längeren Verhandlungen Kolping zu einem Besuch in Salzburg bewegen, um die Gründung eines Salzburger Gesellenvereins in die Wege zu leiten.[347] Am 12. Mai 1852 kam Kolping nach Salzburg „und gründete am 16. Mai mit einem Dutzend gewerblicher Gehilfen den ersten Gesellenverein"[348] im *Gasthof zum Elefanten*, in der Sigmund Haffnergasse.[349] Auf Wunsch von Fürsterzbischof Tarnóczy und des Hofrathes Ritter von Blaschke[350] musste Schöpf die Stelle des Präsidenten übernehmen,[351] welche er von 1852–74 inne hatte.[352] Der Gründung

345 Vgl. Stempfl, Edith, Die Entwicklung der katholischen Gesellenvereine in Österreich. Dissertation zur Erlangung des Doktorgrades an der philosophischen Fakultät der Universität Wien, eingereicht von Edith Stempfl 1949, 90–94.

346 Vgl. detailliert zur Geschichte des Katholischen Gesellenvereinswesens zwischen 1849 und 1865 und mit Bemerkungen zum Salzburger Gesellenverein: Kracht, Hans-Joachim, Adolph Kolping. Priester, Pädagoge, Publizist im Dienst christlicher Sozialreform. Leben und Werk aus den Quellen dargestellt, Freiburg i. Br./u. a. 1993, 168–280.

347 Vgl. Anthaller, Schöpf, 11.

348 Anthaller, Schöpf, 12.

349 Seit dem Jahr 2002 erinnert eine Gedenktafel an der Außenmauer des Hauses, dem heutigen *Hotel Elefant*, an die Gründung des Gesellenvereins.

350 *Ignaz Blaschke Ritter von Reigersheim* (geb. 15. August 1795 in Reigersdorf; gest. 28. Oktober 1871 in Saalfelden) war ein österreichischer Beamter. Ab 1848 war er Statthaltereirat in Salzburg. Vgl. Salzburgwiki, Ignaz Blaschke Ritter von Reigersheim. Verfügbar unter: http://www.salzburg.com/wiki/index.php/Ignaz_Blaschke_Ritter_von_Reigersheim. Zuletzt geprüft am 07. Oktober 2016.

351 Vgl. Anthaller, Schöpf, 12. Im Rahmen eines Schriftwechsels mit dem Präses des Innsbrucker Gesellenvereins formulierte Schöpf im Jahr 1853, er fühle sich im Gesellenverein als Präses sehr wohl und er sei viel lieber unter den Gesellen als unter seinen Amtskollegen an der Theologischen Fakultät. Der Briefwechsel ist dokumentiert bei: Stempfl, Entwicklung, 90.

352 Vgl. u. a. Schöpf, Mittheilungen (1895), 45; Schwarzbach, Schriftsteller-Jubiläum, 12; Grass, Schöpf (1999), 104. Eine Schilderung der Tätigkeit Schöpfs als Präses des Salzburger Gesellenvereins, seines Umgangs mit den Gesellen sowie v. a. den Wechsel der Präsidentschaft im Jahr 1874 findet sich – mit kritischen Untertönten – bei Franz Anthaller, dem damaligen Vize-Präses des Vereins und Nachfolger Schöpfs. Vgl. Anthaller, Schöpf, 12 f.: „Dr. Schöpf fand im Anfange mit seinem Verein vielen Anklang. Er hatte sich redlich Mühe gegeben, für zahlreichen gründlichen Unterricht zu sorgen, er hatte, während er Mitglied des städtischen Gemeinderathes war,

des Salzburger Vereins, welcher nach fünf Jahren bereits 219 Mitglieder zählte und sich gegen Ende des 19. Jahrhunderts bei einer Zahl von ca. 100 Mitgliedern einpendelte, folgten die Gründungen der Gesellenvereine in Berchtesgaden, Bad Reichenhall und Hallein im Jahr 1858 sowie in Laufen-Oberndorf im Jahr 1859.[353]

Ebenso war Schöpf in tragender Rolle an der Gründung eines Vereins zur Betreuung von Schulkindern erwerbstätiger Eltern beteiligt.[354] Im Lehrkörper der damaligen einzigen Normalhauptschule für Knaben am linken Salzachufer

---

mit Zustimmung desselben im Garten des städtischen Bruderhauses ein kleines Gesellenhaus erbaut, das jedoch wenig zweckmäßig ausgefallen ist. [...] Die Leitung des Vereines war so ziemlich nach dem absoluten Systeme. Dr. Schöpf ließ sich nicht gerne etwas einreden, nicht von den Lehrern und noch weniger von den Gesellen des Vereines. Er that einzelnen Mitgliedern sehr viel Gutes, aber wurde oft mit Undank belohnt, weil er sich in den meisten Fällen nur von den Wallungen seines guten Herzens bestimmen ließ. [...] Die Form, mit welcher der Präses Dr. Schöpf mit seinen Gesellen umgieng, grenzte zuweilen schon an das Derbe. Kam er wieder zur Erkenntnis, gab es allzeit ein Freibier, was nicht selten zu Ausbrüchen der Roheit führte.

Im Verlauf der Jahre, besonders seit dem Baue der Kirche in Guggenthal, zog sich der Präses besonders vom Religionsunterrichte zurück und übertrug mir denselben als seinem Vicepräses. Je mehr die Socialdemokratie sich wissenschaftlich formierte, je mehr sie an Ausdehnung und Macht zunahm, je mehr die Führer der Bewegung anstrebten, jeden Gesellen zum Anschlusse zu zwingen, desto weniger Freude und Ehre konnte man sich durch die Leitung eines Gesellenvereines verdienen.

Dr. Schöpf hatte sich in Guggenthal eine andere, ihm mehr zusagende Arbeit gefunden und drang fortwährend in mich, ihm den Verein abzunehmen. Auch ich hatte seit Jahren Arbeit über Arbeit, ich wußte die für den Verein äußerst ungünstig gewordenen Zeitverhältnisse, und daß ohne gewaltige Umänderung der Vereinseinrichtungen sich nichts werde machen lassen. Schöpf gieng inzwischen zu unserem Hochwürdigsten Fürsterzbischofe, sagte ihm, daß er nicht mehr im Stande sei, den Verein zu leiten, und schlug mich als seinen Nachfolger vor. So kam plötzlich, das betreffende Decret an mich, worauf er mir auf meine Weigerung sagte: „Du paßt besser für den Verein als ich. Wenn Du aber den Verein nicht annimmst, lasse ich ihn eingehen." Daraufhin erklärte ich mich endlich zur Uebernahme bereit, und sagte er weiter: „Du kannst Dich verlassen, daß ich Dir stets treu beistehen und den Verein auch unterstützen werde.""

353 Vgl. Anthaller, Schöpf, 12.

354 Vgl. Schwarzbach, Schriftsteller-Jubiläum, 12: „Dieser Verein, der armen Kindern an Schultagen von 10 Uhr bis 2 Uhr Nachmittags Unterstand und Pflege gewährt, ist als der Ausgangspunkt aller ähnlichen Schulvereine, Knabenhorte u.s.f. in Oesterreich und Deutschland zu betrachten." Vgl. auch: Schöpf, Mittheilungen (1895), 45; Rothbauer, Guggenthal, 18; Auch in Salzburg-Gnigl wurde durch Schöpfs Hilfe,

thematisierte im Jahr 1862 der Lehrer Jakob Mösenbacher die prekären Verhältnisse vieler Kinder aus mittellosen Familien in den Mittagsstunden. Die Kinder aus den Arbeiterfamilien „konnten zu Mittag nicht nach Hause kommen, weil die Entfernung der Wohnungen vom Arbeitsplatze der Eltern in der Regel eine zu weite war. Die Frauen giengen nicht selten mit den Männern zur Arbeit und es wurde erst Abends gekocht."[355] Den Kindern gaben die Eltern etwas Brot oder kleine Geldbeträge mit, so dass sie sich mittags zumindest mit dem Nötigsten verpflegen konnten. Da „diese Leute ihren wilden, rohen Knaben die leeren Wohnungen nicht überlassen wollten und konnten, waren diese auf die Gasse verwiesen."[356] Mösenbacher stellte so den Antrag in einer Konferenz des Lehrerkollegiums, ebendieses Kollegium „möge einen Aufruf in die Zeitung geben, daß ein Verein zu Stande komme, welcher die Aufgabe auf sich nehme, während der Mittagszeit die armen Knaben und Mädchen an einem Orte zu sammeln, zu überwachen, zu beschäftigen und etwa auch mit einer nahrhaften Suppe zu speisen."[357] Einige Tage nachdem der Aufruf am *29. April 1863*[358] in der Zeitung gedruckt worden war, „erschien schon der Professor Dr. Schöpf bei der Direction und trug sich an, sein Gesellenhaus für jeden Schultag dem neuen Vereine über Mittag zur freien Verfügung zu stellen."[359] Der Verein war somit gegründet und notwendige Adaptierungen am Gesellenhaus vorgenommen.[360] Schöpf widmete dem Verein in den ersten Jahren seines Bestehens viel Zeit und blieb, auch nachdem er die Leitung des Vereins nach sieben Jahren in andere Hände übergeben hatte, dem Verein verbunden.[361] So erschien er bspw. bis zu seinem Tod auf Einladung des Vorstands jedes Jahr zur Weihnachtsfeier des Vereins „und seine Kinderansprachen blieben unzertrennlich mit dieser vielbesuchten Festlichkeit verbunden"[362].

---

nachdem dieser seinen Wohnsitz nach Guggenthal verlegt hatte, ein solcher Schulverein gegründet. Vgl. Anthaller, Schöpf, 14.

355 Anthaller, Schöpf, 13.

356 Anthaller, Schöpf, 13 f.

357 Anthaller, Schöpf, 14.

358 Vgl. Schöpf, Joseph A., Weihnachts-Gabe an den Volksschul-Verein. Separat-Abdruck aus der Salzburger Zeitung mit Zusätzen und Anhang, Salzburg 1879, 7.

359 Anthaller, Schöpf, 14.

360 Vgl. Schöpf, Weihnachts-Gabe (1879), 10 f.

361 Vgl. Anthaller, Schöpf, 14: „Sieben Jahre stand der Verein unter Schöpf's Leitung mit dem Titel: „*Schulkinder-Bewahranstalt*". Aus ihm entwickelte sich der [...] *Schulverein*", unter der Leitung des k. k. Notars Herrn Emil Kofler.

362 Anthaller, Schöpf, 14.

Darüber hinaus war er maßgeblich am Neubau des *St. Anna-Bezirksspitals* im Salzburger Stadtteil Gnigl beteiligt.[363] Das St. Anna Bezirkskranken- und Versorgungshaus bestand seit den 1830er Jahren für die zum Landbezirk der Stadt Salzburg gehörenden 15 Gemeinden und war durchschnittlich mit 50 Pfleglingen belegt.[364] Zunächst hatte Schöpf, nach Beratungen mit Freunden und Vertrauten, im Jahr 1882 den Entschluss gefasst, am alten Spital durch einen Anbau eine Kapelle für die Pfleglinge zu errichten und dafür Geld zu lukrieren. Er bewerkstelligte Aussendungen in der *Salzburger Zeitung* und der *Kirchenzeitung*,[365] und veranlasste die Vorsteher der 15 Salzburger Umlandgemeinden dazu, mehrere Sitzungen einzuberufen, in deren Rahmen Schöpf versuchte, die Gemeindevorstände von der Notwendigkeit und Finanzierbarkeit des geplanten Oratoriums zu überzeugen.[366] Nachdem durch ein Fachgutachten festgestellt worden war, dass die Generalsanierung des baufälligen alten Spitals[367] etwa 10.000 fl. an Kosten mit sich gebracht hätte,[368] wurde durch Schöpf das sog. ‚Lasserhaus'[369] für eine Anzahlung von 50 fl. und weitere 7.000 fl. am Ende des ersten Jahres erworben. Der Gesamtkaufpreis wurde im Kaufvertrag mit 13.000 fl. vereinbart.[370] Schöpf formulierte Schreiben an die Landesregierung[371] sowie an den kaiserlichen Hof,[372] mit der Bitte die Spitalsache in Gnigl finanziell zu unterstützen. Schlussendlich konnte, durch finanzielle Unterstützung aus Wien, durch die Salzburger Gemeinden sowie den in Maria Plain bei Salzburg ansässigen Landwirt Johann Oberholzer, der

---

363 Vgl. Rothbauer, Guggenthal, 19. Sehr detailliert schildert Schöpf die Verhandlung über die Errichtung eines Oratoriums am alten Spitalsgebäude (vgl. Schöpf, St. Anna, 3–7) bzw. die Entwicklungen im Zusammenhang mit dem Grundstückskauf am neuen Standort sowie dem Neubau des Spitals (vgl. Schöpf, St. Anna, 7–35).

364 Vgl. Rothbauer, Guggenthal, 18. Gerade die seelsorgerische Not vor der Phase des Neubaus war es, welche „dem Professor ins Herz hinein weh tat: Es gab keine Kapelle, kein Oratorium, keine Messe für die Alten. Gnigl hatte damals einen Provisor, so daß nach dem Grundsatz – während eines Provisoriums keine Neuerungen – von der Pfarre aus nichts geschah. Die Bauern hatten wenig Verständnis, das Geld war rar, die Zeit hart. [...] Schöpf ging es nicht aus dem Kopf, daß etliche [der Pfleglinge] schon Jahre lang keine Messe mehr erlebt hatten." (Rothbauer, Guggenthal, 18)

365 Wörtlich wiedergegeben in: Schöpf, St. Anna, 3 f.

366 Vgl. Schöpf, St. Anna, 5–7.

367 Gelegen an der heutigen Guggenthalerstraße 4 in Salzburg.

368 Vgl. Schöpf, St. Anna, 5.

369 Gelegen an der heutigen Grazer Bundesstraße 6 in Salzburg.

370 Vgl. Schöpf, St. Anna, 7 f.

371 Vgl. Schöpf, St. Anna, 10–14.

372 Vgl. Schöpf, St. Anna, 14–16.

Ankauf des Grundstücks und der Neubau des Spitals für die Summe von 16.000 fl. vollendet und das Oratorium mit weiteren 2.000 fl. eingerichtet werden.[373] Die Sorge für die Kranken im 1884 am neuen Ort wiedereröffneten Spital[374] ist dem Seelsorger Schöpf über die Jahre ein Anliegen gewesen, sodass er mehrmals wöchentlich den Weg von Guggenthal ins Gnigler Spital auf sich genommen hat, um Eucharistie zu feiern und die Kranken seelsorgerisch zu begleiten.[375]

Schöpfs Ehrenbürgerschaft in den 15 Salzburger Umlandgemeinden war ein Zeichen dafür, wie sehr man seine altruistischen Bemühungen zu schätzen wusste.[376] Die Verkaufserlöse seiner zahlreichen Kleinschriften und Sonderdrucke, unter denen sich u. a. Niederschriften seiner Predigten, Nachrufe sowie Ausfüh-

---

373 Vgl. mit detaillierter Wiedergabe der verschiedenen Sitzungsprotokolle der Kommission der ‚Spitalsache Gnigl': Schöpf, St. Anna, 19–35.

374 Vgl. Schwarzbach, Schriftsteller-Jubiläum, 14; Den Tag der feierlichen Eröffnung und Einweihung des St. Anna-Bezirksspitals in Gnigl, den 11. Mai 1884, bezeichnete Schöpf als den allerschönsten Tag seines Lebens. Vgl. Schöpf, St. Anna, 35 f.: „Endlich zog er herauf der schöne Tag – der schönste Tag meines Lebens der allerschönste unter den vielen schönen. Denn ein schöner Tag war es als ich Ende August 1841 nach Absolvirung der Philosophie von der Universität in Graz, wo ich 15 Wochen hindurch am Typhus abdom. im allg. Krankenhause die Rohheit der männlichen Wärter verkostet, nach mehrwöchentlicher Irrfahrt meinen theuren Eltern und Schwestern die Hand zum Gruße bot; ein schöner Tag war es als ich am 24. August 1845 zu Längenfeld im Oezthale unter hundertfachem Echo der Pöllerschüsse in die Kirche zur Primiz zog, wobei mein Studienfreund Greuter die Predigt hielt; ein schöner Tag war es, als ich im Mai 1872, umgeben von einem Dutzend Vereinen und Präsides das 20jährige Stiftungsfest des Gesellenvereins beging; ein schöner Maientag war es, an dem ich als Notarius Apostolicus die vollzogene Wahl des Abtes von St. Peter, Dr. Fr. Albert Eder, zum Nachfolger des hl. Ruperts an die höchste Behörde in Wien telegrafirte; ein schöner Tag war die Eröffnung des Schulvereins, in dem so viele arme Kinder geistiges und leibliches Brod erhalten u. s. w. Doch der *allerschönste Tag meines Lebens war der 11. Mai 1884,* an welchem Tage die feierliche Eröffnung und Einweihung des Oratoriums und Hauses vollzogen wurde, nachdem bereits am 8. Mai die Ueberbringung der Kranken von dem alten ins neue Spital geschehen war."

375 Vgl. Schwarzbach, Schriftsteller-Jubiläum, 14: „Dr. Schöpf kommt wöchentlich mehrmals von Guggenthal nach Gnigl ins Spital, um dort den Siechen die heilige Messe zu lesen, sie zu trösten und zu stärken. Hunderte von Gulden spendete er jährlich zur Aufbesserung der Kost und seiner persönlichen Verwendung an höchster Stelle ist es zu danken, daß im Jahre 1887 die Summe von viertausend Gulden für das St. Anna-Spital aus der Staatslotterie geflossen ist."

376 Vgl. Paarhammer, Schöpf, 268; Grass, Schöpf (1985), 323; Schwarzbach, Schriftsteller-Jubiläum, 14.

rungen zu aktuellen Fragen des (theologischen) Zeitgeschehens finden lassen, widmete Schöpf stets kirchlichen oder sozialen Zwecken.[377]

Im pastoralen Bereich war Schöpf seit dem Tag seines Weiheempfangs und der sich daran anschließenden Zeit als Hilfspriester in Stumm im Zillertal über die Jahre hinweg unermüdlich tätig. Selbst sagte er einmal, „von St. Gilgen bis Laufen gibt es keine Kirche, wo ich nicht einmal seelsorglich thätig war."[378] Der Schwerpunkt seines pastoralen Wirkens konzentrierte sich auf eine Kirche im Salzburger Umland. An der am 11. September 1864 dedizierten *Kirche in Guggenthal*[379] war Professor Schöpf seit dem Beginn des Jahres 1868 über 30 Jahre bis zu seinem Tod unentgeltlich als regelmäßiger Aushilfspriester an Sonn- und Feiertagen tätig.[380] Schöpfs Motivation, die Seelsorge an der Guggenthaler Kirche zu übernehmen,

---

377 Auf dem Deckblatt der sog. ‚Wilderer-Predigt' findet sich bspw. die Formulierung, „der ganze Ertrag gehört den neuestens durch Muhrbrüche und Ueberschwemmung verunglückten Bewohnern des Oezthales" (Schöpf, Joseph A., Eine Wilderer-Predigt. Vorgetragen am 25. October 1885 in der hl. Kreuzkirche Guggenthals, Salzburg 1885). Die Schrift zu *Leben und Wirken des Christian Falkners* ist für die „Verunglückten Vinschgaus" (Schöpf, Joseph A., Das einundneunzigjährige Leben und Wirken des Frühmessers, vulgo Höflichkeits-Professors Christian Falkner. Aus Quellen dargelegt, Salzburg 1855) zu verwenden, seine Schrift über *Peter Carl Thurwieser* widmete er „Zum Besten der hierortigen Sektion des deutschen Alpenvereins" (Schöpf, Joseph A., Peter Carl Thurwieser, Salzburg 1871, Titelblatt) und seine *Kleine Trias* trägt die Aufschrift: „Der Reinerlös dem St. Anna-Spitale" (Schöpf, Trias).

378 Zitiert nach: Nußbaumer, Schöpf, 28.

379 Vgl. zur Kirche in Guggenthal: Rothbauer, Guggenthal, 8–13. Am 11. Oktober 1877 wurde das Mesnerhaus fertiggestellt und als Geschenk und Eigentum der Kirche Guggenthal übereignet, wobei Schöpf maßgeblich daran beteiligt war. Vgl. Rothbauer, Guggenthal, 8.

380 Vgl. Schöpf, Mittheilungen (1895), 45; Schöpf, Mittheilungen (1899), 34; Josef Schwarzbach bestätigt den Beginn der regelmäßigen priesterlichen Dienste Schöpfs an der Kirche in Guggenthal mit dem Jahr 1868 und verweist auf die Wohnsitznahme des Professors in Guggenthal im Jahr 1869. Vgl. Schwarzbach, Schriftsteller-Jubiläum, 13: „Der Professor verwaltet sei 1868 ohne Entgelt die 6 Kilometer außerhalb Salzburg gelegene Kirche Guggenthal, wo er sich seit 1869 häuslich niedergelassen hat, durch Wort und That, vom Predigtstuhl wie andernorts auf seine Umgebung wirkend, sie belehrend, vervollkommnend, bessernd."
Rothbauer – und in Folge Paarhammer – gibt den Beginn der seelsorgerischen Tätigkeit Schöpfs in Guggenthal fälschlicherweise mit dem Jahr 1869 an. Vgl. Rothbauer, Guggenthal, 10; Paarhammer, Schöpf, 268. Paarhammer erwähnt hierbei, dass Schöpf den Weg zur Kirche jeweils zu Fuß zurücklegte, was bedeutete, dass er sich bereits gegen halb fünf Uhr morgens auf den Weg zu machen hatte, um die hl. Messe pünktlich um viertel nach sechs zu feiern.

war nicht monetärer Art.[381] Im autobiographischen Rückblick dankt Schöpf für die zahlreichen Tröstungen, welche er im Rahmen seines priesterlichen Dienstes an der Guggenthaler Kirche als Ausgleich zur wissenschaftlichen Betätigung an der Theologischen Fakultät in Salzburg erfahren durfte.[382]

Schöpf galt der Christengemeinde der abgelegenen Gemeinde Guggenthal als wortgewaltiger und inhaltsstarker Prediger.[383] Schöpfs Zeitgenosse Josef Schwarzbach[384] beschreibt ebendiesen als

---

Guggenthal war für Schöpf darüber hinaus ein Ort, welchen er auch in seiner Freizeit zur Erholung gerne aufsuchte. Selbst beschreibt er im Jahr 1890 im Rückblick seine Bockschlittenfahrten mit seinen Schülern: „In den sechzger Jahren führte ich allwöchentlich meine Studenten […] ins Guggenthal zur Bockschlittenfahrt, die auch noch derzeit mein Hauptwintervergnügen bildet." (Schöpf, Trias, 27)

381 Vgl. Anthaller, Schöpf, 17. Es war ihm nach eigener Aussage viel mehr daran gelegen, seine priesterliche Berufung mit den und für die Christenmenschen seines Umfelds zu leben. Vgl. Schöpf, Trias, 16: „Was den Priester fort und fort für seine Religion warm erhält, ist die Seelsorge, der unmittelbare Verkehr mit dem gläubigen Volke, innerhalb und außerhalb des Gotteshauses. Wenn er an Sonn- und Feiertagen mit seinen Pfarrkindern laut betet: „Verleih uns, o Gott des Friedens, rechte Vereinigung im Glauben, ohne alle Spaltung und Trennung," so findet der Gedanke an Abfall und Spaltung keinen Platz." Als Gefahr des Professorenstandes bezeichnete er an derselben Stelle das Tragen der Religion lediglich im Kopf, jedoch nicht im Herzen.

382 Vgl. Schöpf, Joseph A., Mein fünfundzwanzigjähriges Guggenthalerthum, in: Neuer Salzburgischer Haus- und Wirthschafts-Schreibkalender, Salzburg 1894, 44–48, hier 47: „Ich [= Schöpf] wäre undankbar gegen Gott, wenn ich nicht auch der Tröstungen gedenken wollte, die mir dahier innerhalb 25 Jahren zu Theil geworden. Da gibt es alljährlich wiederkehrende Freuden. Wie schön ist es, wenn in der Adventszeit die Leute mit Fackeln von den Bergen zum Rorate niedersteigen, wie erhebend ist das in der hl. Nacht; wie erfrischend ist die Auferstehungsfeier am Charsamstag. Wie lieblich sind die Maiandachten! und wie erwärmend ist es, an Sonn- und Festtagen das liebe Kirchlein mit andächtig Betenden voll zu sehen!"

383 Vgl. Anthaller, Schöpf, 14: „Einem ganzen größeren Bezirke, der von seiner Pfarrkirche ziemlich weit abliegt und auf einer bedeutenden Höhe, wurde er [= Schöpf] freiwilliger Seelsorger, Prediger und Rathgeber. […] Schöpf hat sich nie über die näheren Gründe ausgesprochen, die ihn für sein Leben lang an Guggenthal gefesselt haben." Das erste Mal in Guggenthal war Schöpf im September 1840 im Rahmen seines Fußmarsches von Freundsheim über Salzburg auf den Weg nach Graz um dort sein Studium fortzusetzen. Er schildert, dass er nach seinem Halt in Salzburg auf dem Weiterweg in Guggenthal ein Frühstück zu sich nahm. Vgl. Schöpf, Leben (1886), 55.

384 *Josef Schwarzbach* (geb. 5. Januar 1853 in Gablonz an der Neiße [Böhmen]; gest. 1. Dezember 1896 in St. Georgen bei Salzburg) war ein Schriftsteller und Lehrer.

„Mann des Wortes, von eindringlicher überzeugender Beredsamkeit, der stets den Nagel auf den Kopf zu treffen weiß. Blank ausgeprägt, in markigen Worten und kräftigen, oft launigen Sätzen stellt er uns seine Gedanken vor – ein moderner Abraham a Sancta Clara, der Form und Ausdrucksweise nach – was umsomehr unseren Beifall weckt, als diese Sprache den Schriftstellern unserer Zeit abhanden gekommen ist, und doch ist sie, wie keine andere geeignet, anzuziehen und fruchtbringend zu wirken."[385]

Schöpfs Verbindung zur Guggenthaler Kirche geht einher mit seiner Verbindung zur Guggenthaler Unternehmerfamilie Georg und Elisabeth Weickl.[386] Der Kontakt zum Bankhaus Weickl entstand, als Schöpf zur Publikation seines *Handbuchs des katholischen Kirchenrechts* einen Bankkredit bei Fr. Elisabeth Weickl aufnehmen musste.[387] Infolge wurde Schöpf zu einem regelmäßigen Kunden im Weinhandel der Familie Weickl, welche dem Professor immer wieder finanzielle Mittel zur Unterstützung des Salzburger Gesellenvereines stiftete. Die Eheleute Weickl fassten schlussendlich auch den Entschluss, auf einem von ihnen angekauften Grundstück in Guggenthal, neben einem Brauhaus auch den Bau einer Kirche für Guggenthal zu finanzieren und zu bewerkstelligen, da die Pfarrkirche in Gnigl über eine Stunde von Guggenthal entfernt war. Nachweisbar war in Guggenthal lediglich der Bestand einer Kapelle auf dem Guggenthaler Anwesen der Landesfürsten von Salzburg, welche vor das 17. Jahrhundert zu datieren ist.[388] Mit Datum vom 29. April 1862 beantragte das Ehepaar Weickl beim f. e. Consistorium die Genehmigung für die Errichtung einer kleinen Kirche in Guggenthal,

---

Schwarzbach besuchte ab 1875 die Lehrerbildungsanstalt in Salzburg, wo er zur schriftstellerischen Tätigkeit ermuntert wurde. 1880 und 1883 legte er die Lehramtsprüfungen für Volks- und Bürgerschulen ab und wirkte an verschiedenen Salzburger Schulen. Ab 1882 leitete er die Volksschule in St. Georgen. Neben seiner pädagogischen Tätigkeit war Schwarzbach auf schriftstellerischem Gebiet Mitarbeiter zahlreicher Zeitungen im In- und Ausland sowie Verfasser künstlerisch wenig bedeutsamer Dramen. Schwarzbach entwickelte sich über die Jahre zu einem erfolgreichen Jugendschriftsteller der daneben auch mit historischen Arbeiten, u. a. über Joseph Anton Schöpf, sowie mit Aufsätzen zur religiösen Volkspoesie hervortrat. Vgl. Holl, H., Schwarzbach, Josef, in: Österreichische Akademie der Wissenschaften (Hg.), Österreichisches biographisches Lexikon. 1815–1950. Band XII. [Schwarz] Marie – Spannagel Rudolf, Wien 2005, 11 f.

385 Schwarzbach, Schriftsteller-Jubiläum, 13 f.

386 Einen Überblick über die in Guggenthal bei Salzburg ansässige Unternehmersfamilie Weickl, welche u. a. ein Bankgeschäft in der Salzburger Judengasse sowie ein bedeutendes Weingeschäft führte, findet sich bei Rothbauer, Guggenthal, 2–7.

387 Vgl. Schöpf, Trias, 26.

388 Vgl. Schöpf, Joseph A., Denkschrift über die Kirchensache in Guggenthal. Als Manuscript vom provisorischen Kirchenverwalter, Salzburg 1883, 1.

„damit an allen Sonn- und gebotenen Festtagen bisweilen auch an Werktagen in einer späteren Vormittagsstunde, von der Weicklischen Familie und der Hälfte der Dienstboten abwechselnd dem Gebote der Kirche in Guggenthal genügt werden könne, während die übrigen Dienstboten und Hausleute dem Gottesdienste in der Pfarrkirche Gnigl beiwohnen sollten. In demselben Baugesuche versprach das genannte Ehepaar für sich und die Nachfolge, daß es für die Erhaltung des Kirchleins urkundlich einstehen werde."[389]

Nachdem sich auch der Pfarrer von Gnigl, in dessen Pfarrgebiet die Gemeinde Guggenthal liegt, in einem Gutachten positiv über das Bauvorhaben geäußert hatte, erteilte das f.e. Ordinariat die Baubewilligung und am 11. September 1864 konnte die Kirche zum *hl. Kreuz* und zur *hl. Elisabeth* feierlich dediziert werden.[390]

Schöpf wurde schon in dieser Zeit von den Weickls in der Kirchensache Guggenthal als Berater immer wieder konsultiert.[391] Nachdem drei verschiedene Priester in den Jahren 1864–1867 die Seelsorge an der Guggenthaler Kirche besorgt hatten,[392] übernahm Schöpf 1868 die regelmäßigen Seelsorgsdienste an der hl. Kreuzkirche, an welcher er zuvor lediglich zur Aushilfe tätig war.[393] Um sich den etwa einstündigen Fußmarsch auf Dauer zu ersparen und die pastorale Tätigkeit in Guggenthal weiter wahrnehmen zu können, nahm Schöpf im Jahr 1874 Wohnung im Haus Guggenthal Nr. 5, dem sog. ‚Wiesfleck',[394] auf dessen Grund sich Schöpf zur Erholung landwirtschaftlich betätigte.[395]

---

389 Schöpf, Denkschrift (1883), 1.

390 Vgl. Schöpf, Denkschrift (1883), 2; Anthaller, Schöpf, 15.

391 Vgl. Anthaller, Schöpf, 15.

392 Vgl. Schöpf, Denkschrift (1883), 3 f.

393 Vgl. Schöpf, Guggenthalerthum, 44: „Im Jahre 1868 trat ich in den ständigen Dienst der hl. Kreuzkirche Guggenthals, ein mir schon seit 1840 gar liebes und trautes Plätzchen. Aushilfe leistete ich wohl schon 1866 und 1867, doch erst im obgenannten Jahre hielt ich an allen Sonn- und Festtagen um 10 Uhr für das Bräuvolk Gottesdienst. Im Jahre 1869 gieng ich 130mal von Salzburg auf den Berg hinauf und von dort an war die Besorgung der Kirche mir allein übertragen."

394 Vgl. Schöpf, Guggenthalerthum, 44; Dem voran ging ein Grundstückstausch mit Fr. Elisabeth Weickl. Das zunächst von Schöpf gekaufte Grundstück gegenüber der Guggenthaler Kirche war schon lange Zeit Gegenstand der Begierde der Familie Weickl. Nachdem Schöpf es von einem Besitzer erstanden hatte, der es jahrelang partout nicht an das Ehepaar Weickl verkaufen wollte, schlug Fr. Weickl dem Professor den Tausch mit dem Grundstück am Wiesfleck vor. Schöpf berichtet, dass dieser Tausch für ihn schlussendlich nicht von Vorteil war, da er insgesamt 1.000 fl. für die Sanierung des alten Mühlgebäudes auf dem Wiesfleck investieren musste. Vgl. Schöpf, Denkschrift (1883), 4 f.

395 Vgl. Paarhammer, Schöpf, 268; Rothbauer, Guggenthal, 20; vgl. auch Schwarzbach, Schriftsteller-Jubiläum, 14: „Der Professor schafft auch auf landwirthschaftlichem

Die rechtliche Fundierung der Kirche in Guggenthal nahm mehrere Jahre in Anspruch.[396] Nachdem der Wunsch der Familie Weickl, ein eigenes kirchliches Benefizium zu installieren, von Schöpf verworfen wurde, errichtete man eine *selbstständige Kirchenstiftung*.[397] An der Erstellung der Stiftungsurkunde vom 13. Februar 1889,[398] durch welche die Familie Weickl das finanzielle Fundament für die Erhaltung der Guggenthaler Kirche und die mit dieser zusammenhängende Seelsorge legte, war Prof. Schöpf federführend beteiligt.[399] Von dem Stiftungskapital von 10.000 fl. waren die Zinserträge von 6.000 fl. zur Instandhaltung und zur Deckung der laufenden Kosten der Kirche zu verwenden.[400] Aus den Zinsen der übrigen 4.000 fl. sollte jährlich die Eucharistie in spezifischen Intentionen

---

Gebiete mit Eifer, durch mündliche und schriftliche Vorträge, vor allem durch die Anschauung; sein Versuchsfeld in Guggenthal mit seinen mannigfachen in- und ausländischen Kulturen ist sehenswerth und vorzüglich geeignet, die langsam prüfende Bauernschaft mit der Zeit zu einem Fortschritt zu bewegen."
Die Begeisterung für das landwirtschaftliche Leben und einen damit einhergehenden schlichten Lebensstil war Schöpf bereits von Kindheit an gegeben und er erhielt sie sich, wie Franz Anthaller in seinen biographischen Betrachtungen bemerkt, bis ins hohe Alter. Vgl. Anthaller, Schöpf, 3: Der Student Joseph A. Schöpf „schwärmte für die Schönheit der Heimat, für die Freiheit des Landlebens, für seine lieben Kühe und Kälber und für Einfachheit der Sitten. In diesem Stücke ist er sich gleich geblieben bis zu seinem Tode. Noch als Greis konnte er in Wahrheit von sich sagen, daß er mit den Hühnern aufstehe und sich niederlege. Seine Kleider hätten nicht minderwerthiger sein können, seine Lebensweise nicht noch einfacher, seine Einrichtung und sein Bett waren wie dies eines armen Bauers. Noch als Professor waren landwirthschaftliche Beschäftigungen seine liebsten. Mancher seiner Freunde hat ihn, als er schon lange Professor war, in einem Anzug und in einem Aussehen gefunden, die auf jene alten Zeiten hinwiesen, in denen noch Könige und Feldherren selbst ihre Herden weideten und ihre Felder bebauten."

396 Detailliert wiedergegeben von Schöpf bei: Schöpf, Denkschrift (1883), 5–13.

397 Vgl. Schöpf, Guggenthalerthum, 45; vgl. zum Begriff der *Kirchenstiftung*: Heimerl, Hans/Pree, Helmuth, Handbuch des Vermögensrechts der katholischen Kirche. Unter besonderer Berücksichtigung der Rechtsverhältnisse in Bayern und Österreich, Regensburg 1993, 409–425.

398 Ratifiziert durch das f.e. Consistorium am 26. Februar 1889; vgl. Schöpf, Guggenthalerthum, 46.

399 Vgl. Paarhammer, Schöpf, 268; Anthaller, Schöpf, 16 f; Den Wortlaut der Stiftungsurkunde der selbstständigen Kirchenstiftung dokumentiert Schöpf im *Salzburger Schreibkalender* des Jahres 1894: Schöpf, Guggenthalerthum, 44–46.

400 Vgl. Schöpf, Guggenthalerthum, 45. Aufgezählt werden in der Stiftungsurkunde bspw. Kosten für Mesner und Ministranten sowie Kosten für Öl, Wachs und Holz.

gefeiert werden.[401] Darüber hinaus wurde Professor Schöpf in der Stiftungsurkunde das Recht zugesprochen, auf Lebenszeit „jederzeit in der Heil. Kreuzkirche zu celebriren, sich aller zur Celebration nöthigen Paramente unentgeltlich zu bedienen und von dazu erforderlichen Kerzen Gebrauch zu machen."[402]

Prof. Schöpf war der letzte in Guggenthal wohnhafte Priester und Seelsorger, da das f.e. Ordinariat am 13. Dezember 1899 die Zuordnung der Guggenthaler Kirche als Filialkirche zur Pfarre Gnigl verfügte.[403]

1.8 Kirchliche Ämter und politisches Engagement

Neben seinen Verpflichtungen an der Theologischen Fakultät in Salzburg war Schöpf zwischen 1849 und 1861 als *Prosynodalexaminator* und als *Metropolitangerichtsrat* tätig.[404] Auf politischer Ebene wirkte Schöpf, gegen den Rat seines

401 Vgl. Schöpf, Guggenthalerthum, 45. Genannt werden u. a. Meßfeiern für die Familie Weickl in der zweiten Hälfte des Monats Mai sowie „[a]m 19. März eines jeden Jahres eine hl. Messe zu Ehren des hl. Josef und in Dankesweihe dem Hochwürdigen Herrn Professor Dr. Josef Anton Schöpf als Wohlthäter der Kirche." (Schöpf, Guggenthalerthum, 45)

402 Schöpf, Guggenthalerthum, 45.

403 Vgl. Paarhammer, Schöpf, 269.

404 Vgl. Schöpf, Mittheilungen (1895), 45; Martetschläger, Schöpf.
Schöpf beschreibt in einem Nachruf auf den damaligen Salzburger Weihbischof Balthasar Schitter das Salzburger Metropolitangericht und dessen Tätigkeit: „In Folge des Concordats [von 1855] war nämlich die Rechtsprechung über Ehesachen der Kirchenbehörde anheimgestellt. Nach der vom Kardinal Rauscher verfaßten und in Rom genehmigten Instruction mußte an jedem Bischofssitze Zisleithaniens ein geistliches Ehegericht constituirt werden, das den Namen Diöcesangericht führte. Zweite Instanz war das Metropolitangericht, dritte Rom, beziehungsweise die dessen Stelle vertretende Kirchenbehörde innerhalb des Kaiserstaates. Salzburg war demnach zweite Instanz für die Diöcesen Trient, Brixen, Gurk, Lavant und Seckau. Die häufigen Rekurse aus den genannten Bisthümern verursachten viele Arbeit. Dazu kam, daß auch der Wiener Feldbischof Salzburg als dritte Instanz sich erkoren hatte. So hatten wir denn an jedem Donnerstag – meinem Ferialtage – von 9 Uhr Vormittags bis 2 Uhr Nachmittags Metropolitangerichtssitzung, und zwar ohne dafür einen Pfennig zu erhalten. Dabei traten große Schwierigkeiten zu Tage. Die Rekurse aus Trient waren meistens italienisch und noch dazu in schwer zu entziffernder Schrift. [Johann Georg] Kapfinger, der wie ich italienisch verstand, hatte übergroße Mühe, das Geschreibsel zu enträthseln, weshalb er am Tage der Beseitigung des Gerichtes ein *Te Deum* anstimmte. Dazu kamen innere Schwierigkeiten. Das Verfahren – ein *mixtum compositum* aus Accusation und Inquisition – sollte nach uralten, sich mitunter widersprechenden Satzungen, die nichts weniger als codifizirt

Umfelds,[405] unter anderem 1861–62 als gewähltes Mitglied des *Salzburger Gemeinderats*, wobei er nach seiner Wahl in den Gemeinderat auf die beiden zuvor genannten kirchlichen Ämter verzichtete,[406] um sein Mandat im Gemeinderat unabhängig ausüben zu können.[407] Im Rahmen seines Mandats stellte er sich in einer Angelegenheit einmal gegen eine Entscheidung des Salzburger Konsistoriums und zog dadurch schwere Angriffe und Schmähungen auf sich. Es handelte sich um eine Frage der Verwaltung des Kirchenvermögens, zu der auch die Stadtgemeinde zu hören war, in der Schöpf und ein weiterer priesterlicher Amtskollege gegen die Intention des Konsistoriums votierten.[408] Schöpf musste im Anschluss an die getätigte Positionsbekundung „den in den ultramontanen Blättern gegen ihn gerichteten, in Schmähungen ausartenden Angriffen mit zwei Flugschriften mannhaft entgegentreten."[409]

Im Jahr 1876 fungierte Schöpf anlässlich der Wahl des neuen Salzburger Erzbischofs Franz Eder als *Notarius Apostolicus*,[410] als welcher er „die vollzogene Wahl telegraphisch an Se. Majestät, den Kaiser, zu berichten hatte."[411]

---

waren, geschehen und nebstbei noch die Interpretation der zahlreichen Canonisten berücksichtigt werden.

Die Execution mußte dem weltlichen Gerichte überlassen werden, das selbstverständlich nicht als blindes Werkzeug fungieren wollte. Ja die Execution des Urtheils war manchmal schier unmöglich. Nur einen Fall. Da wurde vom Diöcesanehegericht zu .... die Scheidung von Tisch und Bett aus Schuld der Gattin ausgesprochen. Dieselbe wollte aber nicht geschieden sein. Das Wohnhaus der Gatten war im gemeinsamen ungetheilten Besitze derselben. So oft nun der Mann sich ein Zimmer wählte und daselbst sein Bett aufschlug, ließ die Frau in demselben Zimmer auch für sich ein Bett aufstellen. Natürlich konnte das kirchliche Ehegericht, das über keine Execution verfügte, nichts machen. Die Gutachten der Experten – Aerzte, Hebammen – lauteten häufig widersprechend. Unvergeßlich bleibt mir das divergirende Urtheil über die „Narbe" in einem Impotenz-Processe und die Constatirung der „Jungfraulichkeit" einer Frau im *matrimonium ratum*-Processe, die bald nachher glücklich entbunden." (Schöpf, Joseph A., Mittheilungen des Herrn Professor Dr. Schöpf, in: Neuer Salzburgischer Haus- und Wirthschafts-Schreibkalender, Salzburg 1896, 27–41, 30 f.)

405 Vgl. Schöpf, Mittheilungen (1887), 19.

406 Vgl. Archiv der Erzdiözese Salzburg, Personalakt *Schöpf, Joseph*. Schreiben № 93 vom 5. März 1861 (AT-AES 2.17.A 2).

407 Vgl. Schöpf, Mittheilungen (1895), 45. Am selben Ort gibt Schöpf an, auf eine Wiederwahl nach der einzigen Funktionsperiode bewusst verzichtet zu haben.

408 Vgl. Rothbauer, Guggenthal, 16.

409 Wurzbach, Schöpf, 194; vgl. zu den Schriften *Nothwehr* und *Presse* die Punkte 2.6. und 2.7. dieser Arbeit.

410 Vgl. Schöpf, St. Anna, 19.

411 Schöpf, Mittheilungen (1895), 45.

1.9 Emeritierung und Ruhestand

Mit Ende des Jahres 1884 bat Schöpf als Professor für Kirchengeschichte und Kirchenrecht an der Theologischen Fakultät in Salzburg um dauerhafte Versetzung in den Ruhestand[412] und zog sich nach rund 36 Jahren Dienst an der Salzburger Theologischen Fakultät in sein in Guggenthal angekauftes Haus zurück, wo er sich bis zu seinem Lebensende seiner kleinen Landwirtschaft, schriftstellerischen Arbeiten sowie der Seelsorge an der Guggenthaler Kirche zum *hl. Kreuz* widmete.[413]

Zum Anlass der von Schöpf erbetenen Versetzung in den dauerhaften Ruhestand wurde ihm am 14. Dezember 1884, „in Anerkennung seiner vorzüglichen lehramtlichen Wirksamkeit, das Ritterkreuz des Franz Josef-Ordens verliehen."[414] Seine letzte Vorlesung hielt Schöpf am 9. Januar 1885[415] und wie er selbst bemerkte, konnte er nunmehr „ausschließlich dem lieben Kirchlein [in Guggenthal] und der Literatur leben."[416]

1.10 Tod und Begräbnis

Über seinen Gesundheitszustand bemerkte Schöpf selbst, dass nach dem Tod seiner Mutter am 1. Mai 1872[417] dieser sich rasch verschlechterte. Seit dem Jahr 1872 litt

412 Vgl. Schöpf, Mittheilungen (1895), 45: „Nachdem ich schon lange über die vorgeschriebene Zeit hinaus als Professor gedient hatte, entschloß ich mich im Dezember 84, um die Pensionierung einzureichen."

413 Vgl. Grass, Schöpf (1985), 326; vgl. auch Anthaller, Schöpf, 16: „Nun war der Herr Professor zum Rector der heil. Kreuzkirche in Guggenthal geworden, wohnte in Guggenthal, hielt sich da ein Pferd und fuhr so täglich in die Stadt und zurück zur Erfüllung seiner Pflichten als Professor, bis ihm auch dieses Fahren zu beschwerlich geworden ist. Er hielt deswegen um seine wohlverdiente Pensionierung an [...]."

414 Schwarzbach, Schriftsteller Jubiläum, 15; vgl. Schöpfs Wiedergabe des Wortlauts des Pensionierungsdekrets: „Seine Kaiserliche und Königliche Apostolische Majestät haben mit Allerhöchster Entschließung vom 14. Dezember d. J. Ihre Versetzung in den bleibenden Ruhestand unter Belassung Ihres vollen Activitätsgehaltes als Ruhegenuß zu genehmigen und Ihnen aus diesem Anlasse in Anerkennung Ihrer vieljährigen vorzüglichen lehramtlichen Wirksamkeit das Ritterkreuz des Franz Josef-Ordens allergnädigst zu verleihen geruht." (Schöpf, Mittheilungen (1895), 45)

415 Vgl. Schöpf, Mittheilungen (1895), 44 u. 45 FN 1; Am zweitgenannten Ort nennt Schöpf die Namen der sieben Studenten, welche sein letztes akademisches Auditorium bildeten.

416 Schöpf, Mittheilungen (1895), 45.

417 Vgl. Schöpf, Leben (1886), 62; Schöpfs Mutter lebte ab 1862 bei ihrem Sohn. Mit 95 vollendeten Lebensjahren – die letzten zehn Jahre erblindet – verstarb sie am 1. Mai

Schöpf an Kopfschmerzen und Schlafstörungen.[418] Über Vermittlung des Münchner Arztes Dr. Schafhäutl war es ihm möglich, einen Sprechstundentermin beim königlich-bayrischen Leibarzt Dr. Franz Xaver von Gietl in München zu erhalten. Dieser stellte als Diagnose eine ‚Herzverfettung' fest und verordnete Schöpf u. a. den Verzicht auf das Schreiben und auf Bier.[419] Schöpf selbst gab 1892 in einem Briefwech-

---

1872 und wurde in der Gruft Nr. 1 am Salzburg Sebastiansfriedhof begraben. Vgl. Schwarzbach, Schriftsteller-Jubiläum, 16.

418 Vgl. Schöpf, Trias, 20 f. Vgl. seine Schilderung der Schlafstörungen: Schöpf, Mittheilungen (1897), 27–29; Im *Salzburger Schreibkalender* für das Jahr 1892 berichtet Schöpf, dass er darüber hinaus schon seit Jahren unter symptomatischen Hämorrhoiden litt. Vgl. Schöpf, Joseph A., Etwas vom Herrn Sebastian Kneipp, Pfarrer in Wörishofen, in: Neuer Salzburgischer Haus- und Wirthschafts-Schreibkalender, Salzburg 1892, 33–35, hier 33.
Amüsant liest sich Schöpfs Richtigstellung seiner vermeintlichen Todesmeldung. Nachdem ddo. 4. August 1875 eine Todesmeldung eines gewissen *Don Giuseppe Schöpf, Parroco in Pensione* aus Triest öffentlich gemacht wurde (vgl. Archiv der Erzdiözese Salzburg, AT-AES 2.17.A 2 (Todesanzeige Don Giuseppe Schöpf)), scheint sich das Gerücht verbreitet zu haben, es würde sich um den Salzburger Professor Schöpf handeln. Schöpf widerlegte dieses Gerücht in einem kleinen Beitrag in der Salzburger Zeitung vom 23. November 1875. Vgl. Archiv der Erzdiözese Salzburg, Personalakt *Schöpf, Joseph.* „Zu Trost und Trutz". Sonderabdruck aus der ‚Salzb. Ztg.' Nr. 266 (AT-AES 2.17.A 2).

419 Vgl. Schöpf, Trias, 20 f.: „Nach dem Tode meiner Mutter (1. Mai 1872) trat meine Gesundheit in rapiden Niedergang. Ununterbrochene Kopfschmerzen mit Schlaflosigkeit. Indessen frettete ich mich fort bis zum letzten Viertel des Jahres 1873. Ein guter Freund gab mir den Rath, mich an Dr. v. Gietl in München zu wenden. „Das Beste wäre, sagte er, wenn Sie sich ein Empfehlschreiben an Professor Schafhäutl, den intimsten Freund Gietls verschaffen könnten." Gesagt, gethan.
Mit einem Empfehlschreiben an Professor Schafhäutl in der einen und einer Flasche „echten Landsmann" in der anderen Brusttasche des Rocks, fuhr ich am 19. November 1873 nach München. Wie gewöhnlich Abstieg im „Augsburger Hof", nahe der Bahn. Am nächsten Morgen, den 20., wurde Schafhäutl aufgesucht. Seine Wohnung, hoch oben gelegen, war die eines Garçons; aber ganz anders nett aufgeräumt, als die eines gewissen Seppls, der mitunter wochenlang sein Schreibzimmer versperrt, damit ja Niemand die in (scheinbar) größter Unordnung herumliegenden Papiere in Ordnung bringe. Nach der Ueberreichung meines Empfehlschreibens war Schafhäutl die Liebenswürdigkeit selbst. Die Conversation wurde lebhaft und zutraulich, so daß ich mir sogar eine Anspielung auf den bekannten Witz punkto goldenen Vliesses erlaubte. Das Gespräch lenkte sich auf Döllinger, von dem Schafhäutl wörtlich bemerkte: „Wo andere Leute das Herz haben, hat Döllinger einen Leberfleck.""
Mit ein paar Zeilen von Schafhäutl an Dr. von Gietl in der Hand gieng ich schnurstraks in die königl. Residenz, woselbst Gietl wohnte. War das ein liebenswürdiger Empfang

sel mit dem bayerischen Priester und Heilkundler Sebastian Kneipp an, ab dem späten Nachmittag bis zum Abend regelmäßig ein bis 1 ½ Liter Bier getrunken zu haben.[420] Unmittelbar vor seinem Tod äußerte sich Schöpf noch einmal über seinen regelmäßigen Tagesablauf, auf welchen er es zurückführte, dass sich in seinen letzten Lebensjahren sein Gesundheitszustand noch einmal merkbar besserte und stabilisierte:

> „Zur Erhaltung meiner Gesundheit dürfte wohl auch meine Tagesordnung beitragen. Tagtäglich um halb 4 Uhr, spätestens um 4 Uhr, stehe ich auf und segne mich mit dem Weihwasser, in das Liebmütterchen vor ihrem Sterben die Hand getaucht, die sie so oft für ihren Sohn zum Himmel erhoben. Dann wird eingeheizt, hierauf gewaschen, wobei ich mich mit einem großen Schwamme 100mal auf der Brust tusche, wodurch ich mir die Herzverfettung vertrieben [...] habe. Dann wird das Pferd gefüttert. [...] Darnach geht es an *Matutin*, *Laudes* und *Horen* und *praeparatio ad Missam* und dann wird eingespannt und ins St. Anna-Spital zur Messe gefahren. Darnach geht es in die Stadt, woselbst die mannigfachsten Geschäfte abgewickelt werden. Um 11 Uhr einfaches Mittagsmahl. Knödl mit Kraut und sonst nichts, oder Guillasch mit Kartoffel und genug ist's.
> Bis 2 Uhr Siesta, darnach schreiben, Correspondenzen, beiläufig 2000 Briefe in die alte und neue Welt. Hierauf pysische [sic!] Arbeit in Feld und Garten. Abends eine Suppe und den Tag über ½ Liter Bier und ¼ Liter Weißwein. Je weniger ich trinke, desto wohler fühle ich mich. Um 8 Uhr, Sommer halb 9 Uhr geht es zu Bett auf hartem Strohsack. Der erste Rosenkranz bis zum Einschlafen. Um halb 11 Uhr wieder munter. Zweiter Rosenkranz. Um 1 Uhr abermals wach. Dritter Rosenkranz. Um drei Uhr wiederum wach, Morgengebet, dann aufstehen. Das ist meine gewöhnliche Tagesordnung, bei der ich mich ganz wohl fühle. Damit habe ich das Angenehme geschildert, wozu noch kömmt, dass ich nie Langeweile verspüre."[421]

---

von Seite eines Mannes, der Geheimrath, königl. Leibarzt, königl. Universitätsprofessor, Direktor des Krankenhauses und weiß Gott was sonst noch war. Gar und nur per Collega titulierte und behandelte er mich. „Wo wohnen Sie?" „Im Augsburger Hof." „Gut. Bleiben Sie am morgigen Vormittage im Bette, bis ich komme. Ich komme ½ 8 Uhr Früh."
Punkt ½ 8 Uhr klopfte es an der Thür Nr. 42 des Augsburger Hofes und hereintrat der Herr Geheimrath, zog ein Instrument zur Percutirung hervor, horchte, untersuchte genau und fand Herzverfettung.
Er versprach mir seine Diagnose genau aufzuschreiben und die Therapie mir ebenso genau vorzuzeichnen. Er hat wortgehalten, er hat geholfen. Gott vergelte es ihm in der Ewigkeit! Er war ein edler Mann, ein gläubiger Christ, wie sein Freund Schafhäutl. Noch einmal: Gott vergelt es ihm ewiglich, und verzeihe mir, daß ich ihm in zwei Punkten nicht Gehorsam geleistet, nämlich punkto Schriftstellerei und Bier, die er mir strengstens verboten hat. Es geht dem Arzte, wie dem Prediger und Beichtvater. Seine Anordnungen werden nicht befolgt und wenns fehlt, soll er die Schuld tragen."

420 Vgl. Schöpf, Kneipp, 34.

421 Schöpf, Mittheilungen (1899), 35.

In der Nacht auf den 21. November 1899 verstarb der 77-jährige Joseph Anton Schöpf, nach dem Empfang der Sakramente,[422] gegen drei Uhr früh in seinem Haus in Guggenthal. Als Todesursache stellte man einen *Herzfehler* fest,[423] wobei es hinsichtlich der Todesursache verschiedene Berichte gibt. Franz Anthaller führt Schöpfs Tod auf eine Sepsis infolge eines zu wenig beachteten Bienenstichs zurück.[424]

Beigesetzt wurde Schöpf zwei Tage darauf am 23. November 1899 um 15 Uhr[425] in der Gruft der Familie Weickl in der Guggenthaler Kirche,[426] an welcher noch

---

422 Vgl. Anthaller, Schöpf, 20: „Als er die Todesgefahr erkannt hatte, empfieng er mit der größten Andacht die heiligen Sacramente, ordnete seine zeitlichen Angelegenheiten, empfieng nur sehr wenige und kurze Besuche, überließ sich ganz der treuen Pflege seiner bewährten Wirtschäfterin und starb geduldig und gottergeben am 21. November 1899 um 2 ½ Uhr morgens."

423 Vgl. Pfarre Salzburg-Gnigl, STB 7 1888–1909. Sterbebuch der Pfarre Salzburg-Gnigl (Salzburg) 1888–1909. Verfügbar unter: http://www.data.matricula.info/php/view.php?ar_id=3670&link=35353034x15#&path=d3c7c76b6e3038f93cf6fc3fc76bf7e0ede6c76e3038f93cf6fc3fc5df373a3f38c76bf7d06dc5d0d66ec7e6c7e0ede6c76e6ddce1efc76bf7d06dc5d0d66ec7e6c7e0ede6c76e6ddce1ef6be1eec56d3b3d6be1ece4eec739f13fc9eee3ece0eee4ece4. Zuletzt geprüft am 15. Dezember 2016, Rn. 148.

424 Vgl. Anthaller, Schöpf, 20: „Dr. Schöpf wurde unvermuthet von einer Biene unterhalb des Auges gestochen. Er vernachlässigte die Wunde, verband sich nicht ordentlich, wurde naß und die Wunde schwoll und verhärtete in der Kälte. Eine Verunreinigung zog eine Blutvergiftung nach sich und der so kräftige und abgehärtete Mann war in wenigen Tagen eine Beute des Todes."

425 Vgl. Archiv der Erzdiözese Salzburg, AT-AES 2.17.A 2 (Todesanzeige Fa. Leopold Wallmann). Zu Schöpfs Begräbnis hatten sich, unter der liturgischen Leitung des damaligen Weihbischofs und späteren Fürsterzbischofs von Salzburg Johannes Baptist Katschthaler, „die Spitzen der Behörden, ein zahlreicher Clerus, viele Männer der Stadt und ein zahlreiches Volk eingefunden. Besonders waren alle die Vereine vertreten, welche er begründet und gefördert hatte: Der katholische Gesellenverein mit seinem Präses, der Schulverein mit seinem Vorstande, die zahlreiche Schuljugend der Pfarre Gnigl mit ihren Lehrern, die ganze Bevölkerung von der Umgegend der Kirche und die Vorstehung des Bezirksspitales St. Anna sammt der Gemeindevorstehung Gnigl. […] Die benachbarte Gemeinde Koppl hatte zur Beerdigung ihre Prangerschützen gesandt, die zahlreiche Salven gaben." (Anthaller, Schöpf, 20)

426 Vgl. Rothbauer, Guggenthal, 21; vgl. Anthaller, Schöpf, 20: Schöpf „hatte in seinem Testament verordnet, daß seine Leiche außerhalb der Kirche an der Südseite beerdigt werden sollte. […] Die Familie Weickl, d. i. die Kinder des Herrn und der Frau Weickl, der Erbauer der Kirche, haben das Recht, in der Gruft der Kirche beerdigt zu werden, und sie bemühten sich, bis sie von der geistlichen und weltlichen Obrigkeit die Erlaubnis erhalten hatten, den Freund der ganzen Familie und ersten Rector der Kirche in ihrer Gruft beerdigen zu dürfen. So ruht er nun dem Leibe nach vereint mit

heute eine Gedenktafel an der südlichen Außenwand an ihn und seine Eltern erinnert.[427] Schöpfs Wunsch, den er in seinen Lebenserinnerungen vier Jahre vor seinem Tod formulierte, wurde ihm somit erfüllt: „Den lieben Gott bitte ich tagtäglich, in Guggenthal mein Leben beschließen und daselbst beerdigt werden zu können."[428]

allen denen, welche an dieser Kreuzkirche für die Ehre Gottes in Christo gearbeitet und gewirkt haben."

427 Vgl. Paarhammer, Schöpf, 269. Hinsichtlich des Beisetzungsortes bemerkt Paarhammer: „Im Gnigler Pfarrarchiv ist eine Genehmigung des f.e. Ordinariates für das Begräbnis vorhanden: Prof Schöpf sollte an der Außenwand der Kirche nach besonderer Weihe des Begräbnisplatzes bestattet werden. Im Totenbuch der Pfarre Gnigl aber ist eingetragen, wie am Erinnerungsstein an der Außenwand der Guggentaler Kirche: „Beigesetzt in der Weicklgruft"." (Paarhammer, Schöpf, 269)

428 Schöpf, Mittheilungen (1895), 45.

2 Allgemeines schriftstellerisches Wirken

Im Revolutionsjahr 1848 begann Schöpfs schriftstellerische Tätigkeit, welche er bis zu seinem Tod ausübte und in deren Rahmen er sich in diversen Medien zu unterschiedlichsten Angelegenheiten äußerte.[429] Zu verschiedensten Themen und Gebieten der Zeitgeschichte, welche ihn immer wieder zu schriftlichen Äußerungen reizte, flossen aus Schöpfs Feder zahlreiche Kleinschriften. In seiner *streitbaren Weise*[430] drückte sich Schöpf in dem, was er seinen Mitbürgern mitteilen wollte, oftmals unglücklich aus, nimmt sich in seinen Schriften jedoch vielmals in warmherziger und *unerschrockener Weise*[431] verkannten Sachverhalten sowie unterdrückten Einzelpersonen und Gruppen an,[432] gleichwohl „ob sie hüben oder drüben im Lager stehen."[433]

---

429 In seinen biographischen Erinnerungen hält Schöpf über seine schriftstellerische Tätigkeit fest: „Wenn alles, was ich jedem Drucke übergeben habe, beisammen wäre, so könnte es in meinem Hause kaum Platz finden. Seit 1848 bin ich ununterbrochen literarisch thätig. *Nulla dies sine linea.* Tagtäglich schreibe ich was. Meine literarische Thätigkeit hatte eine doppelte Richtung, nämlich journalistisch und außerjournalistisch, d. h. ich habe gearbeitet 1) an und für *Zeitungen* und 2) nebstdem habe ich geschrieben *Abhandlungen, Brochuren* und *Werke.*" (Schöpf, Mittheilungen (1895), 46)

430 Vgl. Schwarzbach, Schriftsteller-Jubiläum, 12: „Als Redakteur der Salzburger „Constitutionellen Zeitung", wie als Gemeinderath der Landeshauptstadt Salzburg – als Verfasser der 1856 erschienenen Aufsätze „Zur bischöflichen Konferenz" und anderer kirchlicher Schriften [...] – trat Schöpf mit seinem ganzen Mannesmuth in die Arena. Er hat manchen harten Strauß ausgefochten und wenn ihm die Gegner gar zu übel mitspielten, tröstete er sich mit des Dichters Wort: „Mensch sein heißt Kämpfer sein", wußte er ja auch, daß ihm im Geiste Tausende edler Männer, deren Ueberzeugung er ausgesprochen, die Hand drückten."

431 Josef Schwarzbach schreibt in seiner biographischen Betrachtung anlässlich Schöpfs 40-jährigem Jubiläum als Schriftsteller von der „Unerschrockenheit, mit der Schöpf seine mannhafte Ueberzeugung stets frei und offen ausgesprochen [hat]." (Schwarzbach, Schriftsteller-Jubiläum, 11)

432 Vgl. Schöpf, Joseph A., Nachtrag zur Grandverwunderung, Salzburg 1888, 3–5.

433 Schwarzbach, Schriftsteller-Jubiläum, 10; Schwarzbach führt diesbezüglich weiter aus: „So that er schon 1848, als die katholische Geistlichkeit von allen Seiten geschmäht wurde, mannhaft sein Rüstzeug an und kämpfte für sie; – trat für das Borromäum ein, als sich in den Sechziger-Jahren ein Sturm gegen dasselbe erhob und Regens Zimmermann keinen besseren Rath wusste, als zu dem, damals krank im Bett liegenden Professor zu eilen und ihn um eine „Abwehr" zu bitten; – Schöpf war es, der in demselben Dezennium für die barmherzigen Schwestern sein gewichtiges Wort in

In den Jahren von 1848 bis 1851 war Schöpf Redakteur der *Salzburger Constitutionellen Zeitung*[434] und redigierte im Anschluss unentgeltlich als Freundschaftsdienst für eineinhalb Jahre die offizielle *Salzburger Zeitung*. Des Weiteren war er Mitbegründer des *Salzburger Kirchenblattes* und Redakteur des *Salzburger Correspondenten* sowie für fast drei Jahrzehnte regelmäßig journalistisch u. a. für die Augsburger *Allgemeine Zeitung* tätig.[435] Als Frucht von Reisen entstanden mehrere *Städtebilder Oberitaliens*, welche in der *Salzburger Zeitung* abgedruckt wurden. So bspw. Darstellungen von Genua, Alessandria, Magenta, Turin u. a.[436]

Die Großzahl der journalistischen Schriften Schöpfs ist verloren,[437] von einem beträchtlichen Teil liegen jedoch Sonderdrucke – zum überwiegenden Teil von Schöpf im Eigenverlag publiziert – vor. So sind eine Reihe von Predigten, Nachrufen[438] sowie Äußerungen zu aktuellen Fragen des Zeitgeschehens überliefert. Sie präsentieren Schöpf als am öffentlichen Leben seiner Zeit rege interessierten Bürger „und vor allem als eifrigen Seelsorger, der sich, von seinem Standpunkt aus, mit-

---

die Wagschale der Oeffentlichkeit legte, als eines Vorkommnisses im Waisenhause halber eine wilde Hetze gegen die Schwestern der werkthätigen Nächstenliebe erhoben wurde, – er ist aber ebenso mannhaft für die Geschmähten eingetreten, wenn sie im Lager der Andersgläubigen gestanden sind." (Schwarzbach, Schriftsteller-Jubiläum, 10)

434 Vgl. hierzu Punkt 1.4 der vorliegenden Arbeit.

435 Vgl. Schöpf, Mittheilungen (1895), 46; Schöpf gibt an dieser Stelle einen Überblick über seine umfassende Tätigkeit für diverse Zeitungen im deutschen Sprachraum: „Von 1850 bis 1878 war ich Mitarbeiter der „Allgemeinen Zeitung" in Augsburg und Jahre hindurch Correspondent des „Tyroler Boten", dem ich umfassende Artikel [...] gespendet. Ueberdies schrieb ich wiederholt in „Grenzboten", in die (alte) „Presse", in die „Warte am Inn", in „Welseranzeiger", in den ehemaligen „Volksfreund" (Wien), in „freies Blatt" (Wien), bin ständiger Mitarbeiter der offiz. „Salzburger Zeitung", des „Oberinnthaler Wochenblattes", nunmehr „Tyroler Landeszeitung", und schreibe von Zeit zu Zeit noch in andere Blätter, z. B. in die „Mittheilungen" (Berlin)." (Schöpf, Mittheilungen (1895), 46)

436 Vgl. Wurzbach, Schöpf, 195.

437 Nikolaus Grass weist auf Schöpfs letztwillige Verfügung hin, derzufolge seine gesamten Schriften verbrannt werden sollten. Vgl. Grass, Kirchenrecht, 239: „Da Schöpf letztwillig die Verbrennung seiner Schriften angeordnet hatte, [...]."
Der Verfasser der vorliegenden Studie konnte aufgrund seiner Nachforschungen im Rahmen der Erstellung dieser Arbeit die genannte letztwillige Verfügung nicht ausfindig machen. Grass gibt nicht näher an, wo das Testament einsehbar sei.

438 Schöpf betätigte sich regelmäßig als Verfasser umfangreicher, sehr persönlich gehaltener Nachrufe auf Personen seines persönlichen und beruflichen Umfelds. Der *Salzburger Schreibkalender* der Jahre 1887 bis 1899 beinhaltet fast jährlich mehrere Nachrufe aus der Feder Schöpfs.

zusprechen getraute und nicht als gelehrter Professor, sondern in volkstümlicher und einprägsamer Weise christliches Gedankengut zu verbreiten suchte."[439]

Schöpfs Neigung, die Dinge unverblümt zu formulieren, erregte im Rahmen seiner schriftstellerischen Tätigkeit des Öfteren Aufsehen und Kritik.[440] Rückblickend bat Schöpf „Jedermann, dem [er] mit [s]einer Feder wehe getan, aufrichtig um Verzeihung"[441] und bereute, die Ratschläge des Kardinal Schwarzenberg, welche dieser ihm anlässlich der Übernahme der Redaktionstätigkeit der Salzburger Constitutionellen Zeitung gab, nicht immer befolgt zu haben. Schwarzenberg instruierte im Jahr 1848 den damals noch jungen Schöpf:

> „Vor Allem müssen Sie sich stets gegenwärtig halten, daß Sie Priester sind und der Priester hat die besondere Verpflichtung, daß er in allen Dingen *wahr* und *wahrhaftig* sei. Also die Wahrheit und *nur* die Wahrheit. Der Priester soll sein wie der barmherzige Samariter, gütig und liebevoll gegen Jedermann. Also hüten Sie sich, den Gegner liebelos und roh zu behandeln oder gar seiner zu spotten; der Spott verwundet meist mehr als selbst die ernste Rüge. Hüten Sie sich vor dem Generalisiren. [...] Publiziren Sie nichts in erster Aufregung, schlafen Sie lieber ein paar Mal über einen etwaigen Verdruß und dann erst schreiben Sie. Vermeiden Sie hohle Phrasen und Partheibenennungen, die nicht bessern, sondern nur erbittern. Nehmen Sie sich stets der Unterdrückten und Verfolgten an, mögen dieselben was immer für einer Nation oder Religion angehören. Damit verwirklichen Sie die schönste Aufgabe der Presse. Machen Sie überhaupt durch Ihre Schriftstellerei den Mitmenschen Freude, dann haben Sie mit Ihrem eigenen Seelenheil zugleich Gottes Ehre befördert."[442]

Durch sein Eintreten für Toleranz im religiösen Bereich, insbesondere während der Zeit des sog. ‚Tiroler Kulturkampfes',[443] sowie durch seine Opposition gegen-

439 Grass, Schöpf (1985), 324.
440 Vgl. Anthaller, Schöpf, 10.
441 Schöpf, Mittheilungen (1895), 46; Ähnlich tat dies Schöpf auch an anderer Stelle. Vgl. Schöpf, Cardinal, 64.
442 Schöpf, Mittheilungen (1895), 46 f; Auch gegenüber seinem Kurskollegen im Salzburger Priesterseminar, Franz Anthaller, äußerte Schöpf einmal, er *wäre zuweilen in seinem Urteil zu vorschnell*. Vgl. Anthaller, Schöpf, 9.
443 Vgl. Schöpf, Nachtrag, 3 f.: Als im Jahr 1861 „in meinem lieben Heimatlande Tirol die Hetze gegen unsere nichtkatholischen Mitchristen – gegen die Protestanten – losgegangen, war ich wohl der einzige Geistliche, der den Muth hatte, dem Fanatismus entgegenzutreten. Ich wurde darob in meiner Heimat geächtet, beschimpft, verläumdet." Die Ablehnung, welche Schöpf in seiner Heimatgemeinde Umhausen erfuhr, erwähnt er am Rande eines Nachrufs auf eine ihm befreundete Dame aus dem Tiroler Oberland. Vgl. Schöpf, Mittheilungen (1895), 34.
Eine umfassende Darstellung des als ‚Tiroler Kulturkampf' bezeichneten Widerstands Tirols gegen die rechtliche Gleichstellung der verschiedenen Konfessionen mit der katholischen Kirche bietet Josef Fontana, welcher darauf hinweist, dass lediglich

über dem Gedankengut des *Antisemitismus* machte sich Schöpf als Schriftsteller eine Reihe von Gegnern.[444] Wie Grass festhält, war Schöpf im Hinblick auf den Gedanken der Toleranz „eben seiner Zeit um viele Jahrzehnte voraus!"[445]

Im Folgenden werden die selbstständigen allgemein-schriftstellerischen Schriften Schöpfs, soweit diese dem Verfasser der vorliegenden Arbeit bekannt und zugänglich waren,[446] im Einzelnen dargestellt.

2.1 Der Weltgeist unter den Bürgern und Bauern Tirols, Salzburg 1848

Im Jahr 1848 veröffentlichte Schöpf in der Zaunrith'schen Buchdruckerei in Salzburg ohne Angabe seiner Autorenschaft eine 33-seitige Schrift mit dem Titel *Der Weltgeist unter den Bürgern und Bauern Tirols.*[447] Das Manuskript verfasste Schöpf im Haus seiner Eltern im Tiroler Freundsheim.[448]

Schöpf geht in seiner Schrift auf zur Zeit der Revolution des Jahres 1848 regelmäßig gegenüber dem Tiroler Volk geäußerte Vorurteile ein, welche „ohne weiters Tirols totale Verblendung darzuthun geeignet sein sollten"[449] und mit der virulenten Frage der *Glaubenseinheit* verknüpft waren. Quer durch die Tiroler Bevölkerung zog sich zur Zeit der Abfassung der Kleinschrift die Front

---

einige wenige Geistliche in den Konflikten des Kulturkampfs Position bezogen. „Am bekanntesten wurde Josef Anton Schöpf, Theologieprofessor in Salzburg, der sich gegen eine Fanatisierung der Glaubenseinheitsfrage wandte und deswegen heftig angefeindet wurde." (Fontana, Josef, Der Kulturkampf in Tirol (Schriftenreihe des Südtiroler Kulturinstitutes 6), Bozen 1978, 454 Anm. 42)

444 Josef Schwarzbach schildert, dass Schöpf im Anschluss an seine Positionsbekundungen in der Frage des Tiroler Kulturkampfes gezwungen war, den Ort Barwies zu verlassen und mit seiner Mutter dauerhaft nach Salzburg zu übersiedeln. Seine schriftlichen Ausführungen nahmen ihm „die Tiroler, besonders die Barwieser, gewaltig übel. „Er ist lutherisch!" hieß es. Vergessen war alles Gute, das Schöpf den Barwiesern getan, vorbei war es mit seinem Ansehen, verloren war seine Popularität. Schöpf blieb nichts anderes übrig, als sein Gütchen zu verkaufen und mit seinem 85jährigen, blinden Mütterchen, die ihm so lieb gewesene Scholle zu verlassen, um ganz nach Salzburg zu übersiedeln." (Schwarzbach, Schriftsteller-Jubiläum, 11) Vgl. auch Schöpf, Predigt, 1 f.

445 Grass, Kirchenrecht, 239.

446 Vgl. den Hinweis in FN 437 der vorliegenden Arbeit.

447 Vgl. Schöpf, Joseph A., Der Weltgeist unter den Bürgern und Bauern Tirols. Ein Beitrag zur Kenntniß der gegenwärtigen Zustände Tirols, Salzburg 1848.

448 Vgl. Schöpf, Mittheilungen (1898), 28.

449 Schöpf, Weltgeist, 5.

der Befürworter einer Petition,[450] „welche zum Zwecke hatte, die Religionsfreiheit vom Ländchen [Tirol] ferne zu halten."[451] Ausgehend von der Ausweisung der sog. *Zillertaler Inklinanten*, einer Gruppe von protestantischen Christen, welche im Jahr 1837 aus religiösen Gründen aus dem Tiroler Zillertal vertrieben wurden,[452] favorisierte Schöpf die Glaubenseinheit als wünschenswertes Ideal, welches jedoch in Tirol unter den gegenwärtigen politischen und gesellschaftlichen Vorzeichen nicht zu realisieren war.[453] Im Rahmen seiner Ausführungen versucht Schöpf einen Ist-Zustand der politischen Stimmung in der unter den prekären wirtschaftlichen Verhältnissen leidenden[454] Tiroler Bevölkerung wiederzugeben und diesen vor dem Hintergrund der politischen Veränderungen des Jahres 1848 zu beleuchten. Allgemein wurde das Land Tirol als politisch-gesellschaftlich rückständig und in Fragen der religiösen und politischen Freiheiten konservativ-reaktionär qualifiziert, worauf Schöpf bemerkte, dass es seit den Umbrüchen des März 1848 im ganzen Land Tirol „keinen Crawall gegeben, ein Zeichen, daß das Volk von Freiheit mehr versteht, als irgend wo anders und daß die Intolleranz der Tiroler so schrecklich denn doch nicht ist, als wie selbe gewöhnlich geschildert wird."[455]

Grundlinie der Kleinschrift ist eine energische Verteidigung des in Tirol wirkenden Klerus. Schöpf nimmt so einerseits vehement die Mitglieder der *Kongregation der Redemptoristen*[456] sowie der *Societas Iesu*,[457] welche zu dieser Zeit

450 Vgl. Schöpf, Weltgeist, 8–10.

451 Schöpf, Weltgeist, 8.

452 Vgl. hierzu: Sauser, Ekkart, Die Zillertaler Inklinanten und ihre Ausweisung im Jahre 1837. (dargestellt nach Akten des Wiener Haus-, Hof- und Staatsarchivs, des Salzburger Konsistorialarchivs, des Landesregierungsarchivs für Tirol, der Bibliothek des Museums Ferdinandeum zu Innsbruck, sowie des Pfarrarchivs zu Hippach) (Schlern-Schriften 198), Innsbruck 1959.

453 Vgl. Schöpf, Weltgeist, 9; vgl. auch rückblickend: Schöpf, Predigt, 1.

454 Vgl. Schöpf, Weltgeist, 20–24.

455 Schöpf, Weltgeist, 16.

456 Die *Congregatio Sanctissimi Redemptoris* ist eine, am 9. November 1732 durch den hl. Alfons v. Liguori in Scala bei Amalfi gegründete, Priester-Kongregation päpstlichen Rechts. Zielsetzung der pastoralen Bemühungen der Gemeinschaft ist die Nachfolge Jesu durch das Verkünden des Evangeliums an die ‚religiös Verlassenen'. Dem kontemplativen Leben wird ein hoher Stellenwert eingeräumt, im Mittelpunkt steht jedoch das Apostolat. Vgl. Weiss, Otto, Redemptoristen, in: LThK³, 920 f.

457 Die *Societas Iesu* ist ein Orden von Regularklerikern, welcher am 15. August 1534 durch den hl. Ignatius v. Loyola und sieben Gefährten gegründet und am 27. September 1540 durch den Apostolischen Stuhl bestätigt wurde. Ziele der Priester-

in ganz Österreich unterdrückt und „wie Wild gehetzt wurden“[458], in Schutz,[459] andererseits setzt er sich entschlossen für das Ansehen des Tiroler Klerus ein und weist u. a. auf die Verdienste der Tiroler Geistlichen im Rahmen der Aufrufe zur Landesverteidigung[460] oder auf dem Gebiet des allgemeinen Tiroler Schulwesens[461] hin. Hinsichtlich der zur Zeit der Abfassung auf Reichsebene diskutierten Aufhebung der Klöster und Stifte im Land Tirol stellt Schöpf fest, dass diese „dem Volke Tirols durchaus kein Gegenstand des Verlangens“[462] war. Das Tiroler Volk war seinen religiösen Instituten grundsätzlich positiv gesinnt und konnte aus der reichen Klosterlandschaft Tirols auch wirtschaftlichen Nutzen ziehen.[463] Schöpf schließt seine Schrift mit einer mehrseitigen Würdigung des Tiroler Klerus,[464] derzufolge der „großen Mehrzahl nach [...] die Geistlichkeit in Tirol nichts weniger als menschenfeindlich [ist], sondern vielmehr sehr wohlwollend gesinnt, gastfrei, besonders volksthümlich, streng moralisch und vom positiv-christlichen Glauben durchdrungen.“[465]

2.2 Das einundneunzigjährige Leben und Wirken des Frühmessers, vulgo Höflichkeits-Professors Christian Falkner, Salzburg 1855/1856 u. Innsbruck 1856

Im September 1855 veröffentlichte Schöpf in der Oberer'schen Buchdruckerei in Salzburg eine 107-seitige Biographie des aus dem Ötztal stammenden Priesters Christian Falkner anlässlich dessen Todes am 16. April 1855 mit dem Titel *Das einundneunzigjährige Leben und Wirken des Frühmessers, vulgo Höflichkeits-*

---

gemeinschaft sind die Verbreitung des christlichen Glaubens sowie die Förderung des Fortschritts der Seelen in Leben und Lehre durch die Mittel der Katechese (v. a. der Jugend), der Predigt, der Exerzitien, der sakramentalen Sündenvergebung sowie caritativer Werke. Neben der Beobachtung der *Evangelischen Räte* der Armut, der Ehelosigkeit und des Gehorsams zeichnet sich die Gemeinschaft durch die Verpflichtung zu besonderem Gehorsam gegenüber dem Papst aus. Vgl. Switek, Günter, Jesuiten. I. Gründung und Grundidee, in: LThK^3, 794 f.

458 Schöpf, Mittheilungen (1898), 28.
459 Vgl. Schöpf, Weltgeist, 6–8.
460 Vgl. Schöpf, Weltgeist, 18–20.
461 Vgl. Schöpf, Weltgeist, 24–26.
462 Schöpf, Weltgeist, 27.
463 Vgl. Schöpf, Weltgeist, 27 f.
464 Vgl. Schöpf, Weltgeist, 28–31.
465 Schöpf, Weltgeist, 29.

Professors Christian Falkner.[466] Die hinsichtlich der Volksfrömmigkeit und des ländlichen Brauchtums im Land Tirol des 19. Jahrhunderts volkskundlich bemerkenswerte Lebensskizze des beliebten Tiroler Seelsorgers und langjährigem Inhaber des *Frühmeßbenefiziums*[467] im Ötztaler Ort Längenfeld verbreitete sich bei der Tiroler Bevölkerung derart schnell, dass von Schöpf bereits im Dezember 1855 eine zweite und im Folgejahr eine dritte Auflage der Öffentlichkeit übergeben wurde.[468]

2.3 Wie ein Schuhmacher-Geselle als Dechant von Berchtesgaden gestorben ist, Salzburg 1858

Die sechsseitige, in der Duyle'schen Buchdruckerei in Salzburg veröffentlichte, Kleinschrift *Wie ein Schuhmacher-Geselle als Dechant von Berchtesgaden gestorben*

466 Vgl. Schöpf, Leben (1855).

467 Mit der heute nicht mehr üblichen Bezeichnung *Frühmesser*, bzw. *primissarius*, wurde der Inhaber eines *Benefiziums*, welches den Inhaber zur Zelebration der Eucharistie in Form von *Frühmessen* noch vor dem Beginn des allgemeinen Arbeitstages verpflichtete, benannt. Vgl. Permaneder, Franz M., Frühmesser, in: Wetzer, Heinrich J./Welte, Benedikt (Hg.), Wetzer und Welte's Kirchenlexikon oder Encyklopädie der katholischen Theologie und ihrer Hülfswissenschaften. Vierter Band. Duisburger Universität bis Fußwaschung, Freiburg i. Br. ²1886, 2069; vgl. auch: Fuhrmann, Rosi, Kirche und Dorf. Religiöse Bedürfnisse und kirchliche Stiftung auf dem Lande vor der Reformation (Quellen und Forschungen zur Agrargeschichte 40), Stuttgart/u. a. 1995, 93, 178 f; Schöpf, Joseph A., Handbuch des katholischen Kirchenrechts. Mit besonderer Bezugnahme auf Oesterreich und mit Rücksicht auf Deutschland. Dritter Band, Schaffhausen ²1865, 460–463.

468 Vgl. Schöpf, Joseph A., Das einundneunzigjährige Leben und Wirken des Frühmessers, vulgo Höflichkeits-Professors Christian Falkner. Aus Quellen dargelegt, Salzburg ²1856; Schöpf, Joseph A., Der Höflichkeitsprofessor Christian Falkner, Innsbruck ³1856. Die zweite in Salzburg publizierte Auflage ist mit der ersten Auflage bis auf eine kleine Umformulierung im Vorwort inhaltlich ident.
Die dritte, in Innsbruck im Verlag der Wagner'schen Buchhandlung veröffentlichte Auflage der Lebensbeschreibung Falkners ist mit einem Umfang von insgesamt 91 Seiten etwas kürzer, hierbei jedoch um ein, vor die leicht gestrafften Hauptkapitel der ersten Auflagen platziertes, *Vorspiel* erweitert worden, welches weit ausholend und von den Anfängen der Urkirche ausgehend das Christentum im Land Tirol in die großen Abläufe der Weltgeschichte einbettet. Vgl. Schöpf, Höflichkeitsprofessor, 1–10. Der Inhalt der Lebensbeschreibung Christian Falkners in den Hauptkapiteln wurde nicht nennenswert verändert.

ist,[469] stellt den Abdruck eines Nachrufs auf den aus dem württembergischen *Amtzell* stammenden Priester Joseph Anton Forster dar, welchen Schöpf am 19. März 1858 vor den Schuhmachergesellen des Salzburger Gesellenvereins gehalten hatte.[470] Schöpf war mit Forster, welcher vor seiner Weihe zum Priester als Schuhmacher tätig war,[471] persönlich bekannt und verbunden, da Letzterer über viele Jahre hinweg Seelsorger im Berchtesgadener Land war und sich gemeinsam mit Schöpf in der Arbeit der Gesellenvereine des Salzburger Raums engagierte.[472] Den Erlös der Schrift widmete Schöpf „zum Besten des Salzburger Gesellenvereines“[473].

2.4 Sendschreiben an die Oezthaler und andere Bauern des Silzer Gerichts im tirolischen Oberlande über das Ausrucken gegen die Walschen vom Zirhbichlerbauer, Salzburg 1859

Das 16-seitige, anonym im Jahr 1859 in der Oberer'schen Buchdruckerei in Salzburg veröffentlichte *Sendschreiben an die Oezthaler und andere Bauern des Silzer Gerichts im tirolischen Oberlande über das Ausrucken gegen die Walschen vom Zirhbichlerbauer*[474] wurde von Schöpf in der Mundart des Tiroler Oberlands verfasst. Er rief seine Landsleute darin zur Landesverteidigung auf[475] und geht auf die Bedrohung Tirols durch *Napoleon Bonaparte III.* ein.[476]

Franz Grass urteilt negativ über das Sendschreiben, es setze „die Feinde allzu verächtlich herab. Das wirkt nicht gut! Daneben ist es nicht ermutigend, zu lesen, daß es auch im eigenen Lager „weit gefahlt hat“ und daß man „mit der Regierungsweis, wie sie seit zehn Jahren gwösen, durchaus nit zfrieden sei“.“[477] Die *von Patriotismus triefende*[478] Sendschrift wurde unmittelbar nach der Veröffentlichung

---

469 Vgl. Schöpf, Joseph A., Wie ein Schuhmacher-Geselle als Dechant von Berchtesgaden gestorben ist, Salzburg 1858.
470 Vgl. Schöpf, Schuhmacher-Geselle, 5.
471 Vgl. Schöpf, Schuhmacher-Geselle, 1.
472 Vgl. Schöpf, Schuhmacher-Geselle, 5 f.
473 Schöpf, Schuhmacher-Geselle, Titelseite.
474 Vgl. Schöpf, Sendschreiben (1859)
475 Vgl. Schöpf, Sendschreiben (1859), 6–16.
476 Vgl. Schöpf, Sendschreiben (1859), 1–6.
477 Grass, Schöpf (1985), 322.
478 Vgl. Grass, Schöpf (1985), 322.

von der Polizei konfisziert. Auf Schöpfs Beschwerde hin wurde von ihm verlangt, er müsse die ‚anstößigen Ausdrücke' zurücknehmen und umformulieren.[479]

2.5 Christian, der Wanderbursch, Salzburg 1860

Die 124 Druckseiten umfassende Schrift *Christian, der Wanderbursch*[480] veröffentlichte Schöpf im Jahr 1860 in der Oberer'schen Buchdruckerei in Salzburg als Präses des von ihm am 16. Mai 1852 gegründeten[481] Salzburger Gesellenvereins.[482] Die an den Anfang gestellte gefällige Geschichte aus dem fiktiven Leben eines Schmiedegesellen mit dem Namen Christian,[483] bildet die Basis für den zweiten Hauptteil der Schrift, in welchem Schöpf den Mitgliedern des Salzburger Gesellenvereins praktische Unterweisungen zu den Pflichten und Rechten sowie den Statuten des katholischen Gesellenvereins bietet.[484] Vor diese Erläuterungen stellte Schöpf in Form einer Aufzählung einen Überblick über die im Jahr 1860 bestehenden Gesellenvereine im deutschen Sprachraum sowie in Belgien und Nordamerika mit dem jeweiligen Gründungsjahr.[485]

Schöpf geht im Sinne einer *Begründung der Notwendigkeit des Handwerks* auf die Frage nach dem *Wesen der Zünfte* sowie deren *historischer Evolution* ein,[486] um abschließend, vor einem nachgeschalteten erbaulichen Bericht aus dem *Tagebuch eines Rom- und Jerusalempilgers*[487] sowie dem eigentlichen *Nachwort,*[488] auf die Gefahren einzugehen, welchen sich das Handwerk in der zweiten Hälfte des 19. Jahrhunderts gegenübergestellt sieht.[489] In der zeitgenössisch als *interessant,* „mit einem praktischen Discurs über das Handwerk"[490] bewerteten Schrift, resü-

479 Vgl. Rothbauer, Guggenthal, 22.
480 Vgl. Schöpf, Joseph A., Christian, der Wanderbursch. Allerlei, Salzburg 1860.
481 Vgl. Stempfl, Entwicklung, 90–91.
482 Vgl. Schöpf, Wanderbursch, Titelseite.
483 Vgl. Schöpf, Wanderbursch, 1–50.
484 Vgl. Schöpf, Wanderbursch, 60–81. Im Detail geht Schöpf bspw. auch auf die Regeln für Vereinsmitglieder auf Wanderschaft sowie auf die Frage von Vereinsmitgliedern, welche „zu nichts taugen, vielmehr dem Vereine schaden" (Schöpf, Wanderbursch, 76) ein.
485 Vgl. Schöpf, Wanderbursch, 53–60.
486 Vgl. Schöpf, Wanderbursch, 81–85.
487 Vgl. Schöpf, Wanderbursch, 113–118.
488 Vgl. Schöpf, Wanderbursch, 119–122.
489 Vgl. Schöpf, Wanderbursch, 85–112.
490 Nußbaumer, Schöpf, 31.

miert Schöpf, dass dem Handwerk nicht durch „Heulen und Lamentiren“[491] geholfen sei, sondern vielmehr durch *Qualität in der Arbeitsleistung* auf dem Boden fundierter Ausbildung sowie durch *gute Organisation der Zünfte* mit *religiöser Basis* der Niedergang des Handwerkswesens aufgehalten werden könne.[492]

2.6 Nothwehr, Salzburg 1861

Im Rahmen seines Mandats im Salzburger Gemeinderat stellte sich Schöpf am 14. Oktober 1861 in einer Angelegenheit gegen eine Entscheidung des Salzburger Konsistoriums und zog dadurch schwere Angriffe und Schmähungen auf sich. Als Schöpf im Gemeinderat im Zusammenhang mit der Umsetzung des Konkordats von 1855 in einer Angelegenheit der Verwaltung von lokalem kirchlichen Stiftungsvermögen im Bereich der Stadt Salzburg eine Auffassung vertrat, welche nicht der Position des erzbischöflichen Konsistoriums entsprach, brachte ihm diese herbe Kritik ein.[493] Konkret war die Frage zu beantworten, wem die Verwaltung des lokalen geistlichen Stiftungsvermögens in der Stadt zustehe. Mit Verweis auf Art. 30 des Konkordats von 1855[494] reklamierte das Konsistorium die Verwaltungskompetenz für sich, der Gemeinderat – und auch Schöpf – votierten gegen diese Ansicht.[495] In einem kurzen autobiographischen Beitrag im *Salzburger Schreibkalender* schildert Schöpf die Begebenheit: „„Ein zweiter Passaglia! Ein zweiter Luther!“ hieß es in der „Presse“ u. a. Und dennoch war mein Votum ganz

---

491 Schöpf, Wanderbursch, 96.

492 Vgl. Schöpf, Wanderbursch, 97–108.

493 Vgl. Schöpf, Nachtrag, 3: „Als infolge der Erhöhung hierarchischer Gewalt durch das Concordat die geistliche Stelle eine uncontrollirbare, absolute Gewalt über das Kirchenvermögen der Stadt Salzburg in Anspruch nahm, erhob ich 1861 im Gemeinderathe meine Stimme dagegen und machte mir nichts daraus, daß man mich deshalb einen zweiten Luther nannte.“

494 Vgl. Kaiserliches Patent, wirksam für den ganzen Umfang des Reiches, womit das zwischen Seiner Heiligkeit Papst Pius IX. und Seiner kaiserlich-königlichen Apostolischen Majestät Franz Joseph I., Kaiser von Oesterreich, am 18. August 1855 zu Wien abgeschlossene Uebereinkommen (Concordat) kundgemacht und angeordnet wird, daß die Bestimmungen desselben mit Vorbehalt der in den Artikeln I und II dieses Patentes angedeuteten Anordnungen im ganzen Umfange des Reiches von dem Zeitpuncte der Kundmachung dieses Patentes an, in volle Gesetzeskraft zu treten haben. [= Konkordat (1855)], RGBL 195/1855. Verfügbar unter: http://alex.onb.ac.at/cgi-content/alex?aid=rgb&datum=18550004&seite=00000635. Zuletzt geprüft am 13. Dezember 2016, Art. 30: „Die Verwaltung der Kirchengüter wird von Denjenigen geführt werden, welchen sie nach den Kirchengesetzen obliegt.“

495 Vgl. Schöpf, Nachtrag, 3.

correct und konnte, nachdem ich es veröffentlicht, selbst von den liebelosesten Zeloten nicht angefochten werden."[496] Nachdem in der Salzburger *Presse* ein gegen seine Person gerichteter Angriff erschienen ist, welcher von verschiedenen Salzburger Zeitungen abgedruckt worden war und seine Katholizität infrage stellte, sah sich Schöpf veranlasst, auf diesen direkten Angriff mit einer Verteidigungsschrift zu antworten.

Schöpf veröffentlichte so am Ende des Jahres 1861 in der Zaunrith'schen Buchdruckerei in Salzburg im Eigenverlag seine *Nothwehr*[497], welche eine zweite Auflage – ohne Angabe des Jahres, jedoch wahrscheinlich 1862 in zeitlicher Nähe zur Schrift *Presse* veröffentlicht – erfahren sollte.[498] Die beiden Auflagen divergieren inhaltlich nur marginal, der Aufbau der Schrift ist ident. Auf eine *Rechtfertigung* seines Handelns im Gemeinderat[499] folgt eine scharfe Kritik Schöpfs an der Salzburger Zeitung *Presse*[500] sowie eine *Beilage* in Form der schriftlichen Dokumentation seines Votums vom 14. Oktober 1861.[501] Im Rahmen seiner *Rechtfertigung* repliziert Schöpf ausführlicher auf den Vorwurf, als ehemaliger Redakteur der Salzburger Constitutionellen Zeitung könne er nicht gegen das f.e. Consistorium votieren[502] und seine sehr persönlich gehaltene Kritik an der *Presse* wurde von 1 ½ Druckseiten auf etwas mehr als 3 Druckseiten ausgedehnt. Zusammenfassend wirft Schöpf der Zeitschrift ihren tendenziösen und die Fakten stark verkürzt darstellenden Stil vor, welcher in Schöpfs Fall nicht nur in der Causa des Gemeinderats vom Oktober 1864, sondern bereits zu anderen Gelegenheiten, in einer fälschlichen Darstellung seiner Standpunkte resultierte.

Im Rahmen der *Rechtfertigung* argumentiert Schöpf, er habe im Gemeinderat in der verhandelten vermögensrechtlichen Angelegenheit das Wort erhoben, da er es für seine Pflicht gehalten habe, in Dingen, in denen er als Kanonist kompetent sei,

496 Schöpf, Mittheilungen (1895), 45; Carlo Passaglia, von 1827–1859 Jesuit und von 1845–1857 Professor für Dogmatik am Collegium Romanum, war seit 1860 Parteigänger *Camillo Benso von Cavours* und erregte Aufsehen, da er für den Verzicht des Papstes auf den Kirchenstaat warb, da seiner Ansicht nach die weltliche Macht des Papstes eine Gefahr für die Kirche darstellte. Vgl. Walter, Peter, Passaglia, Carlo, in: LThK³, 1414.

497 Vgl. Schöpf, Joseph A., Nothwehr, Salzburg 1861.

498 Vgl. Schöpf, Joseph A., Nothwehr, Salzburg ²um 1862.

499 Vgl. Schöpf, Nothwehr (1861), 3–8; Schöpf, Nothwehr (1862), 3–9.

500 Vgl. Schöpf, Nothwehr (1861), 9 f; Schöpf, Nothwehr (1862), 9–12.

501 Vgl. Schöpf, Nothwehr (1861), 11–15; Schöpf, Nothwehr (1862), 12–16.

502 Vgl. Schöpf, Nothwehr (1862), 7–9. Dieser Teil der Schrift war in der ersten Auflage mit einer Druckseite etwa halb so umfangreich.

seine Meinung kundzutun.[503] Schöpf formulierte, dass in seinen Augen eine weitgehende Trennung von staatlichen und kirchlichen Angelegenheiten beiden Seiten förderlich wäre und er sich bereits in anderen Zusammenhängen für das Ideal der Freiheit eingesetzt habe. Schöpf verweist hier auf seine Position und die daraus resultierenden Anfeindungen aus der Tiroler Protestantenfrage.[504] Ausgehend von seinen in diesem Zusammenhang formulierten Überzeugungen zieht Schöpf einen Vergleich zur Causa des Salzburger Gemeinderats und weist jeden Vorwurf des Abfalls vom katholischen Glauben vehement von sich.[505] Auch aus seiner Stellung als Professor für Kirchenrecht an der Salzburger Theologischen Fakultät sowie seiner langjährigen Tätigkeit als Redakteur der Salzburger Constitutionellen Zeitung ergaben sich für Schöpf keine Konflikte, aufgrund derer er nicht im Gemeinderat gegen die Entscheidung des f.e. Consistoriums hätte votieren können.[506]

Eine ausführliche Dokumentation seines Votums im Gemeinderat vom 14. Oktober 1864 schließt die Schrift ab. Schöpf stellte fest, dass das fragliche Vermögen grundsätzlich als Kirchenvermögen zu qualifizieren sei und darüber hinaus die verschiedenen geistlichen Stiftungen jeweils eigene juristische Personen seien, weshalb das Vermögen dem jeweiligen Stiftungswillen gemäß weiterhin treu zu verwalten sei.[507] Mit dem kanonischen Recht argumentiert Schöpf, dem jeweiligen Pfarrer käme in Verbindung mit gewählten Gemeindemitgliedern in Fragen des lokalen Kirchenvermögens die Verwaltung zu.[508] Eine Geltendmachung von ‚his-

503 Vgl. Schöpf, Nothwehr (1862), 3.

504 Vgl. Schöpf, Nothwehr (1862), 4–7.

505 Vgl. Schöpf, Nothwehr (1862), 6.

506 Vgl. Schöpf, Nothwehr (1862), 7–9.

507 Vgl. Schöpf, Nothwehr (1862), 14: „Ich bin fest überzeugt, daß die in Frage stehenden Objekte *Kirchengut* seien, an welchem zunächst jedes einzelne (Objekt) als *juristische Person* das Eigenthumsrecht besitzt. Deshalb darf dieses Kirchengut den ursprünglichen Zwecken nicht entfremdet werden, in so weit überhaupt jede Stiftung gewissenhaft aufrecht zu erhalten ist."

508 Vgl. Schöpf, Nothwehr (1862), 14: „Nach dem *kanonischen Rechte* ist natürlicher und geborner Verwalter des kirchlichen Lokalvermögens, nicht eine bischöfliche Central-Verwaltungsbehörde […] sondern der Pfarrer […] in Verbindung mit Vertrauensmännern der *Kirchengemeinde*, welche in der Geschichte und zum Theil auch heute noch unter dem Namen Albermänner, Kirchenväter, Zechpröbste (vitrici) u. dgl. vorkommen. Das Institut, beziehungsweise das Recht dieser Vertrauensmänner findet sich noch bis heute in den Landgemeinden. Würde nun auf die Anforderung des h. f. e. Ordinariates von Seite des Gemeinderathes eingegangen, so wäre die hiesige Stadtgemeinde bezüglich der Verwaltung des lokalen Kirchenvermögens schlimmer daran, als z. B. die nächst besten Landgemeinden

torischem Recht' durch das Ordinariat erachtet Schöpf als ebenso unzulässig[509] wie das Reklamieren der Einschlägigkeit des Art. 30 des Konkordats[510] von 1855.[511]

2.7 Presse, Salzburg 1862

In sowohl zeitlicher als auch inhaltlicher Nähe zur Schrift *Nothwehr* veröffentlichte Schöpf im Jahr 1862 im Salzburger Verlagshaus Glonner seine 40-seitige Schrift *Presse*.[512] Anschließend an die in der Schrift *Nothwehr* bereits geäußerte Kritik an der Zeitschrift *Presse*, welcher Schöpf ihren tendenziösen und die Fakten stark verkürzt darstellenden Stil vorwirft, unterzieht Schöpf in der Schrift *Presse* das gesamte Pressewesen seiner Zeit einer Kritik.[513] Vor dem Hintergrund der damals auch in den Zeitungen geführten Auseinandersetzungen, welche den Gegenstand der Schrift *Nothwehr* darstellten, bemerkt man bereits nach wenigen Seiten den hohen Grad an Emotionalität, mit der Schöpf diesen Überblick über die verschiedenen Arten von Zeitungen[514] sowie die grundsätzliche Rolle des Pressewesens im Rahmen der öffentlichen Meinungsbildung verfasst hat.

Schöpf selbst bemerkte gegen Ende seines Lebens im Rückblick, dass er sich mit der Veröffentlichung der *Presse* keinen Gefallen getan hatte und ihm im Jahr 1862 sogar die

---

Tirols, die sich ihre Stellung zur Verwaltung des Kirchen-Vermögens um keinen Preis nehmen lassen."

509 Vgl. Schöpf, Nothwehr (1862), 14 f.: „Die Berufung auf das *historische Recht* von Seite des f. e. Ordinariates fällt deshalb nicht in die Wagschale, weil dasselbe eben so gut von der hiesigen Stadtgemeinde in Anspruch genommen werden kann. Die Stadtgemeinde ist sei Jahrzehnten im rechtlichen und faktischen Besitze der Verwaltung, während die jetzigen f. e. Kirchen-Verwaltungs-Behörden im Jahr 1859 datiren […]."

510 Vgl. Konkordat (1855), Art. 30: „Die Verwaltung der Kirchengüter wird von Denjenigen geführt werden, welchen sie nach den Kirchengesetzen obliegt."

511 Vgl. Schöpf, Nothwehr (1862), 15: „[D]as Concordat konnte nur die Rechtsstellung zwischen Sr. Maj. dem Kaiser und dem Kirchenoberhaupte regeln, nicht aber die Rechte eines Dritten, wie im gegebenen Falle die Stadtgemeinde ist, bestimmen. (Zu diesem Punkte fügte ich [= Schöpf] in der Gemeinderathsitzung ddo. 14. October d. Js. *mündlich* bei: „Wäre die städt. Stiftungsverwaltung eine k. k., so müßte Art. 30 seine Anwendung finden.")"

512 Vgl. Schöpf, Joseph A., Presse, Salzburg 1862.

513 Vgl. Schöpf, Presse, 5.

514 Schöpf unterscheidet im Aufbau seiner Schrift die Officiellen Blätter von Politisch-kirchlichen Zeitungen, Unabhängigen Blättern sowie Judenblättern und Maurer-Journalen.

Aufnahme einer Pfarrstelle im Tiroler Teil der Erzdiözese Salzburg angeraten wurde.[515] Auf die Kritik eines *anonymen Salzburger Klerikers*[516] hin, dass einige Passagen der *Presse* durch zu generalisierende Formulierungen unzutreffend waren, strich Schöpf diese Schrift nach zeitgenössischem Bericht aus dem Verzeichnis seiner Publikationen und versuchte so, die Schrift aus dem Fokus der Öffentlichkeit zu nehmen.[517]

2.8 Peter Carl Thurwieser, Salzburg 1871

Für die Salzburger Sektion des Alpenvereins, deren Gründungsmitglied er war, verfasste Schöpf im Jahr 1871 mit dem Titel *Peter Carl Thurwieser*[518] die Lebensgeschichte des Bergsteigers, Fakultätskollegen und Mitbruders im priesterlichen Stand.[519] Den Erlös der, im Verlag des Deutschen Alpenvereins in Salzburg heraus-

---

515 Vgl. Schöpf, Mittheilungen (1898), 30: „Vielen und großen Verdruß bereitete mir 1861 meine Schrift „Presse", in der ich sämmtliche Parteien einer scharfen Kritik unterzog. Der seelige Mooslechner meinte, es wäre für mich das Beste, wenn ich der Lehrkanzel entsagte und dafür Dechant in Brixen würde. *Quod non*. Auch *der* Sturm ist vorübergegangen."
Im Anschluss an das durch die Abstimmung im Salzburger Gemeinderat hinsichtlich der Frage zum Salzburger Kirchenvermögen in städtischer Hand ausgelöste Skandalon sowie die Veröffentlichung der *Presse*, erschien „Consistorial-Präses Mooslechner, den der hochpolitische Fürsterzbischof Tarnóczy zum Allgewaltigen der Erzdiöcese gemacht, [...] in meiner Wohnung und bot mir das vacante Decanat Brixen im Brixenthale an; dort fände ich eine große, schöne Oekonomie, und die herrliche Salfe gehöre auch dem Dechant. Natürlich nahm ich nicht an; [...] Die Professur, zu der ich von meiner legitimen Obrigkeit war berufen worden und die ich mir redlich und sauer verdient hatte, hielt ich für mein Lebenselement, aus dem ich mich nicht wollte verdrängen lassen." (Schöpf, Mittheilungen (1887), 20)

516 Vgl. ‚Ein katholischer Priester', Der katholische Clerus gegenüber der Presse des Dr. J. A. Schöpf, München 1862; Das Titelblatt des Exemplars der Salzburger Universitätsbibliothek enthält neben der Autorenangabe ‚Ein katholischer Priester' den handschriftlichen Hinweis ‚Kluge', sonst jedoch keine weiteren Angaben zur Person wie etwa einen Vornamen. Es ist zu vermuten, dass es sich um den Salzburger Priester Karl-August Kluge handelt. Vgl. Archiv der Erzdiözese Salzburg, Kluge, Karl August (1823–1890), Regesta Ecclesiastica Salisburgensia. Verfügbar unter: http://www.res.icar-us.eu/index.php?title=Kluge,_Karl_August_(1823-1890). Zuletzt geprüft am 05. Oktober 2016.

517 Vgl. Anthaller, Schöpf, 10.

518 Vgl. Schöpf, Thurwieser.

519 *Peter Carl Thurwieser* (geb. 30. Mai 1789 in Kramsach; gest. 25. Januar 1865 in Salzburg) empfing am 19. September 1812 die Priesterweihe. Er hielt von 1820 und 1865 die Professur für Exegese des Alten Testaments an der Salzburger theologischen

gegebenen, 76-seitigen Schrift widmete Schöpf „[z]um Besten der hierortigen Sektion des deutschen Alpenvereins“[520].

2.9 Der Salzburger Gesellenverein vom Mai 1852 bis Mai 1872, Salzburg 1872

Die im Jahr 1872 in der Zaunrith'schen Buchdruckerei im Verlag des Salzburger Gesellenvereins veröffentlichte 40-seitige Kleinschrift *Der Salzburger Gesellenverein vom Mai 1852 bis Mai 1872*[521] umfasst neben einem Überblick über die ersten zwanzig Jahre des Bestehens des am 16. Mai 1852 unter Mitwirkung von Schöpf gegründeten Salzburger Gesellenvereins[522] einen Anhang mit „Zwei Ansprachen des Salzburger Präses [Schöpf] an die Mitglieder des Salzburger Vereins.“[523] Der Vortrag mit dem Titel *Ueber den Streich der Schlosser-Gesellen*[524] wurde im November 1871 gehalten, der Vortrag *Ueber den Frieden auf dem Gebiete der Religion*[525] datiert auf den 10. Dezember 1871.

Inhaltlich geht Schöpf im Hauptteil seiner Denkschrift, einsetzend mit dem Jahr 1850 und der damaligen starken Häufung der Gründung von Gesellenvereinen im gesamten deutschen Sprachraum, knapp auf die Entwicklungen in Salzburg ein, welche schlussendlich zur Gründung des Salzburger Vereins am 16. Mai 1852 durch Adolf Kolping und Joseph Anton Schöpf führten.[526] In Form einer Aufzählung stellt Schöpf die Verteilung der Herkunft der 6.320 Mitglieder des Vereins im Zeitraum

Lehranstalt bzw. Fakultät und war darüber hinaus als Meteorologe und Alpinist aktiv. Vgl. Archiv der Erzdiözese Salzburg, Thurwieser, Peter Karl (1789–1865), Regesta Ecclesiastica Salisburgensia. Verfügbar unter: http://www.res.icar-us.eu/index.php?title=Thurwieser,_Peter_Karl_(1789-1865). Zuletzt geprüft am 29. November 2016; Salzburgwiki, Peter Karl Thurwieser. Verfügbar unter: http://www.salzburg.com/wiki/index.php/Peter_Karl_Thurwieser. Zuletzt geprüft am 29. November 2016.

520 Vgl. Schöpf, Thurwieser, Titelblatt; Nach Schöpfs eigener Aussage belief sich der gespendete Reinerlös schlussendlich auf 100 fl. Vgl. Schöpf, Mittheilungen (1895), 45.

521 Vgl. Schöpf, Joseph A., Der Salzburger Gesellenverein vom Mai 1852 bis Mai 1872. Denkschrift zum 20. Stiftungsfest am 12. Mai 1872. Über den Streich der Schlosser-Gesellen & Über den Frieden auf dem Gebiete der Religion, Salzburg 1872.

522 Vgl. Schöpf, Gesellenverein, 1–18.

523 Schöpf, Gesellenverein, 19.

524 Vgl. Schöpf, Gesellenverein, 24.

525 Vgl. Schöpf, Gesellenverein, 25–39.

526 Vgl. Stempfl, Entwicklung, 90–94.

von 1852 bis 1872 auf die europäischen Nationen dar,[527] um im Folgenden ausführlich die *finanziellen* und *moralischen Förderer* des Vereins sowie die *Lehrer der Gesellen* aufzuführen.[528] Ein Tätigkeitsbericht der ersten zwanzig Jahre des Vereinsbestands schließt den Hauptteil der Denkschrift ab.[529]

2.10 Weihnachts-Gabe an den Volksschul-Verein, Salzburg 1879; Und Kleine Weihnachtsgabe an den Volksschulverein, Salzburg 1880

In den Jahren 1879 und 1880 veröffentlichte Schöpf zwei *Weihnachtsgaben*[530] für den Salzburger Volksschulverein, welchem er jeweils auch den Reinerlös der Broschüren zukommen ließ. Schöpf widmet sich in beiden Schriften aus verschiedenen Perspektiven dem Konzept der sog. ‚Volkserziehung' und tritt vehement dafür ein, auch nichtkatholischen Kindern den Besuch des Volksschulvereins zu ermöglichen.[531]

Die 46 Druckseiten umfassende, somit gegenüber der 7-seitigen Broschüre aus dem Jahr 1880 weitaus umfangreichere Schrift aus dem Jahr 1879 geht, neben der Frage der Volkserziehung und dem von Schöpf identifizierten Problem des Überangebots von Bildungsmitteln bei gleichzeitigem Verlust der christlichen Wurzeln und der Glaubensbildung,[532] ausführlich auf die Geschichte des Salzburger Schulvereins[533] und auf die Geschichte des Christbaumfestes – in dessen Rahmen Schöpf bis zu seinem Tod jährlich seine Ansprachen an die Kinder des Schulvereins gehalten hatte[534] – ein.[535]

Bemerkenswert ist bei der Schrift aus dem Jahr 1879 darüber hinaus der Anhang,[536] welcher sich, ausgehend von zwei Beiträgen Schöpfs in der Salzburger Zeitung über

527 Vgl. Schöpf, Gesellenverein, 3.
528 Vgl. Schöpf, Gesellenverein, 3–10.
529 Vgl. Schöpf, Gesellenverein, 10–18.
530 Vgl. Schöpf, Weihnachts-Gabe (1879); Schöpf, Joseph A., Kleine Weihnachtsgabe an den Volksschulverein, Salzburg 1880.
531 Vgl. Schöpf, Weihnachts-Gabe (1879): „Als katholischer Priester muß ich verlangen, daß man die Thür der Anstalt auch den armen Kindern von nichtkatholischen Christen offen halte."
532 Vgl. Schöpf, Weihnachts-Gabe (1879), 3–6.
533 Vgl. Schöpf, Weihnachts-Gabe (1879), 7–26.
534 Vgl. Anthaller, Schöpf, 14.
535 Vgl. Schöpf, Weihnachts-Gabe (1879), 26–40.
536 Vgl. Schöpf, Weihnachts-Gabe (1879), 41–46.

das Verhältnis von *Christenthum und Islam*[537] sowie *Christen und Türken*,[538] mit den Kirchen der Orthodoxie beschäftigt. Schöpf zeichnet – unter Bezugnahme auf einen Hirtenbrief eines griechisch-orthodoxen Bischofs – ein durchwegs negatives Bild des orthodoxen Christentums, in dessen Rahmen er die orthodoxe Tradition der Ikonenverehrung als *inhaltsleeren Götzendienst*[539] bezeichnet sowie das mangelnde Wissen um den Glauben anprangert, wenn er formuliert: „Die große Masse [der orthodoxen Christen] ist in religiöser Beziehung fast ganz ununterrichtet."[540] Mit Bezug auf den Hirtenbrief stellt Schöpf die Missstände im disziplinären Bereich des orthodoxen Klosterwesens dar[541] und urteilt über die russisch-orthodoxe Kirche: „In Rußland liegen nacktester Unglaube und crassester Aberglaube stramm nebeneinander – Nihilismus und Bilderanbetung."[542] Die Schärfe seiner inhaltlichen Kritik sowie die Wortwahl begründet Schöpf im Rahmen des Anhangs zur Weihnachtsgabe an den Schulverein nicht, wodurch diese theologische Positionsbekundung an dieser Stelle einen befremdlichen Eindruck hinterlässt.

2.11 Gutachten über den Konflikt der preussischen Regierung mit der katholischen Kirche, Reichenhall 1880

Anlässlich des sog. ‚Kulturkampfes'[543] veröffentlichte Schöpf im Jahr 1880 ein

537 Vgl. Schöpf, Joseph A., Die religiöse Seite der Orient-Frage. I. Christenthum und Islam, in: Salzburger Zeitung Nr. 296, Freitag, 29. Dezember 1876, 1–3.

538 Vgl. Schöpf, Joseph A., Die religiöse Seite der Orient-Frage. II. Christen und Türken, in: Salzburger Zeitung Nr. 2, Mittwoch, 03. Januar 1877, 1–3.

539 Vgl. Schöpf, Weihnachts-Gabe (1879), 41.

540 Schöpf, Weihnachts-Gabe (1879), 46.

541 Vgl. Schöpf, Weihnachts-Gabe (1879), 44 f.

542 Schöpf, Weihnachts-Gabe (1879), 45 f.

543 Der Begriff *Kulturkampf* bezeichnet den Konflikt zwischen der Katholischen Kirche im Pontifikat Pius' IX. sowie der preußischen Regierung unter der Führung von Reichskanzler Otto von Bismarck, welcher sich ab dem Jahr 1871 zunehmend verschärfte und 1887 einer diplomatischen Lösung beigeführt werden konnte. Vgl. Becker, Winfried, Kulturkampf. I. Historisch, in: LThK³, 517–520; Kissling, Johannes B., Geschichte des Kulturkampfes im Deutschen Reiche. Im Auftrage des Zentralkomitees für die Generalversammlung der Katholiken Deutschlands. Die Vorgeschichte. Band 1, Freiburg i. Br. 1911; Kissling, Johannes B., Geschichte des Kulturkampfes im Deutschen Reiche. Im Auftrage des Zentralkomitees für die Generalversammlung der Katholiken Deutschlands. Die Kulturkampfgesetzgebung 1871–1874. Band 2, Freiburg i. Br. 1913; Kissling, Johannes B., Geschichte des Kulturkampfes im Deutschen Reiche. Im Auftrage des Zentralkomitees für die Generalversammlung der Katholiken Deutschlands. Der Kampf gegen den passiven Widerstand. Die Friedens-

37-seitiges *Gutachten*[544] zur Beilegung des Konfliktes, in welchem er an die beiden Konfliktparteien appellierte, Wege der Vermittlung zu suchen, um den Streit beizulegen. Schöpf sagte auf Anfrage zu, das Gutachten abzufassen, da er der Meinung war, als „Oesterreicher außerhalb des Kampfplatzes stehend, dürfte [er] in der Lage sein, den Konflikt unparteiischer zu beurtheilen."[545]

Schöpf legt in einem ersten Kapitel,[546] welches den Hauptteil des Gutachtens bildet, sehr ausführlich die Ursachen des Konflikts dar, als welche er neben dem Nationalprinzip sowie der Kirchenpolitik Pius' IX. v.a. die tendenziöse Berichterstattung und Meinungsbildung durch die Presse[547] identifiziert.

In einem zweiten Schritt beschreibt Schöpf den im Jahr 1880 zeitgenössischen Stand des Konflikts knapp,[548] um im abschließenden dritten Schritt Vorschläge und Aussichten[549] zu formulieren. Grundsätzlich kann festgehalten werden, dass Schöpf hinsichtlich einer Beilegung der hinter dem Kulturkampf stehenden Konflikte wenig optimistisch war. Schöpf resümiert am Ende seines Gutachtens, dass in Bezug auf eine friedliche Lösung im *Kulturkampf* „[v]on einem prinzipiellen Ausgleich [...] überhaupt nicht die Rede sein [könne], denn so lange auf der einen Seite die Thesen des Syllabus über die Allgewalt der Kirche und auf der anderen Seite die Axiome der Staatsmänner über die Allgewalt des Staates stehen, ist prinzipielle Einigung unmöglich."[550] Schöpf artikuliert seine Auffassung, dass Frieden lediglich möglich wäre, wenn beide Parteien von ihren absoluten An-

verhandlungen. Band 3, Freiburg i. Br. 1916; Borutta, Manuel, Antikatholizismus. Deutschland und Italien im Zeitalter der europäischen Kulturkämpfe (Bürgertum Neue Folge. Studien zur Zivilgesellschaft 7), Göttingen 2011.

544 Vgl. Schöpf, Joseph A., Gutachten über den Konflikt der preussischen Regierung mit der katholischen Kirche. Ein Wort zum Frieden. (Separatabdruck aus dem Grenzboten), Reichenhall 1880.

545 Schöpf, Gutachten, 3.

546 Vgl. Schöpf, Gutachten, 3–22.

547 Vgl. Schöpf, Gutachten, 17–22. Unter Presse versteht Schöpf „sowohl die sog. kirchlich gesinnte („ultramontane") und kirchenfeindliche, periodische und nicht periodische". (Schöpf, Gutachten, 17)

548 Vgl. Schöpf, Gutachten, 22–27.

549 Vgl. Schöpf, Gutachten, 28–36.

550 Schöpf, Gutachten, 32. Als *Syllabus* bezeichnet Schöpf die von Papst Pius IX. am 8. Dezember 1864 veröffentlichte Liste mit 80 Thesen, welche durch das kirchliche Lehramt als *falsch* bewertet wurden und somit zu verwerfen sowie von Katholiken nicht zu glauben waren. Vgl. Pius P.P. IX, Syllabus complectens praecipuos nostrae aetatis errors qui notantur in encyclicis aliisque apostolicis litteris sanctissimi domini nostri Pii Papae IX. 8 dec. 1864, in: ASS 3 (1867) 168–176.

sprüchen abrückten, war jedoch skeptisch, dass dies geschehen würde.[551] Die realpolitische Entwicklung führte dazu, dass am Beginn des Pontifikats Leos XIII. die diplomatischen Beziehungen zwischen dem Heiligen Stuhl und der preussischen Regierung im Jahr 1882 wieder aufgenommen wurden und der Konflikt schließlich im Jahr 1887 beigelegt werden konnte.

2.12 Schulverein, Salzburg um 1880

Um den Jahreswechsel 1880/81 veröffentlichte Schöpf in der Zaunrith'schen Druckerei in Salzburg unter dem Titel *Schulverein*[552] einen sechsseitigen Abdruck eines Vortrags, welchen er am 23. Dezember 1880 im Rahmen der Weihnachtsfeier des von ihm gegründeten Schulvereins zur Betreuung von Schulkindern erwerbstätiger Eltern gehalten hatte.

Schöpf führte den Kindern am Vorabend des Hl. Abend vor Augen, dass es ihnen im Angesicht der täglichen Versorgung im Schulverein nicht an der nötigen Dankbarkeit gegenüber den Erzieherinnen fehlen dürfe. Er ermahnte sie mit dem Verweis auf bedürftige Schulkinder in armen Salzburger Umlandgemeinden dazu, sich allzeit bewusst zu machen, dass die tägliche Versorgung mit warmen Mahlzeiten und die Betreuung in den Mittagsstunden keine Selbstverständlichkeit sei und forderte die Schulkinder zu gutem Benehmen zugunsten des Erhalts des Schulvereines auf:

> „Denn glaubet sicher liebe Kinder! die Ehre des Schulvereins hängt hauptsächlich von Euch ab. Wenn die Leute bemerken, daß Ihr brav und wohlgesittet seid daß Ihr Euch auf der Gasse gegen Jedermann anständig benehmet und daß Ihr in der Schule fleißig lernet, so haben sie großen Respekt vor dem Schulverein und öffnen bereitwillig die Hand zum Geben."[553]

Schöpf schloss seinen Vortrag vor den Kindern mit Ausführungen zur Notwendigkeit des frommen Lebenswandels nach dem Vorbild der Eltern[554] sowie einer Betrachtung über die Tugend der Bescheidenheit als dem schönsten Schmuck der Jugend.[555]

---

551 Vgl. Schöpf, Gutachten, 31–33.

552 Vgl. Schöpf, Joseph A., Schulverein, Salzburg um 1880.

553 Schöpf, Schulverein, 2.

554 Vgl. Schöpf, Schulverein, 3–5. Schöpf bezeichnet dabei die Eltern als Vorbilder im Glauben und mit Verweis auf den hl. Johannes Chrysostomus als „Bücher, aus denen die Kinder Religion und Gottesfurcht erlernen." (Schöpf, Schulverein, 5)

555 Vgl. Schöpf, Schulverein, 5 f: „Bescheidenheit, liebe Kinder! ist der schönste Schmuck der Jugend, unbescheidenes, altkluges oder gar hochmüthiges Wesen entehrt die

2.13 Zum Congreß der Naturforscher (Reminiszenzen), Salzburg 1881

Anlässlich einer im September 1881 in der Stadt Salzburg abgehaltenen Versammlung deutschsprachiger Naturforscher und Ärzte veröffentlichte Schöpf eine 15-seitige Schrift mit dem Titel *Zum Congreß der Naturforscher (Reminiszenzen)*[556], in welcher er in langatmigen Beschreibungen einerseits eine im September 1832 in Wien abgehaltene ähnliche Versammlung von 356 Naturforschern aus aller Welt sowie andererseits das grundsätzliche Wesen und den Zweck der Naturforschung beschreibt. Die von Schöpf im Eigenverlag in der Zaunrith'schen Druckerei veröffentlichte Schrift ist ein Sonderdruck aus den Nummern 202 und 204 der Salzburger Zeitung des Jahres 1881.

Schöpf wendet sich in seiner Schrift sowohl gegen einen dominierenden Materialismus, als auch gegen ängstliche und engstirnige Vorurteile der Kirche gegen die moderne naturwissenschaftliche Forschung.[557] Schöpf zufolge hat die Theologie für ihre „Sache von der echten Naturwissenschaft nicht das Mindeste zu befürchten.“[558]

2.14 Das Spital in Gnigl, Salzburg 1882

Im Jahr 1882 veröffentlichte Schöpf in der Zaunrith'schen Buchdruckerei in Salzburg im Selbstverlag eine achtseitige Schrift mit dem Titel *Das Spital in Gnigl.*[559] Schöpf zeichnet in dieser Kleinschrift in groben Zügen die Schwierigkeiten nach, welchen er im Rahmen des, schlussendlich im Jahr 1884 erfolgreich zu Ende geführten, Neubaus des Gnigler St. Anna-Bezirkskrankenhauses im Kalenderjahr 1882 begegnete.

An den Anfang seiner Kleinschrift stellt Schöpf einen Abdruck seines, in der zwölften Nummer der Salzburger Zeitung des Jahres 1882 abgedruckten, Aufsatzes über die Notwendigkeit der Einrichtung eines Oratoriums im bisherigen

---

Jugend und ist der sicherste Beweis von Hohlheit des Kopfes. [...] Also liebe Kinder! seid bescheiden gegen Jedermann artig; denn durch Höflichkeit hat man nie etwas verdorben.“

556 Vgl. Schöpf, Joseph A., Zum Congreß der Naturforscher. (Reminiszenzen). Separat-Abdruck aus der „Salzburger Zeitung“ 1881, Nr. 202 und 204, Salzburg 1881.

557 Vgl. Schöpf, Congreß, 8–13.

558 Schöpf, Congreß, 10.

559 Vgl. Schöpf, Joseph A., Das Spital in Gnigl. Separatabdruck aus der „Salzburger Zeitung“, Salzburg 1882.

Gnigler Spital, von welchem ausgehend sich die Spital-Sache über zwei Jahre bis zur Einweihung des Neubaus am 11. Mai 1884 entwickelte.

Ausführlicher zu den Umständen und Begleitumständen im Zusammenhang mit dem St. Anna-Spital äußert sich Schöpf rückblickend zwei Jahre später in seiner Schrift *Das St. Anna-Bezirkskranken- und Versorgungshaus.*[560]

2.15 Denkschrift über die Kirchensache in Guggenthal, Salzburg 1883

Im Jahr 1883 veröffentlichte Schöpf im Verlagshaus Angelberger in Salzburg unter dem Titel *Denkschrift über die Kirchensache in Guggenthal* eine 15-seitige Zusammenschau der Geschichte der Kirche zum *hl. Kreuz* und zur *hl. Elisabeth* in der Salzburger Umlandgemeinde Guggenthal.[561]

Da Schöpfs Verbindung zur Guggenthaler Kirche bereits erörtert wurde,[562] wird an dieser Stelle nicht näher auf den Inhalt der Schrift eingegangen, sondern lediglich der Aufbau der Schrift skizziert. Nach einführenden Bemerkungen, wie es überhaupt zum Bau der Kirche in Guggenthal kam,[563] geht Schöpf nach einer Schilderung der Feierlichkeiten der dedicatio ecclesiae am 11. September 1864[564] überblicksweise auf die drei Seelsorger ein, welche in Guggenthal bis 1870 ihren Dienst versahen. Mit dem Jahr 1870 war Schöpf der regelmäßige Seelsorger an der Kirche zum *hl. Kreuz* und zur *hl. Elisabeth.*[565] Ausführlich beschreibt Schöpf die Übereignung der Besitzrechte an der Kirche durch die Witwe Elisabeth Weickl an die neuen Inhaber im Jahr 1875 sowie die weitergehenden Regelungen zum materiellen Erhalt der Kirche in den Jahren bis 1883.[566] Die letztgültige Regelung des finanziellen Unterhalts der Guggenthaler Kirche bildete die von Schöpf erstellte Stiftungsurkunde vom 13. Februar 1889.[567]

---

560 Vgl. Schöpf, St. Anna; vgl. hierzu näher Punkt 2.16 dieser Arbeit.
561 Vgl. Schöpf, Denkschrift (1883).
562 Vgl. Punkt 1.7 dieser Arbeit.
563 Vgl. Schöpf, Denkschrift (1883), 1.
564 Vgl. Schöpf, Denkschrift (1883), 2 f.
565 Vgl. Schöpf, Denkschrift (1883), 3 f.
566 Vgl. Schöpf, Denkschrift (1883), 5–13.
567 Ratifiziert durch das f.e. Consistorium am 26. Februar 1889; Text abgedruckt bei: Schöpf, Guggenthalerthum, 46.

2.16 Das St. Anna-Bezirkskranken- und Versorgungshaus, Salzburg 1884

Ähnlich seiner Schrift über die Guggenthaler Kirche veröffentlichte Schöpf im Folgejahr 1884 in der Buchdruckerei Oellacher in Salzburg unter dem Titel *Das St. Anna-Bezirkskranken- und Versorgungshaus* eine 39-seitige Zusammenschau der Geschichte des St.-Anna Spitals in der Salzburger Umlandgemeinde Gnigl.[568]

Nach einer kurzen Vorbemerkung[569] schildert Schöpf ausführlich die Auseinandersetzungen der Jahre 1882–1884 mit den Verwaltungsgremien des Bezirkskrankenhauses Gnigl sowie den Mitgliedern der Gemeindevertretungen der 15 Salzburger Umlandgemeinden in der Frage des Um- oder Neubaus des Gnigler Spitals.[570] Schöpf dokumentiert die Schreiben, welche er an die Landesregierung[571] sowie an den kaiserlichen Hof, mit der Bitte, die Spitalsache in Gnigl finanziell zu unterstützen,[572] adressierte. Schöpf schildert im Anschluss, nachdem die Finanzierung des Neubaus gesichert werden konnte, eingehend die Phase des Neubaus[573] sowie den 11. Mai 1884, den Tag der Eröffnung des Spitals, welchen er im Rückblick als den *schönsten Tag seines Lebens* bezeichnete.[574]

---

568 Vgl. Schöpf, St. Anna.

569 Vgl. Schöpf, St. Anna, 1–3.

570 Vgl. Schöpf, St. Anna, 3–10.

571 Vgl. Schöpf, St. Anna, 10–14.

572 Vgl. Schöpf, St. Anna, 14–16.

573 Vgl. mit detaillierter Wiedergabe der verschiedenen Sitzungsprotokolle der Kommission der ‚Spitalsache Gnigl': Schöpf, St. Anna, 19–35.

574 Vgl. Schöpf, St. Anna, 35 f.: „Endlich zog er herauf der schöne Tag – der schönste Tag meines Lebens der allerschönste unter den vielen schönen. Denn ein schöner Tag war es als ich Ende August 1841 nach Absolvirung der Philosophie von der Universität in Graz, wo ich 15 Wochen hindurch am Typhus abdom. im allg. Krankenhause die Rohheit der männlichen Wärter verkostet, nach mehrwöchentlicher Irrfahrt meinen theuren Eltern und Schwestern die Hand zum Gruße bot; ein schöner Tag war es als ich am 24. August 1845 zu Längenfeld im Oezthale unter hundertfachem Echo der Pöllerschüsse in die Kirche zur Primiz zog, wobei mein Studienfreund Greuter die Predigt hielt; ein schöner Tag war es, als ich im Mai 1872, umgeben von einem Dutzend Vereinen und Präsides das 20jährige Stiftungsfest des Gesellenvereins beging; ein schöner Maientag war es, an dem ich als Notarius Apostolicus die vollzogene Wahl des Abtes von St. Peter, Dr. Fr. Albert Eder, zum Nachfolger des hl. Ruperts an die höchste Behörde in Wien telegrafirte; ein schöner Tag war die Eröffnung des Schulvereins, in dem so viele arme Kinder geistiges und leibliches Brod erhalten u. s. w. Doch der *allerschönste Tag meines Lebens war der 11. Mai 1884,* an welchem Tage die feierliche Eröffnung und Einweihung des Oratoriums und Hauses

2.17 Eine Wilderer-Predigt, Salzburg 1885

Bei der sog. ‚Wilderer-Predigt', welche Schöpf am 25. Oktober 1885 in der Kirche von Guggenthal gehalten hat, handelt es sich um eine Anlasspredigt, welche im Nachgang von Schöpf als Sonderdruck im Eigenverlag herausgegeben wurde. Der ganze finanzielle Ertrag der 8-seitigen Kleinschrift war für die Bewohner des Ötztals bestimmt, welche zu dieser Zeit unter den Folgen kürzlich zuvor geschehener Murbrüche und Überschwemmungen litten.[575]

Anlass der Predigt waren Unstimmigkeiten von Guggenthaler Gemeindeangehörigen mit dem Jagdpächter.[576] Ausgehend von einem Fall des Wilderns, welcher sich 40 Jahre zuvor auf dem Stummerberg im Zillertal in Schöpfs Zeit als Aushilfspriester in Stumm ereignet hatte, wendet sich Schöpf mahnend gegen das Wildern als gemeinen Diebstahl, als „Quelle namenlosen Leids, die Quelle unzählbarer Sünden, Laster und Verbrechen, eine Quelle des Hasses, der Feindschaft, der Lieblosigkeit, der Ungerechtigkeit"[577], welche in vielen Fällen mit unmenschlicher Grausamkeit gegen die Tiere verbunden sei.[578] Schöpf entkräftet die bekannten Argumente, das Wild sei ein für jedermann freies Gut, das Wild richte zu viel Schaden an und die Jagdgesetze seien zu hart,[579] nachdem er den Hörern der Predigt jene dramatische Episode aus Tirol berichtet hatte, deren Zeuge er als junger Priester war und in deren Rahmen eine betagte Mutter den Unfalltod ihres Sohnes beklagen musste, welcher vom eigenen wildernden Bruder erschossen worden war.[580]

vollzogen wurde, nachdem bereits am 8. Mai die Ueberbringung der Kranken von dem alten ins neue Spital geschehen war."

575 Vgl. Schöpf, Wilderer-Predigt, Titelblatt; Der Text der Predigt wurde auch im *Salzburger Schreibkalender* des Jahres 1887 abgedruckt: Vgl. Neuer Salzburgischer Haus- und Wirthschafts-Schreibkalender, Salzburg 1887.

576 Vgl. für die Tatsache, dass solche Streitigkeiten für die Zeit Schöpfs nichts ungewöhnliches waren: Walleitner, Josef, Wildern im ehemaligen Erzstift Salzburg. volkskundliche Studie, Salzburg 1965, v.a. 41–46.

577 Schöpf, Wilderer-Predigt, 4.

578 Vgl. Schöpf, Wilderer-Predigt, 5.

579 Vgl. Schöpf, Wilderer-Predigt, 6 f.

580 Vgl. Schöpf, Wilderer-Predigt, 2 f.

2.18 Ueber den Greuel der Verwüstung in der Gemeinde Gnigl, Salzburg 1886

In der Nacht vom 25. auf den 26. August 1886 ereignete sich in den Ortsteilen Heuberg und Guggenthal der Gemeinde Gnigl im Salzburger Umland ein schwerer Wolkenbruch, welcher eine Spur der Verwüstung nach sich zog. Schöpf widmete den Erlös des Abdrucks seines wenige Wochen später, am 5. September 1886, im St.-Anna Spital zu Gnigl gehaltenen Vortrags mit dem Titel *Ueber den Greuel der Verwüstung in der Gemeinde Gnigl*[581] den Verunglückten des genannten Unwetters. Die Kleinschrift umfasst 8 Druckseiten und wurde von Schöpf in der Oberer'schen Buchhandlung in Salzburg veröffentlicht.

Im Rahmen seines Vortrags schildert Schöpf, unter dem Eindruck des Unglücks von Heuberg und Guggenthal vom Ende des Vormonats stehend, an verschiedenen Beispielen die zerstörerische Macht des „sonst so wohlthätigen Wasser[s]"[582]. Ausgehend von einem zerstörerischen Murenabgang in seiner Tiroler Heimat am 14. August 1825 beschreibt Schöpf das Ausmaß des Unwetters vom 25./26. August 1886. Der emotionale Vortrag ist geprägt von dem Wissen um das Ausgeliefertsein des Menschen gegenüber den Elementen auf der einen Seite,[583] sowie großem Dank gegenüber all den Mitbürgern, welche den verunglückten Menschen in den Stunden der Not beigestanden waren auf der anderen Seite. Nur der Mensch ist Schöpf zufolge in der Lage Mitgefühl zu empfinden[584] und so gipfelt Schöpfs Vortrag in einer Darlegung der christlichen Tugend der *Nächstenliebe*, welche für Schöpf – da vergleichbare Konzepte in allen Religionen zu finden sind – „der *eine* Kern aller und jeder Religion"[585] ist. Als zweiten Kern der Religionen bezeichnet Schöpf die unterschiedlichen Formen des *Betens*.[586] So schloss Schöpf auch seinen Vortrag mit einem Aufruf zum Gebet zum Wohl der vom Wolkenbruch in Heuberg und Guggenthal Betroffenen, denn „das Gebet

581 Vgl. Schöpf, Joseph A., Ueber den Greuel der Verwüstung in der Gemeinde Gnigl. Vortrag (gehalten am 5. September 1886 im St. Anna-Spitale), Salzburg 1886.

582 Schöpf, Greuel, 7.

583 Vgl. Schöpf, Greuel, 7: „Die Natur ist blind, sie folgt nur dem vom Schöpfer ihr eingegrabenen Gesetze der Nothwendigkeit. Freiheit und Liebe, Mitleid und Erbarmen sind ihr fremd."

584 Vgl. Schöpf, Greuel, 7: „Nur in ein einziges Wesen unserer Erde hat der unendliche Geist Freiheit, Liebe und Erbarmen gehaucht. Und dieses Wesen ist der Mensch."

585 Schöpf, Greuel, 7.

586 Vgl. Schöpf, Greuel, 7 f.

des Gerechten vermag viel“[587], wie Schöpf seinen Vortrag mit Referenz auf Jak 5,16[588] beendete.

2.19 Denkschrift zum fünfzigjährigen Priesterthum des hochw. Herrn Franz Speckbacher, Halypolis 1887

Als im Jahr 1887 innerhalb der Pfarrgemeinde von Mieming eine Gruppe von Gemeindemitgliedern versuchte, den dortigen Pfarrer Franz Speckbacher und dessen Amtsausübung öffentlich zu diskreditieren, sah sich Schöpf in der Pflicht seinem langjährigen Kollegen und Freund im priesterlichen Stand zur Hilfe zu eilen. Nachdem vor dem Brixner Bischof Dr. Simon Aichner anonyme Anklage gegen Speckbacher erhoben worden war, er hätte sich in der Ausübung seines Amtes durch seine Pfarrhaushälterin und einige fromme Frauen aus der Gemeinde übergebührlich stark beeinflussen lassen, verhärteten sich innerhalb der Gemeinde die Fronten zusehends.[589]

Zur ehrenrettenden Unterstützung des Pfarrers Speckbacher verfasste Schöpf anlässlich dessen fünfzigjährigen Weihejubiläums eine Denkschrift.[590] Die 14-seitige Schrift wurde von Schöpf anonym verfasst und trägt die Verfasserangabe von „einem ehemaligen Pfarrkinde.“[591] Ausgehend von den durch Speckbacher geäußerten Bedenken hinsichtlich der Frage, ob er seine *Sekundiz*[592] vor dem Hintergrund des Konflikts in der Pfarrei feierlich begehen soll, schildert Schöpf in der Denkschrift nach *Abstammung*, *Kindheit* und *Ausbildung*[593] die großen Verdienste Speckbachers in der Seelsorge und in seinem sonstigen priesterlichen Wirken,[594] aufgrund derer das feierliche Begehen der Sekundiz nicht unterlassen werden dürfe. Schöpf ermahnte das Pfarrvolk, die

587 Schöpf, Greuel, 8.

588 Jak 5,16: „Darum bekennt einander eure Sünden und betet füreinander, damit ihr geheiligt werdet. Viel vermag das inständige Gebet eines Gerechten.“

589 Vgl. Schöpf, Predigt, 3 f.

590 Vgl. Schöpf, Joseph A., Denkschrift zum fünfzigjährigen Priesterthum des hochw. Herrn Franz Speckbacher, Halypolis 1887.

591 Schöpf, Denkschrift (1887), Titelseite.

592 Als *Sekundiz* wird die Feier anlässlich des 50jährigen Priesterjubiläums bezeichnet.

593 Vgl. Schöpf, Denkschrift (1887), 4–8.

594 Vgl. Schöpf, Denkschrift (1887), 9–14. Schöpf weist in diesem Zusammenhang ausdrücklich darauf hin, dass Speckbacher, dem Schöpf mit der Schrift im Konflikt zur Seite steht, vor Erscheinen der Denkschrift nichts über deren Inhalt bekannt war. Vgl. Schöpf, Denkschrift (1887), 14: „Um jede Mißdeutung dieser Schrift ein für allemal abzuschneiden, wird hiemit erklärt, daß der Jubiläus den Inhalt und die Herausgabe

Kritik an Speckbachers Amtsausübung zu unterlassen, wodurch der Konflikt in Miemingen sich jedoch noch nicht aus der Welt schaffen ließ.[595] Eine persönliche Intervention Schöpfs im Rahmen einer Predigt in der Pfarrkirche von Mieming war die Folge.[596]

2.20 Schulrath und Gymnasialdirektor Joseph Steger, Salzburg 1887

Einen von Schöpf verfassten Nachruf stellt die 1887 in der Oberer'schen Buchdruckerei in Salzburg veröffentlichte 95-seitige Schrift zu Ehren des ehemaligen Salzburger Gymnasialdirektors Joseph Steger dar.[597] Stegers Vita skizziert Schöpf in sieben Schritten, indem er sich nach den *Tiroler Kindheitsjahren*[598] und den *Studienjahren*[599] Stegers Tätigkeit als *Priester und Seelsorger*[600] sowie seiner Funktion als *Gymnasiallehrer*[601] widmet. Die Lebensabschnitte als *Gymnasialprofessor*[602] und *-direktor*[603] sowie die Zeit nach seiner *Pensionierung*[604] vom Schuldienst runden den Nachruf ab. Bemerkenswert ist die den zweiten Hauptteil der Veröffentlichung bildende umfangreiche Bibliographie der zum damaligen Zeitpunkt noch nicht publizierten Werke Stegers.[605] Chronologisch geordnet hat Schöpf entlang der Lebensorte Joseph Stegers 32 kurze Texte des Verstorbenen mit ver-

---

derselben vor deren Veröffentlichung *nicht gekannt* hat, daß ihm also kein einziges darin vorkommende Wort in die Schuhe geschoben werden darf."

595 Vgl. Schöpf, Predigt, 4.

596 Vgl. hierzu Punkt 2.23 dieser Arbeit.

597 Vgl. Schöpf, Joseph A., Schulrath und Gymnasialdirektor Joseph Steger, Salzburg 1887; *Joseph Steger* (geb. 5. September 1827 in Sand in Taufers [Südtirol]; gest. 22. Dezember 1886 in Salzburg) war nach Priesterweihe und pastoraler Tätigkeit von 1857–60 Gymnasiallehrer in Marburg (heute Maribor) sowie ab 1860 Lehrer am Staats-Gymnasium in Salzburg, dessen Direktor er von 1883–86 war. Vgl. Salzburgwiki, Josef Steger (Gymnasialdirektor). Verfügbar unter: http://www.salzburg.com/wiki/index.php/Josef_Steger_(Gymnasialdirektor). Zuletzt geprüft am 29. November 2016.

598 Vgl. Schöpf, Schulrath, 1 f.

599 Vgl. Schöpf, Schulrath, 2–6.

600 Vgl. Schöpf, Schulrath, 6–9.

601 Vgl. Schöpf, Schulrath, 9–16.

602 Vgl. Schöpf, Schulrath, 16–20.

603 Vgl. Schöpf, Schulrath, 20–29.

604 Vgl. Schöpf, Schulrath, 29–35.

605 Vgl. Schöpf, Schulrath, 35–95.

schiedensten Inhalten, darunter einige Gedichte und Lieder, aber auch religiöse Texte sowie Vorträge, zusammengetragen und somit der Nachwelt erhalten.

2.21 Warum? – Weil!, Salzburg 1887

Unter dem Titel *Warum? – Weil!* veröffentlichte Schöpf im Jahr 1887 in der Buchdruckerei Oellacher in Salzburg einen lediglich 4-seitigen Abdruck eines von ihm im St. Anna-Spital gehaltenen Vortrags.[606] Anlass war die Kritik, welche von Kranken und Pfleglingen an der Leitung des Spitals geäußert wurde. Schöpf sah sich dazu verpflichtet, den geistlichen Schwestern beizustehen und hielt somit den Vortrag, in dessen Rahmen er den Kritikern vorwarf, es gäbe unter ihnen Leute, welche „mit nichts zufrieden, fortwährend klagen, stänken, murren, lügen und noch andere aufhetzen."[607] Man solle dieses Verhalten unterlassen und sich vielmehr vergegenwärtigen, wie und warum sie ins Spital gekommen seien und dass „auch andere Leute nicht auf Rosen gebettet sind."[608] Sie sollten für die Pflege im Spital, welches lediglich unter großen Schwierigkeiten im Bestand erhalten werden könne, dankbar sein und nicht ihre Kraft auf die Kritik über die Verpflegung verwenden.[609] Mit einem Aufruf zum Gebet sowie zur Lektüre im Sinne der Bildung und geistigen Erbauung endete der Vortrag, an den sich eine Eucharistiefeier anschloss.[610]

606 Vgl. Schöpf, Joseph A., Warum? – Weil! Vortrag gehalten am 29. Jänner 1887 im St. Anna-Spitale, Salzburg 1887.

607 Schöpf, Warum?, 3.

608 Schöpf, Warum?, 3.

609 Vgl. Schöpf, Warum?, 4: „Alle, die in einem Institute sind, trachten sich für die Entbehrung der Freiheit durch gut essen und trinken zu entschädigen berechnen schon lange voraus, wann und wie etwa ein besseres Essen kommt. Und erst solche, die wie Ihr, nichts zu thun haben, die denken in einemfort an's essen und trinken, während der Arbeitsmensch dazu keine Zeit findet."

610 Vgl. Schöpf, Warum?, 4.

2.22 Antisemitische, zu deutsch judenhetzerische Bestrebungen in der Saison-Stadt Salzburg!!! Grandverwunderung, Salzburg 1888; Sendschreiben an die Herren vom Kyffhäuser und an den Verfasser des „Grand-Unsinns", Salzburg 1888; Und Nachtrag zur Grandverwunderung, Salzburg 1888

Im Jahr 1888 war Schöpf an einem Federkrieg beteiligt, welcher zwischen dem liberalen *Salzburger Volksblatt* und der deutschnationalen Zeitung *Der Kyffhäuser*[611] geführt wurde. Mit diesem energisch geführten Schriftwechsel in Zusammenhang standen drei Kleinschriften Schöpfs aus dem Jahr 1888. Auslöser der Auseinandersetzung war Schöpfs 16-seitige, in der Zaunrith'schen Buchdruckerei in Salzburg herausgegebene Kleinschrift *Antisemitische, zu deutsch judenhetzerische Bestrebungen in der Saison-Stadt Salzburg!!! Grandverwunderung.*[612] Schöpf selbst schildert zehn Jahre später die Angriffe auf seine Person, welche als Reaktion auf seine *Grandverwunderung* veröffentlicht wurden:

> „Den heftigsten Angriff erlebte ich jedoch in den achtziger Jahren. In jener Zeit war eben der Antisemitismus aufgetaucht und [...] gewissermaßen salonfähig geworden. Im Innersten darüber empört, daß man die Juden, aus deren Mitte doch Christus, Maria, die Apostel, die ersten Märthyrer hervorgegangen, gleich dem Wilde hetzte und ächtete, griff ich, offen gesagt, mit förmlicher Wuth zur Feder und sprach meine Grandverwunderung aus über das ebenso lieblose als niederträchtige Treiben der Antisemiten. Da hatte ich in ein sauberes Wespennest gestochen. Von allen Seiten, mündlich und schriftlich flogen die giftigsten Pfeile wider mich. Meine Grandverwunderung wurde [...] Grandunsinn genannt und zahllose Briefe und Karten benambsten mich „verfluchter Pfaff, Grandefel" und was der gleichen Liebenswürdigkeiten mehr sind.

611 *Der Kyffhäuser* war eine deutschnationale Wochenzeitung, die von 1887 bis 1894 in München und Salzburg erschien. Die Zeitschrift verfolgte die Zielsetzung, den nationalen Gedanken in seiner Reinheit zu pflegen und zu fördern. In Salzburg gründeten Anhänger der antisemitischen *Berliner Bewegung* des Berliner Dompredigers Adolf Stoecker eine politisch hoch aktive Ortsgruppe des antisemitischen Bundes. Der Kyffhäuser war das Organ dieser Salzburger Ortsgruppe, wodurch das Blatt infolgedessen mit der Staatsanwaltschaft in Konflikt kam, da wiederholt Aufsätze über das Judentum durch die Zensur missbilligt wurden. Vgl. Glaser, Zeitungswesen, 162 f.

612 Vgl. Schöpf, Joseph A., Antisemitische, zu deutsch judenhetzerische Bestrebungen in der Saison-Stadt Salzburg!!! Grandverwunderung, Salzburg 1888.

In der That waren die rohesten und gemeinsten Gegner, denen ich je auf literarischem Boden begegnete, die Antisemiten. Dagegen erhielt ich von New-York so tröstliche Zuschriften, daß es mir leid that, nicht noch schärfer wider den Pack gepfeffert zu haben."[613]

Im Rahmen seiner Grandverwunderung sprach Schöpf der Stadt Salzburg „einen eminent kosmopolitischen Character"[614] zu, in Salzburg sei zu Schöpfs Zeit „Toleranz allda heimisch"[615] gewesen. Seiner *liberalen Grundeinstellung*[616] folgend, setzte sich Schöpf zu verschiedenen Gelegenheiten – bei steter Treue zur katholischen Glaubenslehre[617] – für religiöse Toleranz ein und verwarf wiederholt das Gedankengut des *Antisemitismus*, welcher, so äußerte sich Schöpf in seinem letzten Lebensjahr,

„*antichristlich* und *gottlos* [ist], soferne er gegen die Grundwahrheit des Christenthums [steht]: „Liebe Deinen Nächsten, wer immer er sein mag, wie Dich selbst." Der Antisemitismus ist ein *Rückschritt* in längst vergangene Zeit, *Reaction* gegen die gesunde Vernunft. Er zeigt sich als die roheste aller Parteien und nebstbei häßlichste, weil er

---

613 Schöpf, Mittheilungen (1898), 30.
614 Schöpf, Bestrebungen, 4.
615 Schöpf, Bestrebungen, 4.
616 In seinen biographischen Betrachtungen zu Schöpfs wissenschaftlicher Tätigkeit formulierte Anthaller eine Antwort die Frage „*ob Professor Schöpf ein Liberaler gewesen sei.* Derlei Worte haben in dem Munde fast jedes Menschen eine andere Bedeutung. Ich denke mir unter einem Liberalen vor richtiger Farbe einen Mann, welcher wohl an einen Gott glaubt, aber an keine Offenbarung; der nennt das Christenthum einen Segen der Menschheit, sowohl durch seine Glaubens- als besonders durch seine Sittenlehre. Hingegen ist ihm Christus nur ein vom Geiste Gottes erfüllter Mensch. Der Liberale verabscheut das Christenthum nur in der Form der katholischen Kirche. Er verkennt, daß jenes Licht, welches jeder Mensch seiner Natur nach in sich trägt, nicht hinreicht, um richtige hinreichende Helle und zur christlichen Sittlichkeit genügende Kräfte zu finden. Seit Jahrtausenden philosophieren die größten Geister und kommen doch zu keiner Sicherheit des Wissens in den göttlichen Dingen. Ewig bewährt sich noch immer der Ausspruch des heil. Petrus: „Kein anderer Name ist den Menschen gegeben worden, daß sie selig werden, als der name unseres Herrn Jesu Christi." (Apostelgesch. IV, 12) Die katholische Kirche hält an der Gestalt unseres Herrn Jesus Christus fest, wie die heiligen Schriften sie uns schildern. *Dr. Schöpf hat bis zu seinem Tode an allen Glaubenslehren der katholischen Kirche getreulich festgehalten und hat durch Wort und Schrift für die katholische Kirche gearbeitet.* Wollte Gott, daß wir sehr viele solche liberale Priester unter uns hätten!" (Anthaller, Schöpf, 9 f.)
617 Vgl. bspw. die einleitenden Bemerkungen in: Schöpf, Nothwehr (1862).

größtentheils auf dem Neide basiert. Der Antisemitismus ist eine Schmach unseres Jahrhunderts, an deren Austilgung jeder Wohlmeinende arbeiten sollte.“[618]

So machte es sich Schöpf im Rahmen seiner Grandverwunderung zur Aufgabe, die Argumente der Salzburger Antisemiten, welche ihre Überzeugungen im Kyffhäuser publizierten, „einer ruhigen und unpartheiischen Prüfung [zu] unterziehen.“[619] Ausführlich argumentiert Schöpf im Verlauf seiner Broschüre gegen zehn Argumente, mit denen die Salzburger Antisemiten ihre Sichtweise zu untermauern versuchen und widerlegt diese jeweils.[620] Am Schluss seiner Schrift ruft Schöpf auf, „alle echten, alten Salzburger [müssen] zusammenstehen, um diese Elemente zum Schweigen zu bringen!“[621]

Die Redakteure des Kyffhäuser, Karl Irresberger und Anton Langgassner, sahen sich durch Schöpfs Schrift direkt angegriffen und forderten von Rudolf Freisauff von Neudegg, dem Redakteur des Salzburger Volksblattes, Genugtuung in Form einer schriftlichen Erklärung. Diese wurde abgedruckt, der Streit zwischen Schöpf und den Redakteuren vom Kyffhäuser dadurch jedoch noch nicht beigelegt.[622] Im Januar 1888 folgte ein Wechsel von Kleinschriften zwischen Schöpf[623] und den

618 Schöpf, Joseph A., Mittheilungen des Herrn Professor Dr. Schöpf, in: Neuer Salzburgischer Haus- und Wirthschafts-Schreibkalender, Salzburg 1900, 28–36, hier 33.

619 Schöpf, Bestrebungen, 5.

620 Vgl. Schöpf, Bestrebungen, 6–15; Schöpf geht auf die folgenden Vorwürfe ein: 1) Die Bestrebungen des Antisemitismus zielen nicht auf die Religion, sondern auf die Rasse ab. 2) Die Juden würden im Staat eine Art Schattengesellschaft aufbauen. 3) Die Juden würden nicht arbeiten, sondern lediglich die Frucht dessen verzehren, was sich die Christen im Schweiße ihres Angesichts erworben haben. Sie betreiben selbst weder Landwirtschaft noch Handwerk und würden ihre Arbeiter ausbeuten. 4) Es gäbe unter den Juden viele sehr arrogante, prahlerische und vorlaute Personen. 5) Die Juden würden den Christen die Geschäfte verderben, Letztere könnten im Wettbewerb nicht bestehen. 6) Die Juden würden ihre Geschäfte unehrlich betreiben. 7) In anderen Regionen (genannt werden Galizien und Ungarn) würden die Juden als Großgrundbesitzer den christlichen Landwirten das Wirtschaften unnötig erschweren. 8) Die jüdische Presse wäre eine wahre Pest. 9) Durch Verweis auf die *Berliner Bewegung* des Berliner Dompredigers Adolf Stoecker wird der Versuch unternommen, den Salzburger Antisemitismus zu legitimieren. 10) Es wird darauf verwiesen, dass ein Großteil der Absolventen der Salzburger Hochschulen mit der *Berliner Bewegung* sympathisiert.

621 Schöpf, Bestrebungen, 15.

622 Vgl. Glaser, Zeitungswesen, 162 f.

623 Vgl. Schöpf, Joseph A., Sendschreiben an die Herren vom Kyffhäuser und an den Verfasser des „Grand-Unsinns“, Salzburg 1888.

Redakteuren des Kyffhäuser.[624] Schöpf geht Mitte Januar 1888 in seinem 8-seitigen *Sendschreiben an die Herren vom Kyffhäuser und an den Verfasser des „Grand-Unsinns"* auf die persönlichen Vorwürfe ein, welche vor allem durch Irresberger in dessen *Grand-Unsinn* formuliert wurden. An die rechtfertigende Darstellung, dass er im gesamten Verlauf seines Salzburger Wirkens seine Ämter und Posten, die er im Laufe der Jahrzehnte innehatte, nie für unlautere Zwecke genutzt hatte,[625] fügt Schöpf eine begründete Verurteilung des *Antisemitismus* an, wobei er diesen als *Anachronismus, Anarchismus, Antichristentum, Antihumanismus* und *Antiaustriacismus* darlegt.[626]

Die Auseinandersetzung ebbte in Folge ab, als Schlusspunkt kann Schöpfs 16-seitige Kleinschrift vom 18. Februar 1888 mit dem Titel *Nachtrag zur Grandverwunderung* angesehen werden,[627] in welcher Schöpf rückblickend noch einmal darauf hinweist, dass er seit Mitte des 19. Jahrhunderts regelmäßig gegen Ungerechtigkeiten und für die Rechte von Unterdrückten das Wort ergriffen[628] und seine Bedenken gegenüber dem Antisemitismus auch bereits in früheren Schriften formuliert hatte.[629] Die zweite Hälfte des *Nachtrags* widmet Schöpf einem Überblick über die positiven Reaktionen, welche er im Zusammenhang mit dem sich an seine *Grandverwunderung* anschließenden Konflikt aus der Salzburger Bevölkerung und Presse – v. a. dem *Salzburger Volksblatt* – erfahren hatte.[630] Die Dokumentation seiner Reaktionen auf die scharfen Angriffe seitens seiner Gegner aus dem ganzen deutschen Sprachraum bilden den Abschluss der

---

624 Vgl. Langgassner, Anton, Gerichtet. Eine angemessene Abfertigung der Schöpfiaden, Salzburg 1888; Irresberger, Karl, Grand-Unsinn des Dr. Schöpf. Beleuchtet von einem geborenen Salzburger, der dem Herrn Dr. Schöpf genügend Auskunft ertheilen kann, Wien 1888. Die Replik von Karl Irresberger erfuhr noch eine zweite, inhaltlich weitgehend idente Auflage: Irresberger, Karl, Grand-Unsinn des Dr. Schöpf. Beleuchtet von einem geborenen Salzburger, der dem Herrn Dr. Schöpf genügend Auskunft ertheilen kann, Wien ²1888.

625 Vgl. Schöpf, Sendschreiben (1888), 1–4.

626 Vgl. Schöpf, Sendschreiben (1888), 5–8. An anderer Stelle bezeichnete Schöpf den Antisemitismus als die „Schmach unseres Jahrhunderts, an deren Austilgung jeder Wohlmeinende arbeiten sollte." (Schöpf, Mittheilungen (1900), 33)

627 Vgl. Schöpf, Nachtrag.

628 Vgl. Schöpf, Nachtrag, 3–5.

629 Vgl. Schöpf, Nachtrag, 6 f; Schöpf verweist hierbei exemplarisch auf: Schöpf, St. Anna; Schöpf, Denkschrift (1883).

630 Vgl. Schöpf, Nachtrag, 7–11.

Schrift und fassen noch einmal den Konflikt mit dem *Kyffhäuser* auf wenigen Seiten zusammen.[631]

2.23 Von einer Predigt, so gehalten wurde am 24. Juli 1887 in der Pfarrkirche Miemingen, Salzburg 1888

Es handelt sich bei der Predigt um einen im Eigenverlag herausgegebenen Sonderdruck[632] einer bereits im *Obererschen Schreibkalender für das Schaltjahr 1888* publizierten Predigt, welche von Joseph Anton Schöpf am 24. Juli 1887 in der Pfarrkirche Miemingen (Tirol) gehalten wurde. Der schmale Band umfasst neun Seiten und ist in drei Teile – ein *Vorspiel*, die eigentliche *Predigt* sowie ein *Nachspiel* – gegliedert.

Bevor Schöpf die eigentliche Predigt wiedergibt, schildert er zunächst das Zustandekommen der Predigt, zu welchem Zweck er mit dem Erwerb des Guts Freundsheim in der Gemeinde Miemingen durch seine Eltern einsetzt, um anschließend zu schildern, wie er selbst sich gezwungen sah, infolge seiner Rolle in den Auseinandersetzungen um die Frage der Glaubenseinheit im Tiroler Kulturkampf schlussendlich das Anwesen zu veräußern und gemeinsam mit seiner Mutter Barwies zu verlassen und nach Salzburg zu übersiedeln.[633] Durch sein Eintreten für Toleranz im religiösen Bereich machte sich Schöpf als Schriftsteller eine Reihe von Gegnern.[634] Seine schriftlichen Ausführungen nahmen ihm

> „die Tiroler, besonders die Barwieser, gewaltig übel. „Er ist lutherisch!" hieß es. Vergessen war alles Gute, das Schöpf den Barwiesern getan, vorbei war es mit seinem Ansehen, verloren war seine Popularität. Schöpf blieb nichts anderes übrig, als sein Gütchen zu verkaufen und mit seinem 85jährigen, blinden Mütterchen, die ihm so lieb gewesene Scholle zu verlassen, um ganz nach Salzburg zu übersiedeln."[635]

Nachdem sich die Wogen in der Frage um die Tiroler Glaubenseinheit gelegt hatten, war es Schöpf wieder möglich, die Gemeinde Miemingen zu besuchen, er „war wieder eine auf Mieming gerne gesehene Persönlichkeit."[636]

Als nun im Jahr 1887 innerhalb der Pfarrgemeinde von Mieming die bereits geschilderte Causa[637] anlässlich der Amtsausübung des Pfarrers Speckbacher

631 Vgl. Schöpf, Nachtrag, 12–15.
632 Vgl. Schöpf, Predigt.
633 Vgl. Schöpf, Predigt, 1 f.
634 Vgl. Schöpf, Nachtrag, 3 f.
635 Schwarzbach, Schriftsteller-Jubiläum, 11; vgl. auch Schöpf, Predigt, 1 f.
636 Schöpf, Predigt, 2.
637 Vgl. Punkt 2.19 dieser Arbeit.

virulent wurde[638] und durch die von Schöpf veröffentlichte Denkschrift die Wogen nicht geglättet werden konnten, sah sich Schöpf in Folge veranlasst, persönlich zugunsten seines Freundes Speckbacher zu intervenieren.[639] So reiste er nach Barwies in die Gemeinde Mieming, an den Ort seiner Jugendjahre, um zur Unterstützung des Pfarrers Speckbacher am 24. Juli 1887 ausgehend vom *Gleichnis des klugen Verwalters* nach Lk 16,1 in der Mieminger Pfarrkirche zu predigen.[640]

Nachdem er im Sinne des Gleichnisses jeden Christenmenschen als einen im Auftrag Gottes tätigen Verwalter definierte, führt er weiter aus, dass ein jeder Christenmensch zunächst „sich selbst, seine Anlagen, Kräfte und Gottesgaben recht verwalten"[641] solle. Besonderes Augenmerk ist in dieser Hinsicht Schöpf zufolge auf die Sprache zu legen: „Das Werkzeug für die Sprache ist die *Zunge* und die ist hinter 2 Thüren, den Lippen und den Zähnen. Das will sagen, daß du die Zunge nicht so leicht loslassen, daß du dich wohl besinnen sollst, ehevor du die zwei Thüren aufmachst."[642] Gegen die Gruppe der Mieminger Pfarre, welche sich offen gegen den Pfarrer äußerte, formulierte Schöpf: „Die Zunge ist dir gegeben zur Verherrlichung Gottes und zur Bethätigung der Nächstenliebe. Weder zur Lüge noch zur Kränkung deines Mitbruders hast du die Zunge."[643] Der politische Gemeindevorstand, welcher ebenfalls in Opposition zum Mieminger Pfarrer stand, wurde eigens ins Gericht genommen. Dem Gemeindevorstand müsse

> „das Zeitliche und leibliche Wohl und Weh der Gemeinde vor allem am Herzen liegen, er darf nicht seinen eigenen Nutzen im Auge haben und soll die öffentliche Ausstellung der schmutzigen Gemeindewäsche nach seinen Kräften verhindern. [... Des Weiteren] ist es auch thöricht und gemein, wenn ein Pfarrkind die allfalligen Gebrechen der Gemeinde zum Hohn, Gelächter und Spott der Fremden öffentlich ausposaunt, in die Zeitung gibt und dadurch den Pharisäern und Aufpassern eine Unterhaltung macht."[644]

Nachdem Schöpf anschließend im Rahmen seiner Predigt Pfarrer Speckbacher als wahrhaft hochwürdigen Verwalter des Mieminger Gotteshauses und der Pfarre

---

638 Vgl. Schöpf, Predigt, 3 f.
639 Vgl. Schöpf, Predigt, 4.
640 Vgl. Schöpf, Predigt, 5.
641 Schöpf, Predigt, 6.
642 Schöpf, Predigt, 6 f.
643 Schöpf, Predigt, 7.
644 Schöpf, Predigt, 7.

skizziert,[645] forderte er das Pfarrvolk auf, Speckbacher zu ehren und sich seiner Hirtensorge anzuvertrauen.[646]

Im dritten Teil der Kleinschrift schildert Schöpf unter der Überschrift *Nachspiel* noch einige Begebenheiten aus den Tagen nach dem Abhalten der Predigt, welche er in seiner ehemaligen Tiroler Heimat verbrachte. Geschlossen wird die Veröffentlichung mit einer knappen Schilderung der Sekundizfeier des Pfarrers Speckbacher, an welcher Schöpf teilnahm.[647]

2.24 Kleine Trias, Salzburg 1890

Bei der *Kleinen Trias* handelt es sich um eine 31-seitige Kleinschrift aus dem Jahr 1890, die Joseph Anton Schöpf der Guggenthaler Unternehmersgattin Elisabeth Weickl widmete. Den Reinerlös der Schrift stiftete Schöpf, der Formulierung auf dem Titelblatt der Kleinschrift gemäß, dem St. Anna-Spital in Salzburg-Gnigl.

Die Kleine Trias besteht aus drei Teilen unterschiedlichen Umfangs und Inhalts. Auf eine Niederschrift der von Schöpf am Faschingssonntag 1890 abgehaltenen *Guggenthaler Herrn- und Bauern-Predigt* über den Fastenhirtenbrief des Salzburger Erzbischofs Franz Eder[648] folgt eine umfangreiche autobiographische Schilderung von Schöpfs Beziehungen zum Münchner Kirchenhistoriker Ignaz v. Döllinger.[649] In Bezug auf Döllinger resümiert Schöpf, dass bei aller Entfremdung

645 Vgl. Schöpf, Predigt, 7.

646 Vgl. Schöpf, Predigt, 7 f.: „Darum […] kommt herbei ihr Alle, die Ihr auf diesem Berge wandelt. Ihr lieben Kinder! und ehret Euren geistlichen Vater, der Gottesfurcht und Nächstenliebe in Euer kindliches Herz schreibt, herbei Ihr Jünglinge! und ehret den bestmeinenden Lehrmeister, der vor Euch das liebliche Bild der Keuschheit entrollt und Euch vor dem Abgrunde warnet, in den Euch die Unzucht stürzt, welche Seel' und Leib zu Grunde richtet. Herbei Ihr Jungfrauen! und ehret den treuen Führer eurer Seele auf dem Wege zum Hochzeitsmahle des himmlischen Bräutigams. Herbei Ihr Eltern! und danket ihm für all' das Gute, was er an Euch und euren Kindern gethan. Herbei Ihr Greise und alten Mütterchen, Ihr Müheseligen und Gebeugten! und bittet, daß er Euch, wenn euer Stündlein schlägt, die himmlische Zehrung für die Reise in die Ewigkeit reiche, den liebreichen Heiland, der hinwegnimmt die Sünden der Welt, der die Seinen in unaussprechlichem Lichte sammelt – ein Hirt und eine Herde. Amen."

647 Vgl. Schöpf, Predigt, 8 f.

648 Vgl. Schöpf, Trias, 1–9. Schöpf führt im Rahmen der Predigt die Inhalte des Lehrbriefs des Erzbischofs über die Glaubenswahrheit der Stiftung der Kirche durch Christus, deren Ziel und Zweck sowie die Inhalte des Fastenbriefs über das Fasten im Befund der biblischen Bücher und das Fastengebot aus.

649 Vgl. Schöpf, Trias, 9–24.

und allen Zerwürfnissen zwischen Döllinger und der Kirche, Döllingers gesamtes Lebenswerk nicht aus dem Auge verloren werden dürfe und im Rückblick nicht nur die letzte Periode der Exkommunikation und der Bitterkeit Döllingers in den Blick zu nehmen sei. Zwar formuliert Schöpf einerseits, dass Döllinger *kein leidenschaftlicher Seelsorger*, sondern vielmehr ein *nusstrockener Professor* war,[650] andererseits betont er aber, „daß Döllinger zur Stiftung einer neuen Kirche, einer neuen Religionsgesellschaft, niemals seine Hand geboten hat. Das Scandal der Kirchenvielfalt hat vielleicht Niemand mehr erkannt und tiefer bedauert als er."[651]

Den dritten Teil der Kleinen Trias bildet ein Nachruf auf Frau Elisabeth Weickl,[652] dem ein 22-zeiliges Gedicht mit dem Titel *Freundschaft* nachgestellt ist.[653] Autobiographisch schildert Schöpf im Rahmen des Nachrufs das erste Treffen zwischen ihm und Frau Weickl, welches dadurch ergab, dass Schöpf zur Finanzierung der Publikation seines kirchenrechtlichen Handbuchs einen Kredit im von Elisabeth Weickl in der Salzburger Judengasse geführten Bankhaus Weickl nehmen musste.[654]

2.25 Die Tiroler-Colonie am Pozuzo in Peru, Salzburg 1892

Im Jahr 1892 veröffentlichte Schöpf in der Buchdruckerei *Oellacher* in Salzburg eine 19 Druckseiten umfassende Kleinschrift mit dem Titel *Die Tiroler-Colonie am Pozuzo in Peru*,[655] in deren Rahmen Schöpf anhand des Briefwechsels[656] mit seiner ältesten Schwester Maria Anna Egg die Schwierigkeiten nachzeichnet, denen eine *etwa 300 Personen*[657] zählende Gruppe begegnete, welche im Jahr 1857

650 Vgl. Schöpf, Trias, 16: „Was den Priester fort und fort für seine Religion warm erhält, ist die Seelsorge, der unmittelbare Verkehr mit dem gläubigen Volke, innerhalb und außerhalb des Gotteshauses. Wenn er an Sonn- und Feiertagen mit seinen Pfarrkindern laut betet: „Verleih uns, o Gott des Friedens, rechte Vereinigung im Glauben, ohne alle Spaltung und Trennung," so findet der Gedanke an Abfall und Spaltung keinen Platz. Dagegen stand Döllinger nicht im Volke, war nicht Liturg, sondern eisiger Gelehrter, nußtrockener Professor […]."

651 Schöpf, Trias, 16.

652 Vgl. Schöpf, Trias, 25–30.

653 Vgl. Schöpf, Trias, 31.

654 Vgl. Schöpf, Trias, 26.

655 Vgl. Schöpf, Tiroler-Colonie.

656 Einige der Briefe, welche Schöpf in den Jahren 1871 bis 1897 von seinen Verwandten aus Peru erhalten hatte, finden sich in: Archiv der Erzdiözese Salzburg, Personalakt *Schöpf, Joseph*. Briefe u. Berichte aus Pozuzo/Peru (AT-AES 2.17.A 2)

657 Vgl. Schöpf, Tiroler-Colonie, 2; Unter den rund 300 Personen waren etwa 180 Tiroler und 120 Bayern aus dem Augsburger Raum. Vgl. Wopfner, Hermann, Bergbauern-

das Oberinntal verließ, um sich in Peru am Fluss Pozuzo in einer noch heute bestehenden[658] Kolonie niederzulassen. „Die Schicksale dieser „Colonie" […] werden in obgenannter Schrift, die sehr interessant ist, geschildert."[659]

Schöpf schildert die Beschwernisse der Überfahrt von Antwerpen nach Peru, welche etwa der Hälfte der Auswanderer das Leben kostete,[660] sowie die vielen Entbehrungen mit denen die Kolonisten in den ersten Jahrzehnten in Peru umzugehen hatten und die allgemeine Entwicklung der Kolonie.[661] Zum Zeitpunkt der Abfassung der Schrift zählte die Kolonie, nachdem sich im Jahr 1868 eine zweite große Auswanderergruppe aus Tirol an den Pozuzo aufmachte, etwa 520 Personen,[662] wobei die Zahl der Verwandten Schöpfs darunter ebenfalls stark angestiegen war. Nachdem 1857 neun Mitglieder aus Schöpfs Verwandtschaft den Weg nach Südamerika antraten,[663] wuchs diese Zahl – trotz des Todes seiner Schwester, seines Schwagers sowie zweier Nichten – auf die Zahl von 42 Nichten, Neffen sowie Großnichten und -neffen an.[664]

Schöpf resümiert, dass sich die Auswanderer in der Ferne beileibe kein Paradies geschaffen haben: „Unsere Landsleute am Pozuzo in Peru sind keineswegs auf Rosen gebettet, müßen vieles entbehren, das uns lieb und theuer geworden"[665] ist, haben sich aber allen Widrigkeiten als standhafte Tiroler entgegengestellt.[666]

---

buch. Von Arbeit und Leben des Tiroler Bergbauern in Vergangenheit und Gegenwart. 1. Band, 2. Lieferung, Innsbruck/u. a. 1954, 313.

658 Vgl. bspw.: SPIEGEL Online, Pozuzo in Peru. Österreichs größtes Dschungel-Camp. Verfügbar unter: http://www.spiegel.de/reise/fernweh/pozuzo-in-peru-oesterreichs-groesstes-dschungel-camp-a-768826.html. Zuletzt geprüft am 02. Dezember 2016; Schmid, Karl, Pozuzo – Vergessen im Urwald. Ein Bericht aus Peru mit 41 Leica-Aufnahmen des Verfassers, Braunschweig 1957; Gundolf, Hubert, Tiroler in aller Welt. Mit 54 Schwarzweiß-Abbildungen, Innsbruck/u. a. 1972, 9, 59–66; Riedler-Engl, Birgit, Pozuzo, die Tiroler Kolonie am Ostrand der peruanischen Anden. Eine Insel der zweisprachigen Seligkeit? Universität Salzburg, unveröffentlichte Diplomarbeit 2000; Habicher-Schwarz, Elisabeth, Pozuzo. Tiroler, Rheinländer und Bayern im Urwald Perus, Hall in Tirol 2006; Schabus, Wilfried, Pozuzo. Auswanderer aus Tirol und Deutschland am Rande Amazoniens in Peru, Innsbruck 2016.

659 Nußbaumer, Schöpf, 32.

660 Vgl. Schöpf, Tiroler-Colonie, 6–8.

661 Vgl. Schöpf, Tiroler-Colonie, 10–19.

662 Vgl. Schöpf, Tiroler-Colonie, 15.

663 Vgl. das Register der Peru-Auswanderer: Habicher-Schwarz, Pozuzo, 263–267.

664 Vgl. Schöpf, Tiroler-Colonie, 18.

665 Schöpf, Tiroler-Colonie, 19.

666 Vgl. die Beschreibung von Franz Grass: „Sie [= die Auswanderer] hätten sich dort kein Paradies geschaffen; sie hätten wohl auch daheim im Schweiß des Angesichtes

2.26 Ueber Zwangsgedanken, Salzburg 1894

Ende des Jahres 1894 veröffentlichte Schöpf in der Zaunrith'schen Buchdruckerei in Salzburg den 7-seitigen Abdruck eines Vortrags, welchen Schöpf am 18. November 1894 in Salzburg-Gnigl zum Besten des von ihm gegründeten *Schulvereins* unter dem Titel *Ueber Zwangsgedanken*[667] gehalten hatte.

Schöpf ging im Rahmen seines Vortrags auf die Frage ein, ob der Mensch in seinem „Innersten frei ist, d. h. ausschließlich selbstbestimmend"[668] handeln kann. Mit vielen Beispielen illustriert Schöpf seine Auffassung, dass vollkommen freie Willensentscheidungen für den Menschen nicht möglich seien.[669] Schöpf zufolge ist der Mensch geprägt durch *Zwangsgedanken*, welche „sich gegen den Willen eines Menschen in sein Bewußtsein eindräng[en] und sofort entweder gar nicht oder höchst mühsam unterdrückt werden"[670] können. Schöpf schließt, dass es Aufgabe des Christenmenschen sei, das Aufkommen der *Zwangsgedanken* zu reflektieren und deren Inhalt nach den *Grundsätzen der Religion und Sittlichkeit*[671] zu bewerten, um schlussendlich jene Zwangsgedanken, welche „vor Gott und den Menschen verwerflich sind"[672], *ernstlich zu bekämpfen.*[673]

---

ihr Brot verdienen können; wenigstens hatten sie sich trotz aller Schwierigkeiten mit tirolischer Zähigkeit behauptet!" (Grass, Schöpf (1985), 326)

667 Vgl. Schöpf, Joseph A., Ueber Zwangsgedanken. Vortrag, gehalten am 18. November d. J. in Gnigl zum Besten der Suppenanstalt für arme Kinder, Salzburg 1894.

668 Schöpf, Zwangsgedanken, 1.

669 Vgl. Schöpf, Zwangsgedanken, 1–3.

670 Schöpf, Zwangsgedanken, 3.

671 Vgl. Schöpf, Zwangsgedanken, 5.

672 Schöpf, Zwangsgedanken, 7.

673 Vgl. Schöpf, Zwangsgedanken, 7; Schöpf bemerkt jedoch, dass es auch „unschuldige, selbst lobwürdige Zwangsgedanken [gibt]. Ein solcher wäre: „Unserer armen Kinder wollen wir stets gedenken, unsere Anstalt [= der Schulverein] lassen wir nicht stecken."" (Schöpf, Zwangsgedanken, 7) Diese Art von Gedanken, so Schöpf gegenüber dem Auditorium, solle ein ständiger Begleiter der Menschen sein.

3 Kanonistisch-theologische Veröffentlichungen

Im Vergleich zu seinen allgemein-schriftstellerischen Publikationen blieben Schöpfs Veröffentlichungen auf wissenschaftlichem Gebiet quantitativ weit zurück. In Summe veröffentlichte Schöpf drei selbstständige wissenschaftliche Werke, darunter sein vierbändiges Handbuch des Kirchenrechts. Ein viertes Manuskript blieb unveröffentlicht. Schöpfs wissenschaftliche Publikationstätigkeit setzte mit seinem Werk *Theologisches Studium in Salzburg* im Jahr 1852 ein. Die Arbeiten zu seinem wissenschaftlichen Hauptwerk, dem vierbändigen Handbuch des katholischen Kirchenrechts, begann Schöpf im Jahr 1854. Zwischen 1863 und 1866 wurde der erste Band des Handbuchs bereits in dritter Auflage, der zweite bis vierte Band in zweiter Auflage veröffentlicht.

Nach Abschluss der dritten Auflage des Handbuchs beschränkte sich Schöpfs Tätigkeit auf wissenschaftlichem Gebiet auf die akademische Lehre, da ihm sein damaliger Leibarzt infolge einer 1865 durchgestandenen Typhusinfektion den Verzicht auf jedwede anstrengende geistige Arbeit verordnet hatte.[674]

3.1 Theologisches Studium in Salzburg, Salzburg 1852; Und Theologisches Studium in Österreich, Salzburg 1857

Im universitären Sektor wurde Schöpf von Fürsterzbischof Maximilian von Tarnóczy mit der Aufgabe betraut, die bestehende – in ihren Grundzügen noch auf den ‚Josephiner' *Abt Stephan Rautenstrauch OSB* von Braunau[675] zurückrei-

674 Vgl. Schöpf, Mittheilungen (1899), 34; Schöpf, Trias, 20 f.

675 *Franz Stephan Rautenstrauch* (geb. 26. Juli 1734 in Blottendorf [Böhmen]; gest. 30. September 1785 in Erlau [Ungarn]) war Professor für Philosophie und Kirchenrecht in Prag und Wien sowie ab 1773 Abt des Benediktinerstifts in Braunau (Böhmen). Kirchenhistorische Bedeutung erlangte Rautenstrauch, welcher im Rahmen seiner Kompetenzen einen gemäßigten, konservativ-reformerischen Josephinismus verfolgte, durch seine Entwürfe zur Neuordnung und -orientierung der theologischen Studien. Die daraus entwickelte Studienordnung trat 1782 in Kraft und blieb bis 1857 in Geltung. Vgl. Aring, Paul G., Rautenstrauch, Franz Stephan, in: BBKL, 1399; Wien Geschichte Wiki, Franz Stephan Rautenstrauch. Verfügbar unter: https://www.wien.gv.at/wiki/index.php/Franz_Stephan_Rautenstrauch. Zuletzt geprüft am 15. April 2016. Der Rautenstrauch'sche Studienplan diente über Österreich hinaus

chende – *theologische Studienordnung zu reformieren.*[676] Seine Vorschläge für die Reform der theologischen Studienrichtung veröffentlichte Schöpf im Jahr 1852 in der 24 Seiten und einen Anhang umfassenden Schrift *Theologisches Studium in Salzburg.*[677] Im Jahr 1857 gab Schöpf eine überarbeitete und auf 45 Seiten erweiterte Version seiner Reformvorschläge unter dem Titel *Theologisches Studium in Österreich* heraus.[678]

Im Jahr 1810 war die Salzburger Universität unter bayerischer Herrschaft aufgehoben worden und bestand bis zur Wiedereinrichtung der Theologischen Universitätsfakultät im Jahr 1850 als Lyceum weiter.[679] In der Zeit des Lyceums bewahrte sich die theologische Studieneinrichtung „am ehesten den Charakter einer [...] Fakultät."[680] Die Tatsache der neun vorgenommenen theologischen Promotionen in den Jahren von 1835 bis 1850[681], der Gebrauch eines eigenen Universitätssiegels sowie einer Promotions-Matrikelliste seit 1843[682] und nicht zuletzt der Charakter des rechtlich vollwertigen Theologiestudiums in Salzburg trugen wesentlich dazu bei, dass die theologische Studieneinrichtung am 12. November 1850 zur Universität erhoben wurde, auch wenn diese letztlich nur aus der Theologischen Fakultät bestand.[683]

---

auch an katholisch-theologischen Fakultäten Deutschlands als Grundlage des Theologiestudiums. Vgl. Grass, Kirchenrecht, 233.

676 Vgl. Grass, Schöpf (1985), 320. Tarnóczy beauftragte Schöpf mit folgenden Worten: „Unser Rautenstrauchischer Studienplan steht nicht auf katholischer Basis, sein Grund und Anfang ist Kirchengeschichte und die ist nicht die rechte Pforte für den Katholizismus, sondern für den Protestantismus. Legen Sie für den Lehrplan ein anderes und zwar freilich katholisches Fundament." (Schöpf, Trias, 9)

677 Vgl. Schöpf, Studium (Salzburg).

678 Vgl. Schöpf, Studium (Österreich).

679 Vgl. Hermann, Geschichte, 295–324; Hermann, Schule, 359–494.

680 Grass, Schöpf (1985), 321; vgl. auch: Hermann, Geschichte, 324.

681 Vgl. Hermann, Geschichte, 321; Das Promotionsrecht für Philosophie und Theologie war der Salzburger theologischen Studieneinrichtung am 14. November 1816 zugestanden worden. Bis zur Umgestaltung der theologischen Studieneinrichtung im Jahr 1850 promovierten zum Doktor der Theologie: P. Theodor Stabell (10. Juli 1835), P. Dionysius Prieglhuber (9. Oktober 1841), Karl Wenger (22. April 1842), Anton Doppler (1. August 1842), Matthias Lienbacher (12. Juni 1843), Michael Riedl (4. März 1844), Rupert Mayr (9. November 1844), Joseph Lechner (19. Juni 1849) und Ottokar Graf von Attems (17. Juni 1850). Die Promotionen wurden in ein am 21. Februar 1843 neu angelegtes Matrikelbuch eingetragen.

682 Vgl. Hermann, Geschichte, 324

683 Vgl. Grass, Schöpf (1985), 321.

3.1.1 Schöpfs Reformvorschläge

Das theologische Studium in Salzburg war, wie an den meisten theologischen Lehranstalten Österreichs in der Mitte des 19. Jahrhunderts, geordnet nach dem *Rautenstrauch'schen Studienplan* von 1782.[684] Dieser stammte nach Schöpfs Dafürhalten „aus dem rationalistischen Zeitalter, dem ein tieferes Verständnis der Kirche, der kirchlichen Wissenschaft und des kirchlichen Lebens abhanden gekommen war."[685] Es fehlten dem Studienplan aus der Zeit Kaiserin Maria Theresias die *Katholizität, Wissenschaftlichkeit* und *Brauchbarkeit fürs Leben.*[686] Der Rautenstrauch'sche Studienplan war von einer liberalen Grundeinstellung geprägt und stand ganz auf dem Boden des josephinischen Staatskirchentums, welches durch das Studium der Theologie aus dem katholischen Klerus willige Staatsbeamte formen wollte.[687]

Schöpf kritisierte an Rautenstrauchs Studienplan, dass dieser auf Basis des Protestantismus stehe, da er bibelwissenschaftliches Studium und Forschung dem Studium der Dogmatik vorausschickt, was einem Zurücksetzen der kirchlichen Autorität gleichkommt. Des Weiteren sei der Rautenstrauch'sche Lehrplan zu sehr darauf ausgerichtet, akademisch geschulte Theologen auszubilden, da den

---

684 Vgl. Rautenstrauch, Franz S., Entwurf zur Einrichtung der theologischen Schulen in den k.k. Erblanden, Wien 1782; nachdem 1773 der Jesuitenorden aufgehoben worden war, wurde, bedingt durch die neuen Erkenntnisse und Methoden der wissenschaftlichen Forschung, eine grundlegende Reform der theologischen Studien notwendig. Der Fokus sollte darauf liegen, den katholischen Klerus sowohl theologisch als auch geisteswissenschaftlich zu qualifizieren sowie theoretisch und praktisch zu schulen. Im Jahr 1774 legte Rautenstrauch auf Anfrage der Studienhofkommission den *Entwurf einer besseren Einrichtung theologischer Schulen* vor. Nach Approbation durch Kaiserin Maria Theresia wurde der Studienplan 1782 unter dem Titel *Entwurf zur Einrichtung der theologischen Schulen in den k.k. Erblanden* veröffentlicht. Vorgesehen war eine Verlängerung der Dauer des Theologiestudiums auf fünf Jahre, davon war das letzte Jahr für die praktisch-theologische Ausbildung reserviert. Rautenstrauchs Ziel war, durch das Theologiestudium ‚vollkommene Seelsorger' auszubilden, sodass er die Fächer Katechetik und Pastoraltheologie neu in das Studienprogramm aufnahm, wodurch dem Drang der Aufklärung zur Praxis auch in der Ausbildung der Theologen Raum gegeben wurde. Vgl. Spehr, Christopher, Aufklärung und Ökumene. Reunionsversuche zwischen Katholiken und Protestanten im deutschsprachigen Raum des späteren 18. Jahrhunderts (Beiträge zur historischen Theologie 132), Tübingen 2005, 196.

685 Schöpf, Studium (Österreich), 1.

686 Vgl. Schöpf, Studium (Österreich), 1.

687 Vgl. Rothbauer, Guggenthal, 16.

Hilfswissenschaften Archäologie, Hermeneutik und Linguistik übergebührlich viel Raum gewidmet wird. Die für die praktische Seelsorgstätigkeit relevanten Inhalte würden dem gegenüber vernachlässigt werden.[688] Diese Kritik deckte sich mit derjenigen von Erzbischof Tarnóczy, welcher ebenfalls der Überzeugung war, der Rautenstrauch'sche Lehrplan wäre für Protestanten geeigneter als für Katholiken.[689]

Diese einseitig-kritische Haltung gibt die damals vor allem bei der jüngeren Generation katholischer Theologen vorherrschende Aversion gegen josephinistische und aufklärerische Strömungen wieder.[690] Im Rahmen seiner biographischen Studie über den Benediktinerabt Rautenstrauch urteilt vor diesem Hintergrund Beda Menzel, dass Schöpfs Kritik an Rautenstrauchs Lehrplan nach heutigem Dafürhalten nicht mehr gerechtfertigt ist.[691]

---

688 Vgl. Schöpf, Studium (Salzburg), 3–13; In der überarbeiteten zweiten Auflage seines Reformvorschlages formuliert Schöpf bereits in den ersten Zeilen seiner einleitenden *Kritik des Rautenstrauchischen Lehrplans*: „Der Studienplan, welcher an den meisten theol. Facultäten und Diöcesan-Lehranstalten in Oesterreich bis jetzt Geltung hatte, rührt seinen Grundzügen nach vom Abte Rautenstrauch her – sohin aus dem rationalistischen Zeitalter, dem ein tieferes Verständniss der Kirche, der kirchlichen Wissenschaft und des kirchlichen Lebens abhanden gekommen war. Man wird es daher ganz begreiflich finden, dass diesem Lehrplane drei wesentliche Momente fehlen, nämlich:

I. Die Katholicität,

II. Die Wissenschaftlichkeit, und

Die Brauchbarkeit für's Leben[...]." (Schöpf, Studium (Österreich), 1)

689 Vgl. Schöpf, Kardinal: „Der Erzbischof glaubte, daß die Fundamentirung wohl für den protest. Standpunkt die rechte sei, aber nicht für den katholischen. Dieser letztere fordere die natürliche Theologie (Metaphysik, Generaldogmatik) und die spezielle Dogmatik als Grundlage." Hier zeigte sich die Überzeugung des langjährigen Dogmatikprofessors, derzufolge die Kirchengeschichte nicht die Grundlage des katholischen Theologiestudiums bilden sollte. Vgl. Grass, Kirchenrecht, 234.

690 Vgl. Grass, Kirchenrecht, 234.

691 Vgl. Menzel, Beda F., Abt Franz Stephan Rautenstrauch von Břevnov-Braunau. Herkunft, Umwelt und Wirkungskreis (Veröffentlichungen des Königsteiner Instituts für Kirchen- und Geistesgeschichte der Sudetenländer e. V. 5), Königstein 1969, 249: „Über die hervorragenden geistigen Fähigkeiten dieses Mannes [= Rautenstrauch] sind sich wohl die meisten Kritiker einig. Wenn Schöpf meint, dem Studienplan fehle die Katholizität, die Wissenschaftlichkeit und die Brauchbarkeit fürs Leben, dann wird diese Kritik heute wohl kaum noch jemand anerkennen."

So urteilt bspw. *Josef Müller* im Rahmen seiner, dem pastoraltheologisch-didaktischen Ansatz im Rautenstrauch'schen Lehrplan gewidmeten Habilitationsschrift: „Durch die Ausarbeitung seines „Entwurfs" erwies sich Rautenstrauch als ein hervorragen-

Schöpfs Vorschläge, welche ihrerseits ebenfalls nicht ohne zeitgenössische kritische Reaktionen blieben,[692] zielten darauf ab, den bestehenden Studienplan von Inhalten zu befreien, welche nach Meinung Schöpfs entbehrlich waren, sowie im

---

der Organisator und Systematiker, der die wissenschaftstheoretischen Probleme der Einteilung der einzelnen Disziplinen vom Wesen der theologischen Wissenschaft her in Angriff nahm. Sein Hauptziel war die organische Zusammenfügung der verschiedenen Fächer zu einem sinnvollen Ganzen. Allerdings zeigt die nähere Untersuchung der geistes- und theologiegeschichtlichen Quellen der Rautenstrauchschen Reformschriften, daß Rautenstrauch weniger ein „schöpferischer" Geist als vielmehr ein geschickter Kompilator war: Beeinflußt von den benediktinischen Wissenschaftsbestrebungen des 17. und 18. Jahrhunderts, erblickte Rautenstrauch in der Scholastik und Kasuistik seiner Zeit eine Verfälschung der wahren Theologie. Dazu kam das neue Wissenschaftsideal, das sich mit dem Aufkommen der modernen Naturwissenschaften und unter der Einwirkung des englischen Empirismus auch in der Theologie durchgesetzt hatte. Im Gegensatz zur traditionellen spekulativen Methode wollte Rautenstrauch die Theologie durch den Rückgriff auf die echten Quellen aus der Erstarrung des bloßen „Tradierens" befreien; darum die Hinzufügung und eingehende Pflege der biblischen und historischen Disziplinen. Durch eine didaktisch geschickte Lehrart, zu der neben der Auswahl des geeigneten Lehrstoffs, die Abwechslung zwischen Vorlesungen und Übungen und die Einhaltung der Regeln „einer gesunden Pädagogik" gehörten, bemühte sich Rautenstrauch um einen „wissenschaftlich" auf der Höhe der Zeit stehenden Unterricht, der u.a. durch die Einbeziehung der erforderlichen Hilfswissenschaften die Anpassung des theologischen Studiums an den Studienbetrieb der profanen Wissenschaften erreichen sollte." Müller, Josef, Der pastoraltheologisch-didaktische Ansatz in Franz Stephan Rautenstrauchs „Entwurf zur Einrichtung der theologischen Schulen" (Wiener Beiträge zur Theologie 24), Wien 1969, 139.

692 Zu den von Schöpf in seiner Schrift *Theologisches Studium in Salzburg* vorgelegten Reformvorschlägen äußerte sich u.a. der Münchner Kirchenhistoriker Ignaz v. Döllinger sowie der Wiener Hofkaplan Johann Michael Häusle scharf kritisierend. Vgl. Grass, Kirchenrecht, 234; Für die Vorschläge Häusles vgl. Hosp, Eduard, Kirche im Sturmjahr. Erinnerungen an Johann Michael Häusle (Beiträge zur neueren Geschichte des christlichen Österreich), Wien 1953, 97–103.
Döllinger formulierte: „Das heißt man denn doch die Theologie auf den Kopf stellen, ja, ja! es ist eben Österreich. – Die Kirchengeschichte […] gehört an die Spitze des theologischen Studiums; denn die ganze christliche Theologie beruht auf historischem Grund, weshalb man mit der Geschichte beginnen muß." (Schöpf, Trias, 10) Schöpf berichtet an dieser Stelle, Döllingers Kritik an seinem Studienplan wurde ihm von *Fürsterzbischof Maximilian von Tarnóczy* überbracht, welcher diese in einem Schreiben aus München erhalten hatte.
Im Sinne der Döllinger'schen Kritik ist anzumerken, dass bis in erste Hälfte des 20. Jh. an der Päpstlichen Universität Gregoriana die *historia ecclesiastica* im ersten Jahr-

ersten Jahrgang die Fundamentaltheologie anzusetzen. Sei so als Vorbedingung zum richtigen Verständnis der Bibel das Fundament gelegt, könne man im zweiten Jahrgang mit der Exegese des Neuen Testaments und der Speziellen Dogmatik, im dritten Jahrgang mit Kirchengeschichte und Moraltheologie sowie im vierten Jahrgang mit der Praktischen Theologie in Form von Kirchendienst und Kirchenrecht fortfahren.[693] Der Aufbau des Schöpf'schen Studienplans gestaltet sich wie folgt:

Im *ersten Jahrgang* sind die Fächer Fundamentaltheologie,[694] Einleitung in das Alte und Neue Testament,[695] Exegese des Alten Bundes,[696] Biblische Archäologie[697] sowie Hermeneutik[698] zu studieren.[699] Entgegen dem System des Rautenstrauch'schen Studienplans, demzufolge es

> „nur einzelne theologische Disciplinen gibt, deren Zusammenhang schwer einzusehen und wovon eine jede ihr eigenes, anderswoher entlehntes Fundament hat, sollte [bei Schöpf] durch die Fundamentaltheologie für die gesammte katholische Theologie wissenschaftlich der Grund gelegt und dadurch die Zusammengehörigkeit der einzelnen Fächer zum Verständniss gebracht werden."[700]

Hinsichtlich der Einleitung in das Alte und Neue Testament verbindet Schöpf zwei Teilfächer, welche im Rautenstrauch'schen Studienplan getrennt voneinander doziert wurden. Schöpf zufolge wurde diese Trennung der biblischen Einleitungen von den jeweiligen Fachprofessoren seit Längerem kritisiert,[701] da die

> „leitenden Grundsätze, dessgleichen die allgemeinen Bemerkungen [...] nämlich mit wenigen Ausnahmen für beide Testamente [gelten], welche auch noch in anderer Hinsicht auf das Innigste mit einander verbunden sind. Es ist darum bei weitem zweckmäs-

---

gang und das Kirchenrecht bereits im zweiten Jahrgang doziert wurde. Vgl. Haring, Lehramt, 59 f.

693 Vgl. Schöpf, Studium (Salzburg), 13–23; Schöpf, Studium (Österreich), 19–43.

694 Bzgl. des Stundenausmaßes vgl. Schöpf, Studium (Österreich), 20: „Wöchentlich 8, nöthigenfalls 5 Stunden durch beide Semester."

695 Bzgl. des Stundenausmaßes vgl. Schöpf, Studium (Österreich), 20: „5 Stunden wöchentlich durch das erste Semester."

696 Bzgl. des Stundenausmaßes vgl. Schöpf, Studium (Österreich), 20: „5 Stunden wöchentlich durch beide Semester."

697 Bzgl. des Stundenausmaßes vgl. Schöpf, Studium (Österreich), 20: „Wöchentlich 3 Stunden durch das zweite Semester."

698 Bzgl. des Stundenausmaßes vgl. Schöpf, Studium (Österreich), 21: „Wöchentlich 2 Stunden im zweiten Semester."

699 Vgl. Schöpf, Studium (Österreich), 20 f.

700 Schöpf, Studium (Österreich), 21.

701 Vgl. Schöpf, Studium (Österreich), 27.

siger beide Einleitungen so zu verbinden, dass nach Vorausschickung des allgemeinen Theils die besondere Einleitung in die einzelnen Bücher des A. und N. Bundes vorgetragen wird."[702]

Durch die Zusammenfassung der beiden Fächer wird „ein ergiebiges Quantum des Ballasts, womit bisher unsere Einleitungen ausgestattet waren, über Bord geworfen."[703] Für die Ausbildung der praktischen Seelsorger ist dies nach Schöpfs Dafürhalten ein wünschenswerter Effekt, da der Lehrplan von Inhalten befreit werden kann, welche in der praktischen Seelsorge nicht benötigt werden.[704]

Der *zweite Jahrgang* umfasst das Studium der speziellen Dogmatik,[705] der Exegese des Neuen Bundes sowie der Pädagogik. Die Vorlesungen der speziellen Dogmatik haben vor den Studierenden

> „den Inbegriff der katholischen Dogmen auszubreiten, den kirchlichen Lehrbegriff, wie derselbe in der heiligen Schrift vorliegt, wie er sich in der Tradition immer bestimmter gestaltete und durch die Kirche endlich zum concreten Ausdruck gelangte, wissenschaftlich darzustellen, und so mittelst einer historisch-gründlichen, vom philosophischen Geiste durchdrungenen Demonstration ein umfassendes und zugleich gründliches Wissen des ganzen christlichen Glaubensinhaltes zu erzeugen."[706]

Aufgabe der speziellen Dogmatik sei es, den Kandidaten der Theologie „das Reich Gottes, wie es durch den Herrn des Reiches grundgelegt und der Menschheit zugedacht, wie es ihr nach dem Sündenfalle abermals von Christo erworben

---

702 Schöpf, Studium (Österreich), 27.

703 Vgl. Schöpf, Studium (Österreich), 27.

704 Vgl. Schöpf, Studium (Österreich), 27 f.: „Allein das ist für den gewöhnlichen Theologen – den künftigen Seelsorger nichts Weiteres, als eben Ballast, dessen er zu seinem Zwecke nicht bedarf. Für ihn dürfte es sicherlich kein Verlust sein, wenn er mit Forschungen, die bloss auf gelehrte Kritiker berechnet sind, verschont bleibt, wenn ihm Untersuchungen, die häufig von unerweislichen Hypothesen ausgehen, und die den Glauben eher erschüttern als befestigen, vorenthalten werden, wenn er Tractate, wie: *De historia textus, de Archetypis, Codicibus, antiquis Versionibus, Editionibus citatis, Variantibus etc. etc.* nicht zu hören verpflichtet ist. Dem Candidaten des Seelsorgsamtes genügt es, wenn ihm bloss die Ergebnisse einer gründlichen Forschung und das aus historischen Quellen abgeleitete Resultat geboten wird, indem ja ohnehin der allgemeine, in der Kirche ununterbrochen fortlebende Glaube dem Katholiken ein vollgiltiges Zeugniss über die Authenticität und Integrität der heiligen Bücher ablegt."

705 Bzgl. des Stundenausmaßes fordert Schöpf „täglich 2 Stunden". (Schöpf, Studium (Österreich), 31)

706 Schöpf, Studium (Österreich), 31.

ist worden und wie es die Vollendung findet,“[707] darzulegen. Hinsichtlich der Pädagogik urteilt Schöpf, dass er das Fach zwar in die zweite Auflage seiner theologischen Studienplanvorschläge aufgenommen habe, im Letzten jedoch selbst nicht überzeugt von der Notwendigkeit der pädagogischen Bildung der Priesteramtskandidaten sei.[708]

Im dritten Jahrgang des Theologiestudiums werden die Fächer Moraltheologie und Kirchengeschichte gelehrt. „Erstere thut dar, wie das christliche Leben sein soll, letztere wie sich dasselbe zu allen Zeiten gestaltet hat.“[709] Die Moraltheologie nimmt die Inhalte der Dogmatik des zweiten Jahrgangs auf, „aus der Dogmatik nimmt sie ihren Ausgang und Fortgang, in selbe muss sie als die Lehre von der Heiligung und dem Leben der Geheiligten wieder zurücklaufen. Die Moral ist die Kehrseite der Dogmatik.“[710] Die historische Theologie „als das Produkt des göttlichen und menschlichen Elements in der Kirche zeigt die Bethätigung des allwaltenden Gottes und des freien Menschen in der Kirche.“[711] Die beiden Fächer wurden von Schöpf in seinem Reformstudienplan im dritten Jahrgang

707 Schöpf, Studium (Österreich), 31.

708 Vgl. Schöpf, Studium (Österreich), 32 f.: „Im zweiten theologischen Jahrgange wurde bisher auch Pädagogik als ein eigenes Fach vorgetragen. Ob es dabei zu verbleiben habe, wissen wir nicht. Geflissentlich geschah in der ersten Auflage dieser Schrift davon keine Erwähnung. Wenn es erlaubt ist, sich bezüglich der Pädagogik zu äussern, so geht die Meinung dahin, dass man dieses Fach, welches aus jener Zeit stammt, in der man von der Menge Regeln und Anweisungen alles Heil erwartete, in welcher der *Priesterstand* nur als eine Species des Lehrstandes betrachtet wurde, füglich eingehen lassen könnte, wenigstens in der *Theologie*, wo die katholische Pädagogik ohnehin in der *Moral*, *Pastoral*, *Methodik* und *Katechetik* ihre genügende Vertretung findet. Ohnehin kann es nicht beabsichtiget sein, aus dem Theologen – dem Candidaten für's Seelsorgsamt, einen “*Hofmeister*“ zu machen, der allerdings die Regeln kennen soll, nach denen ein „*Zögling*“ zu erziehen ist. Es dürfte nicht zu viel gesagt sein, wenn behauptet wird, dass unter 1000 Geistlichen etwa 3 als „Erzieher“ in einem adeligen oder fürstlichen Hause fungiren. Sollten nun dieser 3 wegen die 997 mit einem Gegenstande beschwert werden, der für sie keine Bedeutung hat? Schon nach der frühern Studienordnung wurde Pädagogik an der *philosophischen* Facultät tradirt – Beweis, dass man schon damals einsah, dass dieses Fach nicht zur Theologie gehöre. Soll demnach Pädagogik Facultätsfach bleiben, so möge es der philosophischen Facultät überlassen sein. Um die darauf verwendeten Stunden in der Theologie möchte es einem wirklich leid thun, da selbe für Anderes (z. B. hl. Schrift und Väterlesung) so nothwendig wären.“

709 Schöpf, Studium (Österreich), 33.

710 Schöpf, Studium (Österreich), 33.

711 Schöpf, Studium (Österreich), 34.

nebeneinander gestellt, da zwischen ihnen ein innerer, notwendiger Zusammenhang bestehe. Sie „verhalten sich zu einander, wie etwa die Idee zur Wirklichkeit. Während Kirchengeschichte durch Moral, als Directrix, Licht und Verständniss gewinnt, wird die Moral durch die Kirchengeschichte so zu sagen veranschaulicht, verkörpert.“[712]

Der *vierte Jahrgang* besteht lediglich aus einem Studiengegenstand, „der, obgleich auslaufend in verschiedene Zweige, in sich eins und geschlossen ist“[713] – der Praktischen Theologie. Die Praktische Theologie stellt für Schöpf den Zweig der theologischen Wissenschaften dar, welcher die Vollzüge der auf die Zukunft ausgerichteten Kirche thematisiert.[714] Die Voraussetzung der Praktischen Theologie liegen in den theoretischen Grundlagen der Dogmatik und Moraltheologie, „weil die Darstellung der kirchlichen Thätigkeiten wesentlich eine Darstellung von Thätigkeiten für die Ideen und das Wesen der Kirche, und *gemäss* dieser Ideen und dieses Wesens sein muss.“[715] Auch die Kirchengeschichte ist für Schöpf Grundlage der Praktischen Theologie, „weil die practische Theologie ihre Normen aus der Thätigkeit,Jesu Christi, der Apostel und der treuen Hirten aller Zeiten schöpft, beleuchtet und allseitig begründet.“[716] So bildet das Gesamt der theoretischen theologischen Fächer das Fundament der Praktischen Theologie, welche Schöpf definiert „als die Wissenschaft der kirchlichen, göttlich-menschlichen Thätigkeiten vermittelst kirchlich beamteter Personen, vorzugsweise des geistlichen Standes, zur Erbauung der Kirche.“[717] Inhaltlich unterscheidet Schöpf innerhalb der Praktischen Theologie auf der einen Seite die *Wissenschaft und Theorie des*

712 Schöpf, Studium (Österreich), 34.

713 Schöpf, Studium (Österreich), 34.

714 Vgl. Schöpf, Studium (Österreich), 34 f: „Die Kirche ist, wie schon bemerkt, der nothwendige, allseitig zu erschöpfende Gegenstand der Theologie. Die Kirche bietet nun wesentlich drei Seiten dar. Sie steht vor uns als eine mit einem bestimmten, stets gleichen, göttlichen, *unabänderlichen* Wesen versehene; als eine *gewordene*, und als eine sich selbst in die Zukunft *hineinbildende*. Diese drei Seiten muss die Theologie, soll sich in ihr die ganze Kirche reflectiren, erschöpfen. Die letzte Seite kömmt nun durch die praktische Theologie zur Darstellung; wir sagen *practische* Theologie, insoferne sie einerseits an sich und im Vergleich mit der theoretischen Theologie mehr aus practischem als rein wissenschaftlichem Interesse angebaut und studirt wird, und sofern andererseits der Gegenstand der practischen Theologie, die Kirche nämlich, wie sie sich selbst fortbaut, die *thätige* Kirche ist.“

715 Schöpf, Studium (Österreich), 35.

716 Schöpf, Studium (Österreich), 35.

717 Schöpf, Studium (Österreich), 35.

Kirchenrechts,[718] auf der anderen Seite die *Wissenschaft und Theorie des Kirchendienstes*.[719]

Schöpf begründet, gegen seine Kritiker Döllinger und Häusle gerichtet, die Reihenfolge der theologischen Fächer im von ihm entworfenen Studienplan mit der Tatsache, dass ein theologisches Studium auf Basis der systematischen Fächer weniger Gefahr der Verwirrung der Studierenden durch die Fachinhalte bietet, als ein Studium, welches die Fächer Kirchengeschichte und Kirchenrecht an den Beginn stellt.[720] Für Schöpf war klar, dass zuerst die Offenbarung in Form der Fundamentaltheologie und Dogmatik und im Anschluss die Kirchengeschichte zu dozieren sei.[721] In der zweiten Auflage seines theologischen Studienplans nimmt Schöpf ausdrücklich auf die Ansicht Döllingers Bezug:

> „Wenn angeführt wird, die christliche Theologie beruhe auf historischem Grunde, darum müsse man mit der Geschichte beginnen und darauf die Dogmatik gründen, so fusst diese Behauptung wohl nur auf einer Verwechslung der biblischen Geschichte (*his-*

---

718 Nach Schöpfs Dafürhalten bildet das Kirchenrecht notwendigerweise „den ersten Theil der praktischen Theologie, sofern von der göttlich berechtigten Hierarchie im Namen Christi und der Kirche die Stiftung und Erhaltung der Gemeinden, die Aufstellung ihrer geistlichen Vorsteher, die nähere Fixirung der Mittel und des Zweckes und der Normen der Verwaltung dieser Mittel zum Zwecke, die Sendung der Glaubensboten u. s. w. ausgeht." (Schöpf, Studium (Österreich), 36)

719 Vgl. Schöpf, Studium (Österreich), 36: „Die Wissenschaft des Kirchendienstes begreift im Wesentlichen das in sich, was man bisher unter Pastoral und Katechetik verstanden hat."

720 Vgl. Schöpf, Kardinal, 595: „Nicht minder [als die Kirchengeschichte] zur Verstimmung verlockend ist das Studium des Kirchenrechts. Wenn man wie Phillips die kirchlichen Gesetze als „göttliches Recht" betrachtet und kommt hinterher auf das höchst menschliche des Zeugs, dann ist totaler Umschlag noch näher gelegen. Tritt noch hinzu, daß man vielleicht mit diesem „göttlichen Recht" *praktisch* zu hantiren hat, […] dann wächst die Gefahr zur gründlichen Verstimmung, der tüchtige Dogmatiker lässt sich weder durch Kirchengeschichte noch Kirchenrecht beirren. Er weiß, daß die Perle auch in der schmutzigsten Hand Perle bleibt, er weiß, daß das Kirchenrecht eine menschliche Sache ist, ausgegangen nicht vom infalliblen Magisterium, sondern von der *kirchlichen Autorität*, die wie jede Autorität dem Mißbrauch und den Mängeln unterworfen ist. Er gibt gerne zu, daß manche Staatsgesetze in derselben Materie besser sind als die Kirchengesetze. Jedenfalls sind manche eherechtliche Bestimmungen des österreichischen a. b. Gesetzbuches besser als die kanonischen. Sohin beweisen Thatsachen, daß Tarnóczy schon Recht hatte, wenn er die eigentliche Theologie – Fundamentaltheologie und Dogmatik – zur Basis des theologischen Studiums gemacht hat […]."

721 Vgl. Schöpf, Trias, 11.

toria revelationis factae) mit der eigentlichen Kirchengeschichte, welche erst mit dem Abschlusse der Offenbarung beginnt und welche eben die Kenntniss des gesammten Offenbarungsinhaltes voraussetzt."[722]

3.1.2 Umsetzung der Reformvorschläge und Neuordnung der theologischen Studien in Österreich

In der Mitte des 19. Jahrhunderts begann man nach dem Abschluss des Konkordats von 1855 auf Seiten der Österreichischen Bischofskonferenz mit Arbeiten an der Adaption der geltenden Studienordnung an die geänderten Verhältnisse, wobei Bischof Rauscher von Seckau durch die Bischofskonferenz mit der Leitung betraut wurde.[723] Der 1852 von Schöpf vorgeschlagene Salzburger Studienplan beeinflusste hierbei die Ergebnisse der Reform der theologischen Studienrichtung in Österreich, da sich die Österreichische Bischofskonferenz im Jahr 1856 in Wien versammelte, um über die Durchführung des Konkordats zu beraten.[724] Die österreichischen Bischöfe hatten vor allem die Arbeit an einer Reform der theologischen Ausbildung an den diözesanen Priesterseminaren beschlossen[725] und in dieser Angelegenheit weitgehend die Anregungen Schöpfs in dessen Salzburger Studienplanvorschlag aufgegriffen.[726] Die am 29. März 1858 nach vorherigen Beratungen mit den Bischöfen[727] verabschiedete *Verordnung des Ministeriums für*

722 Schöpf, Studium (Österreich), 10; Resümierend hält Schöpf in Bezug auf die Döllinger'sche Kritik fest: „Die Basis unseres [= Schöpfs] Systems blieb also fest, der kath. Character unseres theologischen Studiums blieb intact, und die Zeit hat uns recht gegeben. Während Döllinger mit einem Theile seiner Schule an der Katholicität Schiffbruch gelitten, erhielt sich das katholische Grundelement der Theologie in Oesterreich rein und unversehrt." (Schöpf, Trias, 11)

723 Vgl. Grass, Kirchenrecht, 234; Leisching, Peter, Die Bischofskonferenz. Beiträge zu ihrer Rechtsgeschichte, mit besonderer Berücksichtigung ihrer Entwicklung in Österreich (Wiener rechtsgeschichtliche Arbeiten 7), Wien/u. a. 1963, 165, 181, 191 u. 243.

724 Vgl. allgemein: Leisching, Bischofskonferenz, 183–223.

725 Vgl. Leisching, Bischofskonferenz, 191 f. u. 211.

726 Vgl. Grass, Kirchenrecht, 235.

727 Mit Datum vom 16. Juni 1856 übermittelten die österreichischen Bischöfe in einer Eingabe an das Ministerium für Cultus und Unterricht ihren Vorschlag bzgl. der Reform der theologischen Studienrichtung, welcher inhaltlich weitestgehend in die am 29. März 1858 in Form einer Verordnung in Österreich promulgierte neue theologische Studienordnung eingegangen ist. Vgl. Zschokke, Hermann, Die theologischen Studien und Anstalten der katholischen Kirche in Österreich. Aus Archivalien, Wien/u. a. 1894, 91.

Cultus und Unterricht betreffend die Durchführung der Konkordatsbestimmungen zu den theologischen Studien in Österreich[728] enthielt in § 5 die inhaltliche Aufteilung des auf vier Jahre angelegten theologischen Studiums, welche sich weitestgehend am Vorschlag Schöpfs orientierte und das Fach Kirchenrecht als eigenen Lehrgegenstand[729] im vierten Jahr auswies.[730] Die von Schöpf im Auftrag seines Ordinarius Tarnóczy erarbeiteten Reformvorschläge wurden somit auf lange Zeit

---

728 Vgl. Ministerium für Cultus und Unterricht, Verordnung (29.3.1858).

729 In Bezug auf die Ausstattung der Theologischen Fakultäten mit eigenen Lehrkanzeln für Kirchenrecht an Orten, an denen gleichzeitig auch eine juridische Fakultät bestand, hatte sich Mitte des 19. Jh. die Überzeugung durchgesetzt, dass es notwendig sei, die Studierenden der Theologie auf eine andere Weise in das Kirchenrecht einzuführen als dies in den rechtswissenschaftlichen Studiengängen erforderlich ist. Durch eine Verordnung des Ministers des Cultus und Unterricht vom 16. Januar 1851 wurde festgelegt, dass an Orten, an denen rechtswissenschaftliche Fakultäten bestanden, zusätzlich eigene Lehrkanzeln für Kirchenrecht an den Theologischen Fakultäten einzurichten sind. Vgl. Ministerium für Cultus und Unterricht, Verordnung des Ministers des Cultus und Unterrichts, giltig für die Kronländer Niederösterreich, Böhmen, Mähren, Galizien und Steiermark, betreffend die abgesonderte Ertheilung des Unterrichtes im Kirchenrechte für Theologen, an Orten, wo Universitäten bestehen, RGBL 19/1851. Verfügbar unter: http://alex.onb.ac.at/cgi-content/alex?aid=rgb&datum=18510004&seite=00000091. Zuletzt geprüft am 02. Juni 2016. Im Rahmen der Wiederrichtung der Theologischen Fakultät Innsbruck hatte diese Verordnung zur Folge, dass „an der mit allerhöchster Entschließung vom 4. November 1857 wiedererrichteten und dem Jesuitenorden übertragenen Theologischen Fakultät eine eigene Lehrkanzel für Kirchenrecht errichtet wurde." (Rees, Wilhelm, Kirchenrecht an der Theologischen Fakultät Innsbruck. Kirchenrechtler und Selbstverständnis des Faches in Vergangenheit und Gegenwart, in: Rees, Wilhelm/Breitsching, Konrad (Hg.), Tradition – Wegweisung in die Zukunft. Festschrift für Johannes Mühlsteiger SJ zum 75. Geburtstag. (Kanonistische Studien und Texte 46), Berlin 2001, 317–341, hier 321)

730 Die auf Antrag der Bischofskonferenz am 29. März 1858 vom Ministerium für Cultus und Unterricht erlassene theologische Studienordnung stellte die Allgemeine und Spezielle Dogmatik sowie die biblischen Fächer (Einleitung in das Alte und Neue Testament) gemeinsam mit der hebräischen Sprache in die ersten beiden Studienjahre. Der dritte Jahrgang war der *Kirchengeschichte mit vorherrschender Rücksicht auf Dogmen- und Verfassungsgeschichte* sowie der *Moraltheologie mit besonderer Rücksicht auf die Bedürfnisse des Beichtvaters* gewidmet. Im abschließenden vierten Jahrgang waren schließlich die Fächer Kirchenrecht sowie die Pastoraltheologie, Liturgik und Katechetik sowie die geistliche Beredsamkeit vorgesehen. Vgl. Ministerium für Cultus und Unterricht, Verordnung (29.3.1858), § 5. Einen Überblick über die am Beginn des 20. Jh. bestehende Normierungslage hinsichtlich der theo-

für ganz Österreich verbindlich.[731] Im Jahr 1895 konnte Schöpf so in seinen Lebenserinnerungen noch mit Stolz behaupten, dass er im Auftrag Tarnóczys einen Studienplan entworfen hatte, „der noch bis heute in ganz Oesterreich Geltung hat."[732] Im Jahr vor seinem Tod schrieb Schöpf rückblickend:

> „Meine Schrift „Theologisches Studium in Oesterreich" hat die langjährige Studienordnung vom Grunde aus umgeworfen und dafür eine ganz neue Basis gelegt und hat binnen 10 Jahren in allen österreichischen Landen – Ungarn nicht ausgenommen – Anklang und Annahme gefunden. Von allen Seiten wurde ich mit Anfragen überschüttet, wie man es denn anzufangen habe den neuen Lehrplan ins Leben einzuführen. Ich bin also der Vater der dermaligen theologischen Studienordnung in Oesterreich und könnte darauf stolz sein wenn Stolz überhaupt meine Sache wäre. Jedenfalls ist diese Wirksamkeit die bedeutendste meines Lebens, weil sie *opus perenne* ist während alle meine übrigen Arbeiten lokaler Natur sind."[733]

3.2 Gemeinfaßliches (d. i. für Geistliche und Weltliche, Gebildete und Ungebildete, Katholiken und Protestanten) über die unbefleckte Empfängniß der allerseligsten Jungfrau Maria, Salzburg 1854

Am *Vorabend des Fests der Empfängnis Mariens*[734] veröffentlichte Schöpf im Jahr 1854 – angeregt durch die Publizität, welche die Frage von der Unbefleckten Emp-

logischen Studien in Österreich bietet: Haring, Johann, Einführung in das Studium der Theologie, Graz 1911, 36–50.

731 Vgl. Hermann, Wissenschaft, 1893; Grass, Kirchenrecht, 235; Grass, Schöpf (1999), 104.

732 Schöpf, Mittheilungen (1895), 44; Zwar dokumentiert Karl-Friedrich Hermann die Adaption des Lehrplans von 1851 an geänderte Verhältnisse im Jahr 1874 (Vgl. Hermann, Geschichte, 326 f.), die Stundenkontingente der Hauptfächer wurden jedoch im Rahmen dieser Anpassung nicht verändert. „Das Kirchenrecht, früher im 2. Studienjahr gelehrt, beschäftigte die Hörer seit 1874 erst im 4. Jahr. Das hatte Schöpf aber schon von Anfang an vorgeschlagen!" (Grass, Schöpf (1985), 321)

733 Schöpf, Mittheilungen (1898), 29.

734 Schöpf veröffentlichte seine Schrift somit am 7. Dezember 1854. Das kirchliche Fest der Empfängnis der Gottesmutter Maria wird seit der ersten Hälfte des 12. Jh. jährlich am 8. Dezember gefeiert. Vgl. Müller, Andreas, Lexikon des Kirchenrechts und der römisch-katholischen Liturgie. In Beziehung auf Ersteres mit steter Rücksicht auf die neuesten Concordate, päbstlichen Umschreibungs-Bullen, und die besonderen Verhältnisse der katholischen Kirche in den verschiedenen deutschen Staaten. In fünf Bänden. Zweiter Band. D – F, Würzburg 1830, 544; Maas-Ewerd, Theodor, Marienfeste, in: LThK^3, 1370–1374, hier 1371.

fängnis der Gottesmutter Maria erlangt hatte,[735] sowie durch die Verkündigung des Dogmas von der *Immaculata Conceptio Beatae Virginis Mariae* durch Papst Pius IX. am 8. Dezember 1854[736] – seine 25-seitige Schrift *Gemeinfaßliches über die unbefleckte Empfängniß der allerseligsten Jungfrau Maria* im Salzburger Verlagshaus *Oberer*.[737] Den Erlös der Kleinschrift widmete Schöpf für den Wiederaufbau der am 3. September 1854 einem Brand zu Opfer gefallenen Kirche von Ramingstein im Salzburger Lungau.[738]

Die Schrift gliedert sich in fünf Hauptteile. Nach einem kurzen *Vorwort*[739] erörtert Schöpf im ersten Teil das *gemeinsame theologische Erbe der katholischen Kirche mit der morgenländischen Kirche*[740] *sowie der protestantischen Kirche*[741] um anschließend das theologische Fundament der Lehre von der *immaculata conceptio Beatae Virginis Mariae* darzustellen.[742] Nachdem Schöpf im ersten Teil seiner Schrift herausgestellt hatte, dass sowohl nach protestantischer wie auch nach katholischer Auffassung die Jungfrau Maria als Gottesmutter angesehen wird, lediglich die protestantischen Kirchen ihr keine Verehrung zukommen lassen und sie nicht als Fürsprecherin anrufen,[743] geht Schöpf im zweiten Teil

---

735 Vgl. Schöpf, Joseph A., Gemeinfaßliches (d. i. für Geistliche und Weltliche, Gebildete und Ungebildete, Katholiken und Protestanten) über die unbefleckte Empfängniß der allerseligsten Jungfrau Maria, Salzburg 1854, 1.

736 Vgl. Pius P.P. IX, Litterae Apostolicae. *Ineffabilis Deus*. De dogmatica definitione immaculatae conceptionis virginis deiparae. 8 dec. 1854, in: Pii IX Pontificis Maximi acta. Acta exhibens quae ad ecclesiam universam spectant. Pars Prima. Vol. I. Unveränd. Nachdr. d. 1857 in d. Typographia Bonarum Artium in Rom ersch. Ausg. (Corpus actorum rr. pontificum), Graz 1971, 597–619.

737 Vgl. Schöpf, Gemeinfaßliches (1854).

738 Vgl. Schöpf, Gemeinfaßliches (1854), Titel; vgl. überblicksweise zur Baugeschichte der *Pfarrkirche St. Achatius in Ramingstein*: Gemeinde Ramingstein, Pfarrkirche St. Achatius in Ramingstein. Verfügbar unter: http://ramingstein.riskommunal.net/system/web/sonderseite.aspx?menuonr=219544880&detailonr=219544880. Zuletzt geprüft am 11. November 2016.

739 Vgl. Schöpf, Gemeinfaßliches (1854), 1–3.

740 Als ‚Kirche des Morgenlands' bezeichnet Schöpf in seiner Schrift die orthodoxen Kirchen der byzantinischen Tradition. Vgl. Schöpf, Gemeinfaßliches (1854), 3.

741 Vgl. Schöpf, Gemeinfaßliches (1854), 3–8; Als ‚protestantisch' bezeichnet Schöpf reichlich unpräzise verschiedene kirchliche Gemeinschaften der reformatorischen Bewegung. Er nennt namentlich den lutherischen Protestantismus sowie die anglikanische Bewegung der Church of England. Vgl. Schöpf, Gemeinfaßliches (1854), 4.

742 Vgl. Schöpf, Gemeinfaßliches (1854), 8–11.

743 Vgl. Schöpf, Gemeinfaßliches (1854), 7; vgl. überblicksweise zur Heiligenverehrung im Bereich der protestantischen Kirchen: Graßmann, Andreas, Das Patrozinium.

dazu über, den Glaubenssatz der *immaculata conceptio Beatae Virginis Mariae* zu begründen, indem er ihn zunächst wie folgt definiert:

> „Gott hat von Ewigkeit her im Hinblicke auf die namenlose Würde Mariens – also *seines Sohnes* wegen und durch seine Erlösungsgnade – diese Jungfrau von der Makel der Erbsünde und ihren Folgen für immer frei zu erhalten beschlossen, und Er hat diesen seinen ewigen Rathschluß beim wirklichen Eintreten Mariens in diese Welt vollkommen ausgeführt, indem er sie, *ohngeachtet ihrer Abstammung von Adam*, schon im Augenblicke ihrer Empfängnis, also in ihrem ersten Anfange, von der Erbsünde rein erhalten hat, so daß sie als ein durchaus reines und heiliges Geschöpf in diese Welt eingetreten."[744]

Begründet wird diese Lehrmeinung durch Schöpf im Rahmen seiner Ausführungen mit vier Argumenten. So führt er die dogmatische Notwendigkeit der *Makellosigkeit* der Mutter des Sohnes Gottes, den biblischen Befund zu dieser Frage sowie den Verweis auf die Tradition der Kirche an, welche schon seit den Anfängen des Christentums die Lehre von der Unbefleckten Empfängnis kannte. Schlussendlich führt Schöpf als Viertes die Praxis der Kirche an, derzufolge durch päpstliche und bischöfliche Autorität das Lehren der Auffassung der *immaculata conceptio Beatae Virginis Mariae* bereits toleriert wurde sowie durch Pius IX. in einer Anfrage an das Bischofskollegium auch der *consensus ecclesiae* abgefragt wurde.[745]

Im dritten Teil der Schrift prüft Schöpf in sieben Teilschritten verschiedene Einwände, die gegen den Glaubenssatz der Unbefleckten Empfängnis der Gottesmutter Maria ins Feld geführt werden um diese jeweils zu widerlegen.[746] Abgeschlossen wird die Kleinschrift durch ein *Schlußwort*[747] und eine *Zugabe*[748] in Form eines Anhangs. Der Anhang ist beschrieben als anonymer Brief einer Oezthalerin an ihren Studenten in der Stadt, es handelt sich jedoch in der Tat um einen Brief von Schöpfs Mutter an ihren Sohn in dem sie ebendiesen mahnt, niemals die religiöse Verehrung der Gottesmutter Maria aufzugeben und sich im Gebet dem Herzen Jesu und Mariens anzuempfehlen.

Eine kirchenrechtliche Darstellung mit besonderer Berücksichtigung des titulus ecclesiae gemäß c. 1218 CIC/83 (Wissenschaft und Religion 27), Frankfurt a. M./u. a. 2017, 223–231.

744 Schöpf, Gemeinfaßliches (1854), 8.

745 Vgl. Schöpf, Gemeinfaßliches (1854), 8–11.

746 Vgl. Schöpf, Gemeinfaßliches (1854), 11–22.

747 Vgl. Schöpf, Gemeinfaßliches (1854), 22–23.

748 Vgl. Schöpf, Gemeinfaßliches (1854), 23–25.

Im Folgejahr veröffentliche Schöpf eine auf den 2. Februar 1855 datierte Folgeauflage der Kleinschrift.[749] Wie Schöpf im Vorwort der zweiten Auflage selbst bemerkt, handelt es sich hierbei um einen unveränderten Abdruck des Textbestands der ersten Auflage, welche lediglich um einen Anhang erweitert wurde. Schöpf gibt dem Leser nun auch den lateinischen Text sowie eine deutsche Übersetzung des päpstlichen Schreibens *Ineffabilis Deus*, mit welchem die *Immaculata conceptio* dogmatisiert wurde, an die Hand.[750] Diese Dokumente standen bei Drucklegung der ersten Auflage noch nicht zur Verfügung. Den Erlös der zweiten Auflage verfügte Schöpf als Spende zugunsten des Salzburger Gesellenvereins.[751]

3.3 Handbuch des katholischen Kirchenrechts. Mit besonderer Bezugnahme auf Oesterreich und mit Rücksicht auf Deutschland. 4 Bände, Salzburg/Schaffhausen 1854–1866

Nach wenigen Jahren der Lehrtätigkeit an der Salzburger Theologischen Fakultät begann Schöpf ein vierbändiges *Handbuch des Katholischen Kirchenrechts*[752] zu verfassen, welches gleichsam sein wissenschaftliches Hauptwerk darstellt. Er orientierte sich bei der Abfassung einerseits an den Bedürfnissen der pastoralen Praxis, andererseits an jenen der akademischen Theologie und Rechtswissenschaften[753] und erarbeitete eine mit umfangreichen Gesetzesanhängen versehene, umfassende Darstellung des vorkodikarischen Kanonischen Rechts.

Schöpf konzipierte sein Handbuch vor allem für die Studierenden der Theologie sowie für nicht juristisch gebildete Theologen und Seelsorger,[754] von welchen es in der Praxis dankend angenommen wurde.[755] Insbesondere aus den Reihen

---

749 Vgl. Schöpf, Joseph A., Gemeinfaßliches über die unbefleckte Empfängniß der allerhel. Jungfrau Maria. Herausgg. am Vorabende des Empfängnißfestes 1854, Salzburg ²1855; Wurzbach gibt die zweite Auflage mit 1854 an: Vgl. Wurzbach, Schöpf, 194.

750 Vgl. Schöpf, Gemeinfaßliches (1855), 26–53.

751 Vgl. Schöpf, Gemeinfaßliches (1855), Titelseite.

752 Vgl. Schöpf, Handbuch (I-1854); Schöpf, Joseph A., Handbuch des katholischen Kirchenrechtes. Mit besonderer Bezugnahme auf Oesterreich und mit Rücksicht auf Deutschland. Zweiter Band, Schaffhausen 1855; Schöpf, Joseph A., Handbuch des katholischen Kirchenrechts. Mit besonderer Bezugnahme auf Oesterreich und mit Rücksicht auf Deutschland. Dritter Band, Schaffhausen 1857; Schöpf, Joseph A., Handbuch des katholischen Kirchenrechts. Mit besonderer Bezugnahme auf Oesterreich und mit Rücksicht auf Deutschland. Vierter Band, Schaffhausen 1858.

753 Vgl. Grass, Schöpf (1999), 104.

754 Vgl. Schöpf, Handbuch (I-1854), V–VII.

755 Vgl. Schulte, Geschichte (III,1), 435.

der Seelsorger war der Mangel eines an den Bedürfnissen der konkreten pastoralen Praxis ausgerichteten kirchenrechtlichen Handbuchs formuliert worden.[756] Schöpfs Kompendium entsprach diesem Wunsch des Klerus, indem es insbesondere im dritten und vierten Teilband die Materien des Pfarrrechts, des kirchlichen Eherechts sowie des Eheprozesses eingehend behandelte.[757] Dem kirchenrechtlichen Praktiker kam Schöpfs Werk dahin gehend entgegen, dass Schöpf in vielen Abschnitten des Handbuchs im Rahmen seiner Ausführungen jeweils nach den Darstellungen des materiellen Rechts eine Reihe von Fallbeispielen anführte, welche kurz in Frageform auf spezifische Probleme des zuvor dargelegten materiellen Rechtsbereichs aufmerksam machten. Die Antworten auf die formulierten Fallfragen schloss Schöpf jeweils direkt an die Fragestellungen an.

In der Darstellung der Rechtsmaterien stützt sich Schöpf in seinem Handbuch auf die kirchenrechtlichen Hand- und Lehrbücher seiner Zeit[758] sowie auf

---

756 Vgl. Grass, Kirchenrecht, 236 f. Die Vernachlässigung des Kanonischen Rechts in der wissenschaftlichen Ausbildung der Theologen und Juristen führte dazu, dass bei ebendiesen „die Kenntnis des canonischen Rechtes so gut wie völlig abhanden gekommen [war]." (Phillips, Kirchenrecht (I), 27 f.) Vor allem, als im Zuge der Umsetzung des Konkordats von 1855 das kanonische Eherecht wieder eingeführt wurde und die kirchliche Ehegerichtsbarkeit nach mehr als 70-jähriger Unterbrechung ihre Tätigkeit wieder aufnahm, zeigten sich die Mängel im Wissen um Inhalte und Umsetzung des Kanonischen Rechts mit besonderer Deutlichkeit. Vgl. Wolfsgruber, Cölestin, Joseph Othmar Cardinal Rauscher, Fürsterzbischof von Wien. Sein Leben und sein Wirken, Freiburg i. Br./u. a. 1888, 260.
Der St. Pöltener Bischof Ignaz Feigerle formulierte gegenüber dem Innsbrucker Kanonisten Ernst Freiherr von Moy de Sons die Verlegenheit, welche sich aus der kirchenrechtlichen Ausbildung des Klerus in Österreich für die Bischöfe ergab, da diese nunmehr infolge des Konkordats ihre Offizialate und Ordinariate mit der Umsetzung des kanonischen Eherechts zu betrauen hatten: „Denn die Pfarrer, in deren Hände jetzt die Ehegeschäfte gelegt wurden, hatten eigentlich kein canonisches Recht, sondern lediglich die österreichischen Gesetze gelernt. Sie bedurften eines genauen Unterrichtes in den canonischen Ehehindernissen, sowie einer umständlichen Anweisung zur Uebung ihres Amtes." (Wolfsgruber, Rauscher, 158)

757 Vgl. hierzu Punkt 3.3.3.2.1.3.2 der vorliegenden Arbeit.

758 Vor allem auf die Hauptwerke der Kanonisten Lucius Ferraris (vgl. Ferraris, Lucius, Lucii Ferraris Prompta Bibliotheca canonica, juridica, moralis, theologica, nec non ascetica, polemica, rubricistica, historica. 8 Bände, Bologna Erstausgabe: 1746) und Agosthino Barbosa (vgl. Barbosa, Agostinho, Juris ecclesiastici universi libri III. 2 Bände, Lugduni Erstauflage: 1718) verweist Schöpf an zahlreichen Stellen seines Handbuchs als Referenz. Vgl. zu den Personen: Haering, Stephan, Ferraris, Lucius, in: LKR, 1072 f; Binder, Dieter A., Barbosa, Agostinho, in: LKR, 1045.

renommierte Kanonisten aus der Zeit der Salzburger Benediktiner-Universität. So werden wiederholt Autoren wie Ludwig Engel, Robert König, Franz Schmier und Gregor Zallwein als Belege für Schöpfs Ausführungen bemüht. Nikolaus Grass zufolge ist der Erfolg des Schöpf'schen Handbuchs auf ebendiese Bezugnahme auf renommierte Kanonisten sowie auf die „ausführliche und klare, auf die praktischen Bedürfnisse ausgerichtete Darstellung, verbunden mit kirchlicher Gesinnung des Autors“[759], zurückzuführen.

Zeichen dafür, dass Schöpfs praxisorientiertes Werk einem tatsächlichen Bedürfnis entsprach, ist die Tatsache, dass der ersten Auflage des ersten Bands aus dem Jahr 1854[760] bereits im Folgejahr eine erweiterte zweite Auflage folgte.[761] Die beiden Auflagen divergieren beträchtlich im Umfang, als die erste Auflage 164 Textseiten, die Folgeauflage bereits 262 Textseiten umfasst. Der 375 Seiten umfassende zweite Band wurde auch in einer bedeutend größeren Auflage publiziert. Den Abschluss des Handbuchs stellen der 375-seitige dritte Band aus dem Jahr 1857 und der – im Rahmen eines mehrmonatigen Sonderurlaubs[762] abgeschlossene – vierte Band mit 680 Seiten aus dem Jahr 1858 dar. Im abschließenden vierten Band findet sich der Vermerk „Beendet zu Salzburg am 30. November 1858“[763]. Zwischen 1863 und 1866 wurde der erste Band des Handbuchs bereits in dritter Auflage,[764] der zweite bis vierte Band in zweiter Auflage veröffentlicht.[765]

759 Grass, Kirchenrecht, 238.

760 Das Vorwort datiert auf den 19. März 1854, den sog. ‚Josephitag'.

761 Vgl. Schöpf, Joseph A., Handbuch des katholischen Kirchenrechts. Mit besonderer Bezugnahme auf Oesterreich und mit Rücksicht auf Deutschland. Erster Band, Schaffhausen ²1855.

762 Für das zweite Semester des Studienjahres 1857/58 wurde Schöpf zum Abschluss seiner Arbeiten am letzten Band seines Handbuchs ein Sonderurlaub durch das Ministerium für Cultus und Unterricht gewährt. Vgl. Schöpf, Studententhum, 32; vgl. auch: Universitätsarchiv Salzburg, Schreiben № 1142 vom 21. August 1857 (FA XXI Nr. 69) 1857. Den Antrit des Urlaubs am 12. März 1858 hat Schöpf schriftlich gegenüber dem Dekanat bestätigt. Vgl. Universitätsarchiv Salzburg, Schreiben Joseph Anton Schöpfs vom 12. März 1858 (FA XXI Nr. 70) 1858.

763 Schöpf, Handbuch (IV-1858), 679.

764 Vgl. Schöpf, Joseph A., Handbuch des katholischen Kirchenrechts. Mit besonderer Bezugnahme auf Oesterreich und mit Rücksicht auf Deutschland. Erster Band, Schaffhausen ³1863

765 Vgl. Schöpf, Joseph A., Handbuch des katholischen Kirchenrechts. Mit besonderer Bezugnahme auf Oesterreich und mit Rücksicht auf Deutschland. Zweiter Band, Schaffhausen ²1864; Schöpf, Handbuch (III-1865); Schöpf, Joseph A., Handbuch des

Im Rahmen der Drucklegung des ersten Bandes stellte sich Widerstand ein, da *das Kirchenrecht den Bischöfen die Regierung erschweren* würde, wie Erzbischof Tarnóczy gegenüber Schöpf äußerte.[766] Dieser befürchtete daraufhin, der Erzbischof würde den Arbeiten an einem Handbuch im Wege stehen, was sich in Folge auch bewahrheitete.[767] Schöpf war klar:

> „Wollte ich meine Sache durchsetzen, so mußte ich fait accompli machen. Also gleich einen Theil des Manuscriptes in die Oberer'sche Druckerei, den ersten Bogen setzen, drucken, abziehen lassen und ihn sofort ins [Schloß] Mirabell, der damaligen erzbischöflichen Residenz, schicken. Nach 9 Uhr abends kam ein Bote in der Person meines Collegen … zu mir mit der Weisung, ich möchte die Sache rückgängig machen, widrigenfalls autoritative Stellung werde genommen werden. Leider konnte, durfte und brauchte ich der Weisung nicht zu entsprechen. Die Sache war schon zu weit vorgeschritten."[768]

---

katholischen Kirchenrechts. Mit besonderer Bezugnahme auf Oesterreich und mit Rücksicht auf Deutschland. Vierter Band, Schaffhausen ²1866.

766 Vgl. Schöpf, Trias, 26.

767 Die Befürchtungen hinsichtlich etwaiger Widerstände seitens seines Ordinarius bewahrheiteten sich und so schrieb Bischof Slomśek, Fürstbischof des Suffraganbistums Lavant, an Schöpf, dass er „aus Rücksicht für den Metropoliten, welcher Ihr [= Schöpf] Unternehmen mißbilligt" (Schöpf, Trias, 26), Schöpfs Handbuch nicht empfehlen könne.
Erzbischof Tarnóczy änderte schlussendlich seine Einstellung zu Schöpfs Handbuch. Nachdem Schöpfs Handbuch mit vier Bänden vollendet vorlag, sich in der Praxis bewährt hatte „und von vielen Ordinariaten empfohlen war, hat mir [= Schöpf] der Erzbischof [Tarnóczy] gratulirt und hat dasselbe bei seinen Ansprachen an die Weihe-Canditaten jederzeit benützt." (Schöpf, Trias, 26) Hier bezog sich Erzbischof Tarnóczy v. a. auf den dritten Band mit den Ausführungen zum klerikalen Stand, wie Schöpf am selben Ort anmerkt.
In einem Brief vom 7. November 1891 sprach der Brixner Fürstbischof Simon Aichner, seines Zeichens selbst Autor eines renommierten Lehrbuchs des Kirchenrechts (Vgl. Aichner, Simon, Compendium iuris ecclesiastici ad usum cleri, Brixen 1863), dem von der Lehrkanzel emeritierten Professor Schöpf seine Anerkennung hinsichtlich des Handbuchs aus: „Ihr Kirchenrecht hatte seiner Zeit ein großes Verdienst und hat es noch. Ich sehe es oft in den Bibliotheken unserer Seelsorger. Damals hieß es bahnbrechen beim Erwachen einer neuen Zeit. Ihr Nachfolger hat wohl nur darum gewechselt, weil das Werk etwas zu voluminös ist, was freilich theilweise auch vom meinigen gesagt werden muß. Ich weiß es freilich nicht, wie es mit Ihrer Gesundheit bestellt ist. Wäre dieselbe noch gut, so sollten Sie Ihre kanonistische Feder nicht ganz weglegen. Es wäre manche Monographie zu schreiben, welche eine Lücke ausfüllen würde." (Schöpf, Erinnerung, FN 4)

768 Schöpf, Trias, 26.

1854 erschien der erste Band des Handbuchs des Katholischen Kirchenrechts in der Oberer'schen Buchdruckerei[769] mit einer Druckereirechnung von 800 Gulden, für deren Bezahlung sich Schöpf einen Kredit im Bankhaus Weickl nehmen musste.[770] Die Rückzahlung des Kredits gestaltete sich für Schöpf ohne Schwierigkeiten, indem er durch intensive Werbung eine Abnehmerschaft von 500 Abonnenten seines Handbuchs akquirieren konnte und vom Verlagshaus Hurter, welches außer der ersten Auflage des ersten Bandes alle weiteren Bände und Auflagen verlegte, für jeden Druckbogen 25 Gulden Conventionsmünze erhielt.[771]

Im Folgenden werden der Aufbau des Handbuchs des Kirchenrechts sowie ausgewählte inhaltliche Schwerpunkte dargestellt.

3.3.1 Einleitung und Grundlegung

Im ersten Band seines Handbuchs behandelt Schöpf grundlegende Fragen der Kirchenrechtswissenschaft. Unter der Überschrift *Einleitung und Fundamentirung*[772] widmet sich Schöpf einer Begründung der fundamentalen Konzepte *Recht*[773] und *Gesetz*[774] im Allgemeinen sowie der Grundbegriffe *Kirche*[775] und *Kirchenrecht*[776] im Speziellen. Das Konzept *Recht* versteht Schöpf als

> „die von Gott ursprünglich ausgegangene, im Menschen grundgelegte, von Gott und dem freien Menschen fortwährend belebte organische Ordnung, vermöge welcher eine jede menschliche Person den Anspruch hat, von den neben und mit ihm seienden Men-

---

769 Die erste Auflage des ersten Bandes wurde in Salzburg herausgegeben, die folgenden Bände sowie Auflagen im Verlagshaus Hurter in Schaffhausen.

770 Vgl. Schöpf, Trias, 26; Schöpfs damaliges Jahreseinkommen betrug etwa 600 Gulden. Vgl. Schöpf, Tiroler-Colonie, 1.

771 Vgl. Schöpf, Trias, 27: „Mittlerweile hatte ich nämlich für mein Handbuch des Kirchenrechts 500 Abonnenten zusammengebracht. Auf diese gestützt, knüpfte ich mit Hurter in Schaffhausen an, welcher sofort den Verlag übernahm und mir für jeden Druckbogen 25 [Gulden Conventionsmünze] zusicherte, die er auch stets redlich und unweigerlich bezahlt hat." Grass stellt hierzu fest: „Schöpf mag erleichtert aufgeatmet haben, als dieses in staunenswert kurzer Zeit geschaffene, an die 1900 Druckseiten umfassende Handbuch in einem angesehenen Verlagshaus erschienen vollendet vorlag." (Grass, Kirchenrecht, 235)

772 Vgl. Schöpf, Handbuch (I-1863), VII.

773 Vgl. Schöpf, Handbuch (I-1863), 1–12.

774 Vgl. Schöpf, Handbuch (I-1863), 12–14.

775 Vgl. Schöpf, Handbuch (I-1863), 14.

776 Vgl. Schöpf, Handbuch (I-1863), 15–17.

schen das zu empfangen, was ihr als Socialwesen nach Gottes Willen ausschließlich und nothwendig gehört.“[777]

Wie das Recht im Allgemeinen, so ist für Schöpf auch das *Kirchenrecht* in erster Linie eine

> „äußere Ordnung, die von Christus und seinen hl. Aposteln prototypisch, d. h. den Fundamentalzügen nach, für die Gemeine des Herrn ausgegangen ist und die sich mit der Zeit durch die apostolische Succession nach allen Richtungen des social-kirchlichen Lebens zu dem Zwecke ausgestaltet hat, auf daß durch sie (diese Ordnung) den Gliedern der christlichen Herde das Heil vermittelt werde.“[778]

Für die Kirche impliziert das Kirchenrecht die Existenzberechtigung im Sinne einer „Befugnis zu sein, und zwar in der Ordnung, in den Normen, wie selbe der Herr gewollt und wie sie sich durch die Zeiten entwickelt haben.“[779] Kirchenrecht besteht, dem Charakter der Kirche folgend, sowohl aus göttlichen als auch aus menschlichen Elementen und bildet aus ebendiesen ein einheitliches Ganzes. Seine Grenzen findet das Kirchenrecht in den staatlichen Rechtsordnungen.[780]

Im Anschluss an die Bestimmung der genannten Grundbegriffe stellt Schöpf eine Darstellung der *Quellen des Kirchenrechts*. Diese gliedert er in eine Definition des Begriffs,[781] einen Überblick über die Gliederung der Quellen,[782] eine Geschichte des Kanonischen Rechts im Allgemeinen,[783] des Österreichischen[784] und des Deutschen Kirchenrechts[785] sowie Bemerkungen zur Geltung und Anwendbarkeit der Quellen, unterteilt in die Sektionen Gewohnheitsrecht, universales Gesetzesrecht und Partikularrecht.[786]

An den Überblick über die Quellen des Kanonischen Rechts fügt Schöpf Ausführungen zur *Wissenschaft des Kirchenrechts* an, welche er in die Unterpunkte *Begriff*, *Aufgabe*, *Methode*, *Wert* des Kirchenrechts, Darstellung der *Hilfswissenschaften* sowie einen Überblick über die *grundlegende Literatur*[787] unterteilt. Den

777 Schöpf, Handbuch (I-1863), 1 f.
778 Schöpf, Handbuch (I-1863), 15.
779 Schöpf, Handbuch (I-1863), 15.
780 Vgl. Schöpf, Handbuch (I-1863), 16.
781 Vgl. Schöpf, Handbuch (I-1863), 17–19.
782 Vgl. Schöpf, Handbuch (I-1863), 19–22.
783 Vgl. Schöpf, Handbuch (I-1863), 22–40.
784 Vgl. Schöpf, Handbuch (I-1863), 40–49.
785 Vgl. Schöpf, Handbuch (I-1863), 49–62.
786 Vgl. Schöpf, Handbuch (I-1863), 62–100.
787 Vgl. Schöpf, Handbuch (I-1863), 100–116.

Abschluss des ersten Bandes stellt Schöpfs *System des Kirchenrechts*[788] dar, zu dem er anmerkte, dass dieses im Gegensatz zu den übrigen Teilen des Handbuchs, welche maßgeblich auf den Darstellungen in George Phillips' Handbuch des Kirchenrechts aufbauen, gänzlich aus seiner eigenen Feder stammt[789] und die Grundlage für den Aufbau der weiteren Teile seines Handbuchs bildet. Zur Zeit Schöpfs waren die Systematiken der kanonistischen Hand- und Lehrbücher vielfältig, sodass Schöpf mit seinem System des Kirchenrechts als *Organismus* lediglich eine weitere Variante der Gliederung des umfangreichen Rechtsstoffs etablierte.[790] Eine nennenswerte Vereinheitlichung der Darstellungen bewirkte schließlich die bereits von den Vätern des Ersten Vatikanischen Konzils geforderte[791] Kodifikation des Kanonischen Rechts im *Codex Iuris Canonici* vom 27. Mai 1917,[792] in deren Nachgang sich die Hand- und Lehrbücher des Kanonischen Rechts vielfach am Aufbau des CIC/17 orientierten.

3.3.2 Schöpfs *Systematik des Kirchenrechts* bzw. die Systematik der Hauptteile seines Handbuchs

Schöpf war der Ansicht, dem *Kirchenrecht sei sein System immanent mitgegeben.*[793] Die kirchliche Rechtsordnung begegnet dem Menschen zunächst als äußere Rechtsordnung und unterscheidet sich in dieser Hinsicht nicht von anderen Ordnungen der menschlichen Gesellschaft. Weiters ist aber das Kirchenrecht immer zugleich auch die von Jesus Christus eingesetzte Ordnung,[794] welche in dynami-

---

788 Vgl. Schöpf, Handbuch (I-1863), 116–120.

789 Vgl. Schöpf, Handbuch (I-1854), VIII.

790 Aufgegriffen wurde die Diktion vom *Organismus* des kirchlichen Ämterapparates bspw. von Paul Hinschius: Vgl. exemplarisch die Überschrift „Der zur Leitung der Kirche bestimmte Organismus" über dem Abschnitt zum kirchlichen Ämterwesen: Hinschius, Kirchenrecht (I), XII u. 163.

791 Vgl. Erdő, Péter, Die Quellen des Kirchenrechts. Eine geschichtliche Einführung (Adnotationes in ius canonicum 23), Frankfurt a. M. 2002, 151.

792 Vgl. Benedictus P.P. XV., Codex Iuris Canonici Pii X Pontificis Maximi iussu digestus Benedicti Papae XV auctoritate promulgatus [= CIC/17], in: AAS 9,2 (1917) 11–456.

793 Vgl. Schöpf, Handbuch (I-1863), 116: „Das Kirchenrecht trägt sein System in sich."

794 Schöpf liegt hierbei inhaltlich auf der Linie seiner Zeit, welche die Kirche theologisch als von Christus durch einen Stiftungsakt eingesetzte menschliche societas im Sinne einer fortgesetzten Inkarnation verstand. Das christozentrische Begründungsmuster der kirchlichen Hierarchie dominierte über Jahrhunderte hinweg die katholische Ekklesiologie. Erst im Jahr 1897 wurde durch Papst Leo XIII. in der Enzyklika *Divinum illud* die Pneumatologie als Begründungselement der Ekklesiologie nach einigen Jahrhunderten wieder eingeführt (vgl. Leo P.P. XIII, Epistola Encyclica. *Divinum*

scher Art und Weise durch kirchliche Rechtsnormen im Sinne eines „lebendigen, menschlichen Organismus“[795] dargestellt werden muss.[796] Der *Organismus des Kirchenrechts* stellt sich demzufolge auf der Grundlage der Apostolischen Sukzession im Bild „eines aus Haupt und Gliedern bestehenden lebendigen Leibes, welcher sich als *Leib Christi* charakterisiert“[797], dar.

In diesen Organismus muss „der gesammte kirchenrechtliche Stoff gefaßt, gewissermaßen gegossen werden, soll er in Wirklichkeit als System, sohin als organisches, geistiges *Kunstgebilde*, und zwar als *objectives* d. h. vollkommen *sachgemäßes* System erscheinen.“[798] Andere Rechtsordnungen, bspw. die staatliche, weisen zwar in manchen Punkten gewisse Ähnlichkeiten zur kirchenrechtlichen Ordnung auf, jedoch „die differentia *specifica* liegt im ‚Leibe Christi‘“[799], weshalb es geboten ist, das Kirchenrecht in einer eigenen Systematik darzustellen.[800]

Aus diesem Gedanken heraus gliedert Schöpf die Bände 2 bis 4 seines Handbuchs fortlaufend in zwei Hauptteile, welche in ihrem Umfang beträchtlich divergieren.[801] Der erste Hauptteil steht unter dem Titel *Das Haupt der Kirche* und erstreckt sich über die gesamten Bände 2 und 3 sowie den Großteil von Band 4.[802] Der zweite Hauptteil umfasst unter der Überschrift *Die Glieder der Kirche* lediglich 125 Druckseiten des abschließenden vierten Bandes.[803]

---

illud. 9 maii 1897, in: ASS 29 (1896/97) 644–658, hier 650: „Atque hoc affirmare sufficiat, quod quum Christus caput sit Ecclesiae, Spiritus Sanctus sit eius anima“). Vgl. hierzu: Böhnke, Michael, Kirche in der Glaubenskrise. Eine pneumatologische Skizze zur Ekklesiologie und zugleich eine theologische Grundlegung des Kirchenrechts, Freiburg i. Br. 2013, 50 f.

795 Schöpf, Handbuch (I-1863), 117.

796 Vgl. Schöpf, Handbuch (I-1863), 116 f.

797 Schöpf, Handbuch (I-1863), 118.

798 Schöpf, Handbuch (I-1863), 118 f.

799 Schöpf, Handbuch (I-1863), 119.

800 Vgl. Schöpf, Handbuch (I-1863), 119.

801 Vgl. hierzu die Begründung Schöpfs: „Daß der erste Haupttheil weit *umfangreicher* sein müsse, als der zweite, begreift sich aus der Bedeutung und dem Wesen des Hauptes der Kirche. Gleichwie nemlich im menschlichen Organismus das Haupt, als Sitz der Seele […] entschieden bedeutungsvoller ist denn sämmtliche Glieder des Leibes: so präponderirt auch das Haupt der Kirche (falls die Sache nicht materiell, z. B. nach Köpfen angeschaut wird) weit über die Glieder derselben.“ (Schöpf, Handbuch (I-1863), 121)

802 Vgl. Schöpf, Handbuch (IV-1866), 1–590.

803 Vgl. Schöpf, Handbuch (IV-1866), 591–716.

Der erste Hauptteil über das *sichtbare Haupt der Kirche* widmet sich „Christi Stellvertretung bezüglich der *Weihe-* und *Regierungsgewalt.*“[804] Diese setzt Schöpf nicht gleich mit dem Papst, sondern mit der gewalthabenden Kirche im Allgemeinen.[805] Inhaltlich behandelt Schöpf die *Organisation* ebendieses *Haupts der Kirche* sowie dessen *Rechtsfunktion* sowohl *ad intra* gegenüber den Gliedern der Kirche als auch *ad extra* gegenüber dem Staat und den außerhalb der Kirche stehenden Religionsgesellschaften. Im zweiten Hauptteil stellt Schöpf die Bestimmungen zu den *physischen* und den *juristischen Rechtssubjekten* der Kirche, bei ihm Glieder genannt, dar.

Sämtliche ‚klassischen‘ Traktate des Kanonischen Rechts werden im Rahmen dieser Systematik gleichsam als notwendige Organe des Leibes Christi dargestellt, indem sie an den für Schöpf jeweils passenden Platz im organischen Aufbau des Leibs eingefügt werden. So finden sich bspw. die Ausführungen zum *Eherecht*[806] innerhalb der Darstellung der *pfarrlichen Rechtsfunktionen*, das kanonische *Prozessrecht*[807] wurde in die Bestimmungen zu den *Rechtsfunktionen der Diözesanbischöfe* eingereiht. Große Teile der im aktuell gültigen CIC/83 unter die *Normae Generales* des Liber I eingereihten Rechtsmaterien finden sich bei Schöpf in den Ausführungen zur *Organisation des Hauptes der Kirche.*[808]

3.3.3 Erster Hauptteil – Das Haupt der Kirche

Im ersten Hauptteil thematisiert Schöpf in drei Teilen das *Haupt der Kirche,* welches er mit der Gewalt habenden Kirche im Sinne einer Stellvertretung Christi in der Leitung der Kirche durch die in der Weihe übertragenen Gewalten identifiziert.

Der erste Unterabschnitt hat die Organisation des Haupts der Kirche zum Thema, in den Teilen 2 und 3 widmet sich Schöpf der *Rechtstätigkeit des Hauptes der Kirche nach Innen* sowie dem Verhältnis des *Hauptes der Kirche nach Außen.*

3.3.3.1 Erster Teil – Organisation des Haupts der Kirche

Im ersten Teil beschreibt Schöpf grundsätzlich die *Organisation des Haupts der Kirche,*[809] indem er zunächst ausführlich die *Lehre über die Kirchengewalt*[810] er-

804 Schöpf, Handbuch (I-1863), 120.

805 Vgl. Schöpf, Handbuch (I-1863), 120.

806 Vgl. Schöpf, Handbuch (III-1865), 493 f; Schöpf, Handbuch (IV-1866), 1–254.

807 Vgl. Schöpf, Handbuch (III-1865), 24–257.

808 Vgl. die Darstellung der Lehre zur Kirchengewalt sowie zu den Trägern von Kirchengewalt: Schöpf, Handbuch (II-1864), 1–118.

809 Vgl. Schöpf, Handbuch (II-1864), 1–118.

810 Vgl. Schöpf, Handbuch (II-1864), 1–55.

örtert und in einem zweiten Schritt ausführlich auf die verschiedenen *Träger der Kirchengewalt*[811] auf den unterschiedlichen Ebenen der kirchlichen Hierarchie eingeht.

3.3.3.1.1 Zur kirchlichen Lehrgewalt und ihren Grenzen

Bemerkenswert sind die Änderungen des Verfassers in der zweiten Auflage des zweiten Bandes. Während der Abschnitt über die *Kirchliche Lehrgewalt* in der ersten Auflage kaum mehr als eine bloße Darstellung der kirchlichen Lehre über die *potestas magisterii* bildete, wurde der Abschnitt, vor dem Hintergrund der Auseinandersetzungen um die Frage der päpstlichen Infallibilität zwischen dem *Münchner Gelehrtenkongress des Jahres 1863*[812] und dem Ersten Vatikanischen Konzil, von Schöpf für die zweite Auflage des zweiten Bandes grundsätzlich neu erarbeitet.

Im Gegensatz zur ersten Auflage setzte sich Schöpf bei der Erarbeitung der zweiten Auflage auf drei Seiten intensiv mit den *Grenzen der kirchlichen Lehrgewalt* auseinander,[813] welche im Rahmen der Ausführungen des ersten Bandes nur auf etwas mehr als einer halben Druckseite dargestellt wurde.[814] Schöpf begründet diesen neuen Fokus damit, dass „auf die Grenzen der kirchlichen Lehrgewalt um so mehr hingewiesen werden [muss], als gerade darüber so mancher Streit entbrannt ist."[815] Konkret identifiziert Schöpf die Grenzen in der Sphäre des *allgemeinen Profanen*, welches der Kirche entzogen ist. Des Weiteren geht er auf die *Profanwissenschaften*, die *Methodik der Philosophie und Theologie* sowie auf die *staatliche Ordnung* ein, welche allesamt der kirchlichen Lehrautorität entzogen sind. Die Disziplinen der *Theologie* und *Philosophie* sind Schöpf zufolge lediglich hinsichtlich der ihnen zugrunde liegenden Methodenlehre der kirchlichen Lehrautorität entzogen, hinsichtlich der Resultate „muß sich die kirchliche Lehrgewalt geltend machen, weil sie berechtigt, ermächtigt und verpflichtet ist, die Heilslehre unangetastet zu erhalten."[816]

Das Akzentuieren der grundsätzlich infalliblen Lehrautorität des Papstamtes[817] bei gleichzeitigem Hinweis auf die Limitierungen der kirchlichen *potestas*

---

811 Vgl. Schöpf, Handbuch (II-1864), 55–118.
812 Vgl. Schöpf, Trias, 17; vgl. detailliert: Bischof, Theologie, 62–87.
813 Vgl. Schöpf, Handbuch (II-1864), 10–12.
814 Vgl. Schöpf, Handbuch (II-1855), 10 f.
815 Schöpf, Handbuch (II-1864), 10.
816 Schöpf, Handbuch (II-1864), 11.
817 Vgl. Schöpf, Handbuch (II-1864), 80: „Unsere feste Ueberzeugung ist, daß die Lehrautorität des Papstes *infallibel* sei, daß seine Glaubensdecrete nicht blos äußerlich

magisterii im Rahmen seines Handbuchs steht in einer Linie mit der durch Schöpfs Teilnahme am Münchner Gelehrtenkongress signalisierten Opposition in der Frage der *Unfehlbarkeit des Papstes*, in welcher er primär gegen die Erhebung des Glaubenssatzes zum Dogma votierte, im weiteren Verlauf jedoch die gegenteilige Entscheidung des Ersten Vatikanischen Konzils anerkennen musste.[818]

3.3.3.1.2 Zur Gewalt des Papstes

Da Schöpf den Bestand und Zustand der katholischen Kirche insbesondere mit dem Papstamt verknüpft,[819] legt er als Konsequenz im Rahmen der Ausführungen zu den Trägern der Kirchengewalt den Fokus auf eine ausführliche Darstellung[820] der *päpstlichen Primatialgewalt*,[821] welche er zunächst vom *Recht des Apostels Petrus*[822] und der *übrigen Apostel*[823] her begründet, um sie infolge hinsichtlich ihrer *Objekte und Subjekte*[824] zu analysieren.

---

binden, sondern im Gewissen, daß sie demnach die *Ueberzeugung* des Katholiken zu modifiziren haben. "

818 Vgl. Hermann, Wissenschaft, 1893.

819 Vgl. bspw. Schöpf, Joseph A., Zur Nekrologie Salzburgs. Ignaz Hörl, in: Neuer Salzburgischer Haus- und Wirthschafts-Schreibkalender, Salzburg 1892, 24–30, hier 28: „Wie stünde es um die katholische Kirche, deren Disciplin u.s.w., wenn der Papst nicht wäre? Deshalb habe ich in meinem vierbändigen Kirchenrechte […] auf das Höchstrecht des Papstes besonderen Nachdruck gelegt."

820 „Was in diesem Bande [= die zweite Auflage des zweiten Bandes] besonders betont und am sorgfältigsten erörtert wird, ist die *Gewalt des Papstes*. Der Papst bildet das sichtbare Centrum unserer Religionsgesellschaft, und sowie der Bestand und die Macht des Staates, der Bestand und das Gedeihen einer jeden Gesellschaft, vorzugsweise von der Macht, Stärke und Tüchtigkeit der *Centralgewalt* abhängen: so ist auch die Erhaltung und Wirksamkeit der Kirche durch die kirchliche Centralgewalt - die *Macht des Papstes* - nothwendig bedingt." (Schöpf, Handbuch (II-1864), IV)

821 Vgl. Schöpf, Handbuch (II-1864), 77–95. Die Ausführungen zu den *Bischöfen* und den *Presbytern* als Trägern von kirchlicher Gewalt fallen demgegenüber knapp aus und sind dem Kapitel über die päpstliche Gewalt angefügt. Vgl. Schöpf, Handbuch (II-1864), 96–109 u. 109–117.

822 Vgl. Schöpf, Handbuch (II-1864), 62–71.

823 Vgl. Schöpf, Handbuch (II-1864), 77–95.

824 Als der päpstlichen Gewalt unterworfene Subjekte identifiziert Schöpf einerseits die ganze katholische Welt im Sinne der kirchlichen Verfassung, andererseits alle getauften, physischen Personen des Volkes Gottes. Vgl. Schöpf, Handbuch (II-1864), 91.

Eigens geht Schöpf auf die Frage der weltlichen Gewalt des Papstes ein,[825] welche ihm zufolge einerseits „keinen Gegenstand der geoffenbarten Religion"[826] bildet, andererseits jedoch von Schöpf an einem anderen Ort als „allerdifficilster Punkt der *Politica ecclesiastica*"[827] identifiziert wird. Er urteilt in seiner *Kleinen Trias*: diese Frage

> „ist gewissermaßen dem Papst selbst über, soferne sich jeder Papst bei seiner Thronbesteigung *eidlich* verpflichtet das weltliche Regiment intact und integer zu erhalten. Dieser Gegenstand ist in den Augen der dominirenden kirchlichen Vertreter das *noli me tangere*. Seine Lösung soll man ruhig der Zeit, richtiger gesagt, der göttlichen Vorsehung überlassen."[828]

Im Rahmen der Ausführungen des ersten Hauptteils seines Handbuchs ließ sich Schöpf in diesem Punkt insbesondere nicht von George Phillips ultramontanen Thesen sowie dessen schwärmerischer Begeisterung für die mittelalterliche Theokratie beeinflussen.[829] Gründlich widerlegte Schöpf die von Phillips[830] geäußerte These der Unterordnung der weltlichen Gewalt unter die geistliche Gewalt im Sinne einer indirekten Gewalt der Kirche über den Staat,[831] denn

825 Vgl. Schöpf, Handbuch (II-1864), 94 f.

826 Schöpf, Handbuch (II-1864), III.

827 Schöpf, Trias, 14.

828 Schöpf, Trias, 14.

829 Vgl. Aubert/Jedin, Kirche, 768 f.: In Österreich wurden die radikalsten ultramontanen Thesen an der Wiener Universität u. a. durch den „Kanonisten Phillips verteidigt. In seinem „Kirchenrecht" verrät Phillips […] eine romantische Begeisterung für die mittelalterliche Theokratie; er tendiert zu einer Identifizierung der Kirche mit dem Papst, aber auch zu einer ganz juridischen und äußerlichen Auffassung von der Kirche und ihrer Einheit. Dieses in deutscher Sprache verfasste Werk ist zwar in wissenschaftlicher Hinsicht nur zweitrangig, zeugt aber doch von einem gelehrten Geist; es trug zu einem großen Teil dazu bei, daß in den deutschsprachigen Ländern die Lehre von der Unfehlbarkeit des Papstes und von seinem universalen Bischofsamt wie auch die Lehre von der indirekten Macht der Kirche über den Staat eine weite Verbreitung fand."

830 Vgl. Phillips, Kirchenrecht (II), § 116 iVm § 109.

831 Vgl. Schöpf, Handbuch (II-1864), 95 FN 55; Bezüglich seiner Auffassung zur Lehre über das Verhältnis von Kirche und Staat äußerte sich Schöpf an anderer Stelle. Im Rahmen einer Auseinandersetzung mit einem seiner Salzburger Mitbrüder im Priesterstand, dem früheren Präfekten des erzbischöflichen Borromäums Johann Zimmermann, machte Schöpf folgende Bemerkung: Zimmermann war „seit 1861 mein entschiedener Gegner und überschüttete jede meiner literarischen Arbeiten mit Spott und Hohn. Wir hatten eben seit 1848 einen diametral verschiedenen Bildungsgang eingeschlagen. Er verbohrte sich immer mehr ins hierokratische System,

„sowie der einzelne Mensch in seinen bürgerlichen Geschäften von der Kirche unabhängig ist, er nicht die Kirche zu fragen und ihr Rede zu stehen hat, wie er sein Geld zu verwenden u.s.w., wenngleich er im Gewissen verpflichtet ist, dasselbe nach den Grundsätzen der Moral zu verausgaben, so ist auch selbst der katholische Regent in dieser Eigenschaft vom Papste gänzlich unabhängig, wenngleich er die christliche Moral zu beachten verpflichtet ist."[832]

Schöpf zufolge ist es das Recht des katholischen Staatsoberhauptes sowie auch des Papstes, einen Eingriff in die je eigene Hoheitssphäre zurückzuweisen, was jedoch nicht notwendig in einer strikten Trennung von Staat und Kirche resultieren muss.[833]

Zusammenfassend stellt Schöpf fest, dass die Kirche mit ihrer spezifischen Gewaltenlehre in keiner weltlichen Staatsform ein vollumfängliches Analogon besitzt. Die Kirche ist „*Christokratie* oder *Petro-Apostolatie*, weshalb wir das System, in welchem diese von Christus gegebene Ordnung zur Darstellung kömmt, weder Papal- noch Episcopal-, sondern füglich *Petro-Apostolisches* nennen können."[834] Je inniger sich Schöpf zufolge das Bischofskollegium „mit der gesammten christlichen Kirche an das Oberhaupt anschließt, desto freier vermögen sie zu athmen, sowie andererseits dem untergeordneten Clerus seine berechtigte Stellung wiederum nur durch die allgemeine Unterwerfung unter den Papst gewährleistet

---

wies von vorneherein Alles ab, was nicht dazu stimmte und glaubte, mittelst des Dekalogs könne der Staat spielend leicht regiert werden. Die gregorisch-innocentisch-bonifazische Welt- und Staatsanschauung war auch die seine. Staatsrecht hatte er eben nie studiert, und das ist unentbehrlich, falls man gründlich mitreden will. [...] Dagegen war ich durch meine staatsrechtlichen Studien, durch langjährige Prüfung des hierokratischen Systems, überhaupt durch Lecture zu einer ganz anderen Welt- und Staatsanschauung gekommen. Ich erachte das hierokratische System für verwerflich und stehe auf Seite des Rechtsstaats." (Schöpf, Mittheilungen (1887), 9)

832 Schöpf, Handbuch (II-1864), 94.

833 Vgl. Schöpf, Handbuch (II-1864), 94 f.: „Der katholische Regent kann allfällige Uebergriffe des Papstes in sein Gebiet ebenso zurückweisen, als wie der Papst Uebergriffe des Regenten auf das Gebiet der Kirche. Damit ist jedoch nicht gesagt, daß die beiden Gewalten nur im Verhältnisse der *Exclusive* zu einander stehen, und daß nicht eine entgegenkommende freundschaftliche Beziehung zu einander stattfinden könne und solle, welche Beziehung aber keineswegs identisch ist mit Abhängigkeit oder Unterordnung."
Vgl. dazu auch Schöpfs Ausführungen zum *Verhältnis der Kirchengewalt zur Staatsgewalt* im dritten Teil des ersten Hauptteils, in dieser Arbeit behandelt unter Punkt 3.3.3.3.

834 Schöpf, Handbuch (II-1864), 118.

ist.“[835] Diese Anschauung legt Schöpf im zweiten Teil des ersten Hauptteils auf das kirchliche Verfassungsrecht um, indem er das Wirken der Organe der verschiedenen Ebenen der kirchlichen Hierarchie *ad intra* ausführlich analysiert.

3.3.3.2 Zweiter Teil – Rechtstätigkeit des Hauptes der Kirche nach Innen

Der zweite Teil des ersten Hauptteils handelt über die *Rechtstätigkeit des Hauptes der Kirche nach Innen* und ist ungleich umfangreicher als die übrigen Teile des Schöpf'schen Handbuchs,[836] was einerseits darin begründet ist, dass Schöpf in diesem Teil das kirchliche Verfassungsrecht umfassend erschließt, andererseits gemäß des von ihm zu Grunde gelegten Bildes vom *Organismus des Kirchenrechts* zahlreiche Traktate des Kanonischen Rechts in seine Ausführungen zum kirchlichen Verfassungsrecht einfügt und diese so als notwendige Organe des Leibes Christi darstellt.

Untergliedert ist der zweite Teil des ersten Hauptteils in zwei Hauptstücke. Im ersten Hauptstück widmet sich Schöpf in drei Abschnitten der *Verfassung der einzelnen kirchlichen Hierarchieebenen* und den damit verbundenen Ämtern. Das zweite Hauptstück, welches lediglich sieben Druckseiten des vierten Bandes umfasst,[837] stellt knapp das *kollegiale Wirken der Bischöfe* in der Leitung der Kirche im Rahmen von Konzilien und Synoden dar.

3.3.3.2.1 Erstes Hauptstück – Rechtstätigkeit der Organe des Kirchenhauptes im Einzelnen

Im ersten Hauptstück beschäftigt sich Schöpf unter der Überschrift *Rechtstätigkeit der Organe des Kirchenhauptes im Einzelnen* in drei Abschnitten mit den Bestimmungen zum *Papst und dessen Stellvertretungsorganen*,[838] den *Bischöfen*, v. a. den *Diözesanbischöfen und deren Stellvertretern*,[839] sowie der *Rechtsstellung der Presbyter*,[840] hier mit Schwerpunkt auf dem Amt des *Pfarrers*[841] und dem davon abzuleitenden *Pfarrrecht*.[842]

835 Schöpf, Handbuch (II-1864), 118.

836 Der zweite Teil des ersten Hauptteils umfasst: Schöpf, Handbuch (II-1864), 119–258; Schöpf, Handbuch (III-1865), 1–494; Schöpf, Handbuch (IV-1866), 1–478.

837 Vgl. Schöpf, Handbuch (IV-1866), 471–478.

838 Vgl. Schöpf, Handbuch (II-1864), 121–258.

839 Vgl. Schöpf, Handbuch (III-1865), 1–295.

840 Vgl. Schöpf, Handbuch (III-1865), 296–494; Schöpf, Handbuch (IV-1866), 1–470.

841 Vgl. Schöpf, Handbuch (III-1865), 420–438.

842 Vgl. Schöpf, Handbuch (III-1865), 473–494; Schöpf, Handbuch (IV-1866), 1–470.

3.3.3.2.1.1 Erster Abschnitt – Primatialtätigkeit

Im Rahmen des ersten Abschnittes entfaltet Schöpf die Rechtstätigkeit des Papstes unter den Aspekten der *Lehrautorität*[843] sowie den drei Gewalten der *Exekutive*,[844] der *Legislative*[845] sowie der *Judikative*.[846] Im Anschluss an die allgemeine richterliche Funktion des Papstamtes geht er in einem eigenen Abschnitt speziell auf die strafrichterliche Funktion des Papstes im materiellen Recht hinsichtlich der Straftatbestände sowie der zu verhängenden Sanktionen ein.[847] In Anlehnung an die mittelalterlichen Dekretalensammlungen[848] sowie die Kanonistik der darauf folgenden Jahrhunderte,[849] den biblischen *Dekalog* als Gliederung nutzend, entwickelt Schöpf die verschiedenen Straftatbestände gegen die allgemeinen Christenpflichten,[850] welche von der *suprema auctoritas* zu sanktionieren sind. Spezielle Straftatbestände des geistlichen Standes schließt er daran an, bevor er auf die verschiedenen Strafmittel des Papstes eingeht.

Eine Schwerpunktsetzung – analog zur Akzentuierung der Frage nach der päpstlichen Lehrautorität im ersten Teil des ersten Hauptteils – ist in den Ausführungen zur Rechtstätigkeit des Papstes nicht auszumachen. Schöpf schildert,

---

843 Vgl. Schöpf, Handbuch (II-1864), 121–127.

844 Vgl. Schöpf, Handbuch (II-1864), 127–134.

845 Vgl. Schöpf, Handbuch (II-1864), 134–139; Die päpstlichen Mittel des *Indults* kommentiert Schöpf in eigenen Abschnitten über die *Dispens* und das *Privileg*. Vgl. Schöpf, Handbuch (II-1864), 139–141 u. 141 f.

846 Vgl. Schöpf, Handbuch (II-1864), 143–146.

847 Vgl. Schöpf, Handbuch (II-1864), 146–166. Den *formellen Strafprozess* stellt Schöpf im Rahmen seiner Ausführungen zur Rechtsstellung des Diözesanbischofs dar. Vgl. Punkt 3.3.3.2.1.2 dieser Arbeit.

848 Die Sammlung der Bestimmungen zu den einzelnen Straftatbeständen ist ab der Sammlung des sog. *Liber Extra*, den *Decretales Gregorii IX*. aus dem Jahr 1234, im Aufbau gleichgeblieben.

849 Vgl. exemplarisch die Gliederung des Strafrechts bei: Reiffenstuel, Anaklet, Jus Canonicum Universum. Clara methodo juxta titulos Quinque librorum decretalium in quaestiones distributum solidisque responsionibus & Objectionum Solutionibus dilucidatum. Tomus Quintus, München 1714.

850 Aufgeführt werden: Apostasie, Häresie, Schisma, Frevel an Heiligem/Sakrileg, Blasphemie, Wahrsagerei und Zauberei, Simonie, Tötungsdelikte, Verwundung und Verstümmelung, Abtreibung und Unfruchtbarmachung, Aussetzung von Kindern und gebrechlichen Personen, Entführung, verschiedene Sexualdelikte, Bigamie, Polygamie/-andrie, Diebstahl, Raub, Brandstiftung, Wucher, Betrug, Schädigung des Nächsten durch Lüge, Verleumdung oder falsches Zeugnis, Verunglimpfung der Ehre des Nächsten. Vgl. Schöpf, Handbuch (II-1864), 148–158.

auf das Wesentliche beschränkt, die zu seiner Zeit geltende Rechtslage ohne ausgewiesenen Fokus auf einzelne Teilaspekte.

Hinsichtlich der *Rechtsbetätigung der Organe und Stellvertreter des Papstes*[851] beschreibt Schöpf unter *Punkt A. Organe des Papstes* diejenigen kirchlichen Stände und Behörden, „welche ihre Berechtigung durch den Papst haben, die im Namen des Papstes fungiren und deren Gewalt ein Ausfluß der päpstlichen Primatialgewalt ist."[852] Zu diesen, allesamt mit *potestas ordinaria* im Auftrag des Papstes ihren Dienst in der Kirche versehenden Amtsträgern, zählt Schöpf einerseits die *Römische Kurie*, andererseits die *päpstlichen Legaten* und *sonstigen Stellvertreter*.[853]

Die Stellvertretungsorgane der Römischen Kurie nimmt Schöpf sowohl von den agierenden Personen[854] als auch von den kurialen Behörden[855] her in den Blick. Die Aufgaben und Funktionen der *Apostolischen Legaten* und *Vikare* werden lediglich in ihren Grundzügen umrissen.[856]

Bezüglich der Stellvertreter des Papstes geht Schöpf im *Punkt B. Stellvertreter des Papstes* auf die Patriarchen,[857] die Primaten[858] sowie die Erzbischöfe[859] ein, wobei er in einem Anhang zu diesem Punkt die *Rechte des Erzbischofs von Salzburg* eigens ausführlich darstellt.[860]

---

851 Vgl. Schöpf, Handbuch (II-1864), 168–258.

852 Schöpf, Handbuch (II-1864), 168 f.

853 Vgl. Schöpf, Handbuch (II-1864), 169.

854 D.h. von der Klasse der *Kardinäle* (vgl. Schöpf, Handbuch (II-1864), 171–176) sowie der *übrigen Kurialen* (Vgl. Schöpf, Handbuch (II-1864), 177–180). Unter die übrigen Kurialen zählt Schöpf die Klassen der an der Kurie tätigen *Prälaten*, *Richter*, *Advokaten*, *Prokuratoren*, *Notare*, *Expeditoren* und *Agenten*.

855 Vgl. Schöpf, Handbuch (II-1864), 180–202. Unter die Behörden der Römischen Kurie reiht Schöpf in seiner Darstellung zunächst das *Konsistorium der Kardinäle* in der *öffentlichen*, *geheimen* und *halböffentlichen Form*. Vgl. Schöpf, Handbuch (II-1864), 180–183. Weiters führt Schöpf die *Kongregationen* (vgl. Schöpf, Handbuch (II-1864), 183–194), die drei päpstlichen *Gerichtshöfe* der *Rota Romana*, der *Apostolischen Signatur* und der *Apostolischen Kammer* (vgl. Schöpf, Handbuch (II-1864), 194 f.), die drei päpstlichen *Gnadentribunale* der *Signatura Gratiae*, der *apostolischen Datarie* sowie der *Pönitentiarie* (vgl. Schöpf, Handbuch (II-1864), 196–198) sowie das *Staatssekretariat*, das *Sekretariat der Breve* sowie die *apostolische Kanzlei* als *Expeditionsbehörden* der Kurie (vgl. Schöpf, Handbuch (II-1864), 199–202).

856 Vgl. Schöpf, Handbuch (II-1864), 202–204 u. 204 f.

857 Vgl. Schöpf, Handbuch (II-1864), 244–247.

858 Vgl. Schöpf, Handbuch (II-1864), 247–250.

859 Vgl. Schöpf, Handbuch (II-1864), 250–258.

860 Vgl. Schöpf, Handbuch (II-1864), 258–272.

3.3.3.2.1.2 Zweiter Abschnitt – Von den Episkopal-Rechtsfunktionen

Im zweiten Abschnitt des ersten Hauptstücks des zweiten Teils des ersten Hauptteils erörtert Schöpf unter der Überschrift *Von den Episkopal-Rechtsfunktionen* in zwei Abteilungen das materielle Recht hinsichtlich des *bischöflichen Standes.*[861]

Schöpf geht zunächst knapp auf die *Lehrautorität des Diözesanbischofs* ein,[862] um sich anschließend ausführlicher dessen Autorität im Bereich des kirchlichen *munus sanctificandi* zu widmen,[863] da für Schöpf „die bischöfliche Gewalt in der Kirche wesentlich als eine *oberpriesterliche*“[864] charakterisiert ist. So stellt Schöpf zunächst universalrechtlich die Rolle des Diözesanbischofs hinsichtlich der *Sakramente* der *Eucharistie* und der *Firmung* sowie allgemein in Bezug auf die Regelung und Überwachung *gottesdienstlichen Tuns* in seiner Diözese dar. Infolge widmet er sich den Regelungen bzgl. der *Sakramentalien*, den *gottgeweihten Personen* und dem *Kirchengut* insofern diese den Diözesanbischof betreffen. Eine Darstellung der partikularrechtlichen Normierung hinsichtlich des Diözesanbischofs im kirchlichen Heiligungsdienst schließt diesen Abschnitt ab und leitet zur ausführlichen Darstellung der Bestimmungen zur *Leitungsgewalt des Diözesanbischofs*[865] über.

Dieser Abschnitt des Handbuchs wirkt zunächst mit über 230 Seiten ungleich umfangreicher als die Darstellung der Bestimmungen zur Funktion des Diözesanbischofs im kirchlichen Heiligungsdienst. Zu beachten ist jedoch, dass Schöpf im Rahmen der Erörterung des bischöflichen Leitungsdienstes auf lediglich elf Seiten die Leitungsgewalt des Diözesanbischofs hinsichtlich seiner gesetzgebenden und ausführenden Perspektive darstellt,[866] um in Folge auf 222 Seiten ausführlich das *kirchliche Gerichtswesen im Allgemeinen* darzustellen.[867] So stellt Schöpfs Dar-

---

861 Vgl. die erste Abteilung *Von den Rechtsfunktionen des Diöcesan* (vgl. Schöpf, Handbuch (III-1865), 2–270) sowie die zweite Abteilung *Von den übrigen Trägern bischöflicher Gewalt* (vgl. Schöpf, Handbuch (III-1865), 270–295).

862 Vgl. Schöpf, Handbuch (III-1865), 2–5.

863 Vgl. Schöpf, Handbuch (III-1865), 5–24.

864 Schöpf, Handbuch (III-1865), 1.

865 Vgl. Schöpf, Handbuch (III-1865), 24–257.

866 Vgl. Schöpf, Handbuch (III-1865), 24–35. Schöpf stellt in diesem Abschnitt das Recht und die Pflicht des Diözesanbischofs zur Kanonischen Visitation sowie zur Berichterstattung an den Apostolischen Stuhl, das bischöfliche Dispensrecht sowie die Funktion des Diözesanbischofs als Gesetzgeber seiner Teilkirche vor.

867 Vgl. Schöpf, Handbuch (III-1865), 35–257. In seiner Darstellung des kirchlichen Gerichtswesens leitet Schöpf zunächst mit einem Überblick über die *Geschichte der kirchlichen Gerichtsbarkeit* ein (Schöpf, Handbuch (III-1865), 35–59), um infolge den zu seiner Zeit bestehenden Zustand der kirchlichen Gerichtsbarkeit

stellung der Autorität des Diözesanbischofs in Fragen des kirchlichen Heiligungsdienstes den inhaltlichen Hauptteil hinsichtlich der Darstellung der originär auf den Diözesanbischof bezogenen Normierungsinhalte in der zweiten Abteilung des zweiten Abschnitt des ersten Hauptstücks des zweiten Teils des ersten Hauptteils dar.

Abgeschlossen wird die *Erste Abteilung – Von den Rechtsfunktionen des Diöcesan* mit einer hinter die Ausführungen zum kirchlichen Gerichtswesen und Prozessrecht gestellten *Beschreibung des bischöflichen Standes im Allgemeinen*,[868] der dazugehörenden *Insignien* sowie einzelner *bischöflicher Pflichten*,[869] wodurch Schöpf zur zweiten Abteilung mit dem Titel *Von den übrigen Trägern bischöflicher Gewalt* überleitet.

Diese Abteilung bietet auf 25 Druckseiten eine grundlegende Übersicht über Amtsträger, welche durch Delegation der *potestas ordinaria propria* des Diözesanbischofs an der Ausübung seiner potestas regiminis Anteil haben und in der Regel, ausgenommen die Auxiliarbischöfe und bischöflichen Koadjutoren, nicht über die Bischofsweihe verfügen.[870] Näher ausgeführt werden die Bestimmungen zu den *Domkapiteln und zum Kapitelvikar*,[871] zu den *Weihbischöfen und anderen*

in Österreich und Deutschland zu beleuchten (vgl. Schöpf, Handbuch (III-1865), 59–67). Den klaren Fokus legt Schöpf auf die Erläuterung der *Bestimmungen zum allgemeinen kanonischen Prozesswesen* (vgl. Schöpf, Handbuch (III-1865), 67–111), welche er in die *grundsätzlichen Begrifflichkeiten des Gerichtswesens im Allgemeinen* und die *Stadien des kanonischen Prozesses* unterteilt. Des Weiteren stellt er die Bestimmungen zum *kanonischen Eheprozeß* dar (vgl. Schöpf, Handbuch (III-1865), 112–198). Diese gliedert er in *allgemeine Grundsätze*, die *Trauungsverbote*, die *Nichtigkeitserklärung*, das *Inkonsummationsverfahren*, die *Behandlung der Ehen von Ungetauften durch kirchliche Gerichte*, die *Trennung von Tisch und Bett* sowie das *Verfahren zur Todeserklärung*. Daran anschließend bietet Schöpf dem Leser die wichtigsten päpstlichen Dokumente zum kanonischen Eheprozess und diesbezüglichen partikularrechtlichen Regelungen für den deutschen Sprachraum (vgl. Schöpf, Handbuch (III-1865), 198–225), bevor er mit der knappen Darstellung des *kanonischen Strafprozesses* (vgl. Schöpf, Handbuch (III-1865), 225–245) sowie der Dokumentation grundlegender *Formulare zum kanonischen Strafprozess* (vgl. Schöpf, Handbuch (III-1865), 245–257) seine Ausführungen zum kirchlichen Gerichtswesen und Prozessrecht abschließt.

868 D.h. unabhängig vom Amt des Diözesanbischofs.

869 Vgl. Schöpf, Handbuch (III-1865), 258–270.

870 Vgl. Schöpf, Handbuch (III-1865), 270–295.

871 Vgl. Schöpf, Handbuch (III-1865), 270–285.

Infulierten,[872] der *bischöflichen Kurie*,[873] den *Archidiakonen* und *-presbytern*[874] sowie den *Dekanen*.[875]

3.3.3.2.1.3 Dritter Abschnitt – Von den Ministerial- und Presbyterial-Rechtsfunktionen

Den dritten und letzten Abschnitt des ersten Hauptstücks des zweiten Teils des ersten Hauptteils widmet Schöpf unter der Überschrift *Von den Ministerial- und Presbyterial-Rechtsfunktionen* in zwei Abteilungen den rechtlichen Bestimmungen bezüglich des *priesterlichen Standes und den damit verbundenen Ämtern in allgemeiner Hinsicht* sowie den speziellen *Bestimmungen zum Pfarramt* im Besonderen.[876] Dieses zweitgenannte *Pfarrrecht* bildet einen der inhaltlichen Schwerpunkte des gesamten vierbändigen Werkes, und gerade in diesem Teil wird der Bezug zu den für die in den Blick genommene Lesergruppe relevanten konkreten rechtspraktischen Problemstellungen evident.

3.3.3.2.1.3.1 Erste Abteilung – Von den Presbyterial-Rechtsfunktionen im Allgemeinen

In der *Ersten Abteilung – Von den Presbyterial-Rechtsfunktionen im Allgemeinen* stellt Schöpf zunächst, bevor er in drei Artikeln einzelne Teilaspekte vertieft, die „Grundbedingungen der Ministerial- und Presbyterialfunctionen"[877] dar. So erläutert er in einem ersten Schritt die theologischen Grundlagen der *Ausübung von kirchlicher potestas durch Presbyter*,[878] um im Folgenden auf die Ausschlusskriterien für die Aufnahme in den klerikalen Stand,[879] d.h. die *Inkapazitäten*

872 Vgl. Schöpf, Handbuch (III-1865), 285 f. Als *Infulierte* werden kirchliche Amts- und Würdenträger bezeichnet, denen ohne den Empfang der Bischofsweihe ehrenhalber das Recht verliehen wurde, eine Mitra zu tragen. Vgl. hierzu bspw. Müller, Andreas, Lexikon des Kirchenrechts und der römisch-katholischen Liturgie. In Beziehung auf Ersteres mit steter Rücksicht auf die neuesten Concordate, päbstlichen Umschreibungs-Bullen, und die besonderen Verhältnisse der katholischen Kirche in den verschiedenen deutschen Staaten. In fünf Bänden. Dritter Band. K – L, Würzburg 1830, 182–184.

873 Vgl. Schöpf, Handbuch (III-1865), 287–291.

874 Vgl. Schöpf, Handbuch (III-1865), 291–293.

875 Vgl. Schöpf, Handbuch (III-1865), 293–295.

876 Vgl. Schöpf, Handbuch (III-1865), 295.

877 Schöpf, Handbuch (III-1865), 296.

878 Vgl. Schöpf, Handbuch (III-1865), 296–299.

879 Schöpf geht in diesem Zusammenhang nicht näher auf die niederen Weihen und den Stand des Diakonats ein, da er diese lediglich als *Vorstufen zum Presbyterat*

und *Irregularitäten* für den Empfang der Priesterweihe, einzugehen,[880] da „nicht alle Menschen auf den Empfang dieser Gewalten einen berechtigten Anspruch haben."[881]

Schöpf stellt fest, „[d]ie Aufnahme in das kirchliche Ministerium und Sacerdotium geschieht im Allgemeinen durch den *Act der Weihe*, welcher von einer *gehörigen Person* in *gehöriger Weise* an einem *gehörig qualificirten Individuum* vorgenommen werden soll [...]."[882] So geht Schöpf, an diese Feststellung anschließend, in einem eigenen Abschnitt über die Aufnahme in den klerikalen Stand auf die Erfordernisse an den Weihespender sowie die Erfordernisse an den Weiheempfänger hinsichtlich einer erlaubten und gültigen Spendung der Priesterweihe ein.[883]

Eine Illustration der *Rechtsfolgen der Aufnahme in den klerikalen Stand*[884] im Sinne eines Überblicks über die grundlegenden Rechte und Pflichten der Kleriker im vorkodikarischen kanonischen Recht schließt mit einer *Aufteilung der Presbyter in drei Klassen*[885] die allgemeinen Bemerkungen über das Presbyterat ab.

---

bezeichnet. Den klerikalen Stand setzt er somit im Rahmen seiner Ausführungen mit dem priesterlichen Stand gleich. Vgl. Schöpf, Handbuch (III-1865), 296.

880 Vgl. Schöpf, Handbuch (III-1865), 299–308.

881 Schöpf, Handbuch (III-1865), 299; *Weiheunfähigkeit* attestiert Schöpf den Ungetauften, den Personen weiblichen Geschlechts, denjenigen Personen, die nicht zum Vernunftgebrauch fähig sind sowie denjenigen getauften Männern, welche unter Zwang die Weihehandlung an sich geschehen lassen. Vgl. Schöpf, Handbuch (III-1865), 300. Unter den Irregularitäten für den Empfang der Weihe handelt Schöpf über folgende Mängel: Mangel des erforderlichen Alters, Mangel an Leib und Gesundheit, Mangel an nötigem Wissen, Mangel an Glaubensfestigkeit, Mangel an Freiheit, Mangel an ehelicher Geburt, Mangel an Herzensmilde, Mangel des guten Rufs, Mangel in Anbetracht eines Sacraments, welches für den Empfang der Weihe Voraussetzung ist. Des Weiteren sind irregulär für den Empfang der Priesterweihe diejenigen, welche das hl. Sakrament der Taufe missbrauchen, welche das Weihesakrament oder die Weihe überhaupt missbrauchen, welche mit einer Kirchenstrafe belegt sind, welche strafrechtlich relevant gegen Leib oder Leben eines Mitmenschen gehandelt haben. Vgl. Schöpf, Handbuch (III-1865), 302–307.

882 Schöpf, Handbuch (III-1865), 308.

883 Vgl. Schöpf, Handbuch (III-1865), 308–320. Eigens auf die partikularrechtliche Normierungslage in Österreich und Deutschland geht Schöpf hinsichtlich des sog. ‚Weihetitels' ein, des Nachweises eines sicheren Versorgungsanspruchs von Klerikern. Vgl. hierzu auch für die Zeit Schöpfs: Hinschius, Kirchenrecht (I), 63–80; Für das aktuellgültige Recht: Lederhilger, Severin, Weihetitel, in: LKR, 1009–1011.

884 Vgl. Schöpf, Handbuch (III-1865), 321–329.

885 Vgl. Schöpf, Handbuch (III-1865), 329 f.

Anhand dieser drei Klassen der *Kirchenbeamten*, der *kirchlichen Lehrer* sowie der *Seelsorger* gliedert Schöpf seine anschließenden Ausführungen zu speziellen Funktionen der Ministerial- und Presbyterialfunktionen, welche infolge zum Pfarrrecht der Zweiten Abteilung überleiten.

3.3.3.2.1.3.1.1 Erster Artikel – Von den Kirchenbeamten

Der Abschnitt *Von den Kirchenbeamten*[886] beinhaltet hauptsächlich Schöpfs Ausführungen zu den Rechtsinstituten des *Kirchenamts* und des *Benefiziums*.

In einem allgemeinen Überblick handelt Schöpf zunächst über die *Begriffe und Arten der Offizien und Benefizien*,[887] um infolge die jeweiligen Möglichkeiten und Erfordernisse in Zusammenhang mit der *Errichtung*, *Veränderung* und *Supprimierung* darzustellen.[888] Ausführlich stellt Schöpf die verschiedenen Modi der Amtsübertragung und -erlangung vor,[889] wobei im Rahmen der Darstellung die Besonderheiten in Zusammenhang mit der Besetzung von Kirchenämtern, für welche ein Patronatsverhältnis[890] besteht, einer Form der gebundenen Amtsverleihung, der sog. ‚collatio necessaria', einen eigenen Unterpunkt darstellen.[891] Zur Zeit Schöpfs stellte das Patronatsrecht im Sinne der „Summe der mit bestimmten Lasten verbundenen Privilegien, die durch kirchliches Zugeständnis den katho-

886 Vgl. Schöpf, Handbuch (III-1865), 331–405.

887 Vgl. Schöpf, Handbuch (III-1865), 331–334.

888 Vgl. Schöpf, Handbuch (III-1865), 334–346.

889 Vgl. Schöpf, Handbuch (III-1865), 346–376.

890 Vgl. grundlegend zum Patronatsrecht im Sinne der juristischen Verfügungsgewalt eines Kirchenstifters und der Rechtsnachfolger in Bezug auf ein Kirchengebäude: Hinschius, Paul, Das Kirchenrecht der Katholiken und Protestanten in Deutschland. System des katholischen Kirchenrechts mit besonderer Rücksicht auf Deutschland. Dritter Band (Unveränd. genehmigter Nachdr. d. Ausg. Berlin 1883), Graz 1959, 136; Landau, Peter, Jus patronatus. Studien zur Entwicklung des Patronats im Dekretalenrecht und der Kanonistik des 12. und 13. Jahrhunderts (Forschungen zur kirchlichen Rechtsgeschichte und zum Kirchenrecht 12), Köln 1975; Albrecht, Alfred, § 40 Das Patronatswesen, in: Listl, Joseph/Pirson, Dietrich (Hg.), Handbuch des Staatskirchenrechts der Bundesrepublik Deutschland. Zweiter Band, Berlin ²1995, 47–68; Heimerl/Pree, Handbuch, 464–473; Gradauer, Peter, Fragen um das Patronatsrecht in Österreich unter besonderer Berücksichtigung der Diözese Linz, in: ÖAfKr 18 (1967) 164–195; Gradauer, Peter, Patronat und Inkorporation, in: Paarhammer, Hans (Hg.), Vermögensverwaltung in der Kirche. Administrator bonorum, oeconomus tamquam paterfamilias, Thaur ²1988, 193–207; Jacobi, Erwin, Patronate juristischer Personen. (Repr. d. Ausg. Stuttgart 1912) (Kirchenrechtliche Abhandlungen 78), Stuttgart 1965; Graßmann, Patrozinium, 28–32.

891 Vgl. Schöpf, Handbuch (III-1865), 357–366.

lischen Stiftern von Kirchen, Kapellen oder Benefizien und ihren Rechtsnachfolgern zustehen“[892], noch ein lebendiges und bedeutsames Rechtsinstitut des kanonischen Ämterwesens und Vermögensrechts dar. Schöpf selbst, der anmerkt, dass „kirchliche Aemter nicht nach „Fleischesgunst“, nicht zum Vortheile der kirchlichen Beamten, sondern zu Nutz und Frommen der *Kirche* verliehen werden“[893] sollen, urteilte: „Daher ist das Collations- und Patronatsrecht eigentlich eine drückende Last.“[894] Im aktuell gültigen Kirchenrecht gilt das Patronatsrecht als „zum Absterben verurteilt.“[895]

Ausführungen zu den allgemeinen *Rechten und Pflichten der Amtsträger*,[896] dem *Tausch*[897] und den Modi der *Erledigung von Kirchenämtern*[898] sowie ihrer *Vakanz*[899] und den Auswirkungen für die Administration der Ämter schließen den Artikel *Von den Kirchenbeamten* über das kirchliche Ämter- und Benefizialwesen ab.

3.3.3.2.1.3.1.2 Zweiter Artikel – Von den kirchlichen Lehrern

Nachdem Schöpf bereits im ersten Teil des ersten Hauptteils *Über die allgemeine kirchliche Lehrgewalt und ihre Grenzen*[900] sowie speziell über die Lehrautorität des Papstes[901] und der Diözesanbischöfe[902] gehandelt hatte, stellt er auf zwölf Druckseiten des dritten Bandes die verschiedenen Formen der kirchlichen Lehrer dar,[903] welche er von den Kirchenbeamten abgrenzt, da mit dem kirchlichen Lehrauftrag „kein divinum officium (oder Cultushandlung) verbunden ist, weil der kirchliche Lehrer nicht nothwendig den character clericalis zu besitzen, und dessen Susten-

---

892 Kalb, Herbert, Patronat, in: LKR, 730–735, 730.

893 Schöpf, Handbuch (III-1865), 404.

894 Schöpf, Handbuch (III-1865), 404.

895 Leisching, Peter, Patronat, in: Erler, Adalbert/Kaufmann, Ekkehard (Hg.), Handwörterbuch zur deutschen Rechtsgeschichte. III. Band. List – Protonotar, Berlin 1984, 1558–1564, hier 1563.

896 Vgl. Schöpf, Handbuch (III-1865), 376–386. Ohne auf konkrete Ämter Bezug zu nehmen, referiert Schöpf hier bspw. auf die Vorschriften zur Applikationspflicht, zur Residenzpflicht, zur Ablegung des Glaubensbekenntnisses u. ä.

897 Vgl. Schöpf, Handbuch (III-1865), 387 f.

898 Vgl. Schöpf, Handbuch (III-1865), 388–398.

899 Vgl. Schöpf, Handbuch (III-1865), 399–403.

900 Vgl. Punkt 3.3.3.1.1 dieser Arbeit.

901 Vgl. Punkt 3.3.3.2.1.1 dieser Arbeit.

902 Vgl. Punkt 3.3.3.2.1.2 dieser Arbeit.

903 Vgl. Schöpf, Handbuch (III-1865), 406–418.

tation nicht *nothwendig* durch einen förmlichen Titel gesichert zu sein braucht."[904] Als kirchlicher Lehrer ist eine getaufte Person zu bezeichnen, „welche durch Vermittlung kirchlicher Autorität entweder bloß als lehrfähig erklärt oder zur wirklichen Ausübung christlichen Unterrichts innerhalb bestimmter Sphäre approbirt worden ist."[905] In kurzen Übersichten widmet sich Schöpf den *Doktoren der Theologie und des Kirchenrechts*,[906] den *Professoren der Theologie und des Kanonischen Rechts*[907] sowie den *kirchlichen Lehrern an Mittelschulen*[908] und *Volksschulen*.[909]

Zusammenfassend stellt Schöpf den hohen Stellenwert der Kirche auf dem Gebiet des Schulwesens im Verlauf der Jahrhunderte heraus[910] und attestiert aufgrund des Faktums, „wie viele Diener der Kirche auf dem Gebiete der Wissenschaft und des Unterrichts thätig sind"[911], dass „der Kirche an dem Unterrichte und der Erziehung des Menschengeschlechtes sehr viel gelegen ist."[912]

3.3.3.2.1.3.1.3 Dritter Artikel – Von den Seelsorgern

Den Abschluss dieses Abschnitts bildet der Artikel *Von den Seelsorgern*,[913] welcher die verschiedenen Ämter und Dienste der Presbyter im Bereich der Seelsorge zum Thema hat und zugleich eine inhaltliche Überleitung und Hinführung zum nachfolgenden Pfarrrecht[914] bildet.

Weitschweifig – und für heutiges theologisches Empfinden inadäquat – leitet Schöpf das Konzept der *Seelsorge* aus dem göttlichen Schöpfungsakt und dem seelsorgerischen Handeln Christi her:

---

904 Schöpf, Handbuch (III-1865), 406.

905 Schöpf, Handbuch (III-1865), 407. Als potentiell lehrfähig erklärt sind die Doktoren und Lizentiaten der Theologie und des kanonischen Rechts, als ‚wirkliche Lehrer' gelten die Professoren und sonstigen Lehrer in den verschiedenen höheren, mittleren und niederen Anstalten unabhängig von Geschlecht oder etwaiger Weihe. Vgl. Schöpf, Handbuch (III-1865), 407.

906 Vgl. Schöpf, Handbuch (III-1865), 408 f.

907 Vgl. Schöpf, Handbuch (III-1865), 409–411.

908 Vgl. Schöpf, Handbuch (III-1865), 411–415.

909 Vgl. Schöpf, Handbuch (III-1865), 415–417.

910 Vgl. Schöpf, Handbuch (III-1865), 415 f.

911 Schöpf, Handbuch (III-1865), 417.

912 Schöpf, Handbuch (III-1865), 417. Vgl. auch Schöpf, Handbuch (III-1865), 418: Gemeinsam „mit den erleuchtetsten Denkern alter und neuer Zeit ehrt die Kirche das Vernunftvermögen als kostbare Gottesgabe und hat dafür Tausende als Bildner und Wächter bestellt […]."

913 Vgl. Schöpf, Handbuch (III-1865), 418–473.

914 Vgl. Punkt 3.3.3.2.1.3.2 dieser Arbeit.

„Die Seelsorge im Allgemeinen beginnt mit der Erschaffung des Menschengeschlechts. In jeglichem Menschen hat der Schöpfer die Pflicht eingegraben, für die Seele Sorge zu tragen. Zugleich war derselbe Herr und Gott erster und allweiser Seelsorger des neugeschaffenen Elternpaares. Somit gab es von Anbeginn der Menschheit an eine doppelte Art von Seelsorge – die *Selbstseelsorge* und die auf des Menschen Seele gerichtete *Sorge eines Anderen.* Dieser Andere war, wie gesagt, anfänglich Gott der Herr und Er ist und bleibt durch alle Zeiten der Menschen höchster, unsichtbarer Seelsorger. Nachdem Gott der Sünde wegen aufgehört hatte, mit den Menschen *sichtbar* zu verkehren, hat Er an Seiner Stelle Menschen zu sichtbaren Seelsorgern ihrer Brüder gemacht und zwar in *natürlicher* (Eltern für Kinder) und *positiver* Ordnung. Außerdem hat er seinen Engeln befohlen, daß sie des Menschen Seele behüten sollen. Demnach geschieht jegliche gottgefällige Sorge für die Seele eines Andern an *Gottes Stelle* und jeder Seelsorger seines Mitmenschen ist Gottes *Stellvertreter.* In der Zeitenfülle erschien nach dem ewigen Rathschlusse des Ewigen, Gottes wesensgleicher Seelsorger in der Person unseres Herrn und Heilandes *Jesus Christus.* Dieser ist der Seelsorger, der gute Hirt, der Weg, die Wahrheit und das Leben für Alle, das Licht in der irdischen Lebensnacht, durch Den der Begriff der Seelsorge erst vollends klar geworden ist. Die Seelsorge war Christi eigentliches Amt auf Erden. Im *Apostolate* sollte das Seelsorgsrecht und Seelsorgsamt Christi fortdauern bis an das Ende der Tage. Sonach sind die Apostel und deren rechtmäßige Nachfolger die von Christus bestellten, durch Ihn berechtigten Seelsorger des Menschengeschlechts."[915]

In den auf diese Herleitung des Seelsorgsbegriffs folgenden Abschnitten beschränkte sich Schöpf auf die Darstellung der pastoralen Ämter und Dienste der Presbyter, als welche er die *Pfarrer*, die *Pfarrvikare* und *Pfarrkuraten*, die *Zivil-* und *Militärkapläne*, die *Vorsteher geistlicher Institute* sowie die nicht dauerhaft eingesetzten *Pfarr-Administratoren*, *Coadjutoren*, *Benefizialgehilfen* und *pfarrlichen Adjutoren* identifizierte.[916]

3.3.3.2.1.3.1.3.1 Pfarrer und Pfarrei

Nach dem Hinweis, dass die etymologische Herleitung der Begriffe *Pfarrer* und *Pfarrei* letztlich im Unklaren verbleibt,[917] definiert Schöpf den Terminus Pfarrer als

„jene kirchlich bestellte und jurisdictionirte geistliche Person, welche mittelst Verkündigung des göttlichen Wortes und Administrirung der kirchlichen Heiligungsmittel für das geistliche Wohl einer bestimmten, ihr als eigen zugewiesenen Gemeine eines

915 Schöpf, Handbuch (III-1865), 418 f.

916 Vgl. Schöpf, Handbuch (III-1865), 419 f.

917 Vgl. Schöpf, Handbuch (III-1865), 420 f.

Kirchensprengels, selbstständig und bleibend zu amtiren berechtiget und verpflichtet ist."[918]

Diese Definition faltet Schöpf darauf folgend hinsichtlich ihres rechtlichen Gehalts und, nach einer kurzen Betrachtung der Ursprünge des Parochialsystems,[919] in Bezug auf die Rechte und Pflichten der Amtsträger[920] sowie spezieller Anforderungen an die Amtsträger im deutschen und österreichischen Partikularrecht[921] aus.

Bemerkenswert ist Schöpfs Verständnis des Konzepts *Pfarrei*, welches nicht – wie zu seiner Zeit noch üblich[922] – die territoriale Determination der parochia in den Vordergrund stellt, sondern bereits primär die *communitas christifidelium* als konstitutives Element der Pfarrei in den Blick nimmt: „Katholische Pfarrei im heutigen Sinne des Wortes ist jener Complex von Gläubigen eines Sprengels, welcher einem [...] Seelsorger als Amtssphäre zugewiesen ist."[923] Schöpf antizipierte an dieser Stelle das heutige Verständnis der Pfarrei als *personale Gemeinschaft*, demzufolge die Pfarrei weniger durch ihre Eigenschaft der territorialen Umschreibung als vielmehr durch ihr *personal-konstitutives Element* definiert wird.

Diese Anschauung hielt, infolge der geänderten Ekklesiologie des Zweiten Vatikanischen Konzils, Einzug in das geltende Kirchenrecht,[924] welches die *Pfarrei* – und auch die *Diözese* als Idealform der Teilkirche[925] – *primär* als *Gemeinschaft physischer Personen* definiert, wobei dieser je spezifische Teil des Gottesvolks in

918 Schöpf, Handbuch (III-1865), 421 f.

919 Vgl. Schöpf, Handbuch (III-1865), 428–432.

920 Vgl. Schöpf, Handbuch (III-1865), 433 f.

921 Vgl. Schöpf, Handbuch (III-1865), 434–438.

922 Vgl. bspw.: Ferraris, Lucius, Parochia, Parochialis, Parochianus, in: Ferraris, Lucius (Hg.), Prompta Bibliotheca canonica, juridica, moralis, theologica, nec non ascetica, polemica, rubricistica, historica. Tomus Sextus. P-R, Paris ^{9}1856, 29–42, 31 f.: „Parochia stricte et proprie sumpta est certus territorii districtus per Papam, vel episcopum determinatus, habens unum rectorem stabilem, [...]." Vgl. auch: Hinschius, Kirchenrecht (II), 292; Schulte, Johann F. von, System des allgemeinen katholischen Kirchenrechts. Mit steter genauer Berücksichtigung der Besonderheiten in Oesterreich, Preussen, Bayern, der oberrheinischen Kirchenprovinz, Sachsen, Hannover und Oldenburg (Das katholische Kirchenrecht 2), Giessen 1856, 280.

923 Schöpf, Handbuch (III-1865), 425.

924 Vgl. c. 515 § 1 CIC/83 im Anschluss an LG 26 und CD 30.

925 Vgl. c. 368 CIC/83: „Ecclesiae particulares, in quibus et ex quibus una et unica Ecclesia catholica exsistit, *sunt imprimis dioeceses*, quibus, nisi aliud constet, assimilantur praelatura territorialis et abbatia territorialis, vicariatus apostolicus et praefectura apostolica necnon administratio apostolica stabiliter erecta." (eigene Hervorhebung)

der Regel territorial determiniert ist.[926] Die Pfarrei ist in erster Linie eine „certa communitas christifidelium“[927] unter der Leitung eines Pfarrers als „pastor proprius paroeciae“[928] für die ihm übertragene Gemeinschaft.

3.3.3.2.1.3.1.3.2 Zu den weiteren Ämtern der Seelsorge

Auf die weiteren Ämter der Seelsorge geht Schöpf jeweils nur knapp ein. Die Ämter der *Pfarrvikare* und *-kuraten*,[929] der *Vorsteher geistlicher Institute*[930] sowie die nicht dauerhaft eingesetzten *Administratoren*,[931] *Coadjutoren*,[932] *Benefizialgehilfen*[933] und *pfarrlichen Adjutoren*[934] stellt Schöpf jeweils auf wenigen Seiten in Überblicken dar.

Abgesehen vom bereits dargestellten Feld der Pfarrer und Pfarreien widmet Schöpf lediglich den verschiedenen Formen der *Cappellani* etwas breiteren Raum in der Darstellung.[935] Nach einem grundlegenden Überblick über die Kapläne im Allgemeinen[936] beschreibt Schöpf in je eigenen Abschnitten die Kapläne von Frauenklöstern,[937] die Kapläne in Krankenhäusern[938] sowie die Militärkapläne.[939]

---

926 Vgl. cc. 369 u. 515 § 1 CIC/83.
927 C. 515 § 1 CIC/83.
928 C. 519 CIC/83.
929 Vgl. Schöpf, Handbuch (III-1865), 438–440.
930 Vgl. Schöpf, Handbuch (III-1865), 451–453.
931 Vgl. Schöpf, Handbuch (III-1865), 456 f.
932 Vgl. Schöpf, Handbuch (III-1865), 457–460.
933 Vgl. Schöpf, Handbuch (III-1865), 460–463.
934 Vgl. Schöpf, Handbuch (III-1865), 463–472.
935 Vgl. Schöpf, Handbuch (III-1865), 441–451.
936 Vgl. Schöpf, Handbuch (III-1865), 441–443. Schöpf grenzt zunächst die Begriff *capella*, *capellania* und *capellanus* voneinander ab, um anschließend den Kaplan allgemein zu definieren und die verschiedenen Arten der Kapläne aufzuzählen. Schöpf bezeichnet als Kaplan „bald denjenigen Geistlichen, welcher dem Oratorium einer hohen oder höchsten Herrschaft als *Functionär* vorsteht; bald führen gewisse Geistliche oder kirchliche Würdenträger honoris causa den Titel Caplan […] bald werden diejenigen, welche in der morgenländischen Kirche *Syncellen* kirchlicher Würdenträger heißen, Capläne genannt […] bald führen *einfache Beneficiaten*, welche einige gottesdienstliche Functionen zu verrichten haben, den Titel Caplan; bald werden sogar Laien, die gewisse fromme Stiftwerke (z. B. Almosen vertheilen) zu administriren haben, also genannt.“ (Schöpf, Handbuch (III-1865), 441 f.)
937 Vgl. Schöpf, Handbuch (III-1865), 443 f.
938 Vgl. Schöpf, Handbuch (III-1865), 445 f.
939 Vgl. Schöpf, Handbuch (III-1865), 446–451.

Das gesamte kirchliche Ämterwesen, welches in den Artikeln über die Kirchenbeamten,[940] kirchlichen Lehrer[941] und Seelsorger[942] dargestellt wurde, versteht Schöpf als „bewunderungswürdige[n] Organismus, an welchem die tiefe und weise Gesetzgebung der Kirche erschaut werden kann.“[943] Das Verbindende der mannigfaltigen kirchlichen Ämter, was „die Vielen zusammenhalten soll und wovon die gedeihliche Wirksamkeit unbedingt abhängig ist, heißt: *Corporationsgeist* und *Eintracht*.“[944] So schließt Schöpf, bevor er sich in den nächsten Abschnitten seines Handbuchs dem Pfarrrecht widmet, seine Ausführung zum kirchlichen Ämterwesen mit einem Appell an den Klerus, auf den verschiedenen Ebenen der Hierarchie, d. h. in den verschiedenen Gliedern des Leibes Christi,[945] müsse notwendigerweise Eintracht herrschen, wozu eine Observanz der Vorgaben des Kanonischen Rechts das Mittel der Wahl sei:

> „Eintracht soll herrschen zwischen den Geistlichen verschiedener *Riten*, Eintracht soll herrschen zwischen den verschiedenen *Diöcesen*, Eintracht soll herrschen unter den Geistlichen *derselben Diöcese*, Eintracht zwischen *Bischof* und *Clerus*. Diese Eintracht muß von oben ausgehen. Denn gleichwie der hl. Stuhl Petri jene erhabene Cathedra ist, *„unde unitas sacerdotalis exorta est,“* so müssen die bischöflichen Stühle die *Einigungspuncte* für Clerus und Volk sein.“[946]

Dieser Aufgabe als ‚Einigungspunkte‘ würden die Bischöfe am adäquatesten durch eine ausgewogene Beachtung und Umsetzung des Kirchenrechts gerecht, denn „die Bahn des Rechts ist die *geradeste*, *kürzeste* und *leichteste*. Nichts spaltet und schmerzt tiefer, als die Verletzung des Rechts“[947], denn diese führe letztendlich zwangsläufig zu Neid, Missgunst und Konkurrenzdenken.[948]

3.3.3.2.1.3.2 Zweite Abteilung – Von den pfarrlichen Rechtsfunktionen

Die Ausführungen zum Pfarrrecht bilden einen der inhaltlichen Schwerpunkte des Schöpf'schen Handbuchs. Insbesondere die einlässliche Darstellungen des Pfarrrechts, inklusive der Teilmaterien des kirchlichen Eherechts sowie des kanonischen Eheprozesses, im dritten und vierten Band des Handbuchs sollten dem

---

940 Vgl. Punkt 3.3.3.2.1.3.1.1 dieser Arbeit.
941 Vgl. Punkt 3.3.3.2.1.3.1.2 dieser Arbeit.
942 Vgl. Punkt 3.3.3.2.1.3.1.3 dieser Arbeit.
943 Schöpf, Handbuch (III-1865), 472.
944 Schöpf, Handbuch (III-1865), 472.
945 Vgl. Punkt 3.3.2 dieser Arbeit.
946 Schöpf, Handbuch (III-1865), 472 f.
947 Schöpf, Handbuch (III-1865), 473.
948 Vgl. Schöpf, Handbuch (III-1865), 473.

Mangel eines an den Bedürfnissen der konkreten pastoralen Praxis ausgerichteten Handbuchs des Kirchenrechts begegnen und dem Wunsch des Klerus nach der Abfassung eines ebensolchen Kompendiums entsprechen.[949]

Aber nicht nur dieser Bezug zur pastoralen Praxis bewegte Schöpf dazu, das Pfarrrecht in der gegebenen Ausführlichkeit zu behandeln. Für Schöpf liegt ein weiterer Grund, weshalb das Pfarrrecht eine der zentralen Materien des Kirchenrechts darstellt,

> „in der unermeßbaren Wichtigkeit des Pfarramtes. Höchst erhaben ist das Amt des Papstes, des Vaters der Christenheit, hoch steht das Amt des Bischofs, des von Gott bestellten Vaters aller seiner Diöcesanen; aber dem Volke zunächst und am einflußreichsten auf es ist das Amt des Seelsorgers, so daß die Behauptung gegründet: „Von der Hochwürdigkeit des Seelsorgers hängt die Würdigkeit des Volkes ab.““[950]

---

949 Der Innsbrucker Kirchenrechtler Ernst Moy de Sons urteilt in seiner Besprechung des vierten Bands des Schöpf'schen Handbuchs: „Von Seite 1 angefangen bis S. 254 verbreitet sich der Verf. über das Eherecht, u. z. nach der Ordnung der Anweisung für die Ehegerichte in Oesterreich. Es ist nicht zuviel gesagt, also dieses Eherecht jede andere dießfällige Anweisung dem Theologen, Seelsorger und Juristen in Oesterreich entbehrlich macht. Alle theoretischen Fragen werden durch praktische Fälle anschaulich gemacht, für jeden bedeutenderen Amtsakt findet sich ein Formulare, die Verwandtschafts- und Schwägerschafts-Verhältnisse werden durch eine alles umfassende lithographirte Tabelle erklärt und die neueren, sowie neuesten Erlässe der geistlichen und weltlichen Behörden werden stets dem Wortlaute nach angeführt, soweit dieselben nicht schon im dritten Bande angegeben sind. Im Hinblick auf den dritten Band bietet demnach der Verf. ein vollständiges und zugleich das neueste Eherecht. Von Seite 254 bis Seite 470 folgt das noch übrige Pfarrecht, wiederum ganz ausführlich, praktisch und mit fortwährender Rücksicht auf die Landesgesetze. Jeder Amtsthätigkeit und jeder Rechtsstellung des Seelsorgers wird umständlich gedacht, so daß dieser Traktat in Verbindung mit dem Vorausgehenden ein vollständiges katholisches Pfarrecht bildet." (Moy de Sons, Ernst, Rezension zu: Handbuch des katholischen Kirchenrechts (mit besonderer Bezugnahme auf Oesterreich und mit Rücksicht auf Deutschland) von Dr. Josef Anton Schoepf, Band IV, in: Tiroler Schützenzeitung 14 (1859) 72)

950 Schöpf, Handbuch (IV-1866), 469. In vier Punkten fast Schöpf die Anforderungen des Kanonischen Rechts hinsichtlich des Amts des Pfarrers zusammen: „1. Die Canones fordern von dem Pfarrer *ungeheuchelte Frömmigkeit* und musterhafte Sittlichkeit, weil er „das Salz der Erde," „das Licht der Welt" sei, und auf ihn, wie auf einen Spiegel, jedermann sein Auge richte. Darum hat er noch mehr, als andere Geistliche, die clericalen Standespflichten zu erfüllen und sich von Allem zu enthalten, was mit dem Berufe des Geistlichen unverträglich ist.
2. Die Kirchensatzungen verlangen von dem Pfarrer tiefe *Menschenkenntnis* und gründliche *Wissenschaft*, weil die Seelsorge ars artium ist.

Die pfarrlichen Rechtsfunktionen grobgliedert Schöpf in drei Abteilungen, wobei er voneinander die *pfarrliche Lehrtätigkeit*, das *pfarrliche Ministerium* sowie die *pfarrliche Correctionsgewalt* unterscheidet.[951]

Hinsichtlich der pfarrlichen Lehrtätigkeit unterscheidet Schöpf das öffentliche Lehramt des Pfarrers, welches „sich auf die Gemeinde“[952] bezieht, sowie das private Lehramt, welches sich „auf eine (physische oder moralische) Person in der Gemeinde“[953] bezieht. Schöpf stellt, mit Verweis auf die jeweiligen Aussagen des Trienter Konzils, einzelne Aspekte des Lehrrechts sowie der Lehrpflicht des Pfarrers dar, wobei er einen Schwerpunkt auf die Darstellung der Pflicht des Pfarrers zur Homilie sowie auf diesbezügliche partikularrechtliche Regelungen in Österreich legt.[954] Nach diesen kurzen Ausführungen zur pfarrlichen Lehrtätigkeit widmet sich Schöpf dem pfarrlichen Ministerium, welches sich für ihn in verschiedenen Aspekten des pfarrlichen *Heiligungsdienstes* sowie der *Vermögensverwaltung* erschöpft.

3.3.3.2.1.3.2.1 Das pfarrliche Sakramentenrecht

Nachdem die Sakramente der Firmung[955] und der Weihe[956] im Rahmen des Handbuchs bereits behandelt wurden, stellt Schöpf seine Ausführungen zu den Sakramenten der Eucharistie, der Taufe, der Buße, der damals noch sog. ‚Letzten Ölung‘ sowie der Ehe in seine Darstellung des Pfarrrechts.[957]

---

3. Der Pfarrer soll die umsichtigste *Klugheit* mit dem reinsten und feurigsten *Seeleneifer* verbinden.

4. Der Pfarrer soll gegen jedermann die *lauterste Liebe*, er soll *Vater* aller seiner Parochianen sein. „Väterliche Liebe sei der Grundton zwischen dem Pfarrer und seinem Gehilfen, brüderliche Liebe kette den Pfarrer an seine Amtskollegen, wahre Seelenliebe knüpfe ihn an alle Schäflein seiner Gemeinde.““ (Schöpf, Handbuch (IV-1866), 469 f.)

951 Vgl. Schöpf, Handbuch (III-1865), 474.

952 Schöpf, Handbuch (III-1865), 474.

953 Schöpf, Handbuch (III-1865), 474.

954 Vgl. Schöpf, Handbuch (III-1865), 475–477.

955 Vgl. Schöpfs Ausführungen im Abschnitt *Von den Episkopal-Rechtsfunktionen* in Punkt 3.3.3.2.1.2 dieser Arbeit.

956 Vgl. Schöpfs Ausführungen im Abschnitt *Von den Presbyterial-Rechtsfunktionen im Allgemeinen* in Punkt 3.3.3.2.1.3.1 dieser Arbeit.

957 Vgl. hierzu die Bemerkungen Schöpfs über die zum pfarrlichen Aufgabengebiet gehörenden Sakramente: Schöpf, Handbuch (III-1865), 482: „Die zur pfarrlichen Jurisdiction gehörigen Sacramente sind: *Taufe*, *Eucharistie*, *Buße*, *letzte Oelung* und *Ehe*. In Betreff der *Firmung* hat der Pfarrer nichts anderes zu thun, als daß er die

Einleitend bietet Schöpf unter der Überschrift *Opferrecht* die Bestimmungen, welche von den Pfarrern im Bereich der Feier der Eucharistie hinsichtlich der *Applikation*, der *Zelebrationshäufigkeit* und der *Zeit*, des *Orts* sowie des *Ritus* der Eucharistiefeier zu beachten sind.[958] Daran anschließend stellt Schöpf allgemeine Bestimmungen des pfarrlichen Sakramentenrechts dar,[959] wobei er einschärft, dass der Pfarrer „als der nächste und unmittelbare Ausspender der Sacramente für seine Gemeinde betrachtet werden"[960] muss. Schöpf betont dieses Vorrecht der Pfarrer hinsichtlich der Sakramentenspendung an den ihnen anvertrauten Gläubigen und geht in der Folge knapp auf die erforderliche Disposition des Pfarrers hinsichtlich der Sakramentenspendung im Allgemeinen ein.[961] In eigenen kurzen Abschnitten behandelt Schöpf im Anschluss nacheinander die Sakramente der Taufe,[962] der Eucharistie,[963] der Buße[964] sowie der Letzten Oelung.[965] Die explizite Betonung des Vorrechts der Pfarrer in der Spendung der genannten Sakramente legitimiert seine Verortung dieser inhaltlichen Materien im Rahmen seiner Gesamtsystematik des *Organismus des Kirchenrechts*,[966] derzufolge die Seelsorger im Allgemeinen in der Organisation des *Haupts der Kirche* als diejenigen Glieder bestimmt werden, welche regelmäßig die Rechtsfunktionen *ad intra* gegenüber den Gläubigen der Kirche zur Anwendung bringen.[967]

Firmlinge zum würdigen Empfang des Sacraments vorbereite und ein Verzeichnis der Gefirmten führe. Hinsichtlich der *Weihe* steht ihm eine Art *Vorbereitungs-* und Zeugnisrecht zu."

958 Vgl. Schöpf, Handbuch (III-1865), 477–480.

959 Vgl. Schöpf, Handbuch (III-1865), 480–482.

960 Schöpf, Handbuch (III-1865), 480; Hinsichtlich der Feier der Eucharistie bezeichnet Schöpf die Pfarrer an anderer Stelle als die *kirchlichen Opferpriester ihrer Gemeinden.* Vgl. Schöpf, Handbuch (III-1865), 477.

961 Vgl. Schöpf, Handbuch (III-1865), 481: „Uebrigens versteht es sich von selbst, daß a) der Seelsorger keiner kirchlichen *Censur*, wodurch die *erlaubte* Ausübung des sacramentalen Dienstes untersagt ist, unterliegen dürfe; daß b) sein Seelenzustand in *gehöriger Disposition* sein solle; daß er c) die *gehörige Intention* haben müsse; daß er d) das *Essentielle* und *Rituele* der sacramentalen Acte genau beobachte, und dies sowohl in Betreff der *Materie* als auch der *Form* des Sacraments."

962 Vgl. Schöpf, Handbuch (III-1865), 482–484.

963 Vgl. Schöpf, Handbuch (III-1865), 484–487.

964 Vgl. Schöpf, Handbuch (III-1865), 487–490.

965 Vgl. Schöpf, Handbuch (III-1865), 490–492.

966 Vgl. Punkt 3.3.2 dieser Arbeit.

967 Vgl. v. a. Punkt 3.3.3.2.1.3.1.3 dieser Arbeit.

Hinsichtlich der Taufe geht er auf die Bestimmungen über den Spender sowie die Empfänger der Taufe, den Ritus, den Taufnamen sowie das Institut der Taufpatenschaft ein. Ausdrücklich hebt Schöpf hervor, dass der ordentliche Spender der Taufe der Pfarrer ist[968] sowie „das Recht zu taufen als eigentliches Pfarrrecht an[zu]sehen [ist]. Jeder Eingriff in dieses Recht ist Geistlichen und Laien verpönt.“[969]

In Bezug auf die Eucharistie stellt Schöpf die für das Pfarramt relevanten Bestimmungen hinsichtlich der Ausspendung des Sakraments auf der einen sowie der Aufbewahrung und Verehrung der Eucharistie auf der anderen Seite dar. Schöpf erläutert zu Letzterem die Vorgaben zur regelmäßigen Erneuerung der Eucharistie, zur Aussetzung des Allerheiligsten zum Zweck der andächtigen Verehrung sowie zum eucharistischen Segen, zur Sakramentenkatechese innerhalb der Pfarrei sowie zu Tabernakel und ewigem Licht. Abgeschlossen werden die Ausführungen zum Sakrament der Eucharistie mit partikularrechtlichen Besonderheiten in Deutschland und Österreich. So führt Schöpf an, in Österreich

> „soll das allerheiligste Sacrament an Orten, wo Infantrie liegt, von einem Gefreiten mit vier Mann begleitet werden. Alle katholischen Kranken in den Spitälern müssen sich versehen lassen. Die Aerzte sind durch kais. Vorschriften verpflichtet, lebensgefährdete Kranke auf die Versehpflicht aufmerksam zu machen. Den Arrestanten dürfen bei der hl. Communion die Fesseln nicht abgenommen werden.“[970]

In seinen Ausführungen zur Buße legt Schöpf Wert auf die Feststellung, dass bei grundsätzlichem Recht des Pfarrers, seinem Pfarrvolk zu jeder Zeit und an jedem Ort gültig die Absolution zu erteilen,[971] „kein Pfarrkind gezwungen werden darf, vor dem Bußtribunal des Pfarrers zu erscheinen“[972]. Der Pfarrer jedoch habe die Pflicht, den „Penetenten zu jeder Zeit am gehörigen Orte beichtzuhören. Insbesondere ist er verpflichtet, selbst mit Gefahr des eigenen Lebens tödtlich kranke Personen beichtzuhören.“[973] Hinsichtlich des kirchlichen Ablasswesens, welches in der Darstellung in der Regel mit dem Sakrament der Buße verbunden wird, bemerkt Schöpf, die Lehre von den Ablässen „wird jedoch in der Dogmatik, Pastoral und Liturgik so ausführlich behandelt, daß kaum mehr beizufügen ist.“[974]

968 Vgl. Schöpf, Handbuch (III-1865), 482.
969 Schöpf, Handbuch (III-1865), 483.
970 Schöpf, Handbuch (III-1865), 487.
971 Vgl. Schöpf, Handbuch (III-1865), 488.
972 Schöpf, Handbuch (III-1865), 488.
973 Schöpf, Handbuch (III-1865), 489.
974 Schöpf, Handbuch (III-1865), 490.

Schöpf geht somit auf das Ablasswesen nicht gesondert ein und fährt in seiner Darstellung mit dem Sakrament der Letzten Ölung fort, wobei er in diesem Zusammenhang ebenfalls auf die Spendung des *viaticums* eingeht. Schöpf betont den Grundsatz, dass „mit einziger *Ausnahme* des Falls der *Nothwendigkeit* der *Pfarrer* allein berechtiget seie, den *Parochianen* die letzte Oelung und somit auch die letzte Wegzehrung zu ertheilen."[975] Das Recht zur Sakramentenspendung ist in Bezug auf die Letzte Ölung „für den Pfarrer eine strenge Obligation [...], welcher er sich selbst mit Lebensgefahr unterziehen muß."[976] Schöpf weist hinsichtlich der Letzten Ölung darauf hin, dass sich in den Hand- und Lehrbüchern oftmals an die Darstellung der Letzten Ölung die Bestimmungen „bezüglich des *Krankenbesuchs* und des *seelsorglichen Beistandes* im Falle der *Agonie* des Kirchenkindes"[977] anschließen. In diesem Zusammenhang schreibt Schöpf, dass in einigen Diözesen, u. a. in der Erzdiözese Salzburg sowie in der Diözese Brixen, „die löbliche Gewohnheit [herrscht], den Kranken auch nach dem Versehen öfters zu besuchen und ihm in der Agonie beizustehen."[978] Schöpf spezifiziert: „Als *strenge Pflicht* erscheint die Hilfeleistung bei einem mit den hl. Sacramenten versehenen Sterbenden *gemeinrechtlich* nicht; wohl aber mögen kirchliche *Particulargesetze* den Beistand einschärfen"[979] und im Letzten „kommt Alles auf den seelsorglichen *Eifer* an."[980]

3.3.3.2.1.3.2.2 Pfarrliches Eherecht

Eine kurze Übersicht über die Systematik des pfarrlichen Eherechts schließt den dritten Band des Schöpf'schen Handbuchs ab.[981] Die gesamte Bearbeitung des kanonischen Eherechts unter dem Blickwinkel der pfarrlichen Praxis findet sich im vierten und letzten Teil des Handbuchs.[982] Hinsichtlich der systematischen Einordnung des Eherechts bemerkt Schöpf:

> „Während die Gerichtsbarkeit in Ehesachen unter die Episkopal-Rechtsfunctionen gehört, untersteht das Sakrament der Ehe zunächst der pfarrlichen Vigilanz. An den ordentlichen Seelsorger, heiße er Pfarrer, Administrator, Lokalkaplan u.s.f., wird jegliche Ehe in der Gemeinde zunächst geleitet. Er muß demnach vor Anderen über das Wesen

975 Schöpf, Handbuch (III-1865), 490.
976 Schöpf, Handbuch (III-1865), 490–492.
977 Schöpf, Handbuch (III-1865), 492.
978 Schöpf, Handbuch (III-1865), 492.
979 Schöpf, Handbuch (III-1865), 492.
980 Schöpf, Handbuch (III-1865), 492.
981 Vgl. Schöpf, Handbuch (III-1865), 493 f.
982 Vgl. Schöpf, Handbuch (IV-1866), 1–254.

der Ehe, deren Vorstufen, Bedingungen u.s.w. klar sein. Nur dadurch ist er in den Stand gesetzt, eine der wichtigsten Obligationen des Pfarramtes zu erfüllen […].“[983]

Unter Verweis auf das in mehreren Auflagen erschienene Werk des Salzburger Kanonisten Ludwig Engel[984] stellt Schöpf fest, dass die Behandlung des Eherechts im Rahmen der Darstellungen zum Pfarrrecht einerseits nicht ungewöhnlich ist und andererseits inhaltlich auf der Linie des Konzils von Trient[985] sowie des Catechismus Romanus[986] liegt, welche die Ehe zunächst den Pfarrern als Obliegenheit zuweisen. Das eigentliche Eherecht behandelte Schöpf in sechs Teilschritten. Zunächst stellt Schöpf die *kirchliche Lehre über das Sakrament der Ehe*[987] dar, worauf Ausführungen über das *Verlöbnis*,[988] die *trennenden Ehehindernisse*,[989] die *Eheverbote*,[990] die *Dispensen in Bezug auf die Ehe*[991] sowie zur *Konvalidation von Ehen*[992] folgen.

Bemerkenswert ist hinsichtlich der Methodik, dass Schöpf in seiner Darstellung des Eherechts zahlreiche Fallbeispiele anführt, welche kurz in Frageform auf spezifische Probleme aufmerksam machen.[993] Die Antworten auf die formulierten Fallfragen schließt Schöpf jeweils direkt an die Fragestellungen an. Im Fließtext und im Fußnotenapparat gibt Schöpf dem Leser des Handbuchs jeweils am Ende der einzelnen Teilkapitel, soweit verfügbar und für die pastorale Praxis relevant, zur behandelten Materie etwaige sachgemäße Formulare sowie Anmerkungen zur partikularrechtlichen Situation in Deutschland und Österreich an die Hand. Auch bietet Schöpf, im Vergleich mit den übrigen Teilen seines Handbuchs, in seiner gesamten Darstellung des Eherechts im Fußnotenapparat auffallend mehr ausführliche Zitate des zu seiner Zeit geltenden materiellen Rechts sowie der diesbezüglichen Kommentierungen durch renommierte Kanonisten.

---

983 Schöpf, Handbuch (IV-1866), 493.

984 Vgl. Engel, Ludwig, Manuale parochorum de plerisque functionibus & obligationibus, ad parochias, parochos & parochianos attinentibus, Salzburg [5]1688.

985 Vgl. Pius P.P. IV, Decretum. *Tametsi.* 11 nov. 1563, in: Denzinger, Heinrich/Hünermann, Peter (Hg.), Enchiridion symbolorum definitionum et declarationum de rebus fidei et morum. Lateinisch – deutsch = Kompendium der Glaubensbekenntnisse und kirchlichen Lehrentscheidungen, Freiburg i. Br. [42]2009, 1813–1816.

986 Vgl. Catechismus Romanus, 346 f.

987 Vgl. Schöpf, Handbuch (IV-1866), 1–30.

988 Vgl. Schöpf, Handbuch (IV-1866), 30–53.

989 Vgl. Schöpf, Handbuch (IV-1866), 53–128.

990 Vgl. Schöpf, Handbuch (IV-1866), 128–174.

991 Vgl. Schöpf, Handbuch (IV-1866), 174–233.

992 Vgl. Schöpf, Handbuch (IV-1866), 233–254.

993 Vgl. bspw. Schöpf, Handbuch (IV-1866), 43, 50 f., 58 f., 60, 70 f., 108 f.

Hinsichtlich der Lehre über die Ehe stellt Schöpf zunächst die zentralen Begrifflichkeiten dar und bietet einen historischen Aufriss der Entwicklung des Lehramts zur Ehe. Im Hinblick auf die Sponsalien unterscheidet Schöpf die verschiedenen Arten, geht auf die Erfordernisse zur Verlobung sowie auf die Aufhebung derselben ein.

Einen Fokus legt Schöpf auf die Darstellung der trennenden Ehehindernisse, unter welche er auch die heute als *Konsensmängel* bezeichneten Tatbestände und die *bedingte Eheschließung* subsumiert.[994] Zu erwähnen ist, auch hier lässt sich wiederum die Ausrichtung an den Bedürfnissen der pastoralen Praxis erkennen, Schöpfs Anhang zum vierten Band des Handbuchs. In diesem bietet Schöpf eine „Tabelle zur Veranschaulichung der Verwandtschafts- und Schwägerschaftsgrade"[995], welche dem Leser die verschiedenen Varianten der Berechnung der Verwandtschaftsverhältnisse anhand von Beispielen grafisch aufzeigt und Hilfestellungen zur konkreten Erstellung der obligaten Stammbäume zum Nachweis von Verwandtschaftsgraden gibt.

Die Darstellung der Eheverbote, der Möglichkeiten zur Beseitigung von Ehehindernissen durch das Mittel der Dispens sowie zur Gültigmachung von Ehen sind umfassend und, ebenso wie der Abschnitt über die trennenden Ehehindernisse, praxisorientiert aufbereitet, bieten jedoch keine nennenswerten inhaltlichen Akzentsetzungen oder Schwerpunkte. Mit Hinweisen auf die zu seiner Zeit aktuellen Kommentierungen des Eherechts sowie des Eheprozessrechts[996] schließt Schöpf seine Darstellung des Eherechts im Bereich des Pfarrrechts und fährt mit der Darstellung weiterer Obliegenheiten des pfarrlichen Heiligungsdienstes fort.

3.3.3.2.1.3.2.3 Weitere Aspekte des pfarrlichen Heiligungsdienstes

Lediglich kurze Überblicke bietet Schöpf zu den weiteren Rechtsmaterien, welche er im Rahmen seiner Systematik im Bereich des pfarrlichen Heiligungsdienstes verortet. Schöpf stellt Ausführungen hinsichtlich der rechtlichen Ordnung der *Sakramentalien*,[997] zum pfarrlichen *Andachtswesen*[998], zum *Kirchenjahr* und seiner

---

994 Vgl. bspw. die Darstellung über die *allgemeine Konsensunfähigkeit* (vgl. Schöpf, Handbuch (IV-1866), 56 f.), den *Irrtum in der Person* oder in den *Eigenschaften einer Person* (vgl. Schöpf, Handbuch (IV-1866), 57–59), zu *Furcht und Zwang* (vgl. Schöpf, Handbuch (IV-1866), 66–71) sowie zur Eheschließung unter Beifügung einer Bedingung (vgl. Schöpf, Handbuch (IV-1866), 125–128).

995 Schöpf, Handbuch (IV-1866), Anhang.

996 Vgl. Schöpf, Handbuch (IV-1866), 240–254.

997 Vgl. Schöpf, Handbuch (IV-1866), 254–258.

998 Vgl. Schöpf, Handbuch (IV-1866), 259–261.

Relevanz für den Pfarrer,[999] zu den partikularrechtlichen Bestimmungen in Bezug auf die *kirchlichen Feiertage in Österreich und Deutschland*[1000] sowie zu den kirchlichen *Fastenzeiten*[1001] in Anschluss an das oben dargestellte pfarrliche Eherecht.

Nach kurzen Bemerkungen zur Aufgabe des Pfarrers in der Überwachung der Disziplin des Pfarrvolkes hinsichtlich der Verehrung von Reliquien und Bildern der kanonisierten Heiligen und Seligen[1002] widmet sich Schöpf ausführlicher dem pfarrlichen Bestattungsrecht sowie dem kirchlichen Begräbnis.[1003] Schöpf erläutert die Anforderungen an die Einrichtung von Friedhöfen, die rechtlich relevanten Aspekte der kirchlichen Begräbnisfeier und die Führung der pfarrlichen Totenbücher aus universalrechtlicher Perspektive sowie mit Blick auf die je spezifische Situation in Deutschland und Österreich.

Den Abschluss der Darstellung der Rechtsmaterien des pfarrlichen Heiligungsdienstes bilden Ausführungen unter den Überschriften *Pfarrliches Recht bezüglich der gottgeweihten Personen der Pfarrei*[1004] sowie *Pfarrliches Recht bezüglich kirchlicher Personen der Pfarrei.*[1005] Im erstgenannten Abschnitt erörtert Schöpf das Verhältnis und Zusammenspiel der Pfarrer zu Ordensniederlassungen und -priestern, zu Bruderschafts-Kaplänen sowie weiteren Geistlichen, welche im Pfarrgebiet ihren Aufenthaltsort haben. In Bezug auf die kirchlichen Personen geht Schöpf im zweitgenannten Abschnitt auf das Verhältnis der Pfarrer zu den Schulmeistern,[1006] den Zechpröpsten, den Mesnern sowie den Hebammen in seinem Pfarrgebiet ein.

---

999 Vgl. Schöpf, Handbuch (IV-1866), 261–265.
1000 Vgl. Schöpf, Handbuch (IV-1866), 265–273.
1001 Vgl. Schöpf, Handbuch (IV-1866), 274–278.
1002 Vgl. Schöpf, Handbuch (IV-1866), 278–283.
1003 Vgl. Schöpf, Handbuch (IV-1866), 283–307.
1004 Vgl. Schöpf, Handbuch (IV-1866), 307–311.
1005 Vgl. Schöpf, Handbuch (IV-1866), 311–316.
1006 Mit dem Begriff *Schulmeister* wurden Lehrer im Bereich der niederen ländlichen Dorfschulen oder städtischen Volks- oder Bürgerschulen bezeichnet. Für die Anstellung als Schulmeister waren keine verbindlichen Lehrbefähigungsnachweise definiert, sodass sich die Anstellungskriterien regional unterschiedlich gestalteten. Schöpf zufolge sollte der Pfarrer „einen entsprechenden Einfluß auf die Wahl des Schulmeisters haben, und denjenigen, der nicht in gutem Rufe steht, geradezu recuriren können. Dem Pfarrer steht die Ueberwachung und Leitung des Schulmeisters zu, und ihm ist derselbe über seine Amtsthätigkeit zunächst verantwortlich." (Schöpf, Handbuch (IV-1866), 312)

3.3.3.2.1.3.2.4 Pfarrliches Recht bezüglich der kirchlichen Sachen

Im Rahmen seiner Grobgliederung der pfarrlichen Rechtsfunktionen in die drei Abteilungen der pfarrlichen Lehrtätigkeit, des pfarrlichen Ministeriums sowie der pfarrlichen Correctionsgewalt,[1007] schließt Schöpf nach der dargestellten Abhandlung über die verschiedenen Aspekte des pfarrlichen Heiligungsdienstes mit Darstellungen zu diversen Fragen der pfarrlichen *Vermögensverwaltung* seine Ausführungen zum pfarrlichen Ministerium ab. Schöpf gliedert diesen Teil seines Handbuchs in Ausführungen zur Verwaltung der *Heiligen Sachen*,[1008] der *Kirchlichen Temporalien*[1009] sowie der *Gottgeweihten Sachen*.[1010]

Als Heilige Sachen definiert Schöpf diejenigen zeitlichen Güter, „welche eine unmittelbar kultische Bestimmung haben und die durch Anwendung eines Sacramentales (entweder Segnung – daher res benedictae oder Weihung – daher res consecratae) für den Cultus ausgeschieden werden."[1011] In eigenen Abschnitten geht Schöpf auf die jeweils einschlägige Normierung zum Gebäude der *Pfarrkirche*,[1012] der *Kircheneinrichtung* bzw. von ihm sog. ‚Kirchenzier'[1013] sowie den im pfarrlichen Gebiet gelegenen *Kapellen*, *Oratorien* und *Heiligtümern*[1014] ein. In einem kurzen Anhang behandelt er eigens das *Pfarr- und Mesnerhaus*,[1015] welche keine eigenen *Heiligen Orte* darstellen, jedoch von diesen abhängig sind. Schöpf bezeichnet sie als „den hl. Sachen annexe Gegenstände oder […] „appendix ecclesiae""[1016].

In Bezug auf die zeitlichen Güter der Kirche unterscheidet Schöpf einen *Allgemeinen Teil*[1017] sowie einen speziellen Teil zu *Fragen des Pfarrvermögens*. Im erstgenannten Abschnitt handelt Schöpf grundlegend über die *Erwerbsfähigkeit der Kirche*,[1018] die *Erwerbsarten*,[1019] Fragen des *Eigentums an Kirchenvermögen*,[1020]

1007 Vgl. Schöpf, Handbuch (III 1865), 474.
1008 Vgl. Schöpf, Handbuch (IV-1866), 318–366.
1009 Vgl. Schöpf, Handbuch (IV-1866), 366–432.
1010 Vgl. Schöpf, Handbuch (IV-1866), 432–442.
1011 Schöpf, Handbuch (IV-1866), 317.
1012 Vgl. Schöpf, Handbuch (IV-1866), 318–340.
1013 Vgl. Schöpf, Handbuch (IV-1866), 340–351.
1014 Vgl. Schöpf, Handbuch (IV-1866), 352–356.
1015 Vgl. Schöpf, Handbuch (IV-1866), 356–366.
1016 Schöpf, Handbuch (IV-1866), 356.
1017 Vgl. Schöpf, Handbuch (IV-1866), 366–398.
1018 Vgl. Schöpf, Handbuch (IV-1866), 371–373.
1019 Vgl. Schöpf, Handbuch (IV-1866), 373–382.
1020 Vgl. Schöpf, Handbuch (IV-1866), 382–384.

Privilegien des Kirchengutes,[1021] *Beschwerung* und *Belastung*[1022] sowie *Erhaltung,*[1023] *Verwaltung*[1024] und *Veräußerung*[1025] des Kirchenvermögens. Im zweiten Abschnitt über das Pfarrvermögen im Speziellen erörtert Schöpf das Vermögen der fabrica ecclesiae[1026] sowie verschiedene Formen des *Vermögensaufkommens in der Pfarrei*[1027] wie bspw. das *Pfründewesen*, die *Meßstipendien* und die *Stolgebühren.*

Unter die gottgeweihten Sachen ordnet Schöpf Vermögenswerte ein, welche zu frommen Zwecken gestiftet wurden und unter die Aufsicht der kirchlichen Autorität gestellt wurden. Als Beispiele nennt er religiöse Institute, kirchliche Schulen, sonstige pädagogische Einrichtungen, caritative Stiftungen sowie Krankenhäuser und Pflegeheime in kirchlicher Trägerschaft.[1028] Diese „zu frommen Zwecken gewidmeten Gegenstände“[1029] stellt Schöpf überblicksweise bezüglich ihrer vermögensrechtlichen Schnittpunkte mit dem Pfarrrecht dar[1030] und beschließt dadurch seine Darstellung der Funktionen des *pfarrlichen Ministeriums.*

3.3.3.2.1.3.2.5 Pfarrliche Vigilanz und Theilnahme am Kirchenregimente

Hinsichtlich der *pfarrlichen Correctionsgewalt* hält Schöpf grundsätzlich fest, dass von „einem imperium sacrum des Pfarrers im eigentlichen Sinne des Wortes [...] die Rede nicht sein [kann], soferne dem Pfarrer weder eine legislative, noch richterliche (in foro externo), noch executive Gewalt zusteht.“[1031] In Bezug auf die Erhaltung der kirchlichen Disziplin hat der Pfarrer jedoch „das Recht und die Pflicht der sogenannten *vigilantia pastoralis,* womit das Recht der *correctio paterna* und der administrativen *Geschäftsführung* unzertrennlich verbunden ist.“[1032]

Im Rahmen der pfarrlichen Vigilanz erörtert Schöpf ausführlich die Aufsichtspflicht des Pfarrers, welche sich im Allgemeinen auf die ganze Gemeinde, im Speziellen jedoch auf die Kinder und Jugendlichen, die Familienväter sowie die

1021 Vgl. Schöpf, Handbuch (IV-1866), 384–387.
1022 Vgl. Schöpf, Handbuch (IV-1866), 387 f.
1023 Vgl. Schöpf, Handbuch (IV-1866), 388 f.
1024 Vgl. Schöpf, Handbuch (IV-1866), 389–394.
1025 Vgl. Schöpf, Handbuch (IV-1866), 394–398.
1026 Vgl. Schöpf, Handbuch (IV-1866), 398–406.
1027 Vgl. Schöpf, Handbuch (IV-1866), 407–433.
1028 Vgl. Schöpf, Handbuch (IV-1866), 317.
1029 Schöpf, Handbuch (IV-1866), 432.
1030 Vgl. Schöpf, Handbuch (IV-1866), 432–442.
1031 Schöpf, Handbuch (IV-1866), 442.
1032 Schöpf, Handbuch (IV-1866), 442.

Armen, Hilfsbedürftigen, Kranken und Sterbenden bezieht.[1033] Mit Blick auf die Besuche der Pfarrer in den Privathäusern der Gläubigen schärft Schöpf einerseits die diesbezügliche Verpflichtung zur Kontaktnahme mit dem Pfarrvolk ein, warnt jedoch auch ausdrücklich „vor allzugroßer Familiarität mit den Parochianen“[1034], welche er als „Mutter der Verachtung“[1035] bezeichnet. Auf die speziellen Verpflichtungen der österreichischen Pfarrer hinsichtlich der unehelichen Kinder sowie der Meldung von Epidemien und Seuchen weist Schöpf im Anschluss hin.[1036]

Als Wächter über fides ac mores kommt es dem Pfarrer zu, „all dasjenige zu beseitigen, was den Glauben trüben könnte“[1037]. Hinsichtlich der Sitten sind einerseits bestehende Unsittlichkeiten öffentlich zu rügen bzw. dem Ordinariat anzuzeigen, andererseits Gefahren zur Unsittlichkeit aufzuzeigen und nach Möglichkeit zu beseitigen.[1038] Auch hat der Pfarrer sein Pfarrvolk vor der Einflussnahme durch andere Religionsgemeinschaften zu schützen. Zu diesem Zwecke, so Schöpf, ist der Pfarrer „zum sogenannten elenchus doctrinalis berechtiget, d.h. steht ihm die Befugnis zu, in seinen öffentlichen Lehrvorträgen auch der religiösen Grundsätze fremder Religionen und Confessionen Erwähnung zu thun, sie mit denen der katholischen Kirche zu vergleichen und sie zu widerlegen.“[1039] Grundsätzlich stellt Schöpf das Recht des Pfarrers dar, „den Abfall von Parochia-

1033 Vgl. Schöpf, Handbuch (IV-1866), 443–446.

1034 Schöpf, Handbuch (IV-1866), 447.

1035 Schöpf, Handbuch (IV-1866), 447.

1036 Vgl. Schöpf, Handbuch (IV-1866), 448: „In Oesterreich hat der Seelsorger 1) auf die *unehelichen Kinder* ein besonderes Augenmerk zu richten. Ist zu besorgen, daß das Dasein eines unehlich gebornen Kindes der Behörde, welcher die Bestellung eines Vormundes für dasselbe obliegt (z. B. dem Bezirksamte), unbekannt bleiben dürfte, so hat der taufende Seelsorger die erforderliche Anzeige zu erstatten.
2) Die *Epidemien und Seuchen* nicht zu übersehen. Um nämlich sogleich zur Kenntnis einer ausgebrochenen Epidemie zu gelangen, sind die Seelsorger verbunden, ungesäumt dem Bezirksamte die Anzeige zu machen, sobald sie zu einigen Kranken geholt werden, die von derselben Krankheit befallen sind. Dasselbe hat zu geschehen, wenn 6 bis 8 Thiere an ein und derselben Krankheit fallen. Sind von dem Arzte über die herrschende Epidemie Standestabellen zu verfassen, so haben sie die Seelsorger mitzufertigen.“

1037 Schöpf, Handbuch (IV-1866), 448.

1038 Vgl. Schöpf, Handbuch (IV-1866), 449. Schöpf zufolge können solche Gefahren, welche zur Unsittlichkeit verleiten, erwachsen: „α) aus den sogenannten Bekanntschaften, β) aus den Tanz- und besonders Carnevals-Unterhaltungen und γ) aus dem heutigen Theaterwesen.“ (Schöpf, Handbuch (IV-1866), 449)

1039 Schöpf, Handbuch (IV-1866), 450.

nen durch alle rechtlichen Mittel zu verhindern,“[1040] stellt jedoch infolge an diese Formulierung selbst ausführlich die österreichische Rechtslage im Anschluss an die josephinischen Toleranzgesetze dar,[1041] derzufolge die faktische Koexistenz der unterschiedlichen Religionsgemeinschaften im Bereich des österreichischen Kaiserreichs sich weit friedvoller und harmonischer gestaltete, als seine grundsätzlichen Bemerkungen zum pfarrlichen Schutzrecht gegenüber den anderen Religionen vermuten lassen würden.

Mit Hinweisen zur Funktion des Pfarrers als Leiter der administrativen Geschäfte der Pfarrei[1042] und zur Rechtsstellung des Pfarrers im Dekanat[1043] sowie der Diözese[1044] schließt Schöpf seine ausführliche Darstellung des Pfarrrechts ab.

3.3.3.2.2 *Zweites Hauptstück – Collegiale Rechtsfunktionen des Hauptes der Kirche*

Das zweite Hauptstück des zweiten Teils des ersten Hauptteils ist im Vergleich zum ersten Hauptstück ungleich kürzer. Auf lediglich sieben Druckseiten des vierten Bandes[1045] stellt Schöpf knapp das *kollegiale Wirken der Bischöfe* in der Leitung der Kirche im Rahmen von Konzilien und Synoden dar. Nach kurzen einleitenden Bemerkungen[1046] erläutert er das Konzept der Konzilien im Allgemeinen,[1047] um darauf folgend die Formen des Ökumenischen Konzils,[1048] des Provinzialkonzils[1049] sowie der Diözesansynode[1050] im Einzelnen darzustellen.

3.3.3.3 *Dritter Teil – Verhältnis des Hauptes der Kirche nach Außen*

Nach dem umfangreichsten Abschnitt des Schöpf'schen Handbuchs, dem zweiten Teil des ersten Hauptteils über die *Rechtstätigkeit des Hauptes der Kirche nach*

1040 Schöpf, Handbuch (IV-1866), 451.
1041 Vgl. Schöpf, Handbuch (IV-1866), 451–453.
1042 Vgl. Schöpf, Handbuch (IV-1866), 455–461. Schöpf gibt im Rahmen dieses Abschnittes ausführliche Hinweise zur pfarrlichen Buchführung, welche neben der Führung der Matriken auch die Führung etwaiger Bibliotheksverzeichnisse beinhaltet. Vgl. Schöpf, Handbuch (IV-1866), 456 f.
1043 Vgl. Schöpf, Handbuch (IV-1866), 461–467.
1044 Vgl. Schöpf, Handbuch (IV-1866), 467 f.
1045 Vgl. Schöpf, Handbuch (IV-1866), 471–478.
1046 Vgl. Schöpf, Handbuch (IV-1866), 471.
1047 Vgl. Schöpf, Handbuch (IV-1866), 471 f.
1048 Vgl. Schöpf, Handbuch (IV-1866), 472.
1049 Vgl. Schöpf, Handbuch (IV-1866), 473–475.
1050 Vgl. Schöpf, Handbuch (IV-1866), 475–478.

Innen,[1051] stellt Schöpf im dritten Teil des ersten Hauptteils die *Rechtstätigkeit des Hauptes der Kirche ad extra*, d.h. im Verhältnis zur Staatsgewalt[1052] und zu den anderen Religionsgesellschaften,[1053] dar.

3.3.3.3.1 Erstes Hauptstück – Verhältnis der Kirchengewalt zur Staatsgewalt

Der Frage nach dem Verhältnis der Kirchengewalt zur staatlichen Gewalt, welche bereits im Rahmen der Ausführungen *Zur Gewalt des Papstes*[1054] angeschnitten wurde, nähert sich Schöpf in drei Teilschritten. In einem ersten Abschnitt geht Schöpf auf die Prämissen ein, welche das Verhältnis von Staat und Kirche determinieren,[1055] um in einem zweiten Abschnitt die allgemeinen Grundsätze der Zuordnung der beiden Sphären zu reflektieren.[1056] Den dritten Abschnitt widmet Schöpf schließlich der Darstellung der konkreten religionsrechtlichen[1057] Situation in Deutschland und Österreich in Geschichte[1058] und Gegenwart.[1059] In einem um-

---

1051 Der zweite Teil des ersten Hauptteils umfasst: Schöpf, Handbuch (II-1864), 119–258; Schöpf, Handbuch (III-1865), 1–494; Schöpf, Handbuch (IV-1866), 1–478. Vgl. Punkt 3.3.3.2 der vorliegenden Arbeit.

1052 Vgl. Schöpf, Handbuch (IV-1866), 480–575.

1053 Vgl. Schöpf, Handbuch (IV-1866), 575–590.

1054 Vgl. Punkt 3.3.3.1.2 der vorliegenden Arbeit.

1055 Vgl. Schöpf, Handbuch (IV-1866), 480–482.

1056 Vgl. Schöpf, Handbuch (IV-1866), 482–485.

1057 Als *Religionsrecht* wird das Gesamt der staatlichen Rechtsvorschriften bezeichnet, welche den religiös-weltanschaulichen Bereich betreffen und im Grund und Menschenrecht auf Religionsfreiheit ihr Fundament haben. Erfasst werden dabei sowohl die *einzelnen Anhänger* einer Kirche oder Religionsgesellschaft in ihrer Rechtsstellung als auch die *religiösen Gruppen in ihrer institutionellen Gesamtheit*. Vgl. Potz, Richard, Konkordat und österreichisches Staatskirchenrecht, in: Allesch, Christian/Hauer, Nadine (Hg.), Kirchen und Staat. Ein schwieriges Verhältnis?, Wien 1996, 33–41, hier 34. Vgl. für den Terminus *Religionsrecht* in Abgrenzung zu den Termini *Kultusrecht* und *Staatskirchenrecht*: Kalb, Herbert/Potz, Richard/Schinkele, Brigitte, Religionsrecht, Wien 2003, 4.

1058 Vgl. Schöpf, Handbuch (IV-1866), 485–489. Schöpf beleuchtet in Form eines Überblicks die wichtigsten Wegmarken der Entwicklung des Verhältnisses von Kirche und Staat von der Zeit der Urkirche über die Etappen des Mittelalters, der Reformation bis zu den „neueren und neuesten revolutionären Bewegungen und Erschütterungen der Staaten." (Schöpf, Handbuch (IV-1866), 488)

1059 Vgl. Schöpf, Handbuch (IV-1866), 489–492. Für Österreich hält Schöpf fest, dass durch „unseres Herrn und Kaisers hohen Gerechtigkeitssinn, seine tiefreligiöse Gesinnung und hochererleuchtete Einsicht in die Zeitverhältnisse, [...] nunmehr in Oesterreich die Fesseln zerbrochen [sind], welche ehedem die Kirche beengten; ja

fangreichen Appendix des ersten Hauptstücks zum *Verhältnis der Kirchengewalt zur Staatsgewalt* bietet Schöpf dem Leser ausgewählte zu seiner Zeit gültige Texte von Konkordaten und staatlichen Grundgesetzen aus dem deutschen Sprachraum.[1060]

Grundlegend erörtert Schöpf im ersten Schritt die *Norm zur Feststellung des Verhältnisses*,[1061] wobei er zu dem Schluss kommt, dass das „concrete Verhältnis der Kirchengewalt in den einzelnen Staaten, zu deren weltlichen Gewaltträgern [...] nach den in den betreffenden Staaten kirchlich und staatlich anerkannten oder angenommenen Gewohnheiten, Verträgen, Gesetzen und Verordnungen zu bemessen“[1062] ist. Das spezifische Verhältnis der Kirche zu einem konkreten Staat sei durch Verträge und Gewohnheiten zu regeln, wobei diese von beiden Seiten mitbestimmt und -gestaltet werden können.[1063]

Schöpf verwarf dezidiert die Lehrmeinung, welche das Verhältnis von Staatsgewalt und Kirchengewalt auf der Grundlage der *reinen Vernunft* oder der *Staatssuperiorität* entwickelte.[1064] Die entgegengesetzte Position der Superiorität der Kirche über den Staat lässt Schöpf ebenso wenig gelten, lediglich den Anspruch auf die Verwaltung der *res spirituales* sowie der Verwaltung der Ehe kann die Kir-

---

die Kirche ist hinsichtlich der Realisirung ihrer Aufgabe so frei und ungehindert, wie sie es kaum je gewesen.“ (Schöpf, Handbuch (IV-1866), 489 f.)

In Bezug auf die Situation in Deutschland urteilt Schöpf, dass auch „für die Kirchen in den deutschen Bundesstaaten [...] eine bessere Zeit angebrochen [ist]. Doch ist [...] hier noch ein tüchtiges Stück Arbeit fertig zu machen und der Kampf der Kirche um die ihr gebührende Stellung noch nicht verklungen. [...] Als vorzüglichste Grundlage des Verhältnisses zwischen den beiden Gewalten in den meisten deutschen Bundesstaaten dienen die Concordate, von deren rückhaltslosen und ehrlichen Ausführung der Friede zwischen sacerdotium und imperium abhängig ist.“ (Schöpf, Handbuch (IV-1866), 490 f.)

1060 Vgl. Schöpf, Handbuch (IV-1866), 492–575.

1061 Vgl. Schöpf, Handbuch (IV-1866), 480–482.

1062 Schöpf, Handbuch (IV-1866), 482.

1063 Vgl. Schöpf, Handbuch (IV-1866), 482: „Auf diesen Grundlagen [vgl. das vorhergehende Zitat] kann die Kirche dem Staate gegenüber mehr Recht besitzen, als ihr nach ihrem Wesen gebührt, während umgekehrt von Seite der Kirche den Trägern der Staatsgewalt Rechte eingeräumt sein können, die ihnen als solchen nicht zukommen. Die Gewohnheiten, Verträge u. s. w. sind heilig zu beachten; können jedoch mit beiderseitiger Zustimmung umgestaltet werden.“

1064 Vgl. Schöpf, Handbuch (IV-1866), 481: „Daher ist jene Theorie der Rationalisten, welche das bezügliche Verhältnis vom Standpunkte des „Staats-Interesses,“ der „Staatswohlfahrt,“ der „Staatshoheit“ u. dgl. regelt, durchaus verwerflich.“

che vom Staat vindizieren.[1065] Bezüglich der *res temporales* könne sich die Kirche gegenüber dem Staat „auf keinen […] Rechtstitel stützen."[1066] Schöpf präsentiert sich somit in der Mitte des 19. Jahrhunderts als Vertreter der zu seiner Zeit noch nicht regelmäßig durch das kirchliche Lehramt geäußerten Auffassung, dass die beiden Institutionen Kirche und Staat in ihrem jeweiligen rechtlichen Eigenbereich souverän nebeneinander agieren.[1067]

Schöpf zufolge ist die Kirchengewalt als „von der Staatsgewalt im Ursprung, Zweck und in Mitteln verschiedene"[1068] sowie *selbstständige* und *unabhängige*[1069] zu betrachten. Ebenso betrachtet die Kirche „den Staat als eine von Gott, nicht aber von ihr [= der Kirche] ausgehende, *selbstständige*, von ihr *unabhängige* für die Menschheit aller Zeiten *nothwendige, sittliche* Ordnung zur möglichsten Verwirklichung der Rechtsidee durch die *Macht physischer Nöthigung*."[1070] Ein Urteil über die Legitimität der konkreten Form der Ausübung der Staatsgewalt hat sich die Kirche nicht zu bilden, vielmehr respektiert sie „jede in was immer für einer Form bestehende Staatsgewalt, welche die Macht hat, das Recht zu handhaben"[1071]

1065 Vgl. Schöpf, Handbuch (IV-1866), 481.

1066 Schöpf, Handbuch (IV-1866), 481.

1067 Vgl. Schöpf, Handbuch (IV-1866), 483: „Die Kirchengewalt erkennt in der Staatsgewalt eine Ordnung neben sich, nicht unter noch gegen sich und betrachtet den Staat als ein nothwendiges Mittel in der Hand Gottes zur Erreichung des Gesammtzweckes der Menschheit."

1068 Schöpf, Handbuch (IV-1866), 482.

1069 Vgl. Schöpf, Handbuch (IV-1866), 482: „Die Kirchengewalt hält sich bezüglich der ihr von Christus und den Aposteln angewiesenen und entwicklungsfähigen Sphäre für *selbstständig* und *unabhängig* von der Staatsgewalt."

1070 Schöpf, Handbuch (IV-1866), 483.

1071 Schöpf, Handbuch (IV-1866), 483. Eine letztgültige Präferenz für eine spezifische Staatsform spricht die Kirche bis in die Gegenwart nicht aus. Die Kirche hat vielmehr gegenüber den je konkreten Staatsformen in ihrer Staatslehre eine große Zurückhaltung und Neutralität gewahrt und anstelle dessen das Augenmerk auf die gebührende Erfüllung der Zwecke, welche dem Staat und der Staatsgewalt eigen waren, gelegt. Grundsätzlich zeichnet sich der Staat als solcher durch eine stets gleichbleibende Grundlegung aus, lediglich die konkreten Staatsformen, i.S.d. *Art und Weise* in welcher eine staatliche Sozietät verfasst ist und durch welche Organe Leitungsgewalt ausgeübt wird, sind historischem Wechsel unterworfen. Vgl. Aymans, Winfried/Mörsdorf, Klaus, Kanonisches Recht. Lehrbuch aufgrund des Codex Iuris Canonici. Einleitende Grundfragen und Allgemeine Normen (Bd. I), Paderborn/u. a. [13]1991, 86: „Namentlich von der hohen Warte ihrer langen Geschichte und der Konfrontation mit den verschiedensten politischen Gemeinwesen legt es sich für die Kirche be-

und biete jeder Staatsform ihre Kooperation an.[1072]

Direkt kritisiert Schöpf in diesem Zusammenhang die Auffassung seines Kollegen Johann Friedrich v. Schulte, die Kirche würde keinem Staat offen entgegenstehen, sich jedoch *für* einen Staat lediglich dann einsetzen, wenn dieser die katholische Religion als grundlegendes Prinzip anerkenne und fördere.[1073] Schöpf formuliert, seiner Meinung nach sei der zweite Teil von Schultes Position „grundfalsch. Die Kirche tritt für jeden Staat, in welchem sie sich befindet, sowohl indirecte als directe auf. Auch für den heidnischen Landesfürsten betet die Kirche, auch seine Unterthanen ermahnt sie zum Gehorsam gegen ihn u. s. w."[1074]

---

sonders nahe, die Organisationsformen als dem geschichtlichen Wandel unterworfen anzusehen."

Diese Überzeugung brachte Papst Leo XIII. im Jahr 1892 in seiner Enzyklika *Au milieu de sollicitudes* an das französische Episkopat, den Klerus und die Gläubigen in Frankreich zum Ausdruck: „[Q]uelle que soit la forme des pouvoirs civils dans une nation, on ne peut la considérer comme tellement définitive qu'elle doive demeurer immuable, fût-ce l'intention de ceux qui, à l'origine, l'ont déterminée." (Leo P.P. XIII, Litterae Encyclicae. *Au milieu des sollicitudes*. 16 febr. 1892, in: Leonis XIII Pontificis Maximi acta. Vol. XI–XII. Unveränd. Nachdr. d. 1881–1905 in d. Typographia Vaticana in Rom ersch. Ausgabe. (Corpus actorum rr. pontificum), Graz 1971, 19–41, hier 30) Zu deutsch: Unabhängig davon, welche Regierungsform in einer Nation bestehen mag, kann man diese nie als so endgültig betrachten, dass sie immer unveränderlich bleiben müsste, selbst wenn das auch die Absicht derer gewesen sein sollte, welche sie ursprünglich festgelegt haben.

Da eine *in sich beste* Staatsform nicht existiert, ist konkret jeweils diejenige Staatsform als Beste zu bezeichnen, welche „angesichts der konkreten äußeren Bedingungen und gesellschaftlichen Voraussetzungen am meisten geeignet ist, dem geistigen und materiellen Wohl der Menschen zu dienen." (Aymans/Mörsdorf, Kanonisches Recht, 86)

1072 Vgl. Schöpf, Handbuch (IV-1866), 483 f.: „Die Kirchengewalt bietet jeder Staatsgewalt ihre guten Dienste an. Sie hält den Trägern der Staatsgewalt die herrlichen Principien der christlichen Wahrheit und Gerechtigkeit vor; sie ermahnt die Unterthanen zum treuen Gehorsam gegen ihre weltliche Obrigkeit – zu einem Gehorsam – nicht aus Furcht, Heuchelei, Interesse oder zum Scheine, wie solcher beim Sclaven sich findet, sondern zum menschenwürdigen Gehorsam aus gottfürchtendem und überzeugtem Gewissen; sie wirkt endlich durch ihre Lehren und Institutionen auf alle socialen Verhältnisse der bürgerlichen Gesellschaft höchst wohlthätig ein."

1073 Vgl. Schulte, System, 434: Die Kirche „tritt mithin *keinem Staat entgegen, für einen Staat* aber nur auf, wenn er von ihren Principien getragen ist."

1074 Schöpf, Handbuch (IV-1866), 484 FN 11.

In Staaten, welche die kirchliche Sendung dezidiert ablehnen bzw. verfolgen[1075] sowie in Staaten, die dem Wirken der Kirche indifferent gegenüber stehen bzw. die kirchlichen Vollzüge gänzlich in den Bereich des Privaten verschieben,[1076] lässt sich die Kirche die Erfüllung ihrer Grundaufgabe der Verkündigung[1077] nicht nehmen.

Als vortreffliche Form des Verhältnisses von Kirche und Staat bezeichnet Schöpf die Kooperation mit denjenigen Staaten, welche die kirchliche Sendung entweder lediglich anerkennen oder sogar entschieden fördern. Hier wird die Kirche sich in der konkreten Zusammenarbeit einerseits aktiv einbringen,[1078]

1075 Vgl. Schöpf, Handbuch (IV-1866), 484: „Wird die göttliche Mission der Kirche von der weltlichen Macht eines Staates nicht anerkannt, ja wird gegen die Kirche Gewalt vorgekehrt und ihr Verfolgung bereitet, so sieht sich dieselbe bezüglich der Realisirung des Menschheitszweckes rein auf sich und den Herrn gestellt. Doch läßt sich die Kirche ihre Mission nicht nehmen und sollten darüber auch noch so viele den Martyrtod erleiden; sie wünscht von solchem Staate keine Unterstützung ihrer Thätigkeit, und bedauert nur, denselben nicht der vollen Segnungen des Christenthums theilhaftig machen zu können. Indessen wird die Kirche nie Anstand nehmen, ihre Grundsätze und Institutionen auch einer derartigen Gewalt vorzulegen, nicht um Anerkennung zu erbetteln, sondern um das Nichtige und Grundlose der Anschuldigungen und Befürchtungen sonnenklar nachzuweisen."

1076 Vgl. Schöpf, Handbuch (IV-1866), 484: „Wird die Mission der Kirche von irgend einer Staatsmacht ignorirt oder stellt sich ein Staat auf den Standpunkt des Indifferentismus, so wird die Kirchengewalt, wiederum blos auf sich selbst angewiesen, in ihrem Hause nach ihren Satzungen frei und ungehindert walten, während sie allerdings den Indifferentismus der Staatsgewalt insoferne bedauern mag, als derselbe der allgemeinen und durchgreifenden Segnung des Christenthumes entgegensteht."

1077 Zentrale Aufgabe der kirchlichen Sendung ist aufgrund ihres Selbstverständnisses sowie des *Auftrags durch ihren Stifter Jesus Christus* die freie Erfüllung des göttlichen Sendungs- und Verkündigungsauftrags in der menschlichen Gesellschaft, d.h. an Menschen, welche zur gleichen Zeit Staatsbürger sind. Vgl. Mt 28, 19; Mk 16, 15. Direkte Aussagen zum Verhältnis von Kirche und Staat lassen sich für die neuzeitliche Situation aus dem *ius divinum positivum* nicht ableiten. Die Logien Jesu zur staatlich-politischen Autorität beschränken sich auf einige wenige situationsbedingte Aussagen. Grundsätzlich ist das weltliche Staatswesen als eigenständig anzuerkennen und die christliche Gemeinde schuldet dem Staat Loyalität, Gott gebührt jedoch stets der Vorrang vor dem Staatswesen. Vgl. Mikat, Paul, Das Verhältnis von Kirche und Staat nach der Lehre der katholischen Kirche, in: Listl, Joseph/Pirson, Dietrich (Hg.), Handbuch des Staatskirchenrechts der Bundesrepublik Deutschland. Erster Band, Berlin ²1994, 111–155, hier 121–126.

1078 Vgl. Schöpf, Handbuch (IV-1866), 484 f.: „Wird die göttliche Sendung der Kirche von der Staatsmacht anerkannt, sind ihre Segnungen den Inhabern der Staatsgewalt

andererseits aber auch, im Falle der einseitigen Verletzung von vereinbarten Rechtspositionen durch die staatliche Gewalt, dagegen vorgehen.[1079]

In Bezug auf das konkrete Verhältnis von Kirche und Staat vertritt Schöpf im vierten Band seines Handbuchs[1080] ein religionsrechtliches *Koordinationssystem*.[1081] Vorherrschend waren in der zweiten Hälfte des 19. Jahrhunderts in

---

und deren Unterthanen erwünscht, oder – kurz gesagt – will der Staat ein christlicher sein: so beeifert sich die Kirche mit einer solchen Staatsmacht Hand in Hand zu gehen, sie nach Kräften zu unterstützen und mit Rechten zu begaben, deren der christliche Laie nur immer empfänglich ist."

1079 Vgl. Schöpf, Handbuch (IV-1866), 485: „Verletzt die weltliche Behörde eines solchen Staates das Recht der Kirche, so wird die Letztere nicht ermangeln, an die Pflichten des christlichen Staates und an das von der Kirche für den Staat ausgehende Gute zu erinnern. Bleiben solche Erinnerungen, Ermahnungen und Bitten wirkungslos, so geht die Kirchengewalt, falls ihr Recht unbezweifelbar constatirt ist, *factisch* vor, indem sie einerseits den Anordnungen der weltlichen Gewalt über die fraglichen kirchlichen Dinge den Gehorsam verweigert, während sie anderseits *ihre* Satzungen in's Leben einführt."

1080 Vgl. Schöpf, Handbuch (IV-1866), 482: „Das concrete Verhältnis der Kirchengewalt in den einzelnen Staaten, zu deren weltlichen Gewaltträgern [...] ist nach den in den betreffenden Staaten kirchlich und staatlich anerkannten oder angenommenen Gewohnheiten, Verträgen, Gesetzen und Verordnungen zu bemessen. Auf diesen Grundlagen kann die Kirche dem Staate gegenüber mehr Recht besitzen, als ihr nach ihrem Wesen gebührt, während umgekehrt von Seite der Kirche den Trägern der Staatsgewalt Rechte eingeräumt sein können, die ihnen als solchen nicht zukommen. Die Gewohnheiten, Verträge u. s. w. sind heilig zu beachten; können jedoch mit beiderseitiger Zustimmung umgestaltet werden."

1081 Das *Koordinationssystem* verbindet ein System der rechtlichen Anerkennung gesellschaftlich relevanter Kirchen und Religionsgemeinschaften nach objektiven Kriterien mit der Garantie individueller Religionsfreiheit. Dieses Modell zeichnet sich durch eine *Kooperation von Staat und Religionsgemeinschaften* aus. In diesem Modell herrscht eine grundsätzliche Trennung von Staat und Kirchen bzw. Religionsgemeinschaften, Elemente wechselseitiger Zusammenarbeit bei der einvernehmlichen Regelung von Gegenständen, welche für Kirche und Staat in gleicher Weise von Interesse sind, sind jedoch möglich und etabliert. Vgl. Mückl, Stefan, § 117 Grundmodelle einer möglichen Zuordnung von Kirche und Staat, in: Haering, Stephan/Rees, Wilhelm/Schmitz, Heribert (Hg.), Handbuch des katholischen Kirchenrechts, Regensburg ³2015, 1791–1802, hier 1798.
Obwohl auch im Koordinationssystem eine Trennung von Staat und Kirchen bzw. Religionsgesellschaften besteht, „wurde religiöse Neutralität nicht durch Privatisierung religiöser Aktivität verwirklicht, sondern durch paritätische Behandlung der anerkannten Religionsgemeinschaften." (Potz, Konkordat, 34) Dieses System

Europa noch die Systeme der alten *Staatskirchen*,[1082] erst nach und nach setzte sich die von Schöpf vertretene Position – in Österreich nicht zuletzt durch die Promulgation des Staatsgrundgesetzes im Jahr 1867[1083] sowie des Anerkennungsgesetzes im Jahr 1874[1084] – in Europa durch.

In gegenwärtigen Manifestationen des Systems der kooperierenden Trennung werden die Kirchen und Religionsgesellschaften durch den säkularen weltanschaulich neutralen Staat nicht vollständig und konsequent in den privaten vereinsrechtlichen Raum gedrängt, sondern es wird ihnen vielmehr die in der Regel umfassende Autonomie hinsichtlich der Regelung der *inneren Angelegenheiten*[1085] zugestanden.[1086] Das von Schöpf bereits 1866 angeführte Mittel der vertraglichen

---

der *offenen Neutralität* (vgl. Böckenförde, Ernst-Wolfgang, Der säkularisierte Staat. Sein Charakter, seine Rechtfertigung und seine Probleme im 21. Jahrhundert, in: Bormann, Franz-Josef (Hg.), Religiöse Überzeugungen und öffentliche Vernunft. Zur Rolle des Christentums in der pluralistischen Gesellschaft. (Quaestiones disputatae 228), Freiburg i. Br. 2008, 325–345, hier 327) ist heute das in Europa am weitesten verbreitete Modell des Verhältnisses von Staat und Kirchen bzw. Religionsgesellschaften. Es findet sich u. a. auch in Österreich, Deutschland sowie dem überwiegenden Teil der Schweizer Kantone und gesteht den Kirchen und Religionsgesellschaften im Regelfall den Status einer Körperschaft des öffentlichen Rechts zu. Vgl. Potz, Konkordat, 34; Hillgruber, Christian, Über den Sinn und Zweck des staatskirchenrechtlichen Körperschaftsstatus, in: Grabenwarter, Christoph/Lüdecke, Norbert (Hg.), Standpunkte im Kirchen- und Staatskirchenrecht. Ergebnisse eines interdisziplinären Seminars. (Forschungen zur Kirchenrechtswissenschaft 33), Würzburg 2002, 79–99.

1082 Vgl. überblicksweise Mückl, Grundmodelle, 1793.

1083 Vgl. Staatsgrundgesetz über die allgemeinen Rechte der Staatsbürger. [= StGG], RGBL 1867/142. Verfügbar unter: https://www.ris.bka.gv.at/GeltendeFassung.wxe?Abfrage=Bundesnormen&Gesetzesnummer=10000006. Zuletzt geprüft am 03. Februar 2017.

1084 Vgl. Gesetz vom 20. Mai 1874, betreffend die gesetzliche Anerkennung von Religionsgesellschaften. [= Anerkennungsgesetz], RGBL 68/1874. Zuletzt geprüft am 03. Februar 2017.

1085 Bei den sog. *inneren Angelegenheiten* handelt es sich um einen historisch gewachsenen Terminus, welcher im Laufe der Zeit vor dem Hintergrund der verschiedenen Grundmodelle des Verhältnisses von Staat und Kirche je unterschiedlich interpretiert wurde. Vgl. hierzu Kalb/u. a., Religionsrecht, 65–69; Rinnerthaler, Alfred, § 121 Kirche und Staat in Österreich, in: Haering, Stephan/Rees, Wilhelm/Schmitz, Heribert (Hg.), Handbuch des katholischen Kirchenrechts, Regensburg [3]2015, 1866–1887, hier 1875; Gampl, Inge, Österreichisches Staatskirchenrecht (Rechts- und Staatswissenschaften 23), Wien/u. a. 1971, 172.

1086 Vgl. bspw. Art. 15 des österreichischen StGG: „Jede gesetzlich anerkannte Kirche und Religionsgesellschaft hat das Recht der gemeinsamen öffentlichen Religionsübung,

Übereinkunft[1087] stellt seitens der katholischen Kirche in der heutigen Zeit das gängige Mittel dar,[1088] um gemeinsam mit dem Staat das Zusammenwirken der beiden Vertragspartner, unter gleichzeitiger Trennung der Verantwortungssphären, hinsichtlich der kooperativ wahrzunehmenden Aufgaben, den sog. *res mixtae*, vornehmlich im *Sozial- und Bildungssektor* zu regeln.[1089]

Seine progressive Positionsbekundung in der Diskussion um die Verhältnisbestimmung der Kirche zu den demokratischen Nationalstaaten der Neuzeit formulierte Schöpf in einer diesbezüglichen Zeit des Umbruchs. Im folgenden Exkurs wird ein Überblick über die Entwicklung der lehramtlichen Positionierung zum Verhältnis von Kirche und Staat von der zweiten Hälfte des 19. Jahrhunderts bis an den Vorabend des Zweiten Vatikanischen Konzils geboten. Da Schöpf in seinem Handbuch lediglich im Rahmen seiner Ausführungen zum Verhältnis von staatlicher und kirchlicher Gewalt über die Darstellung des geltenden kanonischen Rechts hinausgeht und dezidiert eine eigene inhaltliche Position vertritt, soll der folgende Exkurs die zeitgenössische Doktrin darstellen, vor der Schöpf

---

ordnet und verwaltet ihre inneren Angelegenheiten selbständig, bleibt im Besitze und Genusse ihrer für Cultus-, Unterrichts- und Wohlthätigkeitszwecke bestimmten Anstalten, Stiftungen und Fonde, ist aber, wie jede Gesellschaft, den allgemeinen Staatsgesetzen unterworfen." (Staatsgrundgesetz, Art. 15)

1087 Vgl. den Hinweis in FN 1080 der vorliegenden Arbeit.

1088 Vgl. Haering, Stephan, § 118 Konkordate und andere Staatskirchenverträge, in: Haering, Stephan/Rees, Wilhelm/Schmitz, Heribert (Hg.), Handbuch des katholischen Kirchenrechts, Regensburg ³2015, 1803–1815, hier 1803: „Rechtsfragen zwischen Kirche und Staat werden vielfach durch vertragliche Abmachungen geregelt. Solche Vereinbarungen, an denen der Staat oder eine andere politische Gemeinschaft und eine Kirche oder andere verfasste Religionsgemeinschaft als Partner beteiligt sind, werden allgemein Staatskirchenverträge genannt. Im Bereich der katholischen Kirche spricht man in der Regel von einem „Konkordat", wenn es um einen Vertrag des Heiligen Stuhls mit einem Staat geht in dem, nach Möglichkeit vollständig, jene Materien geregelt werden, die in beiderseitigem Interesse stehen. Alle Staatskirchenverträge, die vom Heiligen Stuhl abgeschlossen werden, haben, ungeachtet der für sie verwendeten Bezeichnung, wegen der Souveränität der Vertragspartner völkerrechtlichen Rang, während die übrigen Abkommen zwischen Staat und Kirche als öffentlich-rechtliche Verträge gelten."

1089 Vgl. Mückl, Grundmodelle, 1799: „Wo der Staat infolge seiner Neutralitätspflicht selbst nicht zu handeln imstande ist, aber gleichwohl den religiösen Faktor in seinen Einrichtungen nicht ausblenden kann, ermöglicht er der Kirche (unter der Prämisse der Freiwilligkeit) den Zugang zu ebendiesen Einrichtungen (Religionsunterricht an öffentlichen Schulen, theologische Fakultäten an staatlichen Universitäten, Anstaltsseelsorge in Streitkräften, Krankenhäusern etc.)."

seine Lehre zum Verhältnis von katholischer Kirche und demokratischem Rechtsstaat entwickelt.

3.3.3.3.2 *Exkurs: Das Verhältnis von katholischer Kirche und demokratischem Rechtsstaat in der zweiten Hälfte des 19. Jahrhunderts*

Die in der zweiten Hälfte des 19. Jahrhunderts vorherrschende Zurückhaltung der Kirche in Bezug auf ihr allgemeines Verhältnis zu den Staaten sowie auf die konkrete Staatsform der Demokratie beruhte v. a. auf den historischen Belastungen, welche im kontinental-europäischen Kontext von den Entwicklungen der *Französischen Revolution* sowie deren Begleiterscheinungen und Folgewirkungen herrührte.[1090] Jeglicher Gedanke an eine Synthese von Christentum und Demokratie i.S.e. *christlichen Demokratie* war nach den blutigen Ereignissen der Französischen Revolution im ganzen katholischen Europa für ein halbes Jahrhundert unmöglich geworden. Erst in der zweiten Hälfte des 19. Jahrhunderts hat sich auf dem Weg eines schrittweisen wechselseitigen Zugeständnisses politischer und kirchlicher Freiheiten und nicht i.S.e. fundamental neuen Verhältnisbestimmung, auf dem Nährboden eines pragmatischen, die Verfassungsfragen teils ausklam-

1090 Vgl. Maier, Hans, Die Katholiken und die Demokratie. Wahrnehmungen demokratischer Entwicklungen im modernen Katholizismus, in: Gabriel, Karl/Spieß, Christian/Winkler, Katja (Hg.), Religionsfreiheit und Pluralismus. Entwicklungslinien eines katholischen Lernprozesses. (Katholizismus zwischen Religionsfreiheit und Gewalt 1), Paderborn/u. a. 2010, 135–154, hier 135: „Dort, wo sich die moderne Demokratie in ihrer frühesten und geschichtsmächtigsten Form entfaltet hat, nämlich in den angelsächsischen Ländern vom 18. Jahrhundert an, dort vollzieht sich dieser Vorgang ohne Berührung mit dem Katholizismus; denn dieser ist in jenen Ländern auf eine Randposition beschränkt. Umgekehrt ist dort, wo Kirche und Demokratie in der Geschichte sich berühren und zusammenstoßen, in den europäischen Zentralländern, vorab in Frankreich im 18. und 19. Jahrhundert, der Begriff der Demokratie, nicht zuletzt unter der Nachwirkung der monarchisch-absolutistischen Vergangenheit, radikalisiert und zugleich – gemessen an der angelsächsischen Tradition – pervertiert worden. Der Unterschied zeigt sich, neben anderem, vor allem in einem für das Verhältnis beider Mächte entscheidenden Punkt: Die angelsächsische Demokratie ist nicht kirchen- und glaubensfeindlich, die kontinentale, wenigstens in ihrer frühen Gestalt in der Französischen Revolution, ist es; die erste duldet neben sich andere Kräfte, Kirchen, regionale Traditionen, eine freie Gesellschaft; die zweite duldet nichts neben sich, weder Korporationen noch einen Landschafts- oder Kirchenbürger noch eine Kirche, die einen nicht vom Staat abgeleiteten Charakter als *societas perfecta* für sich in Anspruch nimmt."

mernden Handelns langsam eine Akkordierung der Standpunkte von Kirche und Demokratie vollzogen.[1091] So mündeten die durch die Französische Revolution angestoßenen Veränderungen nicht in einer faktischen Verbindung zwischen Kirche und Demokratie, sondern lediglich in einer von Indifferenz, gegenseitiger Achtung sowie wohlwollender Neutralität geprägten Haltung, welche kirchenpolitisch durch das Pontifikat Papst Leos XIII. und dessen *Lehrschreiben zu Politik und Soziallehre*[1092] geprägt und mit der Veränderung der *Haltung der Kirche zum Grund- und Menschenrecht auf Religionsfreiheit*[1093] verknüpft war.[1094]

1091 Vgl. Maier, Katholiken, 138–143, v. a. 140–143.

1092 Papst *Leo XIII.* hatte v. a. in seinen Enzykliken *Diuturnum illud* über den Ursprung der staatlichen Gewalt, *Immortale Dei* über die christliche Staatsordnung sowie *Sapientiae christianae* über die wichtigsten bürgerlichen Pflichten des Christen auf den Wesensunterschied von Kirche und Staat hingewiesen. (Vgl. Leo P.P. XIII, Epistola encyclica. *Diuturnum illud.* 29 iun. 1881, in: Leonis XIII Pontificis Maximi acta. Vol. I–III. Unveränd. Nachdr. d. 1881–1905 in d. Typographia Vaticana in Rom ersch. Ausg. (Corpus actorum rr. pontificum), Graz 1971, 269–287; Leo P.P. XIII, Epistola encyclica. *Immortale dei.* 1 nov. 1885, in: ASS 18 (1885/1886) 161–180, Leo P.P. XIII, Litterae encyclicae. *Sapientiae christianae.* 10 ian. 1890, in: Leonis XIII Pontificis Maximi acta. Vol. VIII–X. Unveränd. Nachdr. d. 1881–1905 in d. Typographia Vaticana in Rom ersch. Ausg. (Corpus actorum rr. pontificum), Graz 1971, 10–41)
Weiters äußerte sich Leo XIII. zu Fragen von Politik und Gesellschaft in den Enzykliken *Libertas praestantissimum* über die christliche Freiheit und den Liberalismus (vgl. Leo P.P. XIII, Litterae encyclicae. *Libertas praestantissimum* 20 iun. 1888, in: ASS 20 (1887) 593–613), *Rerum Novarum* über die Arbeiterfrage (vgl. Leo P.P. XIII, Litterae encyclicae. *Rerum novarum.* 15 maii 1891, in: ASS 23 (1890/1891) 641–670) sowie *Graves de communi* über die Christliche Demokratie (vgl. Leo P.P. XIII, Epistola encyclica. *Graves de communi.* 18 ian. 1901, in: ASS 33 (1900/1901) 385–396).

1093 Jahrhundertelang wurde das Grund- und Menschenrecht auf Religionsfreiheit von der Katholischen Kirche abgelehnt. „Die im Gefolge der Französischen Revolution geforderte Gewissensfreiheit wurde päpstlicherseits als „irrige Meinung" und „Wahnsinn" gegeißelt, die Religionsfreiheit zu den „modernen Irrtümern" gezählt." (Demel, Sabine, Handbuch Kirchenrecht. Grundbegriffe für Studium und Praxis, Freiburg i. Br./u. a. ^{2}2013, 531) Erst die Jahre der Pontifikate nach der pianischen Ära und speziell des Zweiten Vatikanischen Konzils läuteten eine Kehrtwende ein, die in Konsequenz dazu führte, dass die Konzilsväter in der Erklärung über die Religionsfreiheit *Dignitatis Humanae* verkünden: „[P]ersonam humanam ius habere ad libertatem religiosam." (Paulus P.P. VI., Declaratio de libertate religiosa *Dignitatis humanae.* De iure personae et communitatum ad libertatem socialem et civilem in re religiosa. 7 dec. 1965, in: AAS 58 (1966) 929–946, hier 2)

1094 Vgl. Maier, Katholiken, 140.

Aus der Verschiedenheit von Kirche und Staat hinsichtlich ihres *Ursprungs*, ihres *Zweckes* und ihres *Wesens* leitet Leo XIII. das Recht der Kirche ab, gemäß den ihrem Wesen entsprechenden Gesetzen und Einrichtungen zu leben und zu handeln.[1095] Aus der grundsätzlich verschiedenen Aufgabenstellung von Kirche und Staat deduziert Leo XIII. die auch vom Verfassungsrecht moderner freiheitlicher Staaten anerkannte Wesensverschiedenheit und die gegenseitige Unabhängigkeit sowie die daraus resultierende Souveränität der beiden Institutionen Kirche und Staat in ihren jeweiligen rechtlichen Eigenbereichen.[1096] Eine Auffassung, welche

1095 Vgl. Leo P.P. XIII, Rundschreiben Papst Leos XIII. vom 10. Januar 1890. *Sapientiae christianae*, in: Marmy, Emil (Hg.), Mensch und Gemeinschaft in christlicher Schau. Dokumente, Freiburg i. Ue. 1945, 603–631, hier 620: „Die Kirche ist vollkommen verschieden von jeder politischen Herrschaft. Wenn sie auch in der Verfassung einem Reiche ähnlich sieht, so ist sie doch von jedem irdischen Reiche nach Ursprung, Zweck und Wesen himmelweit verschieden. – Die Kirche hat also das Recht, nach eigenen, ihr eigentümlichen Einrichtungen und Gesetzen zu leben und sich zu erhalten."
Aus diesem Wesensunterschied ergeben sich die Eigenständigkeit der Kirche gegenüber der staatlichen Gewalt und die gegenseitige Unabhängigkeit von Kirche und politischer Macht. Zur Eigenrechtsmacht der Kirche erklärt schließlich das Zweite Vatikanische Konzil in der Pastoralkonstitution *Gaudium et spes*: „Communitas politica et Ecclesia in proprio campo ab invicem sunt independentes et autonomae." (Paulus P.P. VI., Constitutio pastoralis de ecclesia in mundo huius temporis *Gaudium et spes*. 7 dec. 1965, in: AAS 58 (1966) 1025–1115, hier 76)
Die Pflicht des Staates zur Achtung der kirchlichen Eigenständigkeit folgt nach der Auffassung des Konzils letztlich aus dem vorstaatlichen Grundrecht der Religionsfreiheit. Diese Verpflichtung des Staates ist darin begründet, dass Staat und Kirche, wenn auch unter verschiedener Rücksicht „der persönlichen und gesellschaftlichen Berufung derselben Menschen dienen." (Die Pastorale Konstitution über die Kirche in der Welt von heute. [= Gaudium et spes], in: Rahner, Karl/Vorgrimler, Herbert (Hg.), Kleines Konzilskompendium. Sämtliche Texte des Zweiten Vatikanischen Konzils. Allgemeine Einleitung – 16 spezielle Einführungen – ausführliches Sachregister. (Grundlagen Theologie), Freiburg i. Br./u. a. ^{35}2008, 449–552, hier 76)

1096 V.a. ist dies in der Enzyklika *Immortale Dei* geschehen, in welcher *Leo XIII.* ausgeführt hat: „So hat also Gott die Sorge für das Menschengeschlecht zwei Gewalten zugeteilt, der kirchlichen und der staatlichen. Der einen obliegt die Sorge für die göttlichen Belange, der anderen für die menschlichen. Jede ist in ihrer Art die höchste. Jede hat bestimmte Grenzen, innerhalb derer sie sich bewegt, Grenzen, die sich aus dem Wesen und dem nächsten Zweck jeder der beiden Gewalten ergeben." (Leo P.P. XIII, Rundschreiben Papst Leos XIII. vom 1. November 1885. *Immortale Dei*, in: Marmy, Emil (Hg.), Mensch und Gemeinschaft in christlicher Schau. Dokumente, Freiburg i. Ue. 1945, 571–602, hier 582) Dies bedeutet gleichsam, dass das Selbst-

von Schöpf bereits im Jahr 1866 vertreten wurde.[1097]

Die Äußerungen Papst Leos XIII. in der Enzyklika *Immortale Dei* sind paradigmatisch für das Verhältnis von Kirche und Staat an der Schwelle zum 20. Jahrhundert, welches von der Auffassung geprägt war, „dass die staatliche Gemeinschaft nicht weniger als die Kirche Adressatin und Empfängerin des göttlichen Willens ist."[1098] Analog zur Verpflichtung zur wahren Gottesverehrung der *christifideles* unter Anleitung der Kirche ist auch der Staat gegenüber Gott zur *öffentlichen Religionsausübung* verpflichtet,[1099] wobei es für die Staaten keine andere Art und Weise der Gottesverehrung gibt, als jene, welche Gottes Wille selbst vorgezeichnet hat.[1100] Kraft göttlichen Rechts sind die Staaten somit verpflichtet, als einzige Staatsreligion das katholische Bekenntnis zu proklamieren sowie die kirchliche Sendung zu fördern und zu unterstützen, weshalb das kirchliche Lehramt es den Staaten nicht erlauben kann, anderen Bekenntnissen dieselben Rechte einzuräumen, welche der katholischen Religion zugestanden werden.[1101]

---

bestimmungsrecht der Kirche in ihren eigenen Angelegenheiten eine *vorstaatliche,* d. h. nicht vom Staate verliehene oder aus der staatlichen Rechtsordnung abgeleitete, Befugnis darstellt.

1097 Vgl. die Hinweise in FN 1068 u. 1069 der vorliegenden Arbeit.

1098 Watzka, Heinrich, Von der Toleranz zur religiösen Freiheit. Argumente auf dem Weg zur Konzilserklärung Dignitatis Humanae, in: Ansorge, Dirk (Hg.), Das Zweite Vatikanische Konzil. Impulse und Perspektiven. (Frankfurter theologische Studien 70), Münster 2013, 199–227, hier 212.

1099 Vgl. Leo P.P. XIII, Epistola encyclica, 163: „Hac ratione constitutam civitatem, perspicuum est, omnino debere plurimis maximisque officiis, quae ipsam iungunt Deo, religione publica satisfacere."

1100 Vgl. Leo P.P. XIII, Rundschreiben Papst Leos, 579: „Auch [die Staaten] müssen unbedingt die Art und Weise der Gottesverehrung annehmen, die Gottes Wille selbst vorgezeichnet hat."
Die *Erkenntnis der wahren Religion* dürfte den Staaten nach Leo XIII. nicht schwer fallen, „denn aus vielen und glänzenden Beweisen, aus der Bewahrheitung der Weissagungen, aus der Fülle der Wunder, aus der äußerst schnellen Verbreitung des Glaubens inmitten einer feindlichen Welt und trotz größter Hemmnisse, aus dem Zeugnis der Märtyrer und anderen ähnlichen Tatsachen geht klar hervor, daß die wahre Religion allein jene ist, welche Christus selbst gestiftet und mit deren Schutz und Ausbreitung er seine Kirche betraut hat." (Leo P.P. XIII, Rundschreiben Papst Leos, 579)

1101 Vgl. Watzka, Toleranz, 213; Jedoch tolerierte die Kirche die Existenz anderer Religionen, wenn die Staaten diese aus unterschiedlichen Gründen in ihrem Hoheitsgebiet duldeten. Vgl. Leo P.P. XIII, Rundschreiben Papst Leos, 594: „Wenn auch die Kirche lehrt, daß die verschiedenen Arten der Gottesverehrung nicht dasselbe Recht haben

Hinsichtlich der Position des kirchlichen Lehramts zum Menschenrecht auf Religionsfreiheit zeichnete sich im Pontifikat Leos XIII. ab, dass diese – nachdem sie von seinen Vorgängern *Gregor XVI.*[1102] und *Pius IX.*[1103] scharf verurteilt wur-

---

dürfen, wie die wahre Religion, so verdammt sie doch jene Staatsmänner nicht, die, um irgend ein großes Gut zu erreichen, oder ein Unheil abzuwenden, jene mit Rücksicht auf Brauch und Gewohnheit im Staate dulden."

1102 In seiner Enzyklika *Mirari vos* entwarf *Papst Gregor XVI.* ein düsteres Bild der Lage der Kirche vor dem Hintergrund der Herausforderung durch die Gefahren des *Rationalismus*, des *Gallikanismus* und v. a. des *Liberalismus*. Vgl. Denzinger, Heinrich, Enchiridion symbolorum definitionum et declarationum de rebus fidei et morum. Lateinisch-Deutsch = Kompendium der Glaubensbekenntnisse und kirchlichen Lehrentscheidungen. Verbessert, erweitert, ins Deutsche übertragen und unter Mitarbeit von Helmut Hoping herausgegeben von Peter Hünermann, Freiburg i. Br. [42]2009, 2730: „Wir kommen nun zu einer anderen folgenreichsten Ursache von Übeln, von denen die Kirche gegenwärtig zu unserem Kummer heimgesucht wird, nämlich dem Indifferentismus bzw. jener verkehrten Meinung, [...] man könne mit jedem beliebigen Glaubensbekenntnis das ewige Seelenheil erwerben, wenn man den Lebenswandel an der Norm des Rechten und sittlich Guten ausrichte [...]. Und aus dieser höchst abscheulichen Quelle des Indifferentismus fließt jene widersinnige und irrige Auffassung bzw. vielmehr Wahn, einem jeden müsse die Freiheit des Gewissens zugesprochen und sichergestellt werden. Diesem geradezu pesthaften Irrtum bahnt freilich jene vollständige und ungezügelte Meinungsfreiheit den Weg, die zum Sturz des heiligen und bürgerlichen Gemeinwesens weit und breit grassiert, wobei manche noch mit größter Unverschämtheit behaupten, es fließe aus ihr ein Vorteil für die Religion." (Vgl. für den lat. Text Gregorius PP. XVI., Litterae encyclicae. *Mirari vos arbitramur*. 15 aug. 1832, in: ASS 4 (1868) 336–345, hier 341)
Roger Aubert stellt die in *Mirari vos* formulierte Haltung der Amtskirche wie folgt dar: „Man toleriert notgedrungen das Regime der modernen Freiheiten in den Fällen, wo es nicht zu umgehen ist, und unter der Bedingung, daß die Rechte der Kirche nicht geschmälert werden. [...] Aber man weist hingegen formell die Behauptung zurück, die Rechtsgleichheit für alle, Katholiken und Nichtkatholiken, und die Freiheit, gleich welche Lehre zu verbreiten, stelle ein Ideal und einen Fortschritt dar." (Aubert, Roger, Die Religionsfreiheit von ‚Mirari vos' bis zum ‚Syllabus', in: Concilium 1 (1965) 584–591, hier 586) Aubert zufolge versuchte Gregor XVI. gegen „eine Apologie der Freiheit und der Freiheiten aus einer naturalistischen Sicht des Menschen heraus" (Aubert, Religionsfreiheit, 586) anzuschreiben. „Rom hatte entdeckt, daß der konkrete Liberalismus von damals entschieden für die Emanzipation des Menschen von Gott eintrat und den Primat des Übernatürlichen bewusst bestritt." (Aubert, Religionsfreiheit, 586)

1103 *Pius IX.* zeigte keine größere Hinwendung zu den Bestrebungen nach freiheitlichen Regierungsformen, in Fragen des Verhältnisses von Kirche und Staat vertrat er dieselben Ansichten wie sein Vorgänger Gregor XVI. Infolge der Krise nach den

de – neu zu bestimmen war, wodurch sich als Folge die harte Frontstellung der Kirche gegenüber der Demokratie auflöste.[1104] Zwar kommt es noch zu keiner grundlegenden Neuorientierung, doch Aufbrüche und das Ernstnehmen der Fragestellung, welche mit dem Konzept der Religionsfreiheit verbunden ist, sind

---

Revolutionen des Jahres 1848 zeigte sich das große Problem, mit der sich die kath. Kirche seit dem Beginn des 19. Jahrhunderts auseinandersetzen musste, in neuer Schärfe: Welche Haltung sollte man gegenüber der Welt einnehmen, die aus den gesellschaftlichen Umwälzungen der letzten 100 Jahre hervorgegangen war?
Die Antwort der Kirche stellte der *Syllabus Errorum* Pius' IX. dar. (Vgl. Pius P.P. IX, Syllabus) U.a. findet man im Syllabus auch die Ansichten verurteilt, „es sei jedem Menschen freigestellt, jene Religion anzunehmen und zu bekennen, die einer, durch das Licht der Vernunft geführt, für die wahre hält, sowie die Auffassung, es gehe in unserer Zeit nicht mehr an, daß die katholische Religion gleichsam die einzige Religion eines Staates unter Ausschluß aller übrigen Kultformen zu sein habe." (Böckenförde, Ernst-Wolfgang, Über die Autorität päpstlicher Lehrenzykliken. am Beispiel der Äußerungen zur Religionsfreiheit, in: Böckenförde, Ernst-Wolfgang (Hg.), Kirche und christlicher Glaube in den Herausforderungen der Zeit. Beiträge zur politisch-theologischen Verfassungsgeschichte 1957–2002. (Wissenschaftliche Paperbacks Rechtswissenschaft 25), Münster [2]2007, 471–489, hier 477) Die im Schreiben vertretene Lehrposition war nicht neu, der *Syllabus Errorum* erregte aber aus verschiedenen Gründen (vgl. Aubert, Religionsfreiheit, 588) als Schrift gegen den Liberalismus weitaus größeres Aufsehen als das Rundschreiben *Mirari Vos*:
1. Die Verurteilung des Liberalismus durch Gregor XVI. entsprach zu seiner Zeit den Erwartungen der Majorität der – in den meisten Ländern reaktionär gesinnten – Staatsmänner. Zur Zeit des Syllabus hatte der Wandel in der Gesellschaft bereits stattgefunden, die Thesen des Syllabus standen im Gegensatz zum *common sense* der Zeit und erregten dadurch hohe Aufmerksamkeit.
2. Das Papsttum unter Pius IX. hatte als Folge des Ultramontanismus eine ungleich wichtigere Leitungsfunktion als zu Beginn des Pontifikats Gregors XVI.
Durch den wachsenden Widerstand gegen den Liberalismus in Teilen des Klerus und des Kirchenvolkes sahen sich die Bischöfe gezwungen – teilweise gegen ihren eigenen Willen – dem Syllabus größere Resonanz zu verschaffen als der Enzyklika Gregors XVI. einige Jahre zuvor.

1104 Vgl. Maier, Katholiken, 146. Die ängstliche Abwehrhaltung mit ihren düsteren und pathetischen Tönen verschwindet unter Leo XIII. und an die Stelle reiner Abwehr und bloßen Reagierens auf das nationalstaatliche Gegenüber tritt nun zunehmend das Bemühen um die Entwicklung einer zeitgemäßen Lehre des Verhältnisses von Staat und Kirche. Vgl. auch Altermatt, Urs, Religionsfreiheit und Demokratie aus Sicht der Katholizismusforschung, in: Gabriel, Karl/Spieß, Christian/Winkler, Katja (Hg.), Religionsfreiheit und Pluralismus. Entwicklungslinien eines katholischen Lernprozesses. (Katholizismus zwischen Religionsfreiheit und Gewalt 1), Paderborn/u. a. 2010, 57–79, hier 59.

unter Leo XIII. bereits zu erkennen. In der Enzyklika *Libertas praestantissimum donum* lässt sich hinsichtlich dieser *neuen* Freiheit noch die vorherrschende Unsicherheit der Kirche ablesen. So formuliert Leo XIII.:

> „Illa [libertas] quoque magnopere praedicatur, quam conscientiae libertatem nominant: quae si ita accipiatur, ut suo cuique arbitratu aeque liceat Deum colere, non colere, argumentis quae supra allata sunt, satis convincitur.
> Sed potest etiam in hanc sententiam accipi, ut homini ex conscientia officii. Dei voluntatem sequi et iussa facere, nulla re impediente, in civitate liceat. Haec quidem vera, haec digna filiis Dei libertas, quae humanae dignitatem personae honestissime tuetur, est omni vi iniuriaque maior: eademque Ecclesiae semper optata ac praecipue cara."[1105]

Die päpstliche Staatslehre blieb – trotz dieser Entschärfung zentraler Aussagen – zwiespältig, „denn sie akzeptierte die demokratisch-liberale Staatsordnung nur dort, wo sie sich faktisch durchgesetzt hatte. Nach der lehramtlichen Doktrin waren sowohl Monarchie als auch Demokratie legitime Staatsordnungen, sofern sie dem Gemeinwohl dienten."[1106]

Die fundamentale Frage, die sich für die Kirche seit der Geburt der neuzeitlichen Nationalstaaten im 19. Jahrhundert stellte, war, ob ein Staat, in dem die Majorität der Bevölkerung der katholischen Konfession angehörte, „den katholischen Glauben zur offiziellen und privilegierten Staatsreligion erklären oder ob er um des Gemeinwohls willen anderen Glaubensbekenntnissen mit Toleranz begegnen und auf eine Katholisierung von Recht und Gesellschaft verzichten solle."[1107] Im Jahr 1863 stellte die italienische Zeitschrift *Civiltà cattolica* diesbezüglich die *Formel von der These und der Hypothese*[1108] auf, die großes Aufsehen erregte. Sie prägte

---

1105 Leo P.P. XIII, Litterae encyclicae, 608; deutsche Übersetzung in Denzinger, Enchiridion symbolorum definitionum, 3245: „Auch jene [Freiheit] wird hoch gepriesen, die man die Gewissensfreiheit nennt; wenn sie so aufgefaßt wird, daß es jedem nach seinem Gutdünken gleichermaßen erlaubt ist, Gott zu verehren (oder) ihn nicht zu verehren, so wird sie durch die oben angeführten Beweise zur Genüge widerlegt. Sie kann aber auch in dem Sinne aufgefaßt werden, daß es dem Menschen im Staate erlaubt ist, ohne jede Behinderung aus Pflichtbewußtsein dem Willen Gottes zu folgen und seine Gebote zu erfüllen. Diese wahre, diese der Söhne Gottes würdige Freiheit nun, die die Würde der menschlichen Person auf ehrenvollste Weise schützt, ist größer als alle Gewalt und alles Unrecht: und sie ist der Kirche immer erwünscht und besonders teuer."

1106 Altermatt, Religionsfreiheit, 59.

1107 Altermatt, Religionsfreiheit, 60.

1108 Vgl. Il Congresso Cattolico di Malines e le libertà moderne, in: La Civiltà Cattolica 14 (1863) 129–149; vgl. Altermatt, Religionsfreiheit, 60; vgl. mit Hinweis auf die Ver-

„als wegleitende Denkfigur das Denken über Religionsfreiheit, Demokratie und andere liberale Errungenschaften des modernen Verfassungsstaates für ein ganzes Jahrhundert […]. Gemeint war, dass die katholische Kirche die Gewissens- und Religionsfreiheit zwar als „These" ablehne, diese aber unter bestimmten Bedingungen – eben als „Hypothese" – von den Katholiken eines Landes akzeptiert werden dürfe."[1109]

Dieser bis zum Zweiten Vatikanischen Konzil gültigen *Toleranz-Idee* folgend, kann gemäß der *These* prinzipiell und ausschließlich die Wahrheit, niemals jedoch ein Irrtum, ein Recht beanspruchen, gemäß der *Hypothese* jedoch kann bzw. muss unter speziellen historisch-kontextualen Voraussetzungen durch die staatliche Gewalt der Irrtum um eines höheren Gutes willen geduldet werden.[1110] Die von Leo XIII. vertretene Toleranz-Idee ging von der Grundannahme aus, „dass die reine katholische Doktrin unter Umständen nicht streng durchgesetzt werden könne und die andere Konfession der Bevölkerungsmehrheit pragmatisch toleriert werden müsse."[1111]

Diese doppeldeutige Strategie machte es der Kirche möglich, sich in der Praxis mit den modernen nationalen Verfassungsstaaten zu arrangieren, ohne jedoch deren liberaldemokratische Grundwerte übernehmen zu müssen. Die seit dem Pontifikat Leos XIII. vertretene kirchliche Staatslehre konnte so als Hilfskonstruktion für eine theologisch fundierte politische Theorie dienen, die jeweils angepasst an die Ausgangssituation und Opportunität entweder die Staatsformen der Monarchie, der Demokratie oder auch autoritäre Regime billigte. Im 19. Jahrhundert begünstigte diese Lehre primär die damals existierenden europäischen Monarchien, indem sie deren Legitimität stützte.[1112]

---

breitung dieser Denkfigur durch Bischof Felix Dupanloup (1864): Maier, Hans, Gewalt im Christentum, in: Stimmen der Zeit 226 (2008) 679–692, hier 688; Bei Siebenrock lässt sich lesen: „Die Begrifflichkeit scheint erstmals 1863 in der Civiltà cattolica oder in der Diskussion um den Syllabus von Bischof Dupanloup verwendet worden zu sein." (Siebenrock, Roman A., Wie die römisch-katholische Kirche zur Religionsfreiheit fand. Systematische Analytik der Konflikte, Optionen und Erfahrungen in der Entstehung der Erklärung des Zweiten Vatikanischen Konzils über die Religionsfreiheit Dignitatis Humanae, in: Gabriel, Karl/Spieß, Christian/Winkler, Katja (Hg.), Religionsfreiheit und Pluralismus. Entwicklungslinien eines katholischen Lernprozesses. (Katholizismus zwischen Religionsfreiheit und Gewalt 1), Paderborn/u. a. 2010, 19–40, hier 27).

1109 Altermatt, Religionsfreiheit, 60.

1110 Vgl. Kasper, Walter, Religionsfreiheit. II. Katholische Kirche, in: Görres-Gesellschaft zur Pflege der Wissenschaft (Hg.), Staatslexikon/Recht – Wirtschaft – Gesellschaft. Vierter Band. Naturschutz und Landschaftspflege – Sozialhilfe, Freiburg i. Br./u. a. [7]1988, 825–827, hier 826.

1111 Altermatt, Religionsfreiheit, 61.

1112 Vgl. Altermatt, Religionsfreiheit, 61.

Festzuhalten ist, dass Papst Leo XIII. von den Pauschalverurteilungen seiner Vorgänger Gregor XVI. und Pius IX. abkam und einen Versuch wagte, „die kirchliche Lehre dem aufkommenden bürgerlichen Verfassungsstaat anzupassen, ohne die Kontinuität des päpstlichen Lehramtes aufzuheben."[1113] In *Libertas praestantissimum donum* erklärt Papst Leo XIII.: „Von den verschiedenen Staatsformen verwirft die Kirche nämlich keine, sofern sie nur aus sich geeignet sind, für den Nutzen der Bürger zu sorgen."[1114] Jedoch hält Leo XIII. bzgl. der Religionsfreiheit weiterhin daran fest, dass „es keineswegs erlaubt ist, die Freiheit zu denken, zu schreiben zu lehren und desgleichen unterschiedslose Religionsfreiheit zu fordern, zu verteidigen oder zu gewähren, so als ob dies alles Rechte seien, die die Natur dem Menschen verliehen habe."[1115] Mit abstrakten Formulierungen wurde durch Leo XIII. somit mittelbar die Staatsform der Demokratie, nicht aber das Grund- und Menschenrecht auf Religionsfreiheit, welches er in der Praxis nur duldete, anerkannt.[1116]

Die von Leo XIII. geprägte Lehre des Verhältnisses von Staat und Kirche war grundsätzlich bis zum Zweiten Vatikanischen Konzil gültig[1117] und wurde bspw. von *Papst Pius XII.* am 6. Dezember 1953 in seiner sog. *Toleranzrede* noch einmal betont. So legte dieser dar, dass *der Irrtum kein Recht auf Dasein habe*,[1118] indem

1113 Altermatt, Religionsfreiheit, 61.

1114 Denzinger, Enchiridion symbolorum definitionum, 3254; vgl. für den lat. Text Leo P.P. XIII, Litterae encyclicae, 613: „Ex variis rei publicae generibus, modo sint ad consulendum utilitati civium per se idonea, nullum quidem Ecclesia respuit[.]" Die zentralen Gedankengänge von *Libertas praestantissimum donum* fasst *Böckenförde* zusammen: „Da Gott es ist, der den Menschen für die Gesellschaft geschaffen und in den Verband von Wesen gleicher Art gestellt hat, hat die Gesellschaft, so die Lehre, Gott als ihren Vater und Urheber anzuerkennen und ihm als ihrem Herrn und Gebieter in Ehrfurcht zu dienen. Gerechtigkeit und Vernunft verbieten daher, daß der Staat ohne Gott ist, oder, was auf das gleiche (einen Atheismus) hinausläuft, daß er sich gegenüber den verschiedenen Religionen auf gleiche Weise verhält (pari modo affectam) und jeder einzelnen unterschiedslos die nämlichen Rechte zuerkennt. Vielmehr hat er sich, da das Bekenntnis einer Religion im Staat notwendig ist, zu der einzig wahren Religion zu bekennen." (Böckenförde, Autorität, 477)

1115 Denzinger, Enchiridion symbolorum definitionum, 3252; vgl. Leo P.P. XIII, Litterae encyclicae, 612.

1116 Vgl. Altermatt, Religionsfreiheit, 61. Vgl. auch Böckenförde, Autorität, 477.

1117 Vgl. Watzka, Toleranz, 213; Muckel, Stefan, § 116 Die Lehre der Kirche über das Verhältnis von Kirche und Staat, in: Haering, Stephan/Rees, Wilhelm/Schmitz, Heribert (Hg.), Handbuch des katholischen Kirchenrechts, Regensburg ³2015, 1769–1790, hier 1781.

1118 Eine Darstellung und Kritik der traditionellen katholischen Position *Der Irrtum habe kein Recht* anhand der Überlegungen Kardinal Ottavianis findet sich bei Wolbert,

er sagte: „Was nicht der Wahrheit und dem Sittengesetz entspricht, hat objektiv kein Recht auf Dasein, Propaganda und Aktion.“[1119] Und weiters: „Nicht durch staatliche Gesetze und Zwangsmaßnahmen einzugreifen, kann trotzdem im Interesse eines höheren und umfassenderen Gutes gerechtfertigt sein.“[1120] Gefährlich war diese Theorie bei der Umsetzung in die Praxis, konnte sie doch leicht durch pragmatisch-opportunistische Erwägungen korrumpiert werden. „Die kath. Kirche verweigerte Toleranz, wo sie selbst in der Mehrheit war, sie forderte diese aber, wo sie sich in der Minderheitsposition befand.“[1121]

In einigen Punkten kritisch weiterentwickelt, jedoch nicht grundsätzlich infrage gestellt wurde die Position des kirchlichen Lehramts durch *Papst Johannes XXIII.* in seiner Enzyklika *Pacem in terris*[1122], in welcher das Fundament für die spätere Erklärung über die Religionsfreiheit des Zweiten Vatikanischen Konzils gelegt wurde.[1123] Johannes XXIII. war es, der im Laufe seines kurzen Pontifikates die Wende einläutete. In *Pacem in terris* formuliert er zum ersten Mal in einem

---

Werner, Religionsfreiheit nach dem Vatikanum II, in: Hagemann, Ludwig/Pulsfort, Ernst (Hg.), „Ihr alle aber seid Brüder“. Festschrift für A. Th. Khoury zum 60. Geburtstag. (Würzburger Forschungen zur Missions- und Religionswissenschaft 14), Würzburg 1990, 348–364, hier 354–357.

1119 Pius P.P. XII, Die religiöse Toleranz in einer Staatengemeinschaft. Ansprache an den Verband der katholischen Juristen Italiens am 6. Dezember 1953. [„Toleranzansprache“], in: Gabriel, Karl/Spieß, Christian/Winkler, Katja (Hg.), Die Anerkennung der Religionsfreiheit auf dem Zweiten Vatikanischen Konzil. Texte zur Interpretation eines Lernprozesses. (Katholizismus zwischen Religionsfreiheit und Gewalt 4), Paderborn 2013, 39–47, hier 44; vgl. für das italienische Original: Pius P.P. XII, Allocutio. Iis qui interfuerunt Conventui quinto nationali Italico Unionis Iureconsultorum catholicorum. 6 dec. 1953, in: AAS 45 (1953) 794–802, hier 799: „[C]iò che non risponde alla verità e alla norma morale, non ha oggettivamente alcun diritto nè all'esistenza nè alla propaganda, né all'azione.“

1120 Pius P.P. XII, Toleranzansprache, 44; vgl. für das italienische Original: Pius P.P. XII, Allocutio (6.12.1953), 799: „[I]l non impedirlo per mezzo di leggi statali e di disposizioni coercitive può nondimeno essere giustificato nell'interesse di un bene superiore e più vasto.“

1121 Kasper, Religionsfreiheit, 826.

1122 Vgl. Ioannes P.P. XXIII, Litterae encyclicae. *Pacem in terris*. 11 apr. 1963, in: AAS 55 (1963) 257–304.

1123 Altermatt schreibt über die Entwicklungen unter Johannes XXIII.: „Es war Johannes XXIII. Roncalli, der 1958 nach dem Tod von Eugenio Pacelli zum Papst gewählt wurde und in seinem kurzen Pontifikat die eigentliche Wende brachte.“ (Altermatt, Religionsfreiheit, 65) Oswald von Nell-Breuning beschreibt diese Wende als den Aufbruch in ein *neues Zeitalter*. (Vgl. Nell-Breuning, Oswald v., Soziallehre

lehramtlichen Dokument[1124] ein Konzept von – aus dem christlichen Menschenbild abgeleiteten – Menschenrechten als Selbstverständlichkeit.[1125] Im einleitenden Absatz des ersten Hauptteils des Rundschreibens lässt sich lesen:

> „Jedem menschlichen Zusammenleben, das gut geordnet und fruchtbar sein soll, muß das Prinzip zugrunde liegen, daß jeder Mensch seinem Wesen nach Person ist. Er hat eine Natur, die mit Vernunft und Willensfreiheit ausgestattet ist; er hat daher aus sich Rechte und Pflichten, die unmittelbar und gleichzeitig aus seiner Natur hervorgehen. Weil sie allgemein gültig und unverletzlich sind, können sie auch in keiner Weise veräußert werden."[1126]

Darüber hinaus findet sich noch eine Aussage über das Recht auf Gottesverehrung, welche das Tor für die weiteren Entwicklungen öffnete: „Zu den Menschenrechten gehört auch das Recht, Gott der rechten Norm des Gewissens entsprechend zu verehren und seine Religion privat und öffentlich zu bekennen."[1127] Johannes XXIII. näherte sich hier „vorsichtig der Anerkennung der Religionsfreiheit, ohne diese bereits zu deklarieren."[1128] Die in *Pacem in terris* formulierte Position „machte den Weg zu einer grundlegenden Neubesinnung auf dem II. Vatikanischen Konzil frei"[1129],

---

der Kirche. Erläuterungen der lehramtlichen Dokumente (Soziale Brennpunkte 5), Wien 1977, 74).

1124 Vgl. Kasper, Religionsfreiheit, 826.

1125 Vgl. Altermatt, Religionsfreiheit, 65.

1126 Ioannes P.P. XXIII, Enzyklika. *Pacem in terris*. 11. April 1963. Verfügbar unter: http://w2.vatican.va/content/john-xxiii/de/encyclicals/documents/hf_j-xxiii_enc_11041963_pacem.html. Zuletzt geprüft am 08. Januar 2016, 5; vgl. für das lat. Original Ioannes P.P. XXIII, Litterae encyclicae, 259: „Porro in quovis humano convictu, quem bene compositum et commodum esse velimus, illud principium pro fundamento ponendum est, omnem hominem personae induere proprietatem; hoc est, naturam esse, intellegentia et voluntatis libertate praeditam; atque adeo, ipsum per se iura et officia habere, a sua ipsius natura directo et una simul profluentia. Quae propterea, ut generalia et inviolabilia sunt, ita mancipari nullo modo possunt."

1127 Ioannes P.P. XXIII, Enzyklika, 5; vgl. Ioannes P.P. XXIII, Litterae encyclicae, 260: „In hominis iuribus hoc quoque numerandum est, ut et Deum, ad rectam conscientiae suae normam, venerari possit, et religionem privatim publice profiteri."

1128 Altermatt, Religionsfreiheit, 65.

1129 Kasper, Religionsfreiheit, 826. Bis an die Schwelle des Konzils bestand die *katholische Option* in der „Beibehaltung und Dehnung des klassischen Toleranzkonzepts im Verbund mit einer Staatskonzeption, der gemäß Staat und Kirche zwar nicht unterschiedslos eins sind, aber als Instrumente der einen Vorsehung und als Adressaten des einen göttlichen Willens in einem gemeinsamen Verantwortungsraum vor Gott stehen und aus diesem Transzendenzbezug ihre je spezifischen Rechte und Pflichten herleiten." (Watzka, Toleranz, 203)

an deren Ende als Ergebnisse u. a. die Aufgabe der Forderung nach einem katholischen Staat, die Anerkennung des Verfassungsstaatswesens der Neuzeit sowie eine erneuerte Lehre der Kirche über das Verhältnis zu den Staaten der Welt standen.[1130]

3.3.3.3.3 *Zweites Hauptstück – Verhältnis der Kirchengewalt zu anderen Religionsgesellschaften*

In Bezug auf das *Verhältnis der Kirchengewalt zu anderen Religionsgesellschaften* stellt Schöpf zunächst die dogmatischen[1131] und rechtlichen[1132] Grundlagen der Frage nach den interreligiösen Beziehungen dar, um infolge konkret auf das Verhältnis zu den nichtkatholischen Christen[1133] sowie auf die Kontakte zu nichtchristlichen Gemeinschaften[1134] einzugehen.

Hinsichtlich der dogmatischen Lehre weist Schöpf im Sinne eines religiösen *Exklusivismus* darauf hin, dass die religiöse Wahrheit nur *Eine* sei und somit die „Behauptung von der Gleichwahrheit und Gleichberechtigung aller Religionen verwerflich“[1135] sei. Der Mensch ist zur freimachenden Wahrheit verpflichtet,[1136] wobei jedoch zur Annahme eines Bekenntnisses im Sinne der Religionsfreiheit

---

1130 Vgl. hierzu u. a.: Haering, Stephan, Kirche und Staat in der Sicht des Zweiten Vatikanischen Konzils und die Auswirkungen im Codex Iuris Canonici, in: Graulich, Markus/Meckel, Thomas/Pulte, Matthias (Hg.), Ius canonicum in communione christifidelium. Festschrift zum 65. Geburtstag von Heribert Hallermann. (Kirchen- und Staatskirchenrecht 23), Paderborn 2016, 83–98, hier 84–90; Graßmann, Andreas, Religion, Staat und Menschenwürde – sind drei einer zu viel? Überlegungen zum Verhältnis von Religion und postsäkularem Staat auf Basis der Menschenwürde, in: Gmainer-Pranzl, Franz/Rettenbacher, Sigrid (Hg.), Religion in postsäkularer Gesellschaft. Interdisziplinäre Perspektiven. (Salzburger interdisziplinäre Diskurse 3), Frankfurt a. M./u. a. 2013, 303–324, hier 314–320; Muckel, Lehre.

1131 Vgl. Schöpf, Handbuch (IV-1866), 576–578.

1132 Vgl. Schöpf, Handbuch (IV-1866), 578–581. Hinsichtlich der rechtlichen Grundlagen führt Schöpf aus, dass sowohl die Kirche als auch der Staat im Bereich des Verhältnisses der Religionsgesellschaften zueinander einerseits ein Normierungsinteresse, andererseits auch einen legitimen Normierungsanspruch innehaben. In einem knappen Überblick führt Schöpf für die Bereiche von Kirche und Staat die jeweiligen, in diesen Fragen einschlägigen, Rechtsquellen an und führt in Form einer demonstrativen Aufzählung jeweils die Teilinhalte an, welche für Kirche und Staat im Mittelpunkt des Normierungsinteresses stehen.

1133 Vgl. Schöpf, Handbuch (IV-1866), 581–587.

1134 Vgl. Schöpf, Handbuch (IV-1866), 587–590.

1135 Schöpf, Handbuch (IV-1866), 576.

1136 Vgl. Schöpf, Handbuch (IV-1866), 576: „Die Kirche lehrt, daß nur die Wahrheit *frei* und nur die wahre Religion *selig* mache, daß der Mensch der Wahrheit verpflichtet

niemals Zwang ausgeübt werden dürfe.[1137] Die im Menschen durch Gott grundgelegte religiöse Wahrheit manifestiert sich ganz und ausschließlich in der katholischen Kirche.[1138] Atheisten und Agnostiker sowie jene Häretiker, welche „durch äußere Umstände von Jugend auf in der Häresie befangen sind,“[1139] sind jedoch aufgrund ihrer religiösen Positionierung nicht strafbar.[1140] Vielmehr ist die Kirche gefordert, in Hinblick auf die nichtkatholischen Christen sowie die Ungläubigen eine friedvolle und offene Art und Weise der Koexistenz zu etablieren.[1141]

Infolge hält Schöpf fest, dass die nichtkatholischen ebenso wie die katholischen Christen dem Recht der Kirche unterstehen und hinsichtlich der Beachtung des *ius divinum* nicht durch die Kirche befreit werden können. Lediglich hinsichtlich der Inhalte des *ius mere ecclesiasticum* könne die kirchliche Autorität dispensieren.[1142] In Hinblick auf die Häretiker ist nach Lehre der Kirche lediglich

---

und daß es sonach für unser Seelenheil keineswegs gleichgiltig sei, welcher Religion man zugehöre.“

1137 Vgl. Schöpf, Handbuch (IV-1866), 576: „Die Kirche lehrt, daß zur Erkenntnis der religiösen Wahrheit im Menschen wohl ein innerer Drang sich finde, aber daß dieselbe nie und nimmer durch äußere Nöthigung aufgedrungen noch auf einem anderen Wege, als dem der Wahrheit, dem Menschen zur Ueberzeugung gebracht werden dürfe; der Erfolg, d. i. der Glaube, müsse Gottes Gnade anheimgestellt werden.“

1138 Vgl. Schöpf, Handbuch (IV-1866), 576 f.: „Die Kirche lehrt, daß die Eine religiöse Wahrheit durch Gott ursprünglich in dem Menschen *grundgelegt* sei (religio naturalis), daß sie durch Gottes Offenbarung erklärt und erweitert worden (religio relevata), daß diese göttliche Offenbarung durch Christus und den heiligen Geist zur Vollendung gekommen, daß diese vollendete religiöse Wahrheit *ganz* und *ausschließlich* in der katholischen Kirche hinterlegt und daß darum außerhalb der Kirche das Heil nicht zu finden sei […].“

1139 Schöpf, Handbuch (IV-1866), 577.

1140 Vgl. Schöpf, Handbuch (IV-1866), 577.

1141 Vgl. Schöpf, Handbuch (IV-1866), 577 f.: „Die Kirche lehrt, daß die ohne eigene Schuld im Irrthume Befangenen liebevoll zu ertragen seien, daß man selbst den schuldbar Irrenden die allgemeine Menschenliebe zuzuwenden und mit ihnen, wenn möglich, friedlich zu leben habe, und daß auch zur Bekehrung Solcher kein Zwang angewendet werden dürfe.“

1142 Vgl. Schöpf, Handbuch (IV-1866), 581: „Durch die Taufe geht der Mensch in die Kirche ein. Es ist aber Glaubenssatz der Kirche, daß alle Getauften dem göttlichen und kirchlichen Gesetze unterworfen sind. Da nun auch die Häretiker, die Schismatiker, die von der Kirche aus was für einem Grunde immer Excommunizirten, sowie die Apostaten Getaufte sind: so unterstehen auch sie dem Gesetze Gottes und dem der Kirche. Darum kann die Kirche weder den Häretiker noch den Schismatiker u. s. f. von der Verpflichtung loszählen, dem Gesetze Christi sich unterzustellen, während

die formale Häresie strafrechtlich relevant, während „auf die Ungetauften diese Pönalgesetze keine Anwendung finden.“[1143] Im Umgang mit den Ungetauften gestattet die katholische Kirche ihren Mitgliedern weitgehende Freiheit.[1144]

Als *Ungläubige* definiert Schöpf jene, „welche das *signaculum Fidei – die Taufe* nicht empfangen haben, somit dem Leibe der Kirche nicht einverleibt worden sind.“[1145] Er unterteilt diese Gruppe in das *Judentum*, den *Islam* sowie die sog. ‚Heiden', wobei er diesen Terminus nicht näher spezifiziert.[1146] Keine der drei Gruppen untersteht dem Kirchenrecht, doch, so formuliert Schöpf im Sinne der oben aufgezeigten dogmatischen Prämissen scharf, „wird die Kirche niemals aufhören, zur Ausrottung des Unglaubens auf dem ihr vorgezeichneten Wege wirksam zu sein.“[1147] Diese direkte Kampfansage an den ‚Unglauben' ist für das theologische Empfinden im Anschluss an die Beschlüsse des Zweiten Vatikanischen Konzils, v.a. in den Dokumenten über die christliche Ökumene[1148] sowie das Verhältnis zu den nichtchristlichen Religionen,[1149] anachronistisch, repräsentiert jedoch das in der zweiten Hälfte des 19. Jahrhunderts vorherrschende Verständnis der Verhältnisbestimmung zu den nichtkatholischen Christen und den nichtchristlichen Religionsgesellschaften.[1150]

---

bezüglich der rein kirchlichen Gesetze eine derartige Loszählung nur insoweit stattfindet, als es eben die Kirche will.“

1143 Schöpf, Handbuch (IV-1866), 583.

1144 Vgl. Schöpf, Handbuch (IV-1866), 583. Auf die ähnliche Haltung der Kirche hinsichtlich der Schismatiker weist Schöpf hin. Derzufolge ist „in Betreff des Schisma zwischen denen, die solches hervorgerufen und wissentlich wie willentlich darin verharren, und zwischen den im Schisma Geborenen und Erzogenen genau zu unterscheiden". (Schöpf, Handbuch (IV-1866), 584)

1145 Schöpf, Handbuch (IV-1866), 587.

1146 Vgl. Schöpf, Handbuch (IV-1866), 588. Auf die im Lauf des 19. Jh. sich etablierende Strömung des Neopaganismus stellt Schöpf dezidiert nicht ab: „Der sogenannte moderne Unglaube, auch *Neuheidenthum* genannt, kömmt hier nicht in Betracht." (Schöpf, Handbuch (IV-1866), 588)

1147 Schöpf, Handbuch (IV-1866), 588.

1148 Vgl. Paulus P.P. VI., Decretum de oecumenismo *Unitatis Redintegratio*. 21 nov. 1964, in: AAS 57 (1964) 90–112.

1149 Vgl. Paulus P.P. VI., Declaratio de ecclesiae habitudine ad religiones non-christianas *Nostra Aetate*. 28 oct. 1865, in: AAS 58 (1965) 740–744.

1150 Vgl. hinsichtlich des Verhältnisses zu den Nichtchristen bspw.: Schulte, System, 464: „In Betreff der Personen, welche dem Christenthume durch die Taufe noch nicht angehören, hat die Kirche die Mission zufolge ihrer Stiftung, sie durch ihre Lehre zum christlichen Glauben zu bekehren, eine Aufgabe, deren Erfüllung sie als einer *Pflicht* jederzeit und allerorts, wenn immer ihr die Mittel zu Gebote stehen, sich

3.3.4 Zweiter Hauptteil – Die Glieder der Kirche

Im 125 Druckseiten umfassenden zweiten Hauptteil[1151] stellt Schöpf unter dem Titel *Die Glieder der Kirche* die Bestimmungen zu den *physischen* und den *juristischen Rechtssubjekten* der Kirche dar. Ähnlich dem aktuell gültigen *Titulus VI De personis physicis et iuridicis* des *Liber I De Normis Generalibus* des *Codex Iuris Canonici* aus dem Jahr 1983 gliedert Schöpf seine Ausführungen in zwei Teile. Der erste Teil handelt von den natürlichen Personen als Rechtssubjekten der Kirche, der zweite Teil von den juristischen Personen, damals noch durchgängig als moralische Personen bezeichnet.[1152]

3.3.4.1 Erster Teil – Von den physischen Gliedern

Hinsichtlich der physischen Glieder der Kirche hält Schöpf fest, es können

> „im Rechte nur diejenigen angesehen werden, welche durch die Taufe dem Leibe der Kirche (corpus ecclesiae) einverleibt sind. Nach einer selbstverständlichen Einschränkung werden jedoch an dieser Stelle blos diejenigen Glieder vorgeführt, welche juristisch und factisch um corpus Ecclesiae gehören – kurz gesagt die *Katholiken*."[1153]

An den Anfang seiner Darstellung der Lehre von den physischen Personen stellt Schöpf unter der Überschrift *Erstes Hauptstück – Allgemeines* eine Art Katalog der Grundrechte der getauften Katholiken.[1154] Er führt fundamentale Rechte aus den Bereichen des kirchlichen Verkündigungsdienstes,[1155] Heiligungsdienstes[1156] sowie

---

unterziehen muss." Vgl. für das Verhältnis zu den nichtkatholischen Christen in inhaltlicher Übereinstimmung mit Schöpf: Schulte, System, 450–456.

1151 Vgl. Schöpf, Handbuch (IV-1866), 591–716.

1152 Bis zum CIC/17 benutzte der Gesetzgeber nicht den Terminus *juristische Person*, sondern den der *moralischen Person*. Den Ausdruck *persona moralis* benutzt der Gesetzgeber im CIC/83 nur noch für die katholische Kirche und den Apostolischen Stuhl (Vgl. c. 113 § 1 CIC/83). Dadurch soll zum Ausdruck gebracht werden, dass die katholische Kirche und der Apostolische Stuhl bereits aufgrund göttlichen Rechts Rechtspersönlichkeit besitzen.

1153 Schöpf, Handbuch (IV-1866), 591.

1154 Schöpf, Handbuch (IV-1866), 592 f. Viele der angeführten Rechte finden sich ebenso im aktuellgültigen *Titulus I De omnium christifidelium obligationibus et iuribus* des *Liber II De populo dei* des *Codex Iuris Canonici* aus dem Jahr 1983.

1155 U.a. das Recht, den Glauben unverfälscht mitgeteilt zu bekommen sowie das Recht auf Abwehr von Gefahren für den Glauben.

1156 U.a. das Recht auf den Empfang der Sakramente, das Recht auf Beteiligung an den kirchlichen Sakramentalien, das Recht auf den Eintritt in eine katholische Ordensgemeinschaft, d.h. zur freien Wahl des kirchlichen Lebensstandes.

Leitungsdienstes[1157] an, welche grundsätzlich allen Katholiken zukommen. Auf eine Skizzierung der Grundpflichten der Katholiken verzichtet Schöpf an dieser Stelle und verweist zu diesem Zweck auf die Darstellungen der Moraltheologie, welche er als hierfür einschlägig bezeichnet.[1158]

Auf diese Übersicht der Grundrechte lässt Schöpf das *Zweite Hauptstück – Besonderes* folgen, in dessen Rahmen er die verschiedenen Möglichkeiten der Teilhabe der natürlichen Personen nach den Kriterien des *Geschlechts*,[1159] des *Alters*[1160] und des *Standes*[1161] ausfaltet.

1157 U.a. das Recht auf kirchlichen Rechtsschutz sowie die grundsätzliche Fähigkeit kirchliche Ämter – nach Maßgabe des Rechts – übernehmen zu können.

1158 Vgl. Schöpf, Handbuch (IV-1866), 592. Da Friedrich v. Schulte im Allgemeinen sehr hart mit den Publikationen seiner Kollegen ins Gericht ging, merkt Schöpf in einem Seitenhieb an (vgl. Schöpf, Handbuch (IV-1866), 592 FN 1), dass Schulte in seinem Allgemeinen System des Kirchenrechts diese Grundpflichten zu ausführlich behandelt (vgl. Schulte, System, 577–585), da es sich hierbei um Themen der Moraltheologie handelt: „Während Schulte bei jeder Gelegenheit die Wissenschaft des Kirchenrechtes auf das streng-juristische Moment beschränkt wissen will, und jede Grenzüberschreitung seiner Collegen unnachsichtlich ahnt, führt er von §. 117–120 Dinge an, die offenbar in die Moral gehören. Er mag dabei wohl an den bekannten Spruch gedacht haben: „Quod licet Jovi, non licet bovi."" (Schöpf, Handbuch (IV-1866), 592 FN 1)

1159 Die Möglichkeiten der rechtlichen Teilhabe der Katholiken sind je nach Geschlecht verschieden. Vgl. Schöpf, Handbuch (IV-1866), 594: „Nur der Mann trägt in sich die Fähigkeit zur Verwaltung des gottesdienstlichen Lehramtes, zum Eintritte in den priesterlichen Stand, zur Theilnahme an der kirchlichen Hierarchie und zur Erlangung kirchlicher Aemter. Das Weib, als passives Princip, ist von all dem ausgeschlossen."

1160 Vgl. Schöpf, Handbuch (IV-1866), 595. An das Alter knüpfen sich zahlreiche Unterschiede in der Möglichkeit etwaige Rechte ausüben zu können. Schöpf nennt die Beispiele des Sakramentenempfangs, der Verpflichtungskraft der Normen des Kirchenrechts, der Gültigkeit gesetzter Rechtsakte, der Anwendbarkeit kirchlicher Strafen, des Weiheempfangs, der Erlangung kirchlicher Ämter sowie des Eintritts in eine Ordensgemeinschaft.

1161 Schöpf differenziert hier einerseits zwischen Freien und Unfreien sowie zwischen Laien und Klerikern. Vgl. Schöpf, Handbuch (IV-1866), 595. Hinsichtlich der Unfreien weist er lediglich darauf hin, dass sich in bestimmten Rechtsbereichen (bspw. die Sakramente der Ehe und Weihe) die Rechtsstellung zuungunsten der Unfreien unterscheidet. Vgl. Schöpf, Handbuch (IV-1866), 596.
Die Unterschiede, welche sich aus der Unterscheidung des Laienstand vom Stand des Klerus ergeben, stellt Schöpf wiederum im Dreischritt des kirchlichen Magisteriums,

3.3.4.2 *Zweiter Teil – Die juristischen Glieder der Kirche*

Wie die Darstellung der Bestimmungen zu den physischen Gliedern der Kirche, gliedert Schöpf auch die Ausführungen im Abschnitt *Zweiter Teil – Die juristischen Glieder der Kirche*[1162] in einen allgemeinen[1163] sowie einen besonderen Teil.[1164]

Unter der Überschrift *Erstes Hauptstück – Allgemeines* stellt Schöpf das Rechtsinstitut der kirchlichen juristischen Person hinsichtlich des Begriffs,[1165] den Grundtypen der Stiftung und der Gesellschaft,[1166] dem jeweiligen Verhältnis zur staatlichen und kirchlichen Autorität sowie den auf sich selbst bezogenen Rechtsfunktionen[1167] dar.

Auf diese allgemeinen Hinweise, welche Schöpf nicht auf bestimmte Typen von juristischen Personen bezogen hat, folgen im Abschnitt *Zweites Hauptstück – Besonderes* Ausführungen zu konkreten Erscheinungsformen des Rechtsinstituts *juristische Person*.

Ministeriums sowie Imperiums unter Verweis auf die Normtexte überblicksweise dar. Vgl. Schöpf, Handbuch (IV-1866), 596–599.

1162 Vgl. Schöpf, Handbuch (IV-1866), 604–716.

1163 Vgl. Schöpf, Handbuch (IV-1866), 604–614.

1164 Vgl. Schöpf, Handbuch (IV-1866), 614–716.

1165 Unter einem moralischen Glied der Kirche, d.h. einer kirchlichen juristischen Person, versteht Schöpf „jenes Wesen, das als solches zwar unpersönlich ist, dem jedoch seitens der Kirche Rechte und Verbindlichkeiten zuerkannt sind, die auf Voraussetzung der Annahme und Anerkennung der Persönlichkeit dieses Wesens beruhen." (Schöpf, Handbuch (IV-1866), 604)

1166 Im Rahmen der Ausführung zum Gesellschaftsbegriff bietet Schöpf eine Definition des kirchlichen Vereins: „Das Wesen des kirchlichen Vereines besteht in der Gemeinsamkeit und Einheit des *Willens* der Genossenschaft, gerichtet auf einen erlaubten besonderen kirchlich-religiösen *Zweck* und bestimmte gemeinsame *Mittel* zur Realisirung desselben. So viele Theilzwecke in dem Einen Hauptzwecke der Kirche gelegen sind, ebenso viele Vereine können sich bilden. So finden sich Vereine zur Verbreitung des *Glaubens* (z. B. Lyoner-Leopoldinen-Xaverius-Ludwigs-Marienverein), zur Ausübung und Kräftigung der christlichen *Liebe*, zur Wiederaufrichtung und Pflege des christlichen *Lebens* (z. B. der Gesellenverein), zur Erlangung einer *glückseligen Sterbestunde* und zur *Hilfeleistung nach dem Tode*. Manche Vereine haben zur Realisirung ihres Zweckes blos geistige Mittel (z. B. Gebet) festgestellt." (Schöpf, Handbuch (IV-1866), 607)

1167 In diesem Abschnitt geht Schöpf u. a. näher auf die rechtliche Autonomie, das Recht die eigenen Amtsträger frei zu wählen, das Selbsterhaltungsrecht, die prozessrechtliche Parteifähigkeit sowie die Freiheit hinsichtlich der Aufnahme und des Ausschlusses von Mitgliedern ein. Vgl. Schöpf, Handbuch (IV-1866), 612–614.

Der Reihe nach skizziert Schöpf die Bestimmungen zu den *kirchlichen Erziehungs- und Unterrichtsanstalten,*[1168] den *kirchlichen Vereinen,*[1169] den *kirchlichen Bruderschaften,*[1170] den *Kathedral-* und *Kollegiatkapiteln*[1171] sowie den *religiösen Genossenschaften.*[1172] Schöpf bietet aufgrund der Zielsetzung seines Handbuchs keine vollumfängliche Darstellung jedweder möglichen juristischen Person in der Kirche. Vielmehr bietet er dem Leser einen Überblick über die für die Praxis relevantesten Erscheinungsformen kirchlicher personae iuridicae.[1173]

Hinsichtlich der kirchlichen Erziehungs- und Unterrichtsanstalten legt Schöpf in der Darstellung den Fokus auf die höheren theologischen Lehranstalten. Neben einer Übersicht über die rechtliche Stellung der theologischen Fakultäten an den Universitäten, den Bedingungen des Rechts zur Verleihung akademischer Grade sowie den Kriterien, welche bei der Berufung des Lehrkörpers zu beachten sind,[1174] bietet Schöpf in einem Anhang zu diesem Teilabschnitt die am 29. März 1858 verabschiedete *Verordnung des Ministeriums für Cultus und Unterricht betreffend die Durchführung der Konkordatsbestimmungen zu den theologischen Studien in Österreich.*[1175] In § 5 der Verordnung war die inhaltliche Aufteilung des auf vier Jahre angelegten theologischen Studiums enthalten,[1176] zu deren Erarbeitung Schöpf

1168 Vgl. Schöpf, Handbuch (IV-1866), 615–622.

1169 Vgl. Schöpf, Handbuch (IV-1866), 622.

1170 Vgl. Schöpf, Handbuch (IV-1866), 622–628.

1171 Vgl. Schöpf, Handbuch (IV-1866), 628–646.

1172 Vgl. Schöpf, Handbuch (IV-1866), 646–716. Als *religiöse Genossenschaften* bezeichnet Schöpf die verschiedenen Formen der Ordensgemeinschaften in der katholischen Kirche.

1173 Vgl. Schöpf, Handbuch (IV-1866), 614 f.: „Wie schon öfters erwähnt, erheischt der besondere Zweck des Handbuches eine gewisse Oeconomie, welche für jede Materie maßgebend ist. So practisch wichtig demnach die Gegenstände dieses Hauptstückes sein mögen, können dieselben doch nicht mit jener Ausführlichkeit erörtert werden, welche sie an sich verdienen. Auch liegt es außerhalb unserer Oeconomie, *alle* moralischen Personen der Kirche einzeln vorzuführen; nur der hervorragenden soll gedacht werden."

1174 Vgl. Schöpf, Handbuch (IV-1866), 616–168.

1175 Vgl. Ministerium für Cultus und Unterricht, Verordnung (29.3.1858).

1176 Die auf Antrag der Bischofskonferenz am 29. März 1858 vom Ministerium für Cultus und Unterricht erlassene theologische Studienordnung stellte die Allgemeine und Spezielle Dogmatik sowie die biblischen Fächer (Einleitung in das Alte und Neue Testament) gemeinsam mit der hebräischen Sprache in die ersten beiden Studienjahre. Der dritte Jahrgang war der *Kirchengeschichte mit vorherrschender Rücksicht auf Dogmen- und Verfassungsgeschichte* sowie der *Moraltheologie mit besonderer Rücksicht auf die Bedürfnisse des Beichtvaters* gewidmet. Im abschließenden vierten

durch seine Publikationen zur Reform der theologischen Studien in Österreich entscheidende Beiträge lieferte.[1177]

In Bezug auf die kirchlichen Vereine verweist Schöpf im Rahmen der Ausführungen des Zweiten Hauptstücks auf die im Rahmen des *Ersten Hauptstücks – Allgemeines* bereits formulierte Definition des Wesens des kirchlichen Vereins[1178] sowie auf die Notwendigkeit der kirchenamtlichen Genehmigung nach Vorlage eines Statuts.[1179] Die kirchlichen Bruderschaften stellt Schöpf – unter Zitation der einschlägigen kirchlichen Normtexte – in einem eigenen Abschnitt dar, weist jedoch darauf hin, dass die confraternitates dem Wesen nach eine Erscheinungsart der kirchlichen Vereine sind und die Unterscheidung maßgeblich vom allgemeinen Sprachgebrauch beeinflusst ist.[1180]

Ausführlicher geht Schöpf auf die Kathedral- und Kollegiatkapitel ein, welche nach seinem Dafürhalten unter „den kirchlichen Corporationen [...] eine hervorragende Stellung“[1181] behaupten. Hinsichtlich der Ausübung von Leitungsgewalt wurden die Kapitel bereits im Rahmen der Möglichkeit der Teilhabe an der bischöflichen Leitungsgewalt in den Blick genommen.[1182] Im Rahmen der Ausführungen des zweiten Hauptteils kommen die Kapitel somit lediglich hinsichtlich ihrer rechtlichen Verfasstheit als juristische Personen in den Blick,[1183]

Jahrgang waren schließlich die Fächer Kirchenrecht sowie die Pastoraltheologie, Liturgik und Katechetik sowie die geistliche Beredsamkeit vorgesehen. Vgl. Ministerium für Cultus und Unterricht, Verordnung (29.3.1858), § 5. Einen Überblick über die am Beginn des 20. Jh. bestehende Normierungslage hinsichtlich der theologischen Studien in Österreich bietet: Haring, Einführung, 36–50.

1177 Vgl. näher Punkt 3.1 der vorliegenden Arbeit.

1178 Vgl. FN 1166 der vorliegenden Arbeit.

1179 Vgl. Schöpf, Handbuch (IV-1866), 622. In der konkreten Rechtsstellung unterscheiden sich die Vereine u. a. durch etwaige verliehene Sonderrechte. So hat bspw. der von Joseph Schöpf mitgegründete (vgl. Punkt 1.7 der vorliegenden Arbeit) Gesellenverein in Salzburg „durch ein eigenes Breve Sr. Heiligkeit Pius IX. die Gnade, eines am Feste des hl. Josephs zu gewinnenden Ablasses erhalten. Ohne anderen Vereinen nahe treten zu wollen, dürfte der von Adolph Kolping gegründete Gesellenverein der Mehrzahl der übrigen vorzuziehen sein. Denn er greift in den Kern des bürgerlichen Lebens.“ (Schöpf, Handbuch (IV-1866), 622)

1180 Vgl. Schöpf, Handbuch (IV-1866), 622 f.: „Die kirchlichen Bruderschaften (confraternitates) sind eigentlich kirchliche Vereine, wie denn auch das Kirchenrecht zwischen k. Vereine und k. Bruderschaft nicht unterscheidet. Nach dem heutigen Sprachgebrauche muß aber dennoch ein Unterschied gemacht werden.“

1181 Schöpf, Handbuch (IV-1866), 628.

1182 Vgl. den Hinweis unter Punkt 3.3.3.2.1.2 der vorliegenden Arbeit.

1183 Vgl. Schöpf, Handbuch (IV-1866), 628.

wobei Schöpf zu diesem Zweck allgemein die *Geschichte der Kapitel*, den *Begriff* und die *Arten*, die Normierung hinsichtlich der *Errichtung* und *Besetzung* der Kanonikate, die Bestimmungen hinsichtlich der *Mitglieder* der Kapitel, die *Dotation* der Kanoniker und die *Rechte* und *Pflichten* der Kapitel sowie der einzelnen Mitglieder darstellt.

Den inhaltlichen Abschluss des Handbuchs bildet Schöpfs 70-seitige Darstellung des kanonischen Ordensrechts,[1184] wobei aus der Positionierung des Traktats im Aufbau des vierbändigen Handbuchs keine Rückschlüsse auf die Relevanz bzw. den Stellenwert der behandelten Materie zu ziehen sind.[1185] Gegliedert sind die Ausführungen zu den religiösen Instituten in neun Unterabschnitte.

Nach Bemerkungen zu *Grundlagen und Grundwesen*[1186] der kanonischen Le-

---

1184 Die Ausführungen zu den religiösen Instituten stellen das einzige Traktat dar, welches im Rahmen der Neuauflage des vierten Bands des Handbuchs in nennenswerter Weise überarbeitet und erweitert wurde. In der ersten Auflage des vierten Bands bot Schöpf die Bestimmungen des kanonischen Ordensrecht auf 30 Druckseiten (vgl. Schöpf, Handbuch (IV-1858), 646–676), welche hinsichtlich der Gliederung in der zweiten Auflage des vierten Bands nicht verändert, hinsichtlich des Umfangs jedoch mehr als verdoppelt wurden. Vgl. Schöpf, Handbuch (IV-1866), 646–716. Im Vorwort der zweiten Auflage findet sich folgender Hinweis Schöpfs: „Der Hauptdefect erster Auflage ist jedenfalls beseitigt. Das *Recht der Ordenspersonen* (Jus Regularium) wird nemlich in jener Auflage bloß grundzüglich dargelegt. In *dieser* Auflage hat es eine möglichst umfassende Würdigung gefunden, so daß auch die Besitzer dießfälliger Specialwerke [...] noch manches Neue finden dürften." (Schöpf, Handbuch (IV-1866), III)

1185 Vgl. Schöpf, Handbuch (IV-1866), 646: „Nicht als ob die religiösen Genossenschaften den letzten Platz in der Kirche behaupteten – im Gegentheile sie repräsentiren die Blüthe des kirchlichen Lebens, sie sind der schönste Schmuck am Leibe der Kirche, sie bilden die Kerntruppen der ecclesia militans, ihr festes Bollwerk, an dem sich die Kraft unzähliger Feinde gebrochen – also nicht aus Mißachtung dieses ehrwürdigen und heiligen Institutes wird davon zuletzt gehandelt, sondern weil den religiösen Genossenschaften unter allen kirchlichen juristischen Personen die ausgezeichnete Stelle, gewissermaßen die Krone gebührt."

1186 Vgl. Schöpf, Handbuch (IV-1866), 647–652. Ausführlich geht Schöpf in diesem Abschnitt auf die definitorische Unterscheidung des Religiosenstandes in einem *engeren* und einem *weiteren* Sinn ein. Vgl. Schöpf, Handbuch (IV-1866), 649–652. Der Religiosenstand im weiteren Sinn, identisch mit dem sog. *status incompletus perfectionis*, fordert u. a. nicht die Beobachtung aller Evangelischen Räte, keine notwendige Form der vita communis sowie keine verbindliche kirchliche Approbation. Der Religiosenstand im engeren Sinn fordert, „daß man sich zur Befolgung der drei evangelischen Räthe mittelst des Gelübdes verpflichte. Man unterscheidet nun aber zwei Arten von Gelübden, nämlich vota *simplicia* und vota *solemnia*. Die Ablegung

bensgemeinschaften sowie zu deren *Ursprung und Geschichte*[1187] handelt Schöpf allgemein über die *Nothwendigkeit und Nützlichkeit*[1188] der Gemeinschaften des geweihten Lebens. In diesem Zusammenhang bezeichnet Schöpf den Religiosenstand als Notwendigkeit der Kirche, welche sich aus göttlicher Stiftung ableitet:

> „Aus der göttlichen Einsetzung und im Hinblicke auf den Heiligkeitscharakter der Kirche ergibt sich, daß der Religiosenstand als solcher (abgesehen von der concreten Form) in der Kirche wesentlich, nothwendig und darum *indefectibel* sei. Sowenig also die Kirche, ohne den Unterschied zwischen Klerus und Laien gedacht werden kann, so wenig kann sie ohne den Unterschied zwischen status vitae christianae communis und status perfectionis oder stat. religiosus bestehen."[1189]

Die Frage der Nützlichkeit erörtert Schöpf vor dem Hintergrund einer von ihm für die zweite Hälfte des 19. Jahrhunderts konstatierten kritischen Haltung der aufgeklärten Gesellschaft gegenüber dem Phänomen der kanonischen Lebensgemeinschaften.[1190] Diejenigen Gemeinschaften, welche ihren Charismen treu blieben, hätten nach Schöpfs Dafürhalten das Vertrauen der Gläubigen.[1191] Diese Institute erbringen auf je verschiedene Art und Weise große und fruchtbare Beiträge zur kirchlichen Sendung.[1192] Lediglich hinsichtlich der von Schöpf sog. ‚laxen Orden' meldet Schöpf Kritik und Reformbedarf an.[1193]

---

der *feierlichen* Gelübde (votorum solemnium) gehört keineswegs zum Wesen des Religiosenstandes. Derselbe kann auch ohne feierliche Gelübde *gedacht* und *vorhanden* sein.

1187 Vgl. Schöpf, Handbuch (IV-1866), 652–654.

1188 Vgl. Schöpf, Handbuch (IV-1866), 654–658.

1189 Schöpf, Handbuch (IV-1866), 654.

1190 Vgl. Schöpf, Handbuch (IV-1866), 655.

1191 Vgl. Schöpf, Handbuch (IV-1866), 656: „Sind die Orden wirklich so unpopulär, und genießt heutzutage wirklich nur mehr der Säcularclerus das Vertrauen des Volkes? Im Gegentheile – die Orden, welche ihrem Berufe treu geblieben, erfreuen sich bis heute noch des Vertrauens der Gläubigen, und dieß sogar in höherem Grade als die Weltgeistlichen."

1192 Vgl. Schöpf, Handbuch (IV-1866), 655.

1193 Vgl. Schöpf, Handbuch (IV-1866), 657 f.: „Aber wozu die „laxen Orden," die vom ursprünglichen Geiste abgefallen? Unter diesen „laxen Orden" kann man entweder solche verstehen, deren ursprüngliche Regel entweder durch den Apostolischen Stuhl oder durch eine *rechtskräftige* Gewohnheit gemildert worden ist, oder die in der That depravirt sind [...]. Die erste Art dieser Orden (ordines *mitigati*) kann noch immerhin großen Nutzen stiften, falls an der gemilderten Regel festgehalten wird. Die zweite Art von Orden oder Conventen ist entweder zu *reformiren* oder zu *supprimiren*. Nur dürfen Ausartungen *Einzelner* nicht dem gesammten Orden,

Bevor er sich im fünften Teilabschnitt seiner Darstellung des Ordensrechts mit der Frage der *Errichtung* von Ordensgemeinschaften auseinandersetzt,[1194] bietet Schöpf unter der Überschrift *Gliederung und Arten* zwölf Kriterien zur Systematisierung der mannigfaltigen Erscheinungsformen der Gemeinschaften des geweihten Lebens.[1195] Bezüglich der Errichtung behandelt Schöpf in einem allgemeinen Teil zunächst grundsätzlich die universalrechtlichen Bestimmungen zur Errichtung von Ordensgemeinschaften auf der einen Seite und einzelnen Ordensniederlassungen auf der anderen Seite, um in der Folge eine Darstellung der speziellen partikularrechtlichen Situation in Österreich, Deutschland, Belgien, Holland, Italien und Frankreich zu bieten.

Die Darstellung der Rechtslage hinsichtlich der *Reformierung*[1196] sowie *Supprimierung*[1197] von Ordensgemeinschaften fällt bei Schöpf knapp aus. Schöpf weist lediglich überblicksweise auf die zuständigen Autoritäten sowie – im Fall der Reform der Ordensregeln – auf die Rechtsfolgen für die einzelnen Mitglieder der Gemeinschaften hin.

---

beziehungsweise dem ganzen Convente zur Last gelegt, und darf nicht übersehen werden, daß im *Ganzen* und *Großen* selbst noch jene Orden von Nutzen sein können, die ein oder das andere verkommene Mitglied in sich begreifen."

1194 Vgl. Schöpf, Handbuch (IV-1866), 663–668.

1195 Vgl. Schöpf, Handbuch (IV-1866), 658–662. Schöpf kategorisiert die Gemeinschaften des Religiosenstandes

1) nach dem Grade der angestrebten Perfektion,
2) nach dem Geschlecht,
3) nach der Lebensform,
4) nach der Zielsetzung des Ordenscharismas im Bereich der vita *contemplativa*, *activa* oder *mixta*,
5) nach der Stellung zum Episkopat,
6) nach der Existenzberechtigung im Sinne des Vorliegens einer kirchlichen Approbation,
7) nach der Qualität der Verfassungsnormen,
8) nach dem ‚Schicksal', hinsichtlich der Frage ob durch staatliche Gewalt eine Verfolgung bzw. gewaltsame Vertreibung einer konkreten Gemeinschaft durchgeführt wurde,
9) nach dem Grad der Zentralisation der Verfassung,
10) nach dem Bestand oder Nicht-Bestand von Kongregationen,
11) hinsichtlich klausurierter oder nicht klausurierter Lebensform sowie nach der Beschaffenheit der Gelübde.

1196 Vgl. Schöpf, Handbuch (IV-1866), 668 f.

1197 Vgl. Schöpf, Handbuch (IV-1866), 669 f.

Den Kern der Gesamtdarstellung des kanonischen Ordensrechts bildet der achte Teilabschnitt, welcher sich auf 37 Seiten der rechtlichen *Verfassung* der Ordensgemeinschaften widmet.[1198] Zunächst stellt Schöpf die verschiedenen Formen der Ordensoberen in Männer- und Frauengemeinschaften hinsichtlich der Art und Weise der Amtsübertragung sowie der mit dem Amt verbundenen Rechte und Pflichten dar,[1199] um in der Folge in Bezug auf die Mitglieder der Gemeinschaften auf die Regelungen zu *Eintritt, Aufnahme* und *Noviziat*,[1200] zur *Profeß*,[1201] den persönlichen *Rechten und Pflichten*[1202] sowie dem etwaigen *Austritt*[1203] einzugehen.

Im abschließenden neunten Teilabschnitt bietet Schöpf eine Übersicht über das *Verhältnis der Ordensgemeinschaften nach außen*, welches er in die beiden Teilaspekte des Verhältnisses zur kirchlichen[1204] sowie zur staatlichen Gewalt[1205] gliedert. Ein einseitiger Anhang mit statistischen Angaben zum Bereich der Ordensgemeinschaften schließt sowohl die Ausführungen zum Ordensrecht als auch das gesamte Handbuch ab.[1206]

3.4 Politik der katholischen Kirche in Idee und Wirklichkeit, (unveröffentlicht)

Im Jahr 1880 beantragte Joseph Schöpf Urlaub, um sich der Arbeit an einem Werk mit dem Titel *Politik der katholischen Kirche in Idee und Wirklichkeit* widmen zu können.[1207] Das Manuskript seines 3-teiligen temperamentvollen Alterswerks

1198 Vgl. Schöpf, Handbuch (IV-1866), 670–707.
1199 Vgl. Schöpf, Handbuch (IV-1866), 671–679.
1200 Vgl. Schöpf, Handbuch (IV-1866), 679–685.
1201 Vgl. Schöpf, Handbuch (IV-1866), 685–692.
1202 Vgl. Schöpf, Handbuch (IV-1866), 692–698.
1203 Vgl. Schöpf, Handbuch (IV-1866), 698–707.
1204 Vgl. Schöpf, Handbuch (IV-1866), 707–711.
1205 Vgl. Schöpf, Handbuch (IV-1866), 711–715.
1206 Vgl. Schöpf, Handbuch (IV-1866), 716. Im Rahmen des Anhangs weist Schöpf zuletzt auf seine 1865 durchgestandene Typhusinfektion hin, welche eine weitere Arbeit am Handbuch des Kirchenrechts – sowie darüber hinausgehende wissenschaftliche Arbeiten – verunmöglichte: „Was ich jedoch am meisten beklage ist, daß es mir nicht möglich war, die Revision dieses Bandes vorzunehmen. Ich hatte nemlich kaum begonnen, als ich schwer erkrankte und für Monate arbeitsunfähig wurde. Aus demselben Grunde mußte die bereits begonnene Anfertigung eines „Real-Index" unterbleiben. Das sehr ausführliche „Inhaltsverzeichnis" dürfte jedoch denselben *einstweilen* ersetzen." (Schöpf, Handbuch (IV-1866), 716)
1207 Vgl. Hermann, Schule, 524.

wagte er schlussendlich nicht in den Druck zu geben, da er nicht zuletzt durch Ratschläge seines Umfelds zur Einsicht kam, es würde im Fall einer Publikation wie Zündstoff wirken.[1208]

Aufgrund von Schöpfs letztwilliger Verfügung, derzufolge seine gesamten Schriften verbrannt werden sollten,[1209] ist das Manuskript des Werks nicht erhalten geblieben. Nikolaus Grass mutmaßt, Inhalte der in Arbeit befindlichen Publikation wären in Schöpfs zweistündige kirchenhistorische Vorlesung *Kirchen- und Staatengeschichte von 1848 bis 1877* eingeflossen,[1210] welche dieser für die Sommersemester der Jahre 1879, 1880 und 1881 angekündigt hatte.[1211]

Weiter vermutet Grass hinsichtlich des nicht veröffentlichen Manuskripts: „Bei Schöpfs kritischer Beurteilung mancher Vorkommnisse in der Kirchengeschichte und seiner Neigung, unverblümt die Wahrheit zu sagen, wäre dieses Buch jedenfalls für gebildete Leser eine höchst attraktive Lektüre geworden!"[1212]

1208 Vgl. Schöpf, Mittheilungen (1895), 46 FN 1.

1209 Vgl. Grass, Kirchenrecht, 239. Vgl. hierzu den Hinweis in FN 437 der vorliegenden Arbeit.

1210 Vgl. Grass, Kirchenrecht, 239.

1211 Vgl. die identischen Lehrveranstaltungsankündigungen in: Theologische Fakultät, Personalstand (1879), 4; Theologische Fakultät, Personalstand (1880), 4; Theologische Fakultät, Personalstand (1881), 4: „**Kirchen- und Staatengeschichte von 1848 bis 1877**, zweimal in der Woche, am Mittwoch und Freitag von 10–11 Uhr, vom Herrn Prof. Schöpf (im Hörsaale Nr. 3)."

1212 Grass, Kirchenrecht, 239.

4 Abschlussbemerkungen

Mit der vorliegenden Studie wurde der Versuch unternommen, einerseits Joseph Anton Schöpfs Leben möglichst umfassend zu beleuchten sowie andererseits sein wissenschaftliches Werk zu untersuchen. Der Verfasser der vorliegenden Arbeit näherte sich Schöpf zunächst als dem ‚Professor', stellte aber im Verlauf der Recherchen zunehmend fest, dass dieser Zugang allein ein nicht nur einseitiges, sondern womöglich falsches Bild zum Ergebnis gehabt hätte. Vielmehr mussten in Bezug auf Joseph Anton Schöpf zahlreiche höchst unterschiedliche Facetten in den Blick genommen werden, welche in Summe ein äußerst vielfältiges Profil einer Person ergaben, welches sich neben der des ‚Professors' maßgeblich in den Rollen des ‚Seelsorgers', des ‚Philanthropen' sowie des ‚homo politicus' manifestierte.

Joseph Anton Schöpfs Kindheits- und Jugendjahre ließen seine spätere Laufbahn als Professor für Kirchengeschichte und Kirchenrecht nicht erahnen. Im Verlauf der Schul- und Studienzeit liebäugelte der Ötztaler Bauernsohn immer wieder damit, die Schulausbildung abzubrechen, um seinen Lebensunterhalt als Landwirt zu bestreiten. Als Wendepunkt ist am Ende der Schulzeit die schwere Typhusinfektion in Graz zu bezeichnen, welche der Auslöser für Schöpfs Entschluss war, sich dem Studium der Theologie zu widmen. Durch diese Grundentscheidung hatte Schöpf das Ziel der Priesterweihe vor Augen und studierte nach der Aufnahme in das Salzburger Priesterseminar mit Elan und Begeisterung an der Theologischen Fakultät seiner Wahlheimat Salzburg.

Der durch das Studium bedingte Kontakt zu Professor von Tarnóczy, dem späteren Salzburger Erzbischof, führte im Revolutionsjahr 1848 – nach seelsorgerischen Erfahrungen im Anschluss an die Priesterweihe – zu der Tätigkeit, welche den Rest seines Lebens prägen sollte: der Lehrtätigkeit an der Theologischen Fakultät in Salzburg. Das Jahr 1848 stellt somit nach der Episode in Graz einen zweiten Einschnitt innerhalb Schöpfs Biographie dar, da er in diesem Jahr als Supplent an die Theologische Fakultät gerufen und ihm durch Kardinal Schwarzenberg die Redaktion der *Salzburger Constitutionellen Zeitung* übertragen wurde. Auch Schöpfs allgemein-schriftstellerische Tätigkeit, welche er bis zu seinem Tod ausübte, begann im Jahr 1848.

Der Kanonist Joseph Anton Schöpf wirkte mit seinem wissenschaftlichen Werk über die Grenzen Salzburgs hinaus. Für lange Zeit in Österreich maßgeblich war die *Verordnung des Ministeriums für Cultus und Unterricht betreffend die Durchführung der Konkordatsbestimmungen zu den theologischen Studien in Österreich* vom 29. März 1858, die maßgeblich auf den Reformvorschlägen Schöpfs aufbaute, welche dieser in seinen im Auftrag von Fürsterzbischof Tarnóczy erarbeiteten Schriften *Theologisches Studium in Salzburg* und *Theologisches Studium in Österreich* formuliert hatte.

Auf ein Bedürfnis seiner Zeit antwortete Schöpf mit der Herausgabe seines Handbuchs des Katholischen Kirchenrechts. Durch den Klerus wurde in der Mitte des 19. Jahrhunderts das Fehlen eines an den Bedürfnissen der konkreten pastoralen Praxis ausgerichteten kirchenrechtlichen Handbuchs formuliert. Vor allem als im Zuge der Umsetzung des Konkordats von 1855 das kanonische Eherecht wieder eingeführt wurde und die kirchliche Ehegerichtsbarkeit nach mehr als 70-jähriger Unterbrechung ihre Tätigkeit wieder aufnahm, zeigten sich die Mängel im Wissen um Inhalte und Umsetzung des Kanonischen Rechts mit besonderer Deutlichkeit. Schöpfs Kompendium entsprach dem Wunsch des Klerus, indem es insbesondere im dritten und vierten Teilband die Materien des Pfarrrechts, des kirchlichen Eherechts sowie des Eheprozesses eingehend behandelt.

In Bezug auf den bleibenden Ertrag des Wirkens von Joseph Anton Schöpf als Professor muss angemerkt werden, dass die von ihm geprägte Studienordnung über seine Lebenszeit hinaus in Geltung stand. Vor dem Hintergrund, dass in heutigen Tagen universitären Curricula vielmals lediglich eine Geltungsdauer von einigen Jahren beschert ist, stellt dies in der Tat eine bemerkenswerte Laufzeit dar. Schöpfs Handbuch wurde, wie bereits dargestellt, in der Praxis wohlwollend aufgenommen, was sich insbesondere auch an der baldigen Notwendigkeit der Folgeauflage zeigte. In der Natur eines Handbuchs als Zusammenstellung der Inhalte einer akademischen Disziplin in Form eines Nachschlagewerks liegt aber auch begründet, dass mit fortlaufender Weiterentwicklung des Rechts, die Inhalte zunehmend überholt werden. Die Stärke Schöpfs, welche im hohen Praxisbezug und den vielen Verweisen auf die partikularrechtliche Situation in den deutschsprachigen Gebieten lag, wurde schließlich zur Schwäche. Spätestens mit der Promulgation und dem Inkrafttreten des *Codex Iuris Canonici* von 1917 war das gesamte Handbuch inhaltlich überholt. Ein Handbuch ist im Allgemeinen nicht der Ort wissenschaftlicher Forschungsleistungen im Sinne der Präsentation neuer Erkenntnisse. Nichtsdestotrotz finden sich jedoch in einigen Teilkapiteln auch Hinweise auf persönliche Haltungen und Fachmeinungen Schöpfs. Genannt sei an dieser Stelle bspw. seine progressive religionsrechtliche Position. Diese Schwerpunktsetzungen, aus denen Schöpfs fachliche Position ableitbar ist, bleiben jedoch auf wenige Stellen beschränkt. Mit der Distanz von mehr als hundert Jahren blickt man somit auf das Werk eines Kanonisten zurück, der sich, bei steter Treue zur katholischen Kirche und dem Lehramt des Papstes, in seinem Hauptwerk um eine ausgewogene und in der Praxis brauchbare Sammlung und Darstellung des zu seiner Zeit in Geltung stehenden Rechtsmaterials verdient gemacht hat.

Die Schaffensperiode des ‚Professors' Schöpf setzte mit seiner Ernennung zum ordentlichen Professor im Jahr 1852 ein und endete nach der Herausgabe der Neuauflage seines vierbändigen Handbuchs im Jahr 1866. Als Begründung für das Ende der wissenschaftlichen Publikationstätigkeit findet sich lediglich der Hinweis, dass sein Leibarzt ihm infolge einer 1865 durchgestandenen Typhusinfektion den Verzicht auf jedwede anstrengende geistige Arbeit verordnete. Die Frage, inwiefern diese ärztliche Anordnung das völlige Fehlen weiterer wissenschaftlicher Arbeiten erklären kann, sei vor dem Hintergrund der sich ab den 1860er Jahren intensivierenden allgemein-schriftstellerischen Tätigkeit Schöpfs in den Raum gestellt. Festzustellen ist jedenfalls, dass der ‚Professor' Schöpf nach der Fertigstellung seines Handbuchs sich auf seinen Einsatz für die Wiedererrichtung der Universität Salzburg, seine Kontakte zu zeitgenössischen Theologen und Kanonisten sowie seine Parteinahme auf dem Münchner Gelehrtenkongress beschränkte. Der *Philanthrop*, *Priester* und *politsch engagierte Bürger* Schöpf wurde jedoch ab diesem Zeitpunkt erst maßgeblich aktiv. Das Gros seiner allgemein-schriftstellerischen Arbeiten datiert auf die Jahre nach 1860. Die Intensivierung seiner sozial-caritativen und pastoralen Bemühungen sowie sein politisches Engagement im Salzburger Gemeinderat fallen ebenfalls in diese Zeit. Bereits lange vor seiner Emeritierung trat Schöpfs Forschungstätigkeit als Professor zunehmend in den Hintergrund. Über seine mehrmalige Funktion als Dekan der Theologischen Fakultät hinaus, trat Schöpf im Rahmen seiner Professur für Kirchengeschichte und Kirchenrecht lediglich als von den Studierenden hoch geschätzter akademischer Lehrer in Erscheinung.

Als Lehrender griff Schöpf gegen Ende seiner Lehrtätigkeit immer wieder Themen auf, welche über die vorgeschriebenen Inhalte des Curriculums hinausgingen. So hielt er regelmäßig Vorlesungen zur *Geschichte der Reformation* sowie zur *Kirchen- und Staatengeschichte der neuesten Zeit*, wodurch er wahrscheinlich der erste Theologieprofessor in Österreich war, der in seiner Lehrtätigkeit Themen und Fragestellungen der sog. ‚Zeitgeschichte' aufgriff.

In den Jahren nach seiner erbetenen Versetzung in den dauerhaften Ruhestand zog sich Schöpf nach rund 36 Jahren Dienst an der Salzburger Theologischen Fakultät in sein in Guggenthal angekauftes Haus zurück, wo er sich bis zu seinem Lebensende seiner kleinen Landwirtschaft, schriftstellerischen Arbeiten sowie der Seelsorge an der Guggenthaler Kirche widmete. Schöpf erregte im Rahmen seiner schriftstellerischen Tätigkeit des Öfteren Aufsehen und Kritik. Durch sein progressives Eintreten für Toleranz im religiösen Bereich, insbesondere während der Zeit des sog. ‚Tiroler Kulturkampfes', sowie durch seine Opposition gegenüber dem Gedankengut des *Antisemitismus* machte sich Schöpf als Schriftsteller eine Reihe von Gegnern. Schöpf imponiert dem Betrachter als Mensch und Seelsorger, der auf ehrliche Art und Weise um das Wohl seiner Mitmenschen bemüht war, wenngleich er das, was er seinen Mitbürgern mitteilen wollte, oftmals unglücklich ausdrückte. Über religiöse oder politische Grenzen hinweg nahm er sich in Wort und Tat vielmals in warmherziger und unerschrockener Weise verkannten Sachverhalten sowie unterdrückten Einzelpersonen und Gruppen an. Vieles von dem, was Schöpf geleistet und aufgebaut hatte, zeitigte bleibende Effekte. Für Stadt und Land Salzburg hatte Schöpf vor allem in seiner Rolle als Seelsorger sowie durch seine Gründungen und Initiativen im sozial-caritativen Bereich bleibende Wirkung. Seine (mit-)gegründeten Vereine wirkten zum Teil auch über den Salzburger Horizont hinaus, sodass bspw. der sog. ‚Schulverein' bereits zeitgenössisch von Josef Schwarzbach als Ausgangspunkt aller ähnlichen Schulvereine, Knabenhorte u. ä. in Österreich und Deutschland betrachtet wurde.

Im Ganzen genommen kann festgehalten werden, dass Schöpf auf keine der genannten Rollen reduziert werden kann, nur in der Gesamtschau kann man dem Menschen Joseph Anton Schöpf gerecht werden. Sein nach außen für eine breite Öffentlichkeit sichtbares Wirken im sozial-caritativen und politischen Bereich wäre ohne seine Stellung als ordentlicher Professor sowie Priester der Erzdiözese Salzburg nicht auf diese Art und Weise möglich gewesen. Vor dem Hintergrund der mannigfaltigen Aktivitäten, welche Schöpf mit enormer Schaffenskraft umsetzte, mag für die Öffentlichkeit fernab der theologisch-kanonistischen Fachwelt der wissenschaftliche Ertrag des Professors Schöpf Gefahr laufen, in den Hintergrund zu geraten. Auf diese Weise würde man jedoch dem Kanonisten Schöpf Unrecht tun. Seine wissenschaftlichen Schriften fanden breite Aufnahme und selbst bezeichnete er seine Tätigkeit als Professor als sein *Lebenselement*,[1213] er könne sich „eine schönere Stellung nicht denken"[1214]. Die Position als Ordinarius für Kirchengeschichte und Kirchenrecht an der theologischen Fakultät in Salzburg bildete einen Rahmen, welcher sowohl das fachwissenschaftliche Wirken als Professor als auch die mannigfaltigen Aktivitäten als Journalist, Schriftsteller, Seelsorger und Philantrop ermöglichte.

1213 Vgl. Schöpf, Mittheilungen (1887), 20.
1214 Schöpf, Erinnerung, 27.

5 Abkürzungsverzeichnis

AAS	Acta Apostolicae Sedis 1 (1909) ff.
Anerkennungsgesetz	Gesetz vom 20. Mai 1874, betreffend die gesetzliche Anerkennung von Religionsgesellschaften
Anm.	Anmerkung
Art.	Artikel
ASS	Acta Sanctae Sedis 6–41 (1870–1908); bis 5 (1869): Acta ex iis decerpta quae apud Sanctam Sedem gerun-tur in compendium opportune redacta et illustrata.
BBKL	Bautz, Friedrich W./Bautz, Traugott (Hg.), Biographisch-bibliographisches Kirchenlexikon. Bd. 1–2, Hamm 1990; Bd. 3–18, Herzberg 1992–2001; Bd. 19–37, Nordhausen 2001–2016.
Bd.	Band/Bände
c./cc.	Canon/Canones (geltendes Kirchenrecht)
can./cann.	Canon/Canones (nicht mehr in Geltung stehendes Kirchenrecht)
CD	Dekret über die Hirtenaufgabe der Bischöfe *Christus dominus*
CIC/17	Codex Iuris Canonici (1917)
CIC/83	Codex Iuris Canonici (1983)
C.M.	Conventionsmünze
ddo.	de dato
d. h.	das heißt
d. J.	des Jahres
f	folgende, folgender, folgendes
ff.	fortfolgende
f.e.	fürsterzbischöflich
fl.	Gulden
FN	Fußnote
Hg.	Herausgeber
hl./Hl.	Heilig; Heilige(r)
i.S.d.	im Sinne der
i.S.e.	im Sinne eines/einer
Jh.	Jahrhundert
k. u. k./k. k./k. k.	kaiserlich und königlich

kath.	katholisch
lat.	lateinisch
LG	Dogmatische Konstitution über die Kirche *Lumen Gentium*
LKR	Haering, Stephan/Schmitz, Heribert (Hg.), Lexikon des Kirchenrechts. (Lexikon für Theologie und Kirche kompakt), Freiburg i. Br. 2004.
LThK^{3}	Kasper, Walter/u. a. (Hg.), Lexikon für Theologie und Kirche. Bd. 1–11, Freiburg i. Br. ^{3}1993–2001.
MGSL	Mitteilungen der Gesellschaft für Salzburger Landeskunde
Nr./nr.	Nummer
o. N.	ohne Name
ÖAfKr	Österreichisches Archiv für Kirchenrecht 1–45 (1950–1998)
österr.	österreichische
RGBL	Reichsgesetzblatt (Österreich)
Rn.	Randnummer
S.	Seite
SMGB	Studien und Mitteilungen zur Geschichte des Benediktinerordens und seiner Zweige
sog.	sogenannt(e)
STB	Sterbebuch
StGG	Staatsgrundgesetz über die allgemeinen Rechte der Staatsbürger
TB	Taufbuch
u.	und
u. a.	und andere
u. ä.	und ähnliche
u. U.	unter Umständen
u.s.f.	und so fort
u.s.w.	und so weiter
v. a.	vor allem
vgl.	vergleiche

6 Quellen- und Literaturverzeichnis

Texte des Neuen und Alten Testaments wurden gemäß der Einheitsübersetzung der Hl. Schrift zitiert.

6.1 Quellen

6.1.1 Archivalische Quellen

6.1.1.1 Archiv der Erzdiözese Salzburg

Archiv der Erzdiözese Salzburg, Dissertatio de Synodo dioecesana et de elementis Processus canonici. Elaborata et pro obtinendo gradu Doctoris s. theologiae facultate theologicae Salisburgensis die 28. Aprilis 1851 oblata a Josephus Schöpf presbytero saec. archidioeces. Salisburgensis (AT-AES 7.1.B2.33).

– Personalakt *Schöpf, Joseph.* Todesanzeige der Fa. Leopold Wallmann's concess. Leichenbestattung, Gnigl-Salzburg (AT-AES 2.17.A 2).

– Personalakt *Schöpf, Joseph.* Grußnote Ignatius Rieder vom 24. August 1895 (AT-AES 2.17.A 2).

– Personalakt *Schöpf, Joseph.* Todesanzeige Don Giuseppe Schöpf vom 4. August 1875 (AT-AES 2.17.A 2).

– Personalakt *Schöpf, Joseph.* „Zu Trost und Trutz". Sonderabdruck aus der ‚Salzb. Ztg.' Nr. 266 (AT-AES 2.17.A 2).

– Personalakt *Schöpf, Joseph.* Schreiben № 93 vom 5. März 1861 (AT-AES 2.17.A 2).

– Personalakt *Schöpf, Joseph.* Briefe u. Berichte aus Pozuzo/Peru (AT-AES 2.17.A 2).

6.1.1.2 Universitätsarchiv Salzburg

Universitätsarchiv Salzburg, Directorats-Zeugnis (ohne Nummer) vom 26. Juli 1848 (FA XXI Nr. 26).

– Gutachten vom 27. Mai 1848 (FA XXI Nr. 19).

– Gutachten vom 27. Mai 1848. Gutachten von Prof. Carl Thurwieser über den von J.A. Schöpf im Rahmen des Konkursverfahrens gehaltenen mündlichen Vortrag (FA XXI Nr. 20).

– Gutachten vom 27. Mai 1848. Gutachten von Prof. Maximilian Tarnóczy über den von J.A. Schöpf im Rahmen des Konkursverfahrens gehaltenen mündlichen Vortrag (FA XXI Nr. 21).

- Gutachten vom 28. Mai 1848 (FA XXI Nr. 18).
- Gutachten vom 28. Mai 1848 (FA XXI Nr. 22).
- Note № 62 vom 12. Juli 1848 (FA XXI Nr. 24).
- Schreiben der Studienhofkommission Nr. 321 vom 15. Jänner 1850 (FA XXI Nr. 35).
- Schreiben der Studienhofkommission Nr. 5426 vom 27. August 1848 (FA XXI Nr. 28).
- Schreiben der Studienhofkommission Nr. 5830 vom 10. September 1848 (FA XXI Nr. 30).
- Schreiben der Studienhofkommission Nr. 6483 vom 30. November 1848 (FA XXI Nr. 31).
- Schreiben der Studienhofkommission Nr. 6612 vom 9. Dezember 1848 (FA XXI Nr. 32).
- Schreiben des Landespräsidium Salzburg Nr. 3012 vom 17. August 1848 (FA XXI Nr. 27).
- Schreiben des Präsidiums der theol. Fakultät Salzburg vom 10. Dezember 1848 (FA XXI Nr. 33).
- Schreiben Nr. 18322 vom 24. Juli 1848 (FA XXI Nr. 25).
- Schreiben Nr. 33009 (FA XXI Nr. 34).
- Schreiben Prof. Thurwieser № 28 vom 30. Jänner 1850 (FA XXI Nr. 36).
- Zeugnis № 81 vom 30. August 1848 (FA XXI Nr. 29).
- Note № 2935 der Studienhofkommission. Fragen zu der am 6. July d. J. abzuhaltenden Prüfung für die Lehrkanzel des Kirchenrechts am kk. Lyceum zu Salzburg (FA XXI Nr. 7) 1848.
- Note № 2935 der Studienhofkommission. Fragen zu der am 25. May d. J. abzuhaltenden Concursprüfung für die am kk. Lyceum zu Salzburg unbesetzte Lehrkanzel der Kirchengeschichte (FA XXI Nr. 8) 1848.
- Note № 27 des hochwürdigsten fürsterzbischöflichen Consistoriums vom 27. Februar 1848 (FA XXI Nr. 1) 1848.
- Note № 6162 der Studienhofkommission vom 6. März 1848. Ausschreibung der Concursprüfung für die Lehrkanzeln Kirchenrecht und Kirchengeschichte an der theologischen Studieneinrichtung des Salzburger Lyceums (FA XXI Nr. 5) 1848.
- Note № 7652 der Studienhofkommission vom 10. April 1848 (FA XXI Nr. 2) 1848.
- Note № 40 vom 24. April 1848 (FA XXI Nr. 3) 1848.

- Note № 11421 der Studienhofkommission vom 30. April 1848 (FA XXI Nr. 4) 1848.
- Note № 11684 der Studienhofkommission vom 4. Mai 1848 (FA XXI Nr. 6) 1848.
- Ausarbeitung *Schöpf* - Kirchengeschichte (FA XXI Nr. 11) 1848.
- Ausarbeitung *v. Gräfenstein* - Kirchengeschichte (FA XXI Nr. 10) 1848.
- Ausarbeitung *Schöpf* - Kirchenrecht (FA XXI Nr. 13) 1848.
- Ausarbeitung *v. Gräfenstein* - Kirchenrecht (FA XXI Nr. 12) 1848.
- Protocoll № 62 der Theologischen Fakultät Salzburg - Teil II. Prüfungsprotokoll über die Konkursprüfung für die Lehrkanzeln *Kirchengeschichte* und *Kirchenrecht* vom 25. Mai 1848 und 6. Juli 1848 (FA XXI Nr. 16) 1848.
- Protocoll № 62 der Theologischen Fakultät Salzburg - Teil I. Prüfungsprotokoll über die Konkursprüfung für die Lehrkanzeln *Kirchengeschichte* und *Kirchenrecht* vom 25. Mai 1848 und 6. Juli 1848 (FA XXI Nr. 14) 1848.
- Protocoll № 62 der Theologischen Fakultät Salzburg - Teil III. Prüfungsprotokoll über die Konkursprüfung für die Lehrkanzeln *Kirchengeschichte* und *Kirchenrecht* vom 25. Mai 1848 und 6. Juli 1848 (FA XXI Nr. 17) 1848.
- Schreiben vom 5. Juni 1850 (FA XXI Nr. 37) 1850.
- Schreiben vom 28. Juni 1850 (FA XXI Nr. 38) 1850.
- Schreiben Nr. 700 vom 30. Jänner 1851 (FA XXI Nr. 39,1 u. 39,2) 1851.
- Schreiben Nr. 92 des Dekans Prof. Karl Wenger an die k.k. Statthalterei vom 6. Februar 1851 (FA XXI Nr. 40) 1851.
- Schreiben Nr. 1599 des k.k. Statthalters an das k.k. Dekanat der theologischen Fakultät in Salzburg vom 5. März 1851 (FA XXI Nr. 41) 1851.
- Schreiben Nr. 100 des Dekans Prof. Karl Wenger vom 10. März 1851 (FA XXI Nr. 42) 1851.
- Begleitschreiben. Begleitschreiben zu Protocoll № 62 der Theologischen Fakultät Salzburg (FA XXI Nr. 15) 1851.
- Currende № 121 des Dekans Prof. Karl Wenger vom 5. Mai 1851 (FA VII Nr. 15) 1851.
- Kundmachung № 121 des Dekans Prof. Karl Wenger vom 5. Mai 1851 (FA VII Nr. 14) 1851.
- Juramentum Professionis Fidei vom 8. Mai 1851 (FA VII Nr. 13) 1851.
- Protokoll ad № 121 aufgenommen am 8. Mai 1851 über die an der theologischen Fakultät zu Salzburg ordnungsmässig vorgenommene Promotion des hochwürdigen Herrn Joseph Schöpf (FA VII Nr. 12) 1851.

- Allocutio des Dekans Prof. Karl Wenger vom 9. Mai 1851 (FA VII Nr. 16) 1851.
- Protokoll ad Nr. 142 über die Sitzung des Professoren-Collegiums der theol. Fakultät zu Salzburg vom 19. Juli 1851 (FA XXI Nr. 50) 1851.
- Schreiben Nr. 142 des Dekans Prof. Karl Wenger vom 19. Juli 1851 (FA XXI Nr. 51) 1851.
- Begleitschreiben ad № 6600 des Statthalters Johann Friedrich Graf zu Herberstein vom 26. September 1851 (FA XXI Nr. 53) 1851.
- Schreiben № 6600 des Statthalters Johann Friedrich Graf zu Herberstein vom 26. September 1851 (FA XXI Nr. 52) 1851.
- Schreiben Nr. 10620 des Ministeriums für Cultus und Unterricht vom 24. Oktober 1851 (FA XXI Nr. 54) 1851.
- Schreiben Nr. 44 des Dekans Prof. Karl Wenger vom 1. Dezember 1851 (FA XXI Nr. 55) 1851.
- Protokoll vom 5. Dezember 1851 ad Nr. 46 über die am 4. und 5. Dezember 1851 an der theologischen Fakultät zu Salzburg abgehaltene Concursprüfung über die Kirchengeschichte (FA XXI Nr. 56) 1851.
- Protokoll vom 18. Dezember 1851 über die am 18. Dezember 1851 an der theologischen Fakultät zu Salzburg abgehaltene Concursprüfung über das Kirchenrecht (FA XXI Nr. 58) 1851.
- Protokoll ad № 77 über die Sitzung des Professoren-Collegiums der theologischen Fakultät zu Salzburg vom 30. April 1852 (FA XXI Nr. 63) 1852.
- Schreiben № 7404 der k.k. Statthalterei an das hochwürdige Decanat der theologischen Facultät in Salzburg vom 12. Oktober 1852 über die Anstellung des Dr. Schöpf (FA XXI Nr. 66) 1852.
- Schreiben № 1142 vom 21. August 1857 (FA XXI Nr. 69) 1857.
- Schreiben Joseph Anton Schöpfs vom 12. März 1858 (FA XXI Nr. 70) 1858.

6.1.2 Gedruckte Quellen

6.1.2.1 Literatur von Joseph Anton Schöpf

Schöpf, Joseph A., Der Weltgeist unter den Bürgern und Bauern Tirols. Ein Beitrag zur Kenntniß der gegenwärtigen Zustände Tirols, Salzburg 1848.
- Theologisches Studium in Salzburg, Salzburg 1852.
- Gemeinfaßliches (d.i. für Geistliche und Weltliche, Gebildete und Ungebildete, Katholiken und Protestanten) über die unbefleckte Empfängniß der allerseligsten Jungfrau Maria, Salzburg 1854.

- Handbuch des katholischen Kirchenrechts. Mit besonderer Bezugnahme auf Oesterreich und mit Rücksicht auf Deutschland. Erster Band, Salzburg 1854.
- Das einundneunzigjährige Leben und Wirken des Frühmessers, vulgo Höflichkeits-Professors Christian Falkner. Aus Quellen dargelegt, Salzburg 1855.
- Gemeinfaßliches über die unbefleckte Empfängniß der allerhel. Jungfrau Maria. Herausgg. am Vorabende des Empfängnißfestes 1854, Salzburg [2]1855.
- Handbuch des katholischen Kirchenrechtes. Mit besonderer Bezugnahme auf Oesterreich und mit Rücksicht auf Deutschland. Zweiter Band, Schaffhausen 1855.
- Handbuch des katholischen Kirchenrechts. Mit besonderer Bezugnahme auf Oesterreich und mit Rücksicht auf Deutschland. Erster Band, Schaffhausen [2]1855.
- Das einundneunzigjährige Leben und Wirken des Frühmessers, vulgo Höflichkeits-Professors Christian Falkner. Aus Quellen dargelegt, Salzburg [2]1856.
- Der Höflichkeitsprofessor Christian Falkner, Innsbruck [3]1856.
- Handbuch des katholischen Kirchenrechts. Mit besonderer Bezugnahme auf Oesterreich und mit Rücksicht auf Deutschland. Dritter Band, Schaffhausen 1857.
- Theologisches Studium in Österreich, Salzburg [2]1857.
- Handbuch des katholischen Kirchenrechts. Mit besonderer Bezugnahme auf Oesterreich und mit Rücksicht auf Deutschland. Vierter Band, Schaffhausen 1858.
- Wie ein Schuhmacher-Geselle als Dechant von Berchtesgaden gestorben ist, Salzburg 1858.
- Sendschreiben an die Oezthaler und andere Bauern des Silzer Gerichts im tirolischen Oberlande über das Ausrucken gegen die Walschen vom Zirlbichlerbauer, Salzburg 1859.
- Christian, der Wanderbursch. Allerlei, Salzburg 1860.
- Nothwehr, Salzburg 1861.
- Nothwehr, Salzburg [2]um 1862.
- Presse, Salzburg 1862.
- Handbuch des katholischen Kirchenrechts. Mit besonderer Bezugnahme auf Oesterreich und mit Rücksicht auf Deutschland. Erster Band, Schaffhausen [3]1863.

- Handbuch des katholischen Kirchenrechts. Mit besonderer Bezugnahme auf Oesterreich und mit Rücksicht auf Deutschland. Zweiter Band, Schaffhausen [2]1864.
- Handbuch des katholischen Kirchenrechts. Mit besonderer Bezugnahme auf Oesterreich und mit Rücksicht auf Deutschland. Dritter Band, Schaffhausen [2]1865.
- Handbuch des katholischen Kirchenrechts. Mit besonderer Bezugnahme auf Oesterreich und mit Rücksicht auf Deutschland. Vierter Band, Schaffhausen [2]1866.
- Peter Carl Thurwieser, Salzburg 1871.
- Der Salzburger Gesellenverein vom Mai 1852 bis Mai 1872. Denkschrift zum 20. Stiftungsfest am 12. Mai 1872. Über den Streich der Schlosser-Gesellen & Über den Frieden auf dem Gebiete der Religion, Salzburg 1872.
- Kardinal Fürsterzbischof von Tarnóczy. III. 11. April 1876, in: Bote für Tirol und Vorarlberg, 62 (1876) 595.
- Die religiöse Seite der Orient-Frage. I. Christenthum und Islam, in: Salzburger Zeitung Nr. 296, Freitag, 29. Dezember 1876, 1–3.
- Die religiöse Seite der Orient-Frage. II. Christen und Türken, in: Salzburger Zeitung Nr. 2, Mittwoch, 03. Januar 1877, 1–3.
- Weihnachts-Gabe an den Volksschul-Verein. Separat-Abdruck aus der Salzburger Zeitung mit Zusätzen und Anhang, Salzburg 1879.
- Gutachten über den Konflikt der preussischen Regierung mit der katholischen Kirche. Ein Wort zum Frieden. (Separatabdruck aus dem Grenzboten), Reichenhall 1880.
- Kleine Weihnachtsgabe an den Volksschulverein, Salzburg 1880.
- Schulverein, Salzburg um 1880.
- Zum Congreß der Naturforscher. (Reminiszenzen). Separat-Abdruck aus der „Salzburger Zeitung" 1881, Nr. 202 und 204, Salzburg 1881.
- Das Spital in Gnigl. Separatabdruck aus der „Salzburger Zeitung", Salzburg 1882.
- Denkschrift über die Kirchensache in Guggenthal. Als Manuscript vom provisorischen Kirchenverwalter, Salzburg 1883.
- Das St. Anna-Bezirkskranken- und Versorgungshaus. Denkschrift, Salzburg 1884.
- Eine Wilderer-Predigt. Vorgetragen am 25. October 1885 in der hl. Kreuzkirche Guggenthals, Salzburg 1885.
- Aus meinem Leben. Minigs Maidele, in: Neuer Salzburgischer Haus- und Wirthschafts-Schreibkalender, Salzburg 1886, 49–62.

- Cardinal und Redacteur, in: Neuer Salzburgischer Haus- und Wirthschafts-Schreibkalender, Salzburg 1886, 62–69.
- Ueber den Greuel der Verwüstung in der Gemeinde Gnigl. Vortrag (gehalten am 5. September 1886 im St. Anna-Spitale), Salzburg 1886.
- Denkschrift zum fünfzigjährigen Priesterthum des hochw. Herrn Franz Speckbacher, Halypolis 1887.
- Gefällige Mittheilungen des Herrn Consistorialraths und Professors Dr. Schöpf, in: Neuer Salzburgischer Haus- und Wirthschafts-Schreibkalender, Salzburg 1887, 1–25.
- Schulrath und Gymnasialdirektor Joseph Steger, Salzburg 1887.
- Warum? – Weil! Vortrag gehalten am 29. Jänner 1887 im St. Anna-Spitale, Salzburg 1887.
- Antisemitische, zu deutsch judenhetzerische Bestrebungen in der Saison-Stadt Salzburg!!! Grandverwunderung, Salzburg 1888.
- Nachtrag zur Grandverwunderung, Salzburg 1888.
- Sendschreiben an die Herren vom Kyffhäuser und an den Verfasser des „Grand-Unsinns", Salzburg 1888.
- Von einer Predigt, so gehalten wurde am 24. Juli 1887 in der Pfarrkirche Mieming en. Gott ist mächtiger als alle Verleumdungen (eine lehrreiche Geschichte), Salzburg 1888.
- Kleine Trias, Salzburg 1890.
- Die Tiroler-Colonie am Pozuzo in Peru. Separatabdruck aus dem Oesterr. Jahrbuch 1892, Salzburg 1892.
- Etwas vom Herrn Sebastian Kneipp, Pfarrer in Wörishofen, in: Neuer Salzburgischer Haus- und Wirthschafts-Schreibkalender, Salzburg 1892, 33–35.
- Zur Nekrologie Salzburgs. Ignaz Hörl, in: Neuer Salzburgischer Haus- und Wirthschafts-Schreibkalender, Salzburg 1892, 24–30.
- Diskurs über das Landleben. VII. Der Landgeistliche, in: Neuer Salzburgischer Haus- und Wirthschafts-Schreibkalender, Salzburg 1893, 32–39.
- Eine Vorlesung Dr. Theodor Pachmann's über römisches Erbrecht, in: Neuer Salzburgischer Haus- und Wirthschafts-Schreibkalender, Salzburg 1893, 29–31.
- Erinnerung an Oskar von Redwitz, in: Neuer Salzburgischer Haus- und Wirthschafts-Schreibkalender, Salzburg 1893, 27–29.
- Etwas über Studententhum, in: Neuer Salzburgischer Haus- und Wirthschafts-Schreibkalender, Salzburg 1894, 32–36.

– Mein fünfundzwanzigjähriges Guggenthalerthum, in: Neuer Salzburgischer Haus- und Wirthschafts-Schreibkalender, Salzburg 1894, 44–48.

– Ueber Zwangsgedanken. Vortrag, gehalten am 18. November d. J. in Gnigl zum Besten der Suppenanstalt für arme Kinder, Salzburg 1894.

– Mittheilungen des Herrn Professor Dr. Schöpf, in: Neuer Salzburgischer Haus- und Wirthschafts-Schreibkalender, Salzburg 1895, 27–48.

– Mittheilungen des Herrn Professor Dr. Schöpf, in: Neuer Salzburgischer Haus- und Wirthschafts-Schreibkalender, Salzburg 1896, 27–41.

– Mittheilungen des Herrn Professor Dr. Schöpf, in: Neuer Salzburgischer Haus- und Wirthschafts-Schreibkalender, Salzburg 1897, 27–38.

– Mittheilungen des Herrn Professor Dr. Schöpf, in: Neuer Salzburgischer Haus- und Wirthschafts-Schreibkalender, Salzburg 1898, 27–37.

– Mittheilungen des Herrn Professor Dr. Schöpf, in: Neuer Salzburgischer Haus- und Wirthschafts-Schreibkalender, Salzburg 1899, 27–36.

– Mittheilungen des Herrn Professor Dr. Schöpf, in: Neuer Salzburgischer Haus- und Wirthschafts-Schreibkalender, Salzburg 1900, 28–36.

6.1.2.2 Sonstige gedruckte Quellen

6.1.2.2.1 Kirchliche Quellen

6.1.2.2.1.1 Universalkirchliche Kodifikationen des Kanonischen Rechts und Konzilsdokumente

Benedictus P.P. XV., Codex Iuris Canonici Pii X Pontificis Maximi iussu digestus Benedicti Papae XV auctoritate promulgatus [= CIC/17], in: AAS 9,2 (1917) 11–456.

Codex Iuris Canonici auctoritate Ioannis Paulus P.P. II promulgatus, in: AAS 75 (1983) 1–317.

Deutsche Übersetzung: Codex Iuris Canonici. Codex des kanonischen Rechtes, Kevelaer [6]2009 (deutsche Übersetzung und Sachverzeichnis: Bonn 1984).

Paulus P.P. VI., Decretum de oecumenismo *Unitatis Redintegratio*. 21 nov. 1964, in: AAS 57 (1964) 90–112.

– Constitutio Dogmatica de Ecclesia *Lumen Gentium*. 21 nov. 1964, in: AAS 57 (1965) 5–67.

– Declaratio de ecclesiae habitudine ad religiones non-christianas *Nostra Aetate*. 28 oct. 1865, in: AAS 58 (1965) 740–744.

– Constitutio pastoralis de ecclesia in mundo huius temporis *Gaudium et spes*. 7 dec. 1965, in: AAS 58 (1966) 1025–1115.

Deutsche Übersetzung: Die Pastorale Konstitution über die Kirche in der Welt von heute. [= Gaudium et spes], in: Rahner, Karl/Vorgrimler, Herbert (Hg.), Kleines Konzilskompendium. Sämtliche Texte des Zweiten Vatikanischen Konzils. Allgemeine Einleitung - 16 spezielle Einführungen - ausführliches Sachregister. (Grundlagen Theologie), Freiburg i. Br./u. a. 35 2008, 449–552.

– Declaratio de libertate religiosa *Dignitatis humanae*. De iure personae et communitatum ad libertatem socialem et civilem in re religiosa. 7 dec. 1965, in: AAS 58 (1966) 929–946.

– Decretum de Pastorali Episcoporum Munere in Ecclesia *Christus Dominus*. 28 oct. 1965, in: AAS 58 (1966) 673–696.

6.1.2.2.1.2 Päpstliche Dokumente

Gregorius P.P. XVI., Litterae encyclicae. *Mirari vos arbitramur*. 15 aug. 1832, in: ASS 4 (1868) 336–345.

Ioannes P.P. XXIII, Litterae encyclicae. *Pacem in terris*. 11 apr. 1963, in: AAS 55 (1963) 257–304.

Deutsche Übersetzung: Enzyklika. *Pacem in terris*. 11. April 1963. Verfügbar unter: http://w2.vatican.va/content/john-xxiii/de/encyclicals/documents/hf_j-xxiii_enc_11041963_pacem.html. Zuletzt geprüft am 08. Januar 2016.

Leo P.P. XIII, Epistola encyclica. *Diuturnum illud*. 29 iun. 1881, in: Leonis XIII Pontificis Maximi acta. Vol. I–III. Unveränd. Nachdr. d. 1881–1905 in d. Typographia Vaticana in Rom ersch. Ausg. (Corpus actorum rr. pontificum), Graz 1971, 269–287.

– Epistola encyclica. *Immortale dei*. 1 nov. 1885, in: ASS 18 (1885/1886) 161–180.

Deutsche Übersetzung: Rundschreiben Papst Leos XIII. vom 1. November 1885. *Immortale Dei*, in: Marmy, Emil (Hg.), Mensch und Gemeinschaft in christlicher Schau. Dokumente, Freiburg i. Ue. 1945, 571–602.

– Litterae encyclicae. *Libertas praestantissimum* 20 iun. 1888, in: ASS 20 (1887) 593–613.

– Litterae encyclicae. *Sapientiae christianae*. 10 ian. 1890, in: Leonis XIII Pontificis Maximi acta. Vol. VIII–X. Unveränd. Nachdr. d. 1881–1905 in d. Typographia Vaticana in Rom ersch. Ausg. (Corpus actorum rr. pontificum), Graz 1971, 10–41.

Deutsche Übersetzung: Rundschreiben Papst Leos XIII. vom 10. Januar 1890. *Sapientiae christianae*, in: Marmy, Emil (Hg.), Mensch und Gemeinschaft in christlicher Schau. Dokumente, Freiburg i. Ue. 1945, 603–631.

– Litterae encyclicae. *Rerum novarum.* 15 maii 1891, in: ASS 23 (1890/1891) 641–670.

– Litterae Encyclicae. *Au milieu des sollicitudes.* 16 febr. 1892, in: Leonis XIII Pontificis Maximi acta. Vol. XI–XII. Unveränd. Nachdr. d. 1881–1905 in d. Typographia Vaticana in Rom ersch. Ausgabe. (Corpus actorum rr. pontificum), Graz 1971, 19–41.

– Epistola Encyclica. *Divinum illud.* 9 maii 1897, in: ASS 29 (1896/97) 644–658.

– Epistola encyclica. *Graves de communi.* 18 ian. 1901, in: ASS 33 (1900/1901) 385–396.

Pius P.P. IV, Decretum. *Tametsi.* 11 nov. 1563, in: Denzinger, Heinrich/Hünermann, Peter (Hg.), Enchiridion symbolorum definitionum et declarationum de rebus fidei et morum. Lateinisch – deutsch = Kompendium der Glaubensbekenntnisse und kirchlichen Lehrentscheidungen, Freiburg i. Br. 42 2009, 1813–1816.

Pius P.P. IX, Litterae Apostolicae. *Ineffabilis Deus.* De dogmatica definitione immaculatae conceptionis virginis deiparae. 8 dec. 1854, in: Pii IX Pontificis Maximi acta. Acta exhibens quae ad ecclesiam universam spectant. Pars Prima. Vol. I. Unveränd. Nachdr. d. 1857 in d. Typographia Bonarum Artium in Rom ersch. Ausg. (Corpus actorum rr. pontificum), Graz 1971, 597–619.

– Syllabus complectens praecipuos nostrae aetatis errors qui notantur in encyclicis aliisque apostolicis litteris sanctissimi domini nostri Pii Papae IX. 8 dec. 1864, in: ASS 3 (1867) 168–176.

– Constitutio Dogmatica. *Pastor aeternus.* 18 iul. 1870, in: ASS 6 (1870/71) 40–55.

Pius P.P. XII, Allocutio. Iis qui interfuerunt Conventui quinto nationali Italico Unionis Iureconsultorum catholicorum. 6 dec. 1953, in: AAS, 45 (1953) 794–802.

Deutsche Übersetzung: Die religiöse Toleranz in einer Staatengemeinschaft. Ansprache an den Verband der katholischen Juristen Italiens am 6. Dezember 1953. [„Toleranzansprache"], in: Gabriel, Karl/Spieß, Christian/Winkler, Katja (Hg.), Die Anerkennung der Religionsfreiheit auf dem Zweiten Vatikanischen Konzil. Texte zur Interpretation eines Lernprozesses. (Katholizismus zwischen Religionsfreiheit und Gewalt 4), Paderborn 2013, 39–47.

6.1.2.2.1.3 Sonstige kirchliche Quellen

Acta et Constitutiones Concilii Provinciae Salisburgensis anno Domini MCMVI celebrati. Pars Prima. Acta Concilii, Salzburg 1910.

Catechismus Romanus ex Decreto Concilii Tridentini ad Parochos. Pii V Pont. Max. iussu editus, Antverpia 1572.

Generalversammlung des österreichischen Episkopats, Beschlüsse der Generalversammlung des österreichischen Episkopats zu Wien am 13. November 1901, in: Haring, Johann, Einführung in das Studium der Theologie, Graz 1911, 67–71.

6.1.2.2.2 Staatliche Quellen

Gesetz vom 20. Mai 1874, betreffend die gesetzliche Anerkennung von Religionsgesellschaften. [= Anerkennungsgesetz], RGBL 68/1874. Zuletzt geprüft am 03. Februar 2017.

Kaiserliches Patent, wirksam für den ganzen Umfang des Reiches, womit das zwischen Seiner Heiligkeit Papst Pius IX. und Seiner kaiserlich-königlichen Apostolischen Majestät Franz Joseph I., Kaiser von Oesterreich, am 18. August 1855 zu Wien abgeschlossene Uebereinkommen (Concordat) kundgemacht und angeordnet wird, daß die Bestimmungen desselben mit Vorbehalt der in den Artikeln I und II dieses Patentes angedeuteten Anordnungen im ganzen Umfange des Reiches von dem Zeitpuncte der Kundmachung dieses Patentes an, in volle Gesetzeskraft zu treten haben. [= Konkordat (1855)], RGBL 195/1855. Verfügbar unter: http://alex.onb.ac.at/cgi-content/alex?aid=rgb&datum=18550004&seite=00000635. Zuletzt geprüft am 13. Dezember 2016.

Ministerium für Cultus und Unterricht, Verordnung des Ministers des Cultus und Unterrichts, giltig für die Kronländer Niederösterreich, Böhmen, Mähren, Galizien und Steiermark, betreffend die abgesonderte Ertheilung des Unterrichtes im Kirchenrechte für Theologen, an Orten, wo Universitäten bestehen, RGBL 19/1851. Verfügbar unter: http://alex.onb.ac.at/cgi-content/alex?aid=rgb&datum=18510004&seite=00000091. Zuletzt geprüft am 02. Juni 2016.

Ministerium für Cultus und Unterricht, Verordnung des Ministers für Cultus und Unterricht vom 29. März 1858, wirksam für den ganzen Umfang des Reiches, die Durchführung der Artikel VI und XVII des Concordates, bezüglich der theologischen Studien, betreffend, RGBL 50/1858. Verfügbar unter: http://alex.onb.ac.at/cgi-content/alex?aid=rgb&datum=18580004&seite=00000279. Zuletzt geprüft am 02. August 2016.

Ministerium für Cultus und Unterricht, Verordnung des Ministers für Kultus und Unterricht, durch welche für die theologischen Fakultäten der k.k. Universitäten in Wien, Prag, Graz, Innsbruck, Krakau und Lemberg sowie die k.k. theologischen Fakultäten in Olmütz und Salzburg bezüglich der Erlangung des theologischen Doktorates neue Bestimmungen erlassen werden, RGBL 97/1903. Verfügbar unter: http://alex.onb.ac.at/pdfs/ONB_0tLG.pdf. Zuletzt geprüft am 02. August 2016.

Staatsgrundgesetz über die allgemeinen Rechte der Staatsbürger. [= StGG], RGBL 1867/142. Verfügbar unter: https://www.ris.bka.gv.at/GeltendeFassung.wxe?Abfrage=Bundesnormen&Gesetzesnummer=10000006. Zuletzt geprüft am 03. Februar 2017.

6.1.2.2.3 Sonstige Quellen

Theologische Fakultät, Salzburg, Personalstand der Theologischen Fakultät und des theologischen Studiums zu Salzburg, sammt Ordnung der öffentlichen theologischen Vorlesungen, welche allhier im Studienjahr 1851 gehalten werden, Salzburg 1851.

– Personalstand und Ordnung der öffentlichen Vorlesungen an der k. k. Theologischen Fakultät zu Salzburg im Winter-Semester 1874/75, Salzburg 1874.

– Personalstand und Ordnung der öffentlichen Vorlesungen an der k. k. Theologischen Fakultät zu Salzburg im Sommer-Semester 1875, Salzburg 1875.

– Personalstand und Ordnung der öffentlichen Vorlesungen an der k. k. Theologischen Fakultät zu Salzburg im Studienjahre 1876, Salzburg 1875.

– Personalstand und Ordnung der öffentlichen Vorlesungen an der k. k. Theologischen Fakultät zu Salzburg im Studienjahre 1877, Salzburg 1876.

– Personalstand und Ordnung der öffentlichen Vorlesungen an der k. k. Theologischen Fakultät zu Salzburg im Studienjahre 1879, Salzburg 1878.

– Salzburg, Personalstand und Ordnung der öffentlichen Vorlesungen an der k. k. Theologischen Fakultät zu Salzburg im Studienjahre 1880, Salzburg 1879.

– Personalstand und Ordnung der öffentlichen Vorlesungen an der k. k. Theologischen Fakultät zu Salzburg im Studienjahre 1881, Salzburg 1880.

– Personalstand und Ordnung der öffentlichen Vorlesungen an der k. k. Theologischen Fakultät zu Salzburg im Studienjahre 1882/83, Salzburg 1882.

– Personalstand und Ordnung der öffentlichen Vorlesungen an der k. k. Theologischen Fakultät zu Salzburg im Studienjahre 1884, Salzburg 1883.

6.2 Lexikonartikel

Bautz, Friedrich W., Döllinger, Johann Joseph Ignaz von, in: BBKL, 1344–1347.

– Heinrich, Johann Baptist, in: BBKL, 687.

– Hergenröther, Joseph Kardinal, BBKL, 746 f.

Becker, Winfried, Kulturkampf. I. Historisch, in: LThK^3, 517–520.

Binder, Dieter A., Barbosa, Agostinho, in: LKR, 1045.

Drobner, Hubertus R., Michelis, Friedrich Bernhard Ferdinand, in: BBKL, 928–941.

Faller, Joachim, Redwitz (Schmölz), Oskar Freiherr von, in: BBKL, 1161–1164.

Grass, Franz, Schöpf, Joseph Anton, in: Österreichische Akademie der Wissenschaften (Hg.), Österreichisches biographisches Lexikon. 1815–1950. Band XI. Schoblik Friedrich – [Schwarz] Ludwig Franz, Wien 1999, 103 f.

Haering, Stephan, Ferraris, Lucius, in: LKR, 1072 f.

Hintzen, Georg, Schulte, Johann Friedrich, in: LKR, 1155 f.

Holl, H., Schwarzbach, Josef, in: Österreichische Akademie der Wissenschaften (Hg.), Österreichisches biographisches Lexikon. 1815–1950. Band XII. [Schwarz] Marie – Spannagel Rudolf, Wien 2005, 11 f.

Jorissen, Hans, Paschasius Radbertus, in: LThK³, 1411 f.

Kalb, Herbert, Patronat, in: LKR, 730–735.

Kalde, Franz, Moy de Sons, Kraft Karl Ernst, Freiherr von, in: LKR, 1121.

Kasper, Walter, Religionsfreiheit. II. Katholische Kirche, in: Görres-Gesellschaft zur Pflege der Wissenschaft (Hg.), Staatslexikon/Recht – Wirtschaft – Gesellschaft. Vierter Band. Naturschutz und Landschaftspflege – Sozialhilfe, Freiburg i. Br./u. a. ⁷1988, 825–827.

Kraler, Tanja, Thun und Hohenstein Leo (Leopold), in: Österreichische Akademie der Wissenschaften (Hg.), Österreichisches biographisches Lexikon. 1815–1950. Band XIV. Stulli Luca – Tůma Karel, Wien 2015, 326 f.

Lederhilger, Severin, Weihetitel, in: L, 1009–1011.

Leisching, Peter, Patronat, in: Erler, Adalbert/Kaufmann, Ekkehard (Hg.), Handwörterbuch zur deutschen Rechtsgeschichte. III. Band. List – Protonotar, Berlin 1984, 1558–1564.

Maas-Ewerd, Theodor, Marienfeste, in: LThK³, 1370–1374.

Martetschläger, Johannes, Schöpf, Josef Anton, in: BBKL, 654.

– Maassen, Friedrich, in: LKR, 1117.

Permaneder, Franz M., Frühmesser, in: Wetzer, Heinrich J./Welte, Benedikt (Hg.), Wetzer und Welte's Kirchenlexikon oder Encyklopädie der katholischen Theologie und ihrer Hülfswissenschaften. Vierter Band. Duisburger Universität bis Fußwaschung, Freiburg i. Br. ²1886, 2069.

Puza, Richard, Phillips, George, in: LKR, 1133.

Schwedt, Herman, Günther, Anton, in: LThK³, 1105–1107.

Schwenzer, Daniel, Schulte, Johann Friedrich, in: BBKL, 1263–1270.

Switek, Günter, Jesuiten. I. Gründung und Grundidee, in: LThK³, 794 f.

Walter, Peter, Passaglia, Carlo, in: LThK³, 1414.

Weiss, Otto, Redemptoristen, in: LThK³, 920 f.

Wurzbach, Constantin von, Schöpf, Joseph Anton, in: Wurzbach, Constantin von (Hg.), Biographisches Lexikon des Kaiserthums Oesterreich. Enthaltend die Lebensskizzen der denkwürdigen Personen, welche 1750 bis 1850 im Kaiserstaate und in seinen Kronländern gelebt haben. Einunddreißigster Theil. Schnabel - Schröter, Wien 1876, 193–195.

6.3 Sekundärliteratur

‚Ein katholischer Priester', Der katholische Clerus gegenüber der Presse des Dr. J. A. Schöpf, München 1862.

Aichner, Simon, Compendium iuris ecclesiastici ad usum cleri, Brixen 1863.

Albrecht, Alfred, § 40 Das Patronatswesen, in: Listl, Joseph/Pirson, Dietrich (Hg.), Handbuch des Staatskirchenrechts der Bundesrepublik Deutschland. Zweiter Band, Berlin [2]1995, 47–68.

Altermatt, Urs, Religionsfreiheit und Demokratie aus Sicht der Katholizismusforschung, in: Gabriel, Karl/Spieß, Christian/Winkler, Katja (Hg.), Religionsfreiheit und Pluralismus. Entwicklungslinien eines katholischen Lernprozesses. (Katholizismus zwischen Religionsfreiheit und Gewalt 1), Paderborn/u. a. 2010, 57–79.

Anthaller, Franz, Dr. Josef Anton Schöpf. Professor des Kirchenrechtes und der Kirchengeschichte an der theologischen Facultät zu Salzburg, Ritter des Franz Josef-Ordens, s. e. geistl. Rath von Salzburg und Consistorialrath von Agram, Ehrenbürger der vereinigten fünfzehn Gemeinden der Umgebung von Salzburg und Altpräses des Salzburger katholischen Gesellenvereines. Separat-Abdruck aus der ‚Katholischen Kirchenzeitung', Salzburg 1900.

Aring, Paul G., Rautenstrauch, Franz Stephan, in: Bautz, Friedrich W./Bautz, Traugott (Hg.), Biographisch-Bibliographisches Kirchenlexikon. Band XIV, Herzberg 1998, 1399.

Aubert, Roger, Die Religionsfreiheit von ‚Mirari vos' bis zum ‚Syllabus', in: Concilium 1 (1965) 584–591.

- /Jedin, Hubert, Die Kirche in der Gegenwart. Erster Halbband. Die Kirche zwischen Revolution und Restauration (Handbuch der Kirchengeschichte VI, 1), Freiburg i. Br. 1971.

Aymans, Winfried/Mörsdorf, Klaus, Kanonisches Recht. Lehrbuch aufgrund des Codex Iuris Canonici. Einleitende Grundfragen und Allgemeine Normen (Bd. I), Paderborn/u. a. [13]1991.

Bachem, Karl, Josef Bachem. Seine Familie und die Firma J. P. Bachem in Köln; Die Rheinische und die Deutsche Volkshalle; Die Kölnischen Blätter und die Kölnische Volkszeitung; Zugleich ein Versuch der Geschichte der katholischen Presse und ein Beitrag zur Entwicklung der katholischen Bewegung in Deutschland. Zweiter Band. 1848–1860, Köln 1912.

Barbosa, Agostinho, Juris ecclesiastici universi libri III. 2 Bände, Lugduni Erstauflage: 1718.

Bischof, Franz X., Theologie und Geschichte. Ignaz von Döllinger (1799–1890) in der zweiten Hälfte seines Lebens. Ein Beitrag zu seiner Biographie (Münchener Kirchenhistorische Studien 9 9), Stuttgart/u. a. 1997.

Böckenförde, Ernst-Wolfgang, Über die Autorität päpstlicher Lehrenzykliken. am Beispiel der Äußerungen zur Religionsfreiheit, in: Böckenförde, Ernst-Wolfgang (Hg.), Kirche und christlicher Glaube in den Herausforderungen der Zeit. Beiträge zur politisch-theologischen Verfassungsgeschichte 1957–2002. (Wissenschaftliche Paperbacks Rechtswissenschaft 25), Münster ²2007, 471–489.

– Der säkularisierte Staat. Sein Charakter, seine Rechtfertigung und seine Probleme im 21. Jahrhundert, in: Bormann, Franz-Josef (Hg.), Religiöse Überzeugungen und öffentliche Vernunft. Zur Rolle des Christentums in der pluralistischen Gesellschaft. (Quaestiones disputatae 228), Freiburg i. Br. 2008, 325–345.

Böhnke, Michael, Kirche in der Glaubenskrise. Eine pneumatologische Skizze zur Ekklesiologie und zugleich eine theologische Grundlegung des Kirchenrechts, Freiburg i. Br. 2013.

Borutta, Manuel, Antikatholizismus. Deutschland und Italien im Zeitalter der europäischen Kulturkämpfe (Bürgertum Neue Folge. Studien zur Zivilgesellschaft 7), Göttingen 2011.

Demel, Sabine, Handbuch Kirchenrecht. Grundbegriffe für Studium und Praxis, Freiburg i. Br./u. a. ²2013.

Denzinger, Heinrich, Enchiridion symbolorum definitionum et declarationum de rebus fidei et morum. Lateinisch-Deutsch = Kompendium der Glaubensbekenntnisse und kirchlichen Lehrentscheidungen. Verbessert, erweitert, ins Deutsche übertragen und unter Mitarbeit von Helmut Hoping herausgegeben von Peter Hünermann, Freiburg i. Br. ⁴²2009.

Dörrer, Fridolin, Der Tiroler Anteil des Erzbistums Salzburg. Geschichtliche Bemerkungen, Innsbruck 1969.

Engel, Ludwig, Manuale parochorum de plerisque functionibus & obligationibus, ad parochias, parochos & parochianos attinentibus, Salzburg ⁵1688.

Erdő, Péter, Die Quellen des Kirchenrechts. Eine geschichtliche Einführung (Adnotationes in ius canonicum 23), Frankfurt a. M. 2002.

Ferraris, Lucius, Lucii Ferraris Prompta Bibliotheca canonica, juridica, moralis, theologica, nec non ascetica, polemica, rubricistica, historica. 8 Bände, Bologna Erstausgabe: 1746.

– Parochia, Parochialis, Parochianus, in: Ferraris, Lucius (Hg.), Prompta Bibliotheca canonica, juridica, moralis, theologica, nec non ascetica, polemica, rubricistica, historica. Tomus Sextus. P-R, Paris [9]1856, 29–42.

Feßler, Joseph, Die wahre und die falsche Unfehlbarkeit der Päpste. Zur Abwehr gegen Hrn. Prof. Dr. Schulte, Wien/u. a. 1871.

Fontana, Josef, Der Kulturkampf in Tirol (Schriftenreihe des Südtiroler Kulturinstitutes 6), Bozen 1978.

Fuhrmann, Rosi, Kirche und Dorf. Religiöse Bedürfnisse und kirchliche Stiftung auf dem Lande vor der Reformation (Quellen und Forschungen zur Agrargeschichte 40), Stuttgart/u. a. 1995.

Gaertner, Corbinian, Corpus juris ecclesiastici Catholicorum novioris, quod per Germaniam obtinet. Tomus II, Salzburg 1799.

Gampl, Inge, Österreichisches Staatskirchenrecht (Rechts- und Staatswissenschaften 23), Wien/u. a. 1971.

Glaser, Hans, Das Salzburger Zeitungswesen. 1. Teil bis 1914, in: MGSL 96 (1956) 135–177.

Gnilsen, Harald, Ecclesia militans Salisburgensis. Kulturkampf in Salzburg 1848–1914 (Veröffentlichungen des Historischen Instituts der Universität Salzburg 2), Wien/u. a. 1972.

Gradauer, Peter, Fragen um das Patronatsrecht in Österreich unter besonderer Berücksichtigung der Diözese Linz, in: ÖAfKr 18 (1967) 164–195.

– Patronat und Inkorporation, in: Paarhammer, Hans (Hg.), Vermögensverwaltung in der Kirche. Administrator bonorum, oeconomus tamquam paterfamilias, Thaur [2]1988, 193–207.

Grass, Franz, Pfarrei und Gemeinde im Spiegel der Weistümer Tirols, Innsbruck 1950.

– Joseph Anton Schöpf. Kirchenrechtslehrer in Salzburg 1849–1884, in: Pototschnig, Franz/Rinnerthaler, Alfred (Hg.), Im Dienst von Kirche und Staat. In memoriam Carl Holböck. (Kirche und Recht 17), Wien 1985, 317–326.

Grass, Nikolaus, Francesco Schupfer und Tullius von Sartori-Montecroce als Rechtshistoriker an der Universität Innsbruck. (Zugleich ein Beitrag zum Nationalitätenproblem in Österreich), in: Lentze, Hans/Putzer, Peter (Hg.), Festschrift für Ernst Carl Hellbling zum 70. Geburtstag, Salzburg 1971, 195–258.

– Kirchenrecht und Kirchengeschichte an der Hohen Schule zu Salzburg 1810–1985, in: Pototschnig, Franz/Rinnerthaler, Alfred (Hg.), Im Dienst von

Kirche und Staat. In memoriam Carl Holböck. (Kirche und Recht 17), Wien 1985, 183–315.

Graßmann, Andreas, Religion, Staat und Menschenwürde – sind drei einer zu viel? Überlegungen zum Verhältnis von Religion und postsäkularem Staat auf Basis der Menschenwürde, in: Gmainer-Pranzl, Franz/Rettenbacher, Sigrid (Hg.), Religion in postsäkularer Gesellschaft. Interdisziplinäre Perspektiven. (Salzburger interdisziplinäre Diskurse 3), Frankfurt a. M./u. a. 2013, 303–324.

– Das Patrozinium. Eine kirchenrechtliche Darstellung mit besonderer Berücksichtigung des titulus ecclesiae gemäß c. 1218 CIC/83 (Wissenschaft und Religion 27), Frankfurt a. M./u. a. 2017.

Gundolf, Hubert, Tiroler in aller Welt. Mit 54 Schwarzweiß-Abbildungen, Innsbruck/u. a. 1972.

Habicher-Schwarz, Elisabeth, Pozuzo. Tiroler, Rheinländer und Bayern im Urwald Perus, Hall in Tirol 2006.

Haering, Stephan, § 118 Konkordate und andere Staatskirchenverträge, in: Haering, Stephan/Rees, Wilhelm/Schmitz, Heribert (Hg.), Handbuch des katholischen Kirchenrechts, Regensburg [3]2015, 1803–1815.

– Kirche und Staat in der Sicht des Zweiten Vatikanischen Konzils und die Auswirkungen im Codex Iuris Canonici, in: Graulich, Markus/Meckel, Thomas/Pulte, Matthias (Hg.), Ius canonicum in communione christifidelium. Festschrift zum 65. Geburtstag von Heribert Hallermann. (Kirchen- und Staatskirchenrecht 23), Paderborn 2016, 83–98.

Haring, Johann, Einführung in das Studium der Theologie, Graz 1911.

– Das Lehramt der katholischen Theologie. Festschrift der Grazer Universität für 1926, Graz 1926.

Heimerl, Hans/Pree, Helmuth, Handbuch des Vermögensrechts der katholischen Kirche. Unter besonderer Berücksichtigung der Rechtsverhältnisse in Bayern und Österreich, Regensburg 1993.

Hermann, Karl-Friedrich, Zur Geschichte der theologischen Fakultät in Salzburg im 19. Jahrhundert, in: MGSL 109 (1969) 295–338.

– Salzburgs hohe Schule zwischen den Volluniversitäten 1810–1962, in: SMGB 83 (1972) 356–602.

– Wissenschaft in Salzburg bis zur Wiedererrichtung der Universität (1519–1962), in: Dopsch, Heinz/Spatzenegger, Hans (Hg.), Geschichte Salzburgs. Stadt und Land. Band II. Neuzeit und Zeitgeschichte. 3. Teil, Salzburg 1991, 1853–1906 u. 5. Teil. Literatur – Anmerkungen – Register zu Teil 1,2,3 und 4, Salzburg 1991, 3445–3460.

Hillgruber, Christian, Über den Sinn und Zweck des staatskirchenrechtlichen Körperschaftsstatus, in: Grabenwarter, Christoph/Lüdecke, Norbert (Hg.),

Standpunkte im Kirchen- und Staatskirchenrecht. Ergebnisse eines interdisziplinären Seminars. (Forschungen zur Kirchenrechtswissenschaft 33), Würzburg 2002, 79–99.

Hinschius, Paul, Das Kirchenrecht der Katholiken und Protestanten in Deutschland. System des katholischen Kirchenrechts mit besonderer Rücksicht auf Deutschland. Erster Band (Unveränd. genehmigter Nachdr. d. Ausg. Berlin 1869), Graz 1959.

– Das Kirchenrecht der Katholiken und Protestanten in Deutschland. System des katholischen Kirchenrechts mit besonderer Rücksicht auf Deutschland. Zweiter Band. (Unveränd. genehmigter Nachdr. d. Ausg. Berlin 1878), Graz 1959.

– Das Kirchenrecht der Katholiken und Protestanten in Deutschland. System des katholischen Kirchenrechts mit besonderer Rücksicht auf Deutschland. Dritter Band (Unveränd. genehmigter Nachdr. d. Ausg. Berlin 1883), Graz 1959.

Hosp, Eduard, Kirche im Sturmjahr. Erinnerungen an Johann Michael Häusle (Beiträge zur neueren Geschichte des christlichen Österreich), Wien 1953.

– Kirche Österreichs im Vormärz. 1815–1850 (Forschungen zur Kirchengeschichte Österreichs 9), Wien 1971.

Il Congresso Cattolico di Malines e le libertà moderne, in: La Civiltà Cattolica 14 (1863) 129–149.

Irresberger, Karl, Grand-Unsinn des Dr. Schöpf. Beleuchtet von einem geborenen Salzburger, der dem Herrn Dr. Schöpf genügend Auskunft ertheilen kann, Wien 1888.

– Grand-Unsinn des Dr. Schöpf. Beleuchtet von einem geborenen Salzburger, der dem Herrn Dr. Schöpf genügend Auskunft ertheilen kann, Wien ^{2}1888.

Jacobi, Erwin, Patronate juristischer Personen. (Repr. d. Ausg. Stuttgart 1912) (Kirchenrechtliche Abhandlungen 78), Stuttgart 1965.

Jakob, Waltraud, Salzburger Zeitungsgeschichte. Dissertation am Institut für Publizistik der Universität Salzburg (Salzburg Dokumentationen 39), Salzburg 1979.

Kalb, Herbert/Potz, Richard/Schinkele, Brigitte, Religionsrecht, Wien 2003.

Katzinger, Gerlinde, Balthasar Kaltner. Kanonist und (Erz-)Bischof an der Schwelle einer folgenschweren Wendezeit (1844–1918) (Wissenschaft und Religion 17), Frankfurt a.M./u.a.

Kissling, Johannes B., Geschichte des Kulturkampfes im Deutschen Reiche. Im Auftrage des Zentralkomitees für die Generalversammlung der Katholiken Deutschlands. Die Vorgeschichte. Band 1, Freiburg i. Br. 1911.

– Geschichte des Kulturkampfes im Deutschen Reiche. Im Auftrage des Zentralkomitees für die Generalversammlung der Katholiken Deutschlands. Die Kulturkampfgesetzgebung 1871–1874. Band 2, Freiburg i. Br. 1913.

– Geschichte des Kulturkampfes im Deutschen Reiche. Im Auftrage des Zentralkomitees für die Generalversammlung der Katholiken Deutschlands. Der Kampf gegen den passiven Widerstand. Die Friedensverhandlungen. Band 3, Freiburg i. Br. 1916.

Kracht, Hans-Joachim, Adolph Kolping. Priester, Pädagoge, Publizist im Dienst christlicher Sozialreform. Leben und Werk aus den Quellen dargestellt, Freiburg i. Br./u. a. 1993.

Krezdorn, Siegfried, Das ehemalige landesfürstliche Jagdschlößchen Freundsheim, in: Tiroler Heimatblätter 43 (1968) 1–16.

Kuttner, Stephan, Die mittelalterliche Kanonistik in der Forschung der letzten hundert Jahre, in: Zeitschrift der Savigny-Stiftung für Rechtsgeschichte. Kanonistische Abteilung 69 (1983) 1–14.

Landau, Peter, Jus patronatus. Studien zur Entwicklung des Patronats im Dekretalenrecht und der Kanonistik des 12. und 13. Jahrhunderts (Forschungen zur kirchlichen Rechtsgeschichte und zum Kirchenrecht 12), Köln 1975.

Langgassner, Anton, Gerichtet. Eine angemessene Abfertigung der Schöpfiaden, Salzburg 1888.

Laurin, Franz, Schultes's Kirchenrechtswissenschaft einst und jetzt, Wien ²1875.

Leisching, Peter, Die Bischofskonferenz. Beiträge zu ihrer Rechtsgeschichte, mit besonderer Berücksichtigung ihrer Entwicklung in Österreich (Wiener rechtsgeschichtliche Arbeiten 7), Wien/u. a. 1963.

Lentze, Hans, Die Universitätsreform des Ministers Graf Leo Thun-Hohenstein (Veröffentlichungen der Kommission für Geschichte der Erziehung und des Unterrichts/Österreichische Akademie der Wissenschaften, Philosophisch-Historische Klasse 7), Graz/u. a. 1962.

– George Phillips, der große Kanonist des 19. Jahrhunderts, in: Flieder, Viktor (Hg.), Festschrift Franz Loidl zum 65. Geburtstag. 1. Band. (Sammlung „Aus Christentum und Kultur". Sonderband 1), Wien 1970, 160–166.

Loewe, Sophie/Morscher, Edgar/Neumaier, Otto (Hg.), Lebensbeschreibung des ehemaligen Salzburger Philosophieprofessors Johann Heinrich Loewe. Dargestellt anhand von Briefen von seiner Tochter (Beiträge zur Bolzano-Forschung 19), Sankt Augustin 2005.

Lyzeum, Salzburg, Personalstand des kaiserl. königl. Lyzeums zu Salzburg und Ordnung der öffentlichen Vorlesungen, welche an demselben im Studienjahre 1849 gehalten werden, Salzburg 1848.

Maier, Hans, Gewalt im Christentum, in: Stimmen der Zeit 226 (2008) 679–692.

– Die Katholiken und die Demokratie. Wahrnehmungen demokratischer Entwicklungen im modernen Katholizismus, in: Gabriel, Karl/Spieß, Christian/Winkler, Katja (Hg.), Religionsfreiheit und Pluralismus. Entwicklungslinien eines katholischen Lernprozesses. (Katholizismus zwischen Religionsfreiheit und Gewalt 1), Paderborn/u. a. 2010, 135–154.

Mejer, Otto, Die Propaganda, ihre Provinzen und ihr Recht. Mit besonderer Rücksicht auf Deutschland dargestellt. Zweiter Theil, Göttingen 1853.

Menzel, Beda F., Abt Franz Stephan Rautenstrauch von Břevnov-Braunau. Herkunft, Umwelt und Wirkungskreis (Veröffentlichungen des Königsteiner Instituts für Kirchen- und Geistesgeschichte der Sudetenländer e. V. 5), Königstein 1969.

Mikat, Paul, Das Verhältnis von Kirche und Staat nach der Lehre der katholischen Kirche, in: Listl, Joseph/Pirson, Dietrich (Hg.), Handbuch des Staatskirchenrechts der Bundesrepublik Deutschland. Erster Band, Berlin ²1994, 111–155.

Moy de Sons, Ernst, Rezension zu: Handbuch des katholischen Kirchenrechts (mit besonderer Bezugnahme auf Oesterreich und mit Rücksicht auf Deutschland) von Dr. Josef Anton Schoepf, Band IV, in: Tiroler Schützenzeitung 14 (1859) 72.

Muckel, Stefan, § 116 Die Lehre der Kirche über das Verhältnis von Kirche und Staat, in: Haering, Stephan/Rees, Wilhelm/Schmitz, Heribert (Hg.), Handbuch des katholischen Kirchenrechts, Regensburg ³2015, 1769–1790.

Mückl, Stefan, § 117 Grundmodelle einer möglichen Zuordnung von Kirche und Staat, in: Haering, Stephan/Rees, Wilhelm/Schmitz, Heribert (Hg.), Handbuch des katholischen Kirchenrechts, Regensburg ³2015, 1791–1802.

Müller, Andreas, Lexikon des Kirchenrechts und der römisch-katholischen Liturgie. In Beziehung auf Ersteres mit steter Rücksicht auf die neuesten Concordate, päbstlichen Umschreibungs-Bullen, und die besonderen Verhältnisse der katholischen Kirche in den verschiedenen deutschen Staaten. In fünf Bänden. Zweiter Band. D – F, Würzburg 1830.

– Lexikon des Kirchenrechts und der römisch-katholischen Liturgie. In Beziehung auf Ersteres mit steter Rücksicht auf die neuesten Concordate, päbstlichen Umschreibungs-Bullen, und die besonderen Verhältnisse der katholischen Kirche in den verschiedenen deutschen Staaten. In fünf Bänden. Dritter Band. K – L, Würzburg 1830.

Müller, Josef, Der pastoraltheologisch-didaktische Ansatz in Franz Stephan Rautenstrauchs „Entwurf zur Einrichtung der theologischen Schulen“ (Wiener Beiträge zur Theologie 24), Wien 1969.

Nell-Breuning, Oswald v., Soziallehre der Kirche. Erläuterungen der lehramtlichen Dokumente (Soziale Brennpunkte 5), Wien 1977.

Nußbaumer, Johann, Professor Dr. Josef Ant. Schöpf †, in: Neuer Salzburgischer Haus- und Wirthschafts-Schreibkalender, Salzburg 1901, 27–32.

o. N., Feuilleton, in: Salzburger Constitutionelle Zeitung Nr. 2, Sonntag, den 02. Juli 1848, 8.

– Titelseite, in: Salzburger Constitutionelle Zeitung Nr. 1, Dienstag, den 01. Januar 1850, 1.

– Titelseite, in: Salzburger Constitutionelle Zeitung Nr. 3, Samstag, den 04. Januar 1851.

– Verhandlungen der Versammlung katholischer Gelehrten in München vom 28. September bis 1. Oktober 1863, Regensburg 1863.

– Denkschrift des Comités für Wiederherstellung der Universität in Salzburg, Salzburg 1870.

– Nachruf auf Dr. Josef Schöpf. Teil 1, in: Katholische Kirchenzeitung (39. Jg.), Nr. 91, Dienstag, den 21. November 1899, 744.

– Nachruf auf Dr. Josef Schöpf. Teil 2, in: Katholische Kirchenzeitung (39. Jg.), Nr. 92, Freitag, den 24. November 1899, 750 f.

Oberhuemer, Heinz, Professor Dr. Josef Anton Schöpf, in: Kolophon 15 (1999) 6–13.

Ogris, Werner, Die Universitätsreform des Ministers Leo Graf Thun-Hohenstein. Festvortrag anläßlich des Rektorstages im Großen Festsaal der Universität Wien am 12. März 1999 (Wiener Universitätsreden 8), Wien 1999.

Ortner, Franz, Salzburgs Bischöfe in der Geschichte des Landes (696–2005) (Wissenschaft und Religion 12), Frankfurt a. M. 2005.

Paarhammer, Hans, Prof. Dr. Joseph Anton Schöpf, in: Gemeinde Koppl (Hg.), Heimat Koppl. Chronik der Gemeinde, Koppl 2000, 267–272.

Phillips, George, Kirchenrecht. Erster Band, Regensburg 1845.

– Kirchenrecht. Zweiter Band, Regensburg 1846.

– Kirchenrecht. Dritter Band, Regensburg 1848.

– Kirchenrecht. Vierter Band, Regensburg 1851.

– Kirchenrecht. Fünfter Band, Regensburg 1854.

– Lehrbuch des Kirchenrechts. Band I, Regensburg 1859.

– Lehrbuch des Kirchenrechts. Band II, Regensburg 1862.

– Kirchenrecht. Sechster Band, Regensburg 1864.

– Kirchenrecht. Siebenter Band. Erste Abtheilung, Regensburg 1869.

– Kirchenrecht. Siebenter Band. Zweite Abtheilung, Regensburg 1872.

Plöchl, Willibald M., Theodor Ritter von Pachmann, in: Carlen, Louis/Steinegger, Fritz (Hg.), Festschrift Nikolaus Grass. zum 60. Geburtstag dargebracht von Fachgenossen, Freunden und Schülern. II. Band. Aus Geschichte und Recht der Almen, Kultur- und Kunstgeschichte, Volkstum, Wissenschaftsgeschichte, aus der Sippen- und Familiengeschichte des Jubilars, Innsbruck/u. a. 1975, 361–367.

Potz, Richard, Konkordat und österreichisches Staatskirchenrecht, in: Allesch, Christian/Hauer, Nadine (Hg.), Kirchen und Staat. Ein schwieriges Verhältnis?, Wien 1996, 33–41.

Rautenstrauch, Franz S., Entwurf zur Einrichtung der theologischen Schulen in den k. k. Erblanden, Wien 1782.

Rechberger, Georg, Enchiridion Juris ecclesiastici Austriaci. Tomus primus, Linz ^{2}1819.

– Enchiridion Juris ecclesiastici Austriaci. Tomus secundus. Jus ecclesiasticum privatum, Linz ^{2}1819.

Rees, Wilhelm, Die Strafgewalt der Kirche. Das geltende kirchliche Strafrecht – dargestellt auf der Grundlage seiner Entwicklungsgeschichte (Kanonistische Studien und Texte 41), Berlin.

– Kirchenrecht an der Theologischen Fakultät Innsbruck. Kirchenrechtler und Selbstverständnis des Faches in Vergangenheit und Gegenwart, in: Rees, Wilhelm/Breitsching, Konrad (Hg.), Tradition – Wegweisung in die Zukunft. Festschrift für Johannes Mühlsteiger SJ zum 75. Geburtstag. (Kanonistische Studien und Texte 46), Berlin 2001, 317–341.

Reiffenstuel, Anaklet, Jus Canonicum Universum. Clara methodo juxta titulos Quinque librorum decretalium in quaestiones distributum solidisque responsionibus & Objectionum Solutionibus dilucidatum. Tomus Quintus, München 1714.

Riedler-Engl, Birgit, Pozuzo, die Tiroler Kolonie am Ostrand der peruanischen Anden. Eine Insel der zweisprachigen Seligkeit? Universität Salzburg, unveröffentlichte Diplomarbeit 2000.

Rinnerthaler, Alfred, Von der barocken Benediktiner- zur Staatsuniversität. Vom Werden der Salzburger „Alma Mater", in: Wall, Heinrich d./Germann, Michael (Hg.), Bürgerliche Freiheit und christliche Verantwortung. Festschrift für Christoph Link zum siebzigsten Geburtstag, Tübingen 2003, 787–826.

– § 121 Kirche und Staat in Österreich, in: Haering, Stephan/Rees, Wilhelm/Schmitz, Heribert (Hg.), Handbuch des katholischen Kirchenrechts, Regensburg ^{3}2015, 1866–1887.

Rothbauer, Bruno, Guggenthal, Salzburg 1975.

Rothe, Wolfgang F., Die außerliturgische Klerikerkleidung nach can. 284 CIC. Eine rechtsgeschichtliche, rechtssystematische und rechtskritische Untersuchung (Münchener theologische Studien III. Kanonistische Abteilung 68), Sankt Ottilien 2014.

Sägmüller, Johannes B., Lehrbuch des katholischen Kirchenrechts. Einleitung – Kirche und Kirchenpolitik, Quellen des Kirchenrechts, Verfassung der Kirche. I. Band, Freiburg i. Br. ^{3}1914.

Sauser, Ekkart, Die Zillertaler Inklinanten und ihre Ausweisung im Jahre 1837. (dargestellt nach Akten des Wiener Haus-, Hof- und Staatsarchivs, des Salzburger Konsistorialarchivs, des Landesregierungsarchivs für Tirol, der Bibliothek des Museums Ferdinandeum zu Innsbruck, sowie des Pfarrarchivs zu Hippach) (Schlern-Schriften 198), Innsbruck 1959.

Schabus, Wilfried, Pozuzo. Auswanderer aus Tirol und Deutschland am Rande Amazoniens in Peru, Innsbruck 2016.

Scherer, Rudolf Ritter von, Handbuch des Kirchenrechtes. Erster Band, Graz 1886.

– Nachruf auf Johann Friedrich Ritter von Schulte, in: Kaiserl. Akademie der Wissenschaften in Wien (Hg.), Almanach für das Jahr 1915. 65. Jahrgang, Wien 1915, 455–459.

Schmid, Karl, Pozuzo – Vergessen im Urwald. Ein Bericht aus Peru mit 41 Leica-Aufnahmen des Verfassers, Braunschweig 1957.

Schmidt, Johann E., Historischer Katechismus oder: Der ganze Katechismus in historisch-wahren Exempeln fur Kirche, Schule und Haus. Drei Bände, Salzburg ^{1}1849–1850.

Schmolke, Michael, Wegbereiter der Publizistik in Österreich. Autoren mit ihren Arbeiten von Joseph Alexander von Helfert bis Wilhelm Bauer. 1848 bis 1938 (Neue Aspekte in Kultur- und Kommunikationswissenschaft 6), Wien 1992.

Schulte, Johann F. von, System des allgemeinen katholischen Kirchenrechts. Mit steter genauer Berücksichtigung der Besonderheiten in Oesterreich, Preussen, Bayern, der oberrheinischen Kirchenprovinz, Sachsen, Hannover und Oldenburg (Das katholische Kirchenrecht 2), Giessen 1856.

– Die Geschichte der Quellen und Literatur des canonischen Rechts von Gratian bis auf die Gegenwart. Band III, 1. Von der Mitte des 16. Jahrhunderts bis zur Gegenwart, Stuttgart 1880.

– Der Altkatholicismus. Geschichte seiner Entwicklung, inneren Gestaltung und rechtlichen Stellung in Deutschland. Aus den Akten und anderen authentischen Quellen dargestellt, Giessen 1887.

– Lebenserinnerungen. Erster Band. Mein Wirken als Rechtslehrer, mein Anteil an der Politik in Kirche und Staat, Gießen 1908.

Schwaiger, Georg, Ignaz von Döllinger (1799–1890), in: Fries, Heinrich/Schwaiger, Georg (Hg.), Katholische Theologen Deutschlands im 19. Jahrhundert. Band III, München 1975, 9–43.

Schwarzbach, Josef, Zum 40jährigen Schriftsteller-Jubiläum Dr. J. A. Schöpf. emer. k. k. Universitäts-Professor, Ritter des k. k. Franz Josef-Ordens, Salzburg 1888.

Siebenrock, Roman A., Wie die römisch-katholische Kirche zur Religionsfreiheit fand. Systematische Analytik der Konflikte, Optionen und Erfahrungen in der Entstehung der Erklärung des Zweiten Vatikanischen Konzils über die Religionsfreiheit Dignitatis Humanae, in: Gabriel, Karl/Spieß, Christian/Winkler, Katja (Hg.), Religionsfreiheit und Pluralismus. Entwicklungslinien eines katholischen Lernprozesses. (Katholizismus zwischen Religionsfreiheit und Gewalt 1), Paderborn/u. a. 2010, 19–40.

Spehr, Christopher, Aufklärung und Ökumene. Reunionsversuche zwischen Katholiken und Protestanten im deutschsprachigen Raum des späteren 18. Jahrhunderts (Beiträge zur historischen Theologie 132), Tübingen 2005.

Stempfl, Edith, Die Entwicklung der katholischen Gesellenvereine in Österreich. Dissertation zur Erlangung des Doktorgrades an der philosophischen Fakultät der Universität Wien, eingereicht von Edith Stempfl 1949.

Walleitner, Josef, Wildern im ehemaligen Erzstift Salzburg. volkskundliche Studie, Salzburg 1965.

Watzka, Heinrich, Von der Toleranz zur religiösen Freiheit. Argumente auf dem Weg zur Konzilserklärung Dignitatis Humanae, in: Ansorge, Dirk (Hg.), Das Zweite Vatikanische Konzil. Impulse und Perspektiven. (Frankfurter theologische Studien 70), Münster 2013, 199–227.

Weingartner, Josef/Hörmann-Weingartner, Magdalena, Die Burgen Tirols. Ein Burgenführer durch Nord-, Ost- und Südtirol. Mit einer Einführung in die Burgenkunde, Innsbruck/u. a. [3]1981.

Wolbert, Werner, Religionsfreiheit nach dem Vatikanum II, in: Hagemann, Ludwig/Pulsfort, Ernst (Hg.), „Ihr alle aber seid Brüder". Festschrift für A. Th. Khoury zum 60. Geburtstag. (Würzburger Forschungen zur Missions- und Religionswissenschaft 14), Würzburg 1990, 348–364.

Wolfsgruber, Cölestin, Joseph Othmar Cardinal Rauscher, Fürsterzbischof von Wien. Sein Leben und sein Wirken, Freiburg i. Br./u. a. 1888.

– Friedrich Kardinal Schwarzenberg. Erster Band. Jugend- und Salzburgerzeit, Wien/u. a. 1906.

Wopfner, Hermann, Bergbauernbuch. Von Arbeit und Leben des Tiroler Bergbauern in Vergangenheit und Gegenwart. 1. Band, 2. Lieferung, Innsbruck/u. a. 1954.

Zschokke, Hermann, Die theologischen Studien und Anstalten der katholischen Kirche in Österreich. Aus Archivalien, Wien/u. a. 1894.

6.4 Internetquellen

Archiv der Erzdiözese Salzburg, Anthaller, Franz (1822–1905), Regesta Ecclesiastica Salisburgensia. Verfügbar unter: http://www.res.icar-us.eu/index.php?title=Anthaller,_Franz_(1822-1905). Zuletzt geprüft am 29. September 2016.

– Brandner, Franz Anton (1821–1896), Regesta Ecclesiastica Salisburgensia. Verfügbar unter: http://www.res.icar-us.eu/index.php?title=Brandner,_Franz_Anton_(1821-1896). Zuletzt geprüft am 20. Oktober 2016.

– Kapfinger, Johann Georg (1809–1873), Regesta Ecclesiastica Salisburgensia. Verfügbar unter: http://www.res.icar-us.eu/index.php?title=Kapfinger,_Johann_Georg_(1809-1873). Zuletzt geprüft am 20. Oktober 2016.

– Kluge, Karl August (1823–1890), Regesta Ecclesiastica Salisburgensia. Verfügbar unter: http://www.res.icar-us.eu/index.php?title=Kluge,_Karl_August_(1823-1890). Zuletzt geprüft am 05. Oktober 2016.

– Thurwieser, Peter Karl (1789–1865), Regesta Ecclesiastica Salisburgensia. Verfügbar unter: http://www.res.icar-us.eu/index.php?title=Thurwieser,_Peter_Karl_(1789-1865). Zuletzt geprüft am 29. November 2016.

– Wenger, Karl Franz (1815–1873), Regesta Ecclesiastica Salisburgensia. Verfügbar unter: http://www.res.icar-us.eu/index.php?title=Wenger,_Karl_Franz_(1815-1873). Zuletzt geprüft am 20. Oktober 2016.

– Schöpf, Joseph (1822–1899), Regesta Ecclesiastica Salisburgensia. Verfügbar unter: http://www.res.icar-us.eu/index.php?title=Sch%C3%B6pf,_Joseph_%281822-1899%29. Zuletzt geprüft am 19. Januar 2017.

Gemeinde Ramingstein, Pfarrkirche St. Achatius in Ramingstein. Verfügbar unter: http://ramingstein.riskommunal.net/system/web/sonderseite.aspx?menuonr=219544880&detailonr=219544880. Zuletzt geprüft am 11. November 2016.

Gessinger, Gerd, Art. *Schnitzer, Alois OCist.*, in: Biographia Cisterciensis (Cistercian Biography). Verfügbar unter: http://www.zisterzienserlexikon.de/wiki/Schnitzer,_Alois. Zuletzt geprüft am 14. Februar 2017.

Katholisch-Theologische Fakultät – LMU München, Haneberg (von), Bonifaz (Daniel). Verfügbar unter: http://www.kaththeol.uni-muenchen.de/ueber_die_fak/gesch_fakultaet/profs_1826_2013/haneberg-_von_/index.html. Zuletzt geprüft am 11. Mai 2016.

– Permaneder, Franz Michael. Verfügbar unter: http://www.kaththeol.uni-muenchen.de/ueber_die_fak/gesch_fakultaet/profs_1826_2013/permaneder/index.html. Zuletzt geprüft am 11. Mai 2016.

– Reithmayr, Franz Xaver. Verfügbar unter: http://www.kaththeol.uni-muenchen.de/ueber_die_fak/gesch_fakultaet/profs_1826_2013/reithmayr/index.html. Zuletzt geprüft am 11. Mai 2016.

Österreichisches Biographisches Lexikon und biographische Dokumentation, Greuter, Josef. Verfügbar unter: http://hw.oeaw.ac.at/oebl/oebl_G/Greuter_Josef_1817_1888.xml. Zuletzt geprüft am 19. Mai 2016.

Pfarre Salzburg-Gnigl, STB 7 1888–1909. Sterbebuch der Pfarre Salzburg-Gnigl (Salzburg) 1888–1909. Verfügbar unter: http://www.data.matricula.info/php/view.php?ar_id=3670&link=35353034x15#&path=d3c7c76b6e3038f93cf6fc3fc76bf7e0ede6c76e3038f93cf6fc3fc5df373a3f38c76bf7d06dc5d0d66ec7e6c7e0ede6c76e6ddce1efc76bf7d06dc5d0d66ec7e6c7e0ede6c76e6ddce1ef6be1eec56d3b3d6be1ece4eec739f13fc9eee3ece0eee4ece4. Zuletzt geprüft am 15. Dezember 2016.

Pfarre Umhausen, TB 1 1806–1834. Taufbuch der Pfarre Umhausen (Tirol) 1806–1834. Verfügbar unter: https://apps.tirol.gv.at/bildarchiv/#1457000067771_1. Zuletzt geprüft am 03. März 2016.

Salzburgwiki, Friedrich Graf Herberstein. Verfügbar unter: http://www.salzburg.com/wiki/index.php/Friedrich_Graf_Herberstein. Zuletzt geprüft am 07. April 2016.

– Karl Prinz Lobkowitz. Verfügbar unter: http://www.salzburg.com/wiki/index.php/Karl_Prinz_Lobkowitz. Zuletzt geprüft am 07. April 2016.

– Salzburger Druckerei. Verfügbar unter: http://www.salzburg.com/wiki/index.php/Zaunrith%27sche_Buchdruckerei. Zuletzt geprüft am 13. April 2016.

– Ignaz Blaschke Ritter von Reigersheim. Verfügbar unter: http://www.salzburg.com/wiki/index.php/Ignaz_Blaschke_Ritter_von_Reigersheim. Zuletzt geprüft am 07. Oktober 2016.

– Josef Steger (Gymnasialdirektor). Verfügbar unter: http://www.salzburg.com/wiki/index.php/Josef_Steger_(Gymnasialdirektor). Zuletzt geprüft am 29. November 2016.

– Schöpfgasse. Verfügbar unter: http://www.salzburg.com/wiki/index.php/Sch%C3%B6pfgasse. Zuletzt geprüft am 10. Februar 2017.

Salzburgwiki, Peter Karl Thurwieser. Verfügbar unter: http://www.salzburg.com/wiki/index.php/Peter_Karl_Thurwieser. Zuletzt geprüft am 29. November 2016.,

SPIEGEL Online, Pozuzo in Peru. Österreichs größtes Dschungel-Camp. Verfügbar unter: http://www.spiegel.de/reise/fernweh/pozuzo-in-peru-oesterreichs-groesstes-dschungel-camp-a-768826.html. Zuletzt geprüft am 02. Dezember 2016.

Universität Salzburg, Geschichte. Verfügbar unter: http://www.uni-salzburg.at/index.php?id=200457&MP=44700-200607. Zuletzt geprüft am 16. Dezember 2016.

Wien Geschichte Wiki, Franz Stephan Rautenstrauch. Verfügbar unter: https://www.wien.gv.at/wiki/index.php/Franz_Stephan_Rautenstrauch. Zuletzt geprüft am 15. April 2016.

– Unterrichtsministerium. Verfügbar unter: https://www.wien.gv.at/wiki/index.php/Unterrichtsministerium. Zuletzt geprüft am 07. April 2016.

Wissenschaft und Religion

Herausgegeben von Hans Paarhammer und Alfred Rinnerthaler

Band 1 Paul Weingartner: Evil. Different kinds of evil in the light of a modern theodicy. 2003.

Band 2 Ignaz Steinwender: Die Geschichte einer Verführung. Kirche und Nationalsozialismus im Salzburger Bezirk Lungau, 1930–1945. 2003.

Band 3 Leopold Robert Fürst OSB: Das Vermögensrecht der österreichischen Ordensleute. 2004.

Band 4 Tommaso La Rocca (Hrsg.): Karl Renner. *Politik und Religion.* Die Religionsfrage als Frage der Demokratie. 2004.

Band 5 Rupert Struber: Priesterkorrektionsanstalten in der Erzdiözese Salzburg im 18. und 19. Jahrhundert. Die Priesterhäuser von Maria Kirchenthal, St. Johann in Tirol, St. Ulrich am Pillersee und Schernberg. 2004.

Band 6 Gerlinde Katzinger: Kirchliches Baurecht. Das kirchliche Bauwesen im Spannungsfeld von kirchlichen und staatlichen Rechtsnormen unter besonderer Berücksichtigung der Situation in der Erzdiözese Salzburg. 2004.

Band 7 Peter Klammer: *In Unehren beschlaffen.* Unzucht vor kirchlicher und weltlicher Gerichtsbarkeit im frühneuzeitlichen Salzburger Lungau. 2004.

Band 8 Alfred Rinnerthaler (Hrsg.): Historische und rechtliche Aspekte des Religionsunterrichts. 2004.

Band 9 Paul Weingartner (Hrsg.): Glaube und Vernunft. Interdisziplinäres Streitgespräch zur Enzyklika *Fides et Ratio.* 2004.

Band 10 Josef Limmer: Konzilien und Synoden im spätantiken Gallien von 314 bis 696 nach Christi Geburt. Teil 1: Chronologische Darstellung. Teil 2: Zusammenschau wichtiger Themenkreise. 2004.

Band 11 Gerhard Ammerer / Alfred Stefan Weiß (Hrsg.): Die Säkularisation Salzburgs 1803. Voraussetzungen – Ereignisse – Folgen. Protokoll der Salzburger Tagung vom 19.–21. Juni 2003. 2005.

Band 12 Franz Ortner: Salzburgs Bischöfe in der Geschichte des Landes (696–2005). 2005.

Band 13 Paul Weingartner (Hrsg.): Das Problem des Übels in der Welt. Vom interdisziplinären Standpunkt. 2005.

Band 14 Beate Beckmann-Zöller / Hanna-Barbara Gerl-Falkovitz (Hrsg.): Die *unbekannte* Edith Stein: Phänomenologie und Sozialphilosophie. 2006.

Band 15 Helmut Beneder: Antonius Johannes N. (Ferdinand) Reichsgraf von Herberstein, Bischof von Triest (1760–1774). Ein Leben im Spannungsfeld zwischen finanzieller Notlage und Repräsentation. 2007.

Band 16 Alfred Rinnerthaler (Hrsg.): Das kirchliche Privatschulwesen – historische, pastorale, rechtliche und ökonomische Aspekte. 2007.

Band 17 Gerlinde Katzinger: Balthasar Kaltner. Kanonist und (Erz-)Bischof an der Schwelle einer folgenschweren Wendezeit (1844–1918). 2007.

Band 18 Lukas Wallner: Die staatliche Anerkennung von Religionsgemeinschaften. Die historische und aktuelle Umsetzung der religiösen Vereinigungsfreiheit in Österreich unter Berücksichtigung des deutschen Religionsrechts. 2007.

Band 19 Alfred Rinnerthaler: Eine Kirche für Salzburgs Altkatholiken. Kontroversen rund um die Errichtung einer altkatholischen Kirchengemeinde in Salzburg. 2008.

Band 20 Paul Weingartner (Hrsg.): Rohstoff Mensch, das flüssige Gold der Zukunft? Ist Ethik privatisierbar? 2009.

Band 21 Hans Paarhammer / Gerlinde Katzinger (Hrsg.): Kirche und Staat im Horizont einer globalisierten Welt. 2009.

Band 22 Johannes Krall: Kirchenvermögen - Nachhaltigkeit - Wirtschaftsethik. Rechtliche Gestaltungsmöglichkeiten bei der Verwaltung von Kirchenvermögen unter nachhaltigen und wirtschaftsethischen Überlegungen. Mit Beiträgen von Bischof Alois Schwarz, Ralph Müller und Karl Gollegger. 2009.

Band 23 Manfred Josef Thaler: Das Schneeherrenstift am Dom zu Salzburg (1622 bis 1806). 2011.

Band 24 Manfred Josef Thaler: Das Salzburger Domkapitel in der Frühen Neuzeit (1514 bis 1806). Verfassung und Zusammensetzung. 2011.

Band 25 Elisabeth Simader: Die westliche Finanzkrise. Islamic Financing - Islamic Banking. Ein möglicher Ausweg? 2013.

Band 26 Hans Paarhammer / Alfred Rinnerthaler (Hrsg.): Kirchlicher Wiederaufbau in Österreich. 2016.

Band 27 Andreas E. Graßmann: Das Patrozinium. Eine kirchenrechtliche Darstellung mit besonderer Berücksichtigung des titulus ecclesiae gemäß c. 1218 CIC/83. 2017.

Band 28 Andreas E. Graßmann: Joseph Anton Schöpf. 2018.

www.peterlang.com

www.ingramcontent.com/pod-product-compliance
Ingram Content Group UK Ltd.
Pitfield, Milton Keynes, MK11 3LW, UK
UKHW041825031026
15587UKWH00002B/558

9 783631 758144